周易大全

曾仕强 著

贵州出版集团
贵州人民出版社

图书在版编目（CIP）数据

周易大全 / 曾仕强著. -- 贵阳：贵州人民出版社，2024.8（2025.4重印）.
ISBN 978-7-221-18402-3

Ⅰ . B221-49

中国国家版本馆CIP数据核字第2024T2M541号

ZHOUYI DAQUAN

周易大全

曾仕强　著

出 版 人	朱文迅
策划编辑	赵　龙
责任编辑	黄　伟
装帧设计	别境Lab
责任印制	蔡继磊

出版发行	贵州出版集团　贵州人民出版社
地　　址	贵阳市观山湖区中天会展城会展东路SOHO公寓A座
印　　刷	河北鹏润印刷有限公司
版　　次	2024年8月第1版
印　　次	2025年4月第4次印刷
开　　本	700mm×980mm　1/16
印　　张	37.25
字　　数	548千字
书　　号	ISBN 978-7-221-18402-3
定　　价	128.00元

如发现图书印装质量问题，请与印刷厂联系调换；　版权所有，翻版必究；　未经许可，不得转载。

目录

序　言　《易经》与人生　　　　　　　　　　　001

❖ 上篇　《易经》总论与基础

第一章　《易经》与中国文化

《易经》为什么这么厉害　　　　　　　005
《易经》揭示人生的终极目标　　　　　007
学《易经》不只为趋吉避凶　　　　　　010
《易经》是生生不息的学问　　　　　　012
人再努力也逃不过《易经》的系统　　　015
大事看天，小事看人　　　　　　　　　020
尽人事而后听天命　　　　　　　　　　025

第二章　《易经》的中道智慧

和合中和，共存共荣　　　　　　　　　028
中道的智慧　　　　　　　　　　　　　031
在生活中运用三分法　　　　　　　　　036
在工作中运用三分法　　　　　　　　　040
差不多是高明的智慧　　　　　　　　　044
易有三义：以不变应万变　　　　　　　049
持经达变的三个原则　　　　　　　　　052

第三章 《易经》入门基础知识

掌握基本概念	056
学《易经》最好先研读《易传》	058
何为太极、两仪与四象	061
八卦代表静态自然现象	063
八卦名称的转变和意义	065
三爻卦的阴阳消息	067
先天八卦和后天八卦	070
八卦对中国人的意义	075
六十四卦是依天道而求生活的法则	077

第四章 探寻爻卦之间的关系

变化的几大要件：时、位、性质	080
爻际之间有何关系	085
错综复杂，变幻无穷	092
卦中有卦需综合分析	096
卦变和变卦要分清楚	099

第五章 恢复《易经》的真面目

卜筮仅为《易经》小用	101
《易经》发展有六个阶段	107
由河图了解《易经》的理气象数	113
同为天垂象的洛书为何与河图不同	118

第六章　破解《易经》的占卜之谜

求人算命，管不管用　　　　　　　122
现代人对占卜的态度　　　　　　　126
占卜有一定的限制条件　　　　　　133
占卜方法之大衍之数　　　　　　　135
占卜方法之铜板占卜　　　　　　　139
吉凶悔吝，吉无不利　　　　　　　142
学会解卦，受益无穷　　　　　　　145

第七章　走近易之门户：乾坤详解

乾坤易之门　　　　　　　　　　　149
乾卦六爻详解　　　　　　　　　　155
乾卦彖辞：各正性命，保合太和　　161
乾卦象传：君子以自强不息　　　　162
乾卦四德：元亨利贞　　　　　　　164
坤卦卦辞、彖辞、大象详解　　　　172
坤卦六爻详解　　　　　　　　　　177
坤卦的启示　　　　　　　　　　　184
乾坤之道　　　　　　　　　　　　189

❖ 下篇　六十二卦详解

卦之三　云雷屯　　　197

卦之四　山水蒙　　　203

卦之五　水天需　　　209

卦之六　天水讼　　　215

卦之七　地水师　　　221

卦之八　水地比　　　226

卦之九　风天小畜　　234

卦之十　天泽履　　　240

卦十一　地天泰　　　246

卦十二　天地否　　　253

卦十三　天火同人　　261

卦十四　火天大有　　267

卦十五　地山谦　　　273

卦十六　雷地豫　　　280

卦十七　泽雷随　　　288

卦十八　山风蛊　　　295

卦十九　地泽临　　　301

卦二十　风地观　　　308

卦二一　火雷噬嗑　　314

卦二二　山火贲　　　320

卦二三　山地剥　　　327

卦二四　地雷复　　　333

卦二五　天雷无妄　　339

卦二六　山天大畜　　345

卦二七　山雷颐　　　352

卦二八　泽风大过　　358

卦二九　坎为水　　　364

卦三十　离为火　　　370

卦三一　泽山咸　　　377

卦三二　雷风恒　　　383

卦三三　天山遁　　　389

卦三四　雷天大壮　395

卦三五　火地晋　401

卦三六　地火明夷　407

卦三七　风火家人　412

卦三八　火泽睽　418

卦三九　水山蹇　424

卦四十　雷水解　430

卦四一　山泽损　436

卦四二　风雷益　443

卦四三　泽天夬　450

卦四四　天风姤　456

卦四五　泽地萃　462

卦四六　地风升　468

卦四七　泽水困　474

卦四八　水风井　480

卦四九　泽火革　486

卦五十　火风鼎　492

卦五一　震为雷　498

卦五二　艮为山　504

卦五三　风山渐　511

卦五四　雷泽归妹　517

卦五五　雷火丰　523

卦五六　火山旅　529

卦五七　巽为风　535

卦五八　兑为泽　541

卦五九　风水涣　548

卦六十　水泽节　554

卦六一　风泽中孚　560

卦六二　雷山小过　565

卦六三　水火既济　570

卦六四　火水未济　579

序言 《易经》与人生

我的名字叫曾仕强，可是我三十九岁的时候，身体非常衰弱，一点儿都不强，总觉得头重脚轻，两脚无力。我很紧张，觉得年纪轻轻就搞到这种地步，以后怎么办？我爸爸说："早叫你读《易经》，为什么不读呢？"我说："读《易经》跟我生病有什么关系？我所知道的《易经》，只是用来算命和看风水的。而我是学科学的，根本不信这一套，所以我不学。"

爸爸告诉我："那是一般人错误的观念，就是这种观念把《易经》给害惨了。《易经》其实是讲未来变化的道理。我们中国人深受《易经》的影响，讲究无三不成礼。我们把任何东西都分成三块。时间有过去、现在、未来。同一天有上午、中午、下午。人也是一样，连孔子都说有中人以上、中人、中人以下。《易经》告诉我们未来是会变化的，所以要重视自己的未来。但是，未来是不确定的。改变它要有一定的道理，这是我们要去掌握的。"

我听了他这一番话，决定找一本《易经》来读读，可是怎么读都读不懂。有关《易经》的书，十本书里有七八本都在讲怎么算命和看风水，那不是我要的东西。我回去问爸爸："看不懂的书有什么用？"爸爸说："你应该先读《易传》，再回头看《易经》，就会很清楚了。"我又很认真地去读《易传》，果然真的有很多感悟，而最大的收获是：我终于看懂中国人了！

凭良心讲，我那个时候跟现在的年轻人一样，很羡慕外国人。但是自从读了《易经》，我的观念改变了。其实，我们真的需要很小心地用现代观念来看古老的《易经》。很多我们平常看不懂、听不懂的话，都可以慢慢在其中找到根源。

比如，中国人很厉害，可以同时讲两句非常矛盾的话。嘴上说"人同此心，心同此理",心里想"人心不同,各如其面";嘴上说"礼让为先",心里想"当仁不让"。那到底要不要让?答案只有一个:你自己看着办!所以,我慢慢就感觉到,很多外国人很讨厌的地方,其实正是我们最擅长的地方。

《易经》给我们最宝贵的智慧是四个字,这也是中华文化最可贵的财富,叫作"持经达变"。什么叫作"经"?就是不能变的东西。《易经》告诉我们:世界上如果没有不变,就不可能有变;如果没有变,就不可能有不变。它根本就是相对的。可见,《易经》是高明的辩证法。

我常常跟人讲是《易经》救了我,要不然我就没命了。怎么会没命呢?气都气死了,还有命吗?只要看不懂中国人,一定会活活被中国人气死。当你看懂以后,就会觉得中国人很可爱,也懂得怎么样去跟他们呼应。

中华民族是《易经》的民族,我们每一个人其实都懂得《易经》的道理,只是没有去整理和提炼。实际上,我们平常的所作所为,从《易经》的角度去看,都合乎它的道理!所以,当我后来慢慢将六十四卦整理出来,发现每一卦都是宝贝。其实,《易经》没有好卦,也没有坏卦。卦只是告诉你,处在什么位置,看到什么现象,应该注意什么事,如此而已。

我年纪越大,越感觉到马上反应是很危险的事。真正学懂《易经》的人会发现,《易经》就是开关,阴就是开,阳就是关。大家可以这样想,从现在开始,碰到任何刺激,外面有任何东西进来,先把嘴巴闭起来。我们现在的问题是外界一刺激,嘴巴马上唧啵唧啵,得罪一大堆人,然后回去就后悔。养成习惯,听到什么话先把嘴巴闭起来,嘴巴闭起来才会用脑筋去想,想妥当了再讲、想妥当了再做,我保证你没有事。

连孔子都讲,他读了《易经》就可以没有大过失。因为《易经》告诉你,你如果这样,将来会那样;你如果那样,将来会这样。至于如何做,你自己去选择。那你经过判断,经过理性选择,还会犯什么大错呢?因此,年纪小的,多花点儿时间读《易经》,后面用的日子很长;年纪大的,也花点儿时间看看《易经》,才知道这一辈子到底过得怎么样。

上 篇
《易经》总论与基础

第一章 《易经》与中国文化

❖《易经》为什么这么厉害

　　凡是接触过《易经》,或多少听说过《易经》的人,都会有一个疑问:《易经》真的这么厉害?

　　我们首先要知道,现代中国人受西方影响非常严重。西方人做学问是一步步向前推进,所以每五年、十年、二十年,就会把以前的学问推翻,叫作创新。如果用这种观点看《易经》就全错了,当年伏羲是把宇宙人生所有奥秘都参透了才一画开天,因此,就算之后我们怎么进步,也大概超不出《易经》的范围。

　　现代人读《易经》的方式很有问题,喜欢用科学来解释它,用宗教来解释它,或者用自己所了解的各种东西来解释它,这是本末倒置。凡事都用科学来解释,也太过绝对。请问大家:宗教是科学吗?艺术是科学吗?文学是科学吗?难道这些都不重要吗?

　　今天我们把《易经》再次推出来,不是凑热闹,而是要救人类。因为人类的科技发展方向已经出了问题,用西方人的话来讲,科技像撒旦,给人类一点甜头,反过来就要人类的命。人类或为科技所害,可是又非用科技不可，唯一的生存之道就是用宇宙人生的智慧来导正科学研究的方向，否则我们与科技便可能同归于尽。

《易经》是一切中国学问的根源，被称为群经之首。所以，如果你不懂《易经》，就不要讲诸子百家，因为一定讲不通；同样，如果你不懂《易经》，就无法理解中国人怎样看待宇宙人生的真相。今天我们要把《易经》的道理摸清楚，并用之来导正人类的未来，这一切都要靠我们自己来做，没有人能够帮忙，也没有人能够真正害到我们，一切都是自作自受。

我是讲闽南话的，闽南话其实应该叫作河洛话，也就是黄河洛阳一带早期的话。河洛话有很多智慧，只不过现在几乎没几个人会讲，就算会讲也不知其中深意。我们要知道，很多事如果你不能把它讲得很简单，那就是没搞懂。比如人生的规律，其实用一句闽南话就讲清楚了："都是你自己造成的，不要牵拖。"你的一切都是你自己造成的，孔子说"不怨天，不尤人"，怨天是错，尤人也是错，同样你也不要怪自己。关于这些，大家慢慢了解《易经》就会明白了。

❖《易经》揭示人生的终极目标

请问大家：做人的目的是什么？

有的年轻人会说："做人就是要求快乐。"实在幼稚、糟糕得不得了。有的年轻人会说："做人就是要努力打拼，要赚钱。"那就变成了金钱的奴隶。人类每创造一样东西，最后很容易就变成那样东西的奴隶。本来我们没有钱，创造了货币，人就成了钱的奴隶；本来我们没有手机，发明了手机，又变成手机的奴隶，不拿手机就不能活。

其实，人生的真正目的是求个心安理得，那才是真正的云端。但是如果直接讲心安理得，还是没有几个人听得懂，中国人又用四个字把它讲清楚了，叫作"求得好死"。

中国人骂人最难听的话就是"这个家伙不得好死"，只要不得好死，不管生前有什么样的成就，都会一笔勾销。求得好死，不是不生病而死，人吃五谷自然得百病。所谓好死，是死得其时，死得其所，死得心安理得，非常不容易。

读《易经》可能读出很多小人来，那就完了。有一次过年，我到一位长辈家拜年，他居然把床铺放在客厅——中国人睡客厅就代表要走了。我悄悄问他儿子："怎么让爸爸住客厅？"他说："没办法，我们家每年都会请风水先生来看，这次风水先生一看爸爸的生肖，讲了一大堆事，说这一年都要睡客厅。"我说："这怎么可以？"他说："没办法，我们都不敢讲。"我说："我来讲。"

我跟这位长辈讲："你会选客厅来住一定是有道理的。"跟中国人讲话一定要先说他有道理。他说："对呀，当然有道理。"我说："但是如果明年风水先生要你睡厕所，那你怎么办？"他愣了半天说："那不行。"我说："为什么厕所不能睡，客厅就能睡呢？"他又愣了半天。我告诉他："自古以来我们都是要睡卧房的，你可以在卧房里面调整方位，但不可以睡到客厅来。如果非要睡客厅，脚一定要朝里，不可以朝外。"

讲到这里，我要特别提醒大家，今天的人做学问，高度不够，深度不够，广度不够，很多看风水的人都在乱讲，所以害死了很多人。很多人学《易经》最大的问题就是喜欢道听途说，听凭一知半解的人游走江湖，结果把整部《易经》都毁掉了。

人生真正的目的是要死得心安理得。那么，问题就出来了，人都知道自己会死，但从来不知道什么时候死，当你心安理得的时候偏不死，当你良心不安的时候却死了。现在很多人喜欢批流年，好不好呢？一句话就讲清楚了：批流年就是数馒头。告诉你还有三千个馒头，你就开始慢慢数，一直数到死。我有一个朋友，今年七十几岁，前几天碰到我说："哎呀，一想到就睡不着。我小时候批流年，说我有七十六岁高寿，当时高兴得不得了。现在一看，还剩一年。"这不是自寻烦恼吗？人迟早会死，年岁再高也终有那一天。人生的乐趣就在于永远不知道自己什么时候会死，如果知道什么时候死，甚至怎么死，那活着还有什么意思呢？

人生不如意事十之八九，好人未必有好报，因为经常你认为是好的，结果却是坏的。大部分人一生都在好心办坏事，心是好的，做出来的事却是坏的，那能怪谁呢？能处理好这些，那就叫智慧。

人生是为了求得好死。大家看下面的图就清楚了。其实，我们每个人都缺一角，西方人叫作个别差异。每个人都有缺角，没有缺角就是完人，表示人做完了，要回去了，所以那么急干什么呢？人正因为有缺角，这辈子才有修治的对象，缺哪里就修哪里。如果你缺这个角，却在修那个角，那只会越修越惨。

像这种话,我一讲你就完全通了。为什么?因为我在讲你心里的话,不是看了书再来告诉你。而且我也慢慢发现,这些东西都在我们心里头,人人心中都有一把尺。

修的目的是安,而非造成不安,但现在我们整天都在制造不安,那还修什么呢?有一次,我到一个修道人那里去,他每天都把地板擦得非常干净,可我直接穿着鞋子就进去了,他叫我脱鞋,我说:"那你修什么呢?你应该感谢我,把它踩得不干净,你才有的拖。大家都不来,你还有修的机会吗?"他一句话都不讲了。

所谓知识经济,就是要让人不安。比如,你去买药,说明书第一句话:要在医生指导下服用。那糟了,已经买了,要不要吃?第二句话:吃了之后可能会有各种反应,比如会疼。你还敢吃吗?为什么会这样?就是在推卸责任。看到最后,还有一句话:我又不是神。既然你早知道自己不是神,那就不要装得这么神嘛!

修己安人,要慎始善终。

慎始已经很难,善终更难,因为变数太多。所以,我们要不断反省,只反省一次根本不够。不同的变数来了,要想办法因应,这一个因应完了,另一个又来了,可见不断反省的同时,还要不断提升应变能力。倘若经验不足,又固守老一套,或者一共就这么几套,怎么能适应各种变化?

❖ 学《易经》不只为趋吉避凶

太多人学习《易经》是为了趋吉避凶，如果这样想，那么趋吉避凶就是投机取巧。在《易经》中，趋吉避凶是非常低的层次，它只是手段，不是目的。人怎么可以只顾着趋吉避凶呢？应该做的事，哪怕有再大的困难，哪怕会对自己造成再大的伤害，也要去做，这才是人。现在社会上流行投机，正是因为我们太鼓励趋吉避凶，忘了趋吉避凶还有一个大前提——持正向善。

汉字很有意思，很多字发音相同或相近，意思也相近或相关。比如"善"跟"上"，善就是不断往上。为什么要往上？因为天地之间的气都往上走，然后变成雨降下来，循环往复，万物才可以成活。道理就是这么简单。《易经》之所以叫《易经》，就因为它简易无比。大家千万不要把《易经》搞复杂，否则到最后搞得大家头昏脑涨，谁都不懂。现在流行一句非常错误的话，叫"大自然向人类反扑"，其实根本没有这回事，大自然为什么要反扑？大自然的一切都是善的，它没有恶。一只狼叼走一只羊，是恶吗？大鱼吃小鱼，有什么恶？那都是自然。

自然无善恶，只有人分善恶，那么人活着又是为了什么呢？这是个很关键的问题。《易经》从来没有讲过权利和义务，它告诉我们的只有责任。只要你满脑子都是权利和义务，就不会快乐。孔子的"君君、臣臣、父父、子子"，是说君要有君的责任，臣要尽臣的责任，爸爸要尽爸爸的责任，儿子要尽儿子的责任。人活着，就要修己，尽到该尽的责任。

人为什么要修？就是为了最后离开时无忧无惧。所谓求得好死，一句话就讲清楚了：我们是哭着来的，一定要笑着回去。高高兴兴地回去，没有挂碍，才有意思。

在世为人，我们要珍惜机会好好修行，因为只有人才有创造力，才有自主，能替自己做选择，能掌握自己的未来。心甘情愿，才叫有尊严。中国人只要自己欢喜甘愿，不管你叫他做什么，都不会计较。但是，只要一讲到权利和义务，两个人就吵起来了，这不是自己找麻烦吗？

人怎么修行呢？答案就是积极行善。但这里要特别加一句话：光知道还不行。这些道理很多人都懂，甚至可以讲给别人听，就是从来不做。古人说听其言还要观其行，便是这个道理。

当然，就算有人可以做到，却也经常做错了。

行善有很多条件，其中最重要的一个就是当年达摩跟梁武帝讲的，心里头不要求任何东西。《易经》下经第一卦咸卦是讲感情的，却用"咸"而不是"感"，意思是说一定要把"心"去掉，无心之感才有效，你有心，感不了任何人。所以，老板不可以跟员工讲，我对你这样好，你竟然那样对我！你对他好是你的事，他对你怎样是他的事，不能连在一起讲，否则就表示你有心，你对他好，是希望他对你好，这样的好不真诚。我对你好，至于你要怎样，那是你的事，跟我没有关系，这样对方才会觉得你是真的对他好。

我花了四十年，才发现《易经》所讲的道理都是对的，只是我们自己理解错了，实践错了。我们自己没有搞懂，要怪只能怪自己。大家从现在开始，一定要记住"自作自受"这四个字，这样你的人生可能就会不一样。

❖《易经》是生生不息的学问

西方人做学问做到最后出来一个"分",什么都分,分到最后支离破碎,不管怎么样都整合不起来。比如,你生病去挂号,等了好久终于进去,医生说,挂错了,你应该挂另外一科。你去了另一科,医生还是说挂错了,要挂那一科。等到最后终于挂上对的那一科,医生说,你来得太晚了,来不及了。

老实讲,一个病人能知道自己要挂什么科那才奇怪。以前我们是没有这些问题的,你去看中医,医生给你扎一针,开一服药,就完事了。那么,看中医跟看西医到底有什么不同?一句话就讲清楚了:你去看西医,最后是清清楚楚地死掉,因为西医给你开的死亡证明上,非常清楚地记录着死因;你去看中医,最后是糊里糊涂地活着,你问中医为什么,他会说你活着就好,干吗还要知道为什么呢!事情本来就是千变万化,没有两个人是完全一样的,所以好的西医开药也只给两天量,就是先吃吃看,如果不好,我们再来琢磨。

讲起来很遗憾,全世界最反对中医的就是中国人,这非常有意思。因为近百年来,读书人不懂《易经》,而且还理直气壮地说别人不懂,实在是莫大的笑话。中国人读《易经》,读出一个字叫作"生",生生不息。太极生两仪,两仪生四象,它是生而不是分,西方人会说太极分两仪,两仪分四象,这是完全不一样的境界。

生生不息,才能永续经营。做不到生生不息,就变成西方的学问,叫作discontinuity,即不连续。几千年来,中国都在连续,没有中断,而西方文明是中断过的。

生生不息，用《易经》的四个字来说，叫作"元亨利贞"[1]。元是开始，任何事都有一个开始。开始为什么会亨通呢？因为慎始。在开始前做好充足长久且谨慎的准备，基础打得很扎实，所以很亨通。亨通一定会得到利益，问题就出在这里。中国人合伙做生意，没赚钱时都是蜜月期，一旦赚钱就开始闹意见，要分家，这叫作利不和。那什么叫和呢？就是贞。贞在以前又叫贞操，无论男女，不管做人做事，都要有正当的操守。如果一个人获得的利是正当的，又是大家可以共享的，那么他的路会越走越广，否则自然会越走越窄。

要想生生不息，就必须顺。摆在我们面前的永远有两条路，一条是越走越宽，另一条是越走越窄，每个人都要自己选。

选对了路，接下来最要紧的还是四个字，叫作"贞下起元"。一个人如果能做到贞下还有个元，能重新开始，再次出发，那就不得了，就好比春夏秋冬，每年轮回一次，循环往复，一元复始，万象更新。

大家真的要花一些时间去了解中国文化，比如什么叫作过节。其实节等于劫，过节就是过劫，过得去叫节庆，过不去叫劫难。这样我们才真正明白，过节要庆祝，就是恭喜你又过了一个劫难，还没有死。

古人认为，死亡就是灵魂最后一次离开肉体。为什么用最后一次？因为人的灵魂经常出去，叫作出神。比如一个人坐在那里发呆，你在他面前晃来晃去他都不知道，这就是出神。大概每十五分钟人的神就会跑出去一次，有时候回家看看，有时候跑到外面去，只要能够及时跑回来就行，到了灵魂要永远离开你的时候，就表明你这一辈子结束了。

当然，现代人会追问，人到底有没有灵魂？有一个人理直气壮地跟我讲："我不相信有灵魂。"我说："可以，我接受你的意见，但是希望你照我的话说一遍，你只要说'我是一个没有灵魂的人'，我就佩服你。"

---

[1] 本书中之《周易》原文，以朱熹撰、苏勇校注《周易本义》（北京大学出版社，1992年版）为底本，部分标点、字词和断句，根据作者的释义与分析做了适当修改。——编者注

现代人千万不要跟灵魂太陌生，只会用心用脑而不会用灵。脑是身体的代表，心是意志的代表，容易摇摆不定，所有的问题都从这里出来。一个人只懂得用心和用脑，就会一点儿也不灵光。

懂得用灵的人都看得很开。记住，做人要看开，但是绝不能看透。一字之差，差之千里。看透的人会认为，不管你有多了不起的成就，有多少财富，人都有一死，那干脆什么也不要做了。看开的人则不同，他认为人终究一死，所以不必过分计较利害得失，愉快地完成自己应该做的事就好，至于结果如何，不要太在意。

❖ 人再努力也逃不过《易经》的系统

《易经》是一个完整系统，简单却无所不包。我把它看作一棵树，很多书都把太极摆在上面，一路向下画出两仪、四象和八卦，那是不对的，地气由下而升，才会向上成长，开花结果，所以画卦要从下向上画。

什么叫中华？我们看这张图，下面的太极叫作中，上面这些通通叫作华。所谓万变不离其宗，太极就是宗，是一切的根本。

有人会问，太极是不是伏羲创的？我可以很清楚地讲，所有跟中国人

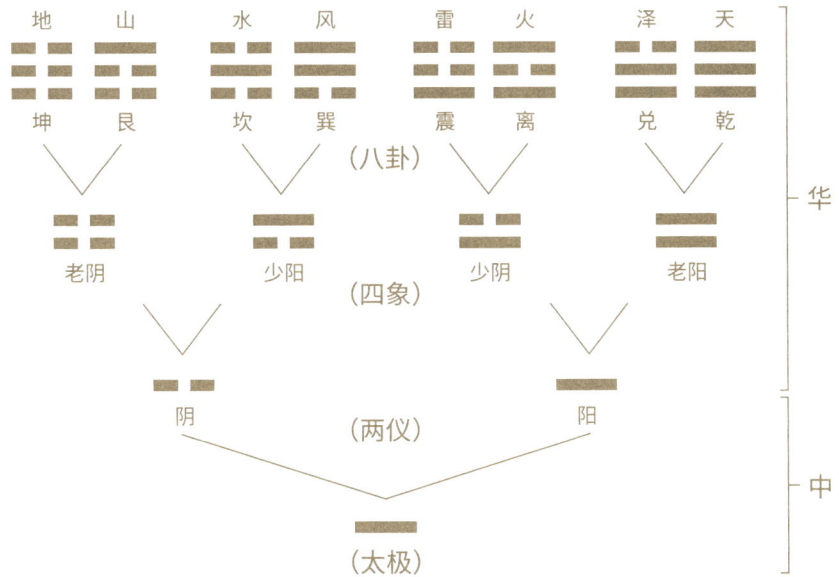

有关的问题，只有一个答案，三个字：很难讲。这是永远讲不清楚的，因为伏羲时代没有文字，他怎么会写太极？但是他明明又把太极的道理给我们标示了出来。

太极这个名称，的确是后人说的。"太"字有两个部分，一个是大，另一个是小，也就是那一点。太极，就是既大极又小极。其大无外，大到没有外面，够大了吧？其小无内，小到没有里面，够小了吧？

举个例子，我们把妻子叫作太太，就因为她大起来比谁都大，小起来比谁都小。做太太的能懂得，该我大时我就大，该我小时我就小，那就是好太太，否则就乱套了。历史上凡是有"太"字的身份都是这样。太监大不大？很难讲。皇帝相信他，他比谁都大；皇帝不信他，他比谁都小。太上皇大不大？也很难讲。皇帝不尊重他，太上皇如同虚设；皇帝尊重他，太上皇就不得了。

这么一张图，对中国人的影响太大了。这个世界到底是一元论还是多元论，西方人争论了两千多年，到今天还没有结果。中国人说，一就是二，二就是一，一就是多，多就是一。《易经》讲数，而数是活的，不是固定僵化、没有变通的。比如，你问一个外国人，那边来了几个人，他会仔细数一数，告诉你七个。可是你如果问中国人同样的问题，他会随便一看，告诉你来了七八个。这才是标准的中国人，我们一定会给自己留有余地。因为如果突然又跑出来两个，算谁的？人是活的，数也是会变动的，现在看是七个，等会儿可能变成八个，又可能溜掉两个变成五个。所以古人说，那些连外面鱼缸里养了几条鱼都清清楚楚的人会短命。那是别人的鱼缸，关你什么事？拼命瞧，浪费了精力，最后一定早早死掉。凡事稍微看一下，稍微听一下，不必那么清楚，这种生活智慧是很有道理的。

中国人是主张一元论还是多元论呢？正所谓孤阴不生、孤阳不长，太极是有阴有阳，阴阳不分，所以中国人主张一之多元论。太极可以生出两仪，两仪收回来还是太极，收放自如，这对我们的影响很大。

举个例子，如果一个员工总是跑到外面去，老板会很生气：整天在外面，公司的事谁做呢？但是员工整天待在公司，老板也会越看越火：整天待在公司，外面的事谁做呢？厉害的员工很聪明，总是站在门槛上晃来晃去。老板问他为什么出去，他会说没有，我刚进来。老板问他为什么一直待在公司，他会说没有，我正想出去。中国人经常这样晃来晃去，有人认为是消磨时间，其实不然，这才是标准的中国人，我在这里，出去是出去，进来是进来，一而二、二而一，非常清楚。

西方人凡事分工都非常清楚，中国人却永远分得不清不楚，因为只要分得清清楚楚，事就办不好。西方人写职责表，一、二、三、四，清清楚楚，写完就是写完，后面没有了。中国人写完职责表，一定会加一条：其他。你把其他去掉试试看，突发状况不把你搞得一塌糊涂才怪。

我们是最懂自然的，不清不楚才能将事做好。这件事你们两个分工，做不好两个都有责任，谁也不要推脱，只要有一个做错，另一个做对也没用。这样大家才知道，中国人是对也骂，错也骂，并非只骂错的。

我经常跟外国人讲，你要想懂中国人，只需要理解这句话：对是没有用的。外国人听了，连夹克都甩在地上：对还没有用？如果对都没有用，难道可以错吗？

我的答案很简单：错，绝对不可以；对，真的没有用。

对有什么用？这句话我们从小听到大，怎么忘记了？你只知道自己对而已，大家也知道你对，可是有什么用呢？说什么是非分明，这是在骗谁呢？实际上，没人绝对对，也没人绝对错。一切都是变动的，你多少有一些对，也多少有一些不对，这样大家才心平气和。

一个人太有魄力，人家就说你专制独断；一个人太好商量，人家就说你优柔寡断；你不干预，他说你闲着干什么；你一干预，他就怪你为什么这么多事……大家要慢慢体会这些。中国社会不像西方，我们不是真理越辩越明的社会。中国人很简单，不讲还好，越讲越乱，讲到最后，大家都糊涂。

西方唯物论和唯心论争了上百年，中国不一样，我们只有一个唯道论，一切都是道在变化。太极跟两仪是分不开的，你一脚踩出去，还要能收得回来，否则这一去就不知到哪里了。所以，中国人往往一只脚动，另一只脚不动，不会两只脚一起动，而且通常是阳先阴后，不会阴先阳后。其实大家慢慢了解乾坤之道，就会发现如今生活中很多事完全是错乱的，很少有人幸福，很少有人快乐。

阴阳再往上分，变成四象。右边是阳，左边是阴，中间有阳有阴。如果不是这样，那就画错了，其实是经常被画错。换句话说，凡是一分出去就有阴有阳的，那就对了，不可能通通是阳，也不可能通通是阴。

什么叫阳中有阴、阴中有阳？举个例子，大家看自己的手指，大拇指只有一根，剩下还有四根手指，这一根是奇数就叫阳，四根是偶数就叫阴。人住的地方，柱子的数目必须是阳的，也就是一根、三根、五根，用偶数就糟了。唐装的扣子也是阳数，可以一个、三个、五个、七个，不能四个和六个，那是寿衣用的数目，这都是非常清楚的事。如果你买了一件衣服，上面有八个扣子，那就是在咒自己。

既然阴阳是分不开的，我们又该怎么判断阴阳呢？

我给大家一个标准，凡是活动性比较大的都是阳，凡是活动性比较小的都是阴。比如，手心是阳，手背是阴。我们都是用手心去面对事物，所以手心是阳，手背是阴。同样，打手的时候，要打手心，不能打手背，打手心是关爱，打手背是整人，因为打手背比较痛，而手心会伸缩。请问大家，你打孩子，希望他的手会缩还是不会缩？如果你要打孩子，孩子就让你打，说明你是很糟糕的，养了这种傻孩子。

实际上，《易经》发展到八卦就结束了，六十四卦只是八卦重叠起来的一种应用而已。八卦，简单明了，而且都是三画卦，没有四画卦。其实，我可以告诉大家，以中国人的个性，当初有阴阳这两个符号时，一定是四画卦、五画卦、六画卦一直画下去，画到最后才知道没有用，还是三画卦最好，八卦已经够用，所以总结出无三不成礼的智慧，一切都到三为止，不再往上了。

大家不要小看中国人的数。很多人说中国人的数是乱讲的，怎么会乱讲呢？三、六、九都各有用意。比如黄花岗七十二烈士，我从来不相信刚刚好有七十二烈士，但再多也叫七十二，再少也是一百零八。这才是中国人，反正数是活的，用什么比较妥当，就用什么。在本书中我们会反复提到"妥当"，这两个字在《易经》里面非常重要。对不对无所谓，妥当最要紧。不妥当，再对也没用；只要妥当，错一点也很好。

❖ 大事看天，小事看人

道家老子讲了一句话，"道生一，一生二，二生三"，很多人都在质疑，因为"二生三"跟数学是不符的，应该是"二生四"才对。可是，大家看前面那张图会发现，四象生八卦就是二生三，画到三画卦就停止。

做任何事，千万记住四个字——适可而止，否则就会徒劳无功。这个止就是六十四卦中艮卦的道理，艮卦告诉我们要知道什么时候该结束了，不要一直上去，如果见好不收，连后悔也来不及。

每个人这一辈子要画什么卦是谁在决定？这就牵涉到一个很常见的观念，我们来讲一下。孔子读《易经》，最后读出四个字："时也，命也。"过去讲究"一命二运三风水，四积阴德五读书"，很多人都听说过，但就是不会解释。千万记住，中国的学问是活的，不是死的，所以这样看可以，那样看也行，没有固定的方向。

首先，什么叫作命？一个"口"，一个"令"，合起来就是"命"。人生都是按照命在走，但这不是宿命论，世上其实根本没有宿命论，你能什么都不做，不吃也不喝吗？那还怎么活？但命是定的，一切有定数，只要搞清楚，就能明白自己该怎么走。最要紧的是知道这个命令是谁在下，西方人说是上帝在下命令，中国人说是我们自己在下命令。中国是人本位，天大地大人也大。

我们为什么要孝敬父母？因为父母是我们自己选的，而有关 DNA 的研究也证明，DNA 是先做好了规划，再选择进入母亲的子宫，可见是我们自己做主，而不是天做主。那为什么我们要感谢天呢？因为天给了我们机会和资源，如果上天不配合，我们这一生是不可能完成的。

命是固定的，无法改变，我们能改的只是运而已。坦白讲，如果你确确实实是好命的话，那就什么都不用做了，问题是没有人敢保证你的命真的很好。我们都是事后诸葛亮，这才麻烦。比如我们常讲"早知道"，那就是一点儿都不知道，等事情发生了才说知道，又有什么用呢？

每个人心里都有一个电台，叫"良心电台"，它是二十四小时运行且全年无休的，却没有人听。它不停呼唤我们不要这样做，但是我们完全置之不理，这就是人类的现况。如果一个人从生到死都没有觉悟，那无所谓，但他偏偏在快死的时候觉悟，那就太惨了。人在临终时，身体会慢慢停顿下来，但意识还在不断地动，我们把它称作倒带，就是把这一生的所作所为倒带播放，那时候就非常可怕了。人临终时，脸色会变来变去，就是证明。你七岁时打了一个同学，这时那个同学会出现，以同样的方式，在同样的部位，用同样的力道打你。

该还人家的一定要还，该给你的也不会亏待你。你做了一大堆坏事，可以求神拜佛来将功折罪吗？没有那回事。到人生最后倒带的时候，你就知道了，但那时候已经来不及了，因为摆在面前的是由不得你自己选择的，这就叫因果。因果不是迷信，只是容易被迷信的人拿去用，这才糟糕。

我们要明白，生而为人，你是你自己的主人，不是别人在做主，你要为自己负起完全的责任。但这个你到底是谁呢？就是你的灵魂。

《易经》有一句非常重要的话，我们会反复提到，叫"自天佑之，吉无不利"。这个"自"不要解释成来自，而是指你自己。天不会保佑任何人，老子讲"天地不仁"，该下雨就下雨，该干旱就干旱，不管你高不高兴，需不需要。老天是为了整个地球的运作，不得不这样。中国人说谢天谢地，是感谢老天给我们机会，但是我们自己要努力。上天不会保佑你，但你自己先努力，上天就会帮助你，这叫作如有神助，好像有神在帮助，实际上主要还是看自己。

真正了解了中华文化，你就会知道，所有一切都要你自己负起全部责任。父母都养不活自己，还怎么养你？政府连自己都照顾不过来，更不会养你。但是，我告诉大家，如果政府真的把老百姓照顾得很好的话，老百姓的自杀率会马上提高，这是很奇怪的事。比如北欧某些国家，福利非常好，从你出生照顾到死，但是自杀率非常高，因为人活得没有意思。人生在世，就是要接受磨炼，要吃苦头，如果这些都没有，干脆死掉算了。

既然命无法保证，只能拿运来补。老实讲，如果命不好，再怎么补运也没有用，但是命再好，有时候也会运不好。什么叫作运？就是运气。人活着就是一口气而已，这个气也是你自己在运。运得好，就叫运气好，运得不好，那也只能怪你自己没有好运。

我们中华民族是不认输的。西方人赢了，欢天喜地，输了，全体剃光头。中国人永远讲一句话："下次你就知道了。"他从来不跟你讲以前，也不讲现在，而是讲以后。从来没有一个妈妈会跟儿子说："儿子，你祖父就是不行，你爸爸也没有出息，我看你也算了吧。"她们只会说："你祖父为奸臣所害，不然他不得了。你爸爸是信错了人，不然很有成就。所以，你要好好争气，绝对不会错。"这么做到底是对是错，大家要自己把握。

有人说，中国人很势利。其实，其中的缘由用一句话就讲清楚了：如果中国人不势利，你会这么争气吗？你之所以这么争气，就是他故意弄得很势利。人在人情在，人不在一翻两瞪眼。中国人非常有人情味，但说翻脸就翻脸，就这样塑造成了我们的民族性之一。这是《易经》留给我们的东西，大家要好好了解。

运气运气，不管你怎么运，都会有差错，因为人算永远不如天算。天算是命，人算是运。就算你再会算，一辈子也难免有那么几次算错，所以要拿风水来弥补。

一天，有人请朱子看风水，他很认真地看了一处风水宝地。有人跟朱子讲："哎呀，你糟糕了，那是坏蛋。你怎么能替坏蛋选这么好的风水之地呢？"朱子说："我这个人要么答应，要么不答应。不答应就没有我的事，既然答应了就该认真看。但是我没有害人，因为他能不能发迹是他的事。"

说得很对，人家叫你看风水，你可以拒绝，可一旦接受了就要好好看。但是，同样的风水能不能发迹是主人的事，这叫作福地福人居。别人说这里风水好，你住进去却厄运连连，那也只能怪自己。

风水之后，就是积德。中国人的事到最后用四个字就能说明，叫作"死无对证"，很多东西都是死无对证，包括积德。一个人自以为在积德，最后却是造孽。老实讲，你给别人钱，到底对不对，真的不知道。比如有些人很穷，但是穷也能努力活下去。可是我们去帮助他们做事，出钱出力，给了太多东西，他们反而更懒更穷了。不帮，只是穷，帮了，反而更穷，这样的案例太多了。

最后，只有读书是真的，其他都是死无对证。但是现在的读书人完全没有用。中国人讲，读书是为了明理，只要把书读对了，找到道理，一切按照道理去走，那一定没有问题。而且一个人只要样样按照道理去走，什么一命二运三风水四积德，通通不必管。问题是，我们永远搞不清楚自己是不是在按照道理走，所以要用积德来补，又搞不清楚是不是积德，所以用这个来补，用那个来补。

大家看上图，一个人自上往下，相信一命二运三风水四积德五读书，叫作天定胜人。自下往上，相信五读书四积德三风水二运一命，叫作人定

胜天。孔子告诉我们尽人事听天命，这些都叫作时，有时靠运气，有时靠风水，有时靠积德，有时靠明理，但就算明理也要随时做出合理的调整。时一变，道理就变，你不灵活不灵光就是不行，那叫作书没有读透。但是有一点我们都很清楚，大事老天在决定，只有小事才是人在决定。

什么叫老天？老天就是自然，跟神佛没关系。中国所有的神佛都是人，关公是人，妈祖是人，玉皇大帝是人，姜太公是人，我们拜的都是人。中国人从来不拜偶像，不拜英雄，我们只拜三种对象，天地、祖先、圣贤，没有人会去拜秦始皇和汉武帝。我们有时候会拜郑成功，就因为他没成功，如果他成功了，我们也不会拜他。这是我们的民族性，非常有意思。怎么会这样？大家可以从《易经》中找到答案。

记住，从现在开始，我们要学会用《易经》来理解所有的现象，而不要用现代的东西去解释《易经》，那是解释不通的，因为现在的我们犯了太多的错误。

❖ 尽人事而后听天命

如果你尽了人事，就不要去管结果。现在我们受西方影响，凡事讲究结果论，连占卜也要结果论。其实，过程才比较重要。

人生来是享受过程的，不是来看结果的。结果大家都一样，住进六尺长、三尺高、三尺宽的棺材而已，那有什么好看的？大家要记住，老天让你有钱，是用钱来考验你怎么过有钱的生活；老天让你没有钱，也是考验你没有钱怎么过生活。你的生意很好，是老天在考验你；你的生意很差，也不过是老天在考验你，看你要怎么办。每一样东西都叫作天考，有这样的观念就对了。有人说这不是宗教的说法吗？没错。如果你用迷信的眼光看，那就很糟糕；如果从道的角度看，那事情本来就是这样。

大家都知道，相当多有出息的人，小时候家境都不好，成功的人常常爱讲年轻时多穷。事出必有因，走到这一步，下一步会怎么样是跑不掉的。当然你可以改，但改变的程度很有限。

我现在归纳成三句话：命可以改，但是非常难，只能非常有限地改。运气是起起伏伏的，没有人能永远拥有好运气，这就是人生。人生就好像踩在一个圆柱形的滚筒上，一会儿是阴，一会儿是阳，相互交替出现。

有的人踩得很小，有的人踩得很大，到底哪个格局大？很难讲。有的人什么都做好了，只缺一个功课，他来这里踩来踩去就完成了。有的人可不一定，因为需要重修的科目太多，样样都要补修，忙得要命。所以，越有成就的人，就是以前欠得太多了，不然那么忙干吗？人家欠得少，悠闲活着就好。

我当教务长的时候,有一天日正当中,我们几个人要去吃饭,有一个校工在扫地,满头大汗。我的同事说:"教务长,你看,多么好的校工。"我说:"日正当中,挥汗如雨地扫地,你还说他好?他肯定不是在替学校扫地,你放心吧。"他如果替学校扫地,十一点半就休息了。他非常清楚,他在替自己扫地,因为他别的功课都修过了,就差一个扫地不及格而已,然后他这次认真地扫,就圆满回去了。

凡是忙的人都是缺角太多,不然轻轻松松过日子就好,何必自找麻烦?有人说要养成忙的习惯才好,那下辈子还会继续忙。要忙到哪一辈子,大家自己去想好了。

中国各省市,上海人的步调快得不得了,四川人没什么事,整天打麻将,可是整天打麻将也没少花钱。有人抽烟,我们总喜欢劝他,你如果不抽烟,钱省下来,不知道有多好。实际上,抽烟要花钱,不抽也要花钱,而且不见得能省下多少。大家觉得奇不奇怪?其实,人这辈子该有多少钱就会有多少钱,你想也是那么多钱,不想还是那么多钱,做也是那么多,不做还是自然会来,只是我们不敢尝试,而且还在怀疑,一怀疑就完了。我们去拜神明,求他保佑,最后心里还有一句话:不可能。这就是自己否定自己。记住,人最大的敌人是自己。

人生就是在踩滚筒,这一步迈小了不算小格局,那一步迈大了也不算大格局,但无论大小,只要往前多迈一步就是失败,只有踩对了点才能成功。可见,成功是偶然,失败是必然。但现在的父母偏偏强求孩子要成功,那只会让孩子糟糕一辈子。

近来有很多人不敢开年会了。我公开讲过,只要你开年会,问题就来了。天道忌满,人道忌全。老天只做一件事:你的钱太多,给你拿走一些;你没钱,给你补一些。就像大海从来不做事,水通通流到它那里去。

有人问我人生是不是白忙活,我已经说得很清楚了,我不在乎中华文化会不会复兴,因为就算我不做它也会复兴,如果它不能复兴,我做得再累也不能复兴,这才是事实。我只是做我应该做的事,除此以外完全没有想法，也不应该有想法。一个人做自己应该做的事，这叫天命。

那么，怎么知道自己的天命是什么？当你做一件事情，做到欲罢不能，做到没钱也要做，做到再辛苦也要做，那就是你的天命。如果还在问赚多少钱，还在问结果怎么样，还在计较得失，那就不是你的天命。

每一个人到世上，要做什么是自己选的。孔子选得很清楚，而且他的理想很好，但是没人理解。他很想做事，也保证只要给他三年时间，就可以把国家治理好，但是没机会。孔子是幸还是不幸？当然是大幸。如果孔子的理想很受大家的欢迎，大家纷纷请他去做官，他就变成周公第二，而不是孔子了。

孔子老说自己梦到周公，就在暗示，如果他像周公一样得到机会，就会飞黄腾达。然而这样的话，孔子什么东西都不会留下来。幸好他什么机会都没有，只能好好教书，找几个学生把他的话记载下来，流传下去，成了万世师表，中华民族的圣人，这当然是大幸。

记住，人只能在有限的空间活着，死后才有无限的空间。大家自己去选，是要求这个空间，还是求以后的空间。中国人说，不要争一时，要争千秋。活着的时间是有限的，所以不要把精力通通耗费在活着上，死后才是无限的，而无限的空间更重要。

第二章 《易经》的中道智慧

❖ 和合中和，共存共荣

《易经》不是一本讲知识的书，否则很早就应该被丢弃了，因为知识的寿命很短，尤其现代，差不多二三十年就有一变。《易经》讲的是智慧，智慧是永远不变的。

什么叫作智慧？其实不用讲得那么神秘，所谓智慧，就是思路，思想的一个路径，思维的一种方式。你是怎么想的，那就是你的思路、你的智慧。比如，同样看到假花，众人的感觉和看法不一样。有人说毕竟是假的，没什么好计较的；有人说虽然是假的，但最起码比真的维持得久一些。

请问大家，如果人类的思路都是一样的，好不好？

答案是绝对不好。

我很少用"绝对"这两个字，但该用时还是会用。同样是花，有人认为白色漂亮，有人认为紫色高贵，有人认为黄色明艳，各花入各眼，才会有各色各样的花。如果每一个人都说红色漂亮，其他都不漂亮，那世上就只剩下一种颜色的花。

同样的道理，文化也是不能整合的，也无法保持一致。人类如果只有一种文化，铁定要毁灭。现代生物学告诉我们，生态要多元，才会生生不息，如果只剩一元，那这一元也绝对活不了。

天生万物，各有特性。牛有牛性，马有马性，最好不要加以改变。唯独人类，个个都具有相当的弹性。可以说，只有发挥弹性，活出个体差异的人，才算是"活人"。可是，我们的教育反而忽视了人类原有的个别差异，用统一的教法、一致的标准扼杀了每个人的弹性，该给的不给，不该给的全给了，完全不合理。

什么又叫作合理呢？

若是站在个人的立场，那就是公说公有理，婆说婆有理。立场不同，看法便不一致，往往很难协调，结果很容易各行其是，各怀鬼胎，到最后强权就是公理，那世界永无安宁。

《易经》给我们指出了另一条道路，即站在天地自然的立场，遵循天地自然"致中和"的原则，从自然的规律中找到人类社会的伦理法则。自然那么有秩序，是谁在管呢？伏羲氏说，自然并没有什么特殊主宰，而是阴阳二气的互动，自然地孕生万物。如果他当年说是神在管，那我们就产生宗教了。我们把天地自然的中和原则推广到人类社会，就是和而不同、存异求同、和平发展、共存共荣。人类所有问题，都可以这样遵循天理，顺应人性，配合各自的特性，做出合理的调整。

人类天生有不同的肤色、体形和面貌，便是暗示人类可以依据不同的需要，过着不一样的生活，并不是"只要我喜欢，有什么不可以"，而是"只要合理，就没有什么不可以"。乡村有乡村的生活方式，都市有都市的生活情调，各有所安，各得其乐，才合乎自然法则。现代人鼓吹乡村都市化、都市乡村化，自以为聪明，把住的地方和工作场所隔开，弄得大家疲于奔命，不但妻离子散，而且增加了许多交通成本。既然各地的景色不一样，配合当地的资源，发展出不同的特色，多元化发展，岂不是多彩多姿？为什么一定要盲目向他人学习，弄得丧失自己的特性，却又学不像别人？

自古以来，农不可与商较利，贫不可与富较财，难道我们真的能够加以改变吗？其实，富人有富人的乐趣，也一定有让其提心吊胆的忧虑；穷人有穷人的苦难，也必然有让其问心无愧的坦然；站着的人看坐着的人舒服，坐着的人却认为站着的人比较自由。要过什么样的生活，应该是每一个人都拥有的权利，只是不要忘记，要享受这样的权益，必先善尽自己的责任：以道德为根本。人与人各凭良心，推己及人，彼此尊重，互助合作，保持应有的弹性，才是真正的大同小异的世界大同。

❖ 中道的智慧

一、中就是合理

《易经》主张中道思维。中是百发百中而又恰到好处，现在叫作合理，中道就是合理化的途径。《易经》全书大量提到的"时中"二字，是中道的目标，即"每时每刻事事都合理"。

然而，一件事合不合理，实在很难讲，大家立场不同，角度不一样，看法便不相同，怎么讲都对，怎么讲却也不对，所以孔子读了《易经》之后，提出无可无不可的主张，凡事都没有固定答案，既不必急于赞成什么，也不必强烈反对什么。乾卦《文言》说："利者，义之和也。"义就是适宜，对不对是一回事，适不适宜又是另一回事，单凭对不对来做事，往往并不适宜。这两个观点都与《系辞下》的"不可为典要，唯变所适"相呼应，要避免争端，就不该拘泥于定规，只要按适合的方式不断变化，求得互利互惠，一团和气，大家自然乐于接受。

中道的中其实有三种形态，一是"未发的中"，二是"已发的中"，三是"既定的中"，最好分辨清楚。

未发的中，表示情况尚未明朗，还处于混沌状态，说得坦白一些，便是各种利害关系都看不清楚，大家心里喜怒哀乐的情感也没有发动，心是平静的，既没有成见，也没有歧见和偏见，当然合理，不致引发纷乱。

已发的中，则是情况逐渐明朗，有些人看是这样，有些人看是那样，一方面固然由于仁者见仁，智者见智，另一方面也有私心作祟，成见和偏见纷纷出现，分歧不断。这时必须用"和不和"来判断，和即中，不和便不中。我们常说以和为贵，便是合理地致和，非常珍贵。

既定的中，是经过协调取得妥协的合理。人群之中有不同的主张，必须好好商量，寻找此时此地大家都"虽不满意但尚能接受"的合理点。既定的中有不同的方式，同样由当时当地的人视情况而定。

未发的中、已发的中和既定的中，影响到人们的思维，又产生了不一样的思维方式。全世界每个国家都有不同的看法，每一个人都有不同的观点，主要原因就在于思维方式的不同。全世界有很多种思维方式，但归纳起来又不外乎三种，分别为一分法、二分法和三分法，它们在日常生活中随时可见，实在十分有趣。

二、善用一分法的人很可爱

未发的中代表一分法思维。凡事看到了或听见了，不分青红皂白，也不经过思虑，便贸然"相信"或"不相信"。拥有一分法思维的人，本身没有意见，反正别人说什么他都这样，像海绵体一样吸进来。别人问："到底有没有鬼？"他说："有。""你怎么知道有鬼？""大家都说有鬼，所以当然有鬼。"很多人都是这种态度，很可爱。

初看起来，一分法好像十分愚昧，简直没有是非之辨，实际上是我们用错了。《中庸》说："喜怒哀乐之未发，谓之中。"只要内心平静，能够不表示意见，就不说，反正说了也没有什么用，说跟不说并没有两样，相不相信都不会产生影响。倘若一定要表态，那就只好看是谁说的。我们常常听到一句话，就赶紧问是谁说的，然后根据这是什么人来判定可不可信。说难听一点，在中国社会，若是搞不清楚一句话是谁说的，怎么敢表示相不相信？

情势紧张，一致对外时，当然要立即表示相不相信，难道还可以考虑吗？集体意识，团队精神，这时候不表现更待何时？大是非之下不容许有小是非，不是吗？

好领导十分难得，自己有幸遇到了，对于领导的指示，能够不相信吗？方便说"让我再想想看"吗？当然，我们可以当众表态，而利用机会私下向领导据理力争，再怎么说也不应该当众表示异议。我们常常讨厌马屁精，但有些马屁精未必是真的。

还有，父母至亲，即使做错事，我们可以当着他人的面，表示相信或不相信吗？父为子隐，子为父隐，是孔子认可的人情味，难道一点道理都没有？自古以来，国法人情难论，何况是亲情！子女出面检举父母，除非父母是卖国的汉奸，否则人家会怎么评论你？大义灭亲当然是必要的，可什么是大义？如果谈不上大义，又该怎么办呢？还是凭良心论断吧！

三、僵化刻板的二分法

既定的中代表二分法思维。经过思虑、分辨、判断，自己来分是非，务求是非分明，对就是对，错就是错，其实这是错误的，最容易僵化刻板。在六十四卦中，纯阳卦和纯阴卦都只有一个，其他六十二卦都是阴阳交错，可见世间是非大多是相对的，很少是绝对的。但二分法思维现在非常普遍，也是可怕的陷阱，多少人跳进去，一辈子不出来，所以必须多花一些时间说明。

老实讲，人类基本上是没有资格是非分明的，原因有三。

第一，人类的认知很有限。哪怕你拿了几个博士学位，还是很有限。懂天文的不懂地理，懂地理的不懂艺术，就算艺术懂了，体育还是不懂，没有什么认知无限。当然也有普遍了解的人，可毕竟很少，大多数人根本搞不清楚，怎么分呢？

第二，人类的选择能力很贫乏，经常会选错。你这辈子只需选一个，结果七选八选都没有选对。我们常讲一句话，叫作"早知道"，就因为不知道，选错了，才会说早知道，可是又有什么用呢？

第三，人类的判断能力很薄弱。可以用老师来举例，小学老师多半只有对与错，中学老师多半是"课本说对就对，我也不知道"，稍微有一点弹性，因为他知道自己没能力分是非，但最起码教科书这样写，就这样教吧。我们常骂这种人是典型的死脑筋、一刀切、脑筋拐不了弯，可正是我们的教育把他教成这样的。

大多数人充其量只能慎断是非。那些知道得多的人，反而有所顾虑，生怕考虑得不够周全，因此说起是非来，总显得比较保守；偏偏那些不懂的人和知道得不多的人，更喜欢以偏概全，说起是非来，更是"没有人比我更清楚"，看似是非分明，其实不是太鲁莽，便是太不负责任。

四、从很难讲到看着办

第三种思维方式是三分法，叫作是非难明，根本没有答案。一切随时在变，对会变错，错会变对，为什么要急着下判断、做决定？何况是非难明，凭自己的实力还无法正确分辨是非，不如再等等看后续的变化，再决定信或不信，岂不是更合理也更安全？

相信大家已经很清楚，中国人很讨厌是非不明的人，但也不喜欢是非分明的人，但凡是非分明的人，人际关系都很差。世界上有各式各样的情况，没有办法完全用一种方式代表。所以，你问一个聪明的中国人什么问题，他往往会回答三个字："很难讲"。没有一件事是好讲的。那怎么办？再用三个字化解——"看着办"。有时候要这样，有时候要那样，看情况做适当调整，灵活使用，很了不起。懂得很难讲、看着办之后，再记住第三句话："平常广结善缘。"不管日常生活还是工作职场，能帮助人家就要帮助人家，因为你永远不知道自己什么时候会碰到什么事。

老子说："道可道，非常道。"先说很难讲，然后才开始讲，中国人就是这样，先说不知道，然后才告诉你。这是从《易经》得来的智慧。我们经常不明言，讲话都点到为止，不会讲得很清楚，因为讲得很清楚跟讲得不清楚都不对，这次认为对的，下次可能是错的，本来一切都在变动，对错难讲。

中国人听到一句话，会先问是谁说的。如果是甲说的，那就对；如果是乙说的，那就不对，一切随机应变，永远可转弯。比如，发生泥石流，到底是大事还是小事？如果你说是大事，他会说，连这个都算大事，你这么没有魄力，以后怎么办？如果你说是小事，他会说，连这都叫小事，那什么才叫大事？这样的例子实在太多。我以前在交大教书，新竹市市长是交大校友，请我去讲课，我提出一些要求，他马上跟部属交代："曾教授讲得很对，马上去做。"部属说："做是可以做，但没有预算。"市长说："没有预算，该做的也要做。"这才是标准的中国人。

我们试着用三分法来剖析一些问题。

请问大家，我们的观念要不要改变？用三分法来看，真正的答案只有一个：看状况。比如，做生意要赚钱，对不对？你说当然对，那就是二分法；你说不对，做生意是不赚钱的，还是二分法，而且谁又会相信你呢？正确的答案是：做生意是要赚钱，但还要顾虑到良心。任何一句话，一定要有"但是"，要有条件，阴阳不能分割。

再比如，饿了要吃饭，对不对？你看，这么简单的事，我们都不敢说对。当一个人饿的时候，你不能马上给他东西吃，他会撑死的。所以，一个很饿的人，你拿个鸡腿给他，是准备害他。你只能给他喝一点点稀饭，不是舍不得，而是为他好。

记住，《易经》六十四卦表示每一件事都可以有六十四种不同状况，不能一概而论，否则就太粗糙、太鲁莽、太幼稚。现在常听许多人讲，21世纪需要新的观念，这是典型的二分法。有些观念是要改变的，有些观念是不能改的，不管隔几个世纪，永远不能改变，就算要改也只能调整，不能完全变掉，比如勤劳、节俭、负责、认真。我们如今一直想变，变到最后，连自己的根都没有了，这是要命的事。我研究了四十年，发现中国人的这一套传统最好不要丢掉，更加不能改。丢掉，太可惜；改了，太糟糕。天底下最好的东西就是中国人这种传统的思路，你还改什么呢？

❖ 在生活中运用三分法

三分法最麻烦,但也最灵光,而且最适合现实。

那么,在日常生活中,三分法思维如何应用呢?

举个例子,一个媳妇买了只鸡,放了一些香菇,煮了一锅香菇鸡汤,很高兴,大声问婆婆:"婆婆,你要不要喝香菇鸡汤?"请问,如果你是婆婆,会怎么回答?你会回答才怪。那个婆婆跟我诉苦:"我那个媳妇好心问我,我心里想糟糕了。我回答要,丢儿子的脸,好像我这个婆婆从来没喝过这么香的汤;我说不要,他们小两口就喝光了,我没的喝,那也不行。"所以,这个媳妇就不应该问婆婆喝不喝。《论语·为政》讲得很清楚:孝而不敬,就是不孝。如果奉养父母没有敬意的话,跟喂一匹马、一条狗有什么不同?如果叫公公婆婆吃饭,只说一句"来",那跟喂狗有什么分别?

如果你是媳妇,要怎么办?用三分法的思维,你可以把汤盛好,端到婆婆房间,问:"婆婆,我不知道这个汤好不好喝,因为我没有经验,你喝喝看,点评点评。"让婆婆很有面子,她才会喝。你让她没面子,她宁可不喝。现代人不懂这一点,所以才会拼命怪婆婆脾气不好架子大。

再给各位说一句非常熟悉的话,这句话如今被严重误解,而且引起很多争论:"天下无不是的父母。"这是圣人说的,圣人会说错话吗?你比圣人还了不起吗?如果这一句话不对,老早就不见了,怎么会传到现在?我告诉各位,凡是会传几千年的话,多半都有它的道理,只是我们没有完全理解,是我们解释错了。

这句话应该这样解释:天下父母都是人,是人就一定会犯错,只不过站在子女的立场，没有权利去说，没有资格去说，心里知道父母不对，嘴巴却不能讲，这就叫"天下无不是的父母"。

中国话没有那么容易懂的。举个例子，妈妈有天跟儿子讲："儿子，端午节快到了，你都好几年没有升官了，你要去送礼啊，不送人家会提拔你吗？"你作为儿子该怎么办？如果你讲："妈，现在时代不同，大家都在反腐，你叫我送礼，不是害我吗？"这话百分之百对，但就是不孝，因为父母再怎么样，也把你养大成人，你现在却反过来教训父母，对吗？子女没有权利教训父母。现在很多人读了一点儿书，回家就教训父母，这是不对的。

我们既不能听从妈妈的话去送礼，又不能当着她的面教训她，那只好走第三条路，这条路是非常灵光的：妈妈讲的话永远是对的，只不过下面有个尾巴，不一定听她的就对了。

比如，妈妈把手上的金戒指拿下来说："我没有别的东西，你把这个拿去变卖，赶快送礼。"

你就说："好。"然后把戒指好好收起来，没有行动。

如果之后妈妈也没问，那就不了了之。

如果妈妈问起来："儿子，端午节都过了，你到底送没送礼？怎么送礼都没有消息呢？"

你说："妈妈，我去打听打听。"你会去问吗？根本不会，可你回来却说："妈妈，我打听到了，所有送礼的人，不是被调到外省，就是被降级了。"

妈妈说："真的？那我不是害了你吗？"

你说："你没有害我。因为我去金店卖金戒指时，老板说这是你妈妈的东西，怎么可以卖呢，所以我就没敢卖。而且人家不敢买，我怎么卖呢？我又听说送礼很危险，所以就留下来了。"

妈妈说："你真是我的好儿子，幸亏你没有送，不然妈妈晚上都睡不着了。"

你看，这样就把问题化解了，为什么非要表示自己很能干，表示自己比父母还懂事呢？我们应该把所有问题，当着所有人的面，很圆满地化解掉，而不是总觉得别人错自己对。

我年轻时不懂事，老板打电话问我现在有没有空，我想，老板问我有没有空，我只能说有。然后这样几次，我就惨了，因为大家都在传，老板讲了，这个曾某人整天不办事，每次打电话给他，他都有空。从此以后我就知道，不能说有空，所以都改口说没空。结果不久之后老板当场就问我："你摆那么大架子干什么？对我都敢讲没有，那对别人还得了？你给我滚过来。"

后来我终于懂了，老板问你"现在有没有空"，你说有或没有都是死路一条，应该回答"我马上来"。我马上来就好，你管我有没有空，这就厉害了。

我们再举一个复杂点的例子。

有一天，李叔叔来找你。请问，你要不要见他？你心里马上盘算一下，他来找我干吗？然后一想，他八成是来打我的。怎么办？出去见他，那他马上就打你，你不倒霉了吗？如果躲起来呢，他会永远在客厅等你。所以，唯一的办法是叫你的儿子出去告诉他，你不在家。可是，如果你的儿子被你训练得是非分明，他会觉得爸爸怎么这个样子，于是出去就讲："我爸爸在里面，叫我出来告诉你，他不在家。"你肯定气死了，说这个笨小孩儿！如果你的儿子有这个脑筋，他出去会说："我爸爸不在家，你有什么事吗？要不要我转告他？"可是我们不会教孩子。

我们来用三分法模拟一下妥当的办法。

你叫孩子去告诉李叔叔自己不在家，客人走后，你一定要把孩子叫过来，问他："我明明在家，为什么叫你去说我不在家？这是什么意思？"然后一定要告诉他原因，不然他会一辈子受害。

孩子会有一个答案，很有趣，他会说："你骗人。"

你说："我怎么会骗人？你从小到大，我都教你不能骗人，怎么我自己反而在骗人？"

孩子依旧会讲一句很有趣的话："小孩子不可以骗人，大人可以。"

你说："根本不是这样。小孩子不可以，大人更不可以！"我们整天学辩证法，却不会用在生活上。

孩子问:"那你为什么要这样做?"

你可以趁机教育他:"平常李叔叔见我,我都很高兴,但这一次我猜测他是来打我的。那我是出去被他打,还是躲起来比较好?当然要躲起来了,可是我自己出去告诉他我要躲起来,我躲得掉吗?"

孩子说:"那当然躲不掉。"

你说:"那怎么办?只有你出去告诉他,我不在家。那这样算不算骗人?"

孩子会说:"不算骗人。"

你说:"明明是骗人,怎么不算骗人呢?"

这样讲完,孩子的思维就打开了,他会讲一句非常有智慧的话:"爸爸,这个不能怪你,这完全是李叔叔做人太不像话。人家明明在家,都不愿意跟他见面,他要检讨他自己,跟你有什么关系?"

你可以鼓励他:"你很了不起,终于把这条线搞懂了。"

这就是三分法思维给我们带来的方便跟乐趣,大家要去体会,同时也要知道,它可以创造很高的价值。

❖ 在工作中运用三分法

中国人这种三分法思维的包容性很强，它同时也包含了一分法和二分法，因为《易经》主张"唯变所适"，该用三分法时就用三分法，当二分法比较合理的时候当然用二分法，倘若非常时期用一分法最妥当，用又何妨？无所不包，这才合乎中道思维。

具体到日常工作中，该怎么将它发扬出来呢？

一句话：用三分法思考，用二分法决定，用一分法执行。

一件事，要多方面考虑，两方面兼顾，四面八方听一听，这些都需要时间，所以不能快，尤其急事更要缓办，即使心中有数，只要时间许可，仍然要再想得周全一些才妥当。但是，一旦做了决定，就要干脆利落，用二分法表达出来，大家才听得懂。否则扯来扯去，含糊不清，举棋不定，说了等于没说，不是急死人，便是浪费时间。二分法是结果，而不是过程。等到大家一致同意，就要采取一分法，抱持"已经决定的事，照着去做就好"的心态，同心协力，执行力才会强。

我当老板，在没做决定以前，很民主，完全听大家的意见，对错没有关系；可一旦决定了，我又很专制，任何人都不要说话，就照决定执行，不要再给我提东提西，没有什么民主可言。可惜，很多人刚好相反，没做决定以前，大家不说话，都在等你说；一旦决定了，大家七嘴八舌都在说，这样永远没办法做事。

"一兼两顾"，这四个字是没办法译成英文的，外国人根本没有这种思路，听也听不懂。中国人永远要一兼又二顾，你说我民主，我的确很民主，你说我专制，我也的确很专制，关键在于次序。《大学》说："知所先后，则近道矣。"先后次序搞错了，那就完了。

我在交大教书，每学期会分两次考试。第一次是在第一堂课，我会发一张白纸给所有同学，上面有三道题。

第一题：你这学期打算拿多少分？你自己说。你写多少，我就给你多少。

第二题：你凭什么拿这么多分？你自己说。你说得出来，我就给你；说不出来，不要怪别人。

第三题：你到底想学什么？

这样，学生拿我一点儿办法都没有。不然他会抱怨我，该教的没教，不该教的乱教。就这三道题目，他们搞了两个小时，刚开始写六十分，后来不行，写七十五分，也不行，改来改去，还没有做好决定。

第二次考试在期中，也是每人发一张白纸，出三道题。

第一题：这半个学期的学习中，你认为最重要的三个问题是什么？

第二题：解答这三个题目，自己出题自己答。

第三题：把分数打好交给我。

这就是无为，清清楚楚。我也会给零分，有学生不服，来找我，说："按照要求写了，怎么还得零分？"我说："你那三道题目都是我没有教的，可见你根本没来上课，当然零分。"他没有话讲了，而且心服口服。还有得五十分的学生，他更生气。我说："你那三道题都是我讲过的没错，但都是同一个礼拜讲的，可见你其他几个礼拜都没来。如果你来了，那你应该照顾好自己，把它们分散一点儿，怎么老出同一周的内容？"他也没有话讲。而且，我叫学生交卷时，按照学号排好，所以学生虽多，记录却很快，不仅整理好了，连成绩都打好了。

有一次，我问他们："如果你成绩很好，同学都来问你是怎么学的，怎么回答？"有的同学很正经："我会告诉他，上课注意听，下课到图书馆找参考资料，考试前充分准备，成绩才会好。"我跟他讲："你的人际关系很差。"他说："老师你怎么知道？"我说："你的答案就表示你的人际关系很差。"

前面说过，中国人很讨厌听这种真话。别人问"你是怎么学的"，你立即说这样那样，他心里会想："稍微赞美你一下，你就以为是真的，还说了半天，其实你的成绩有什么好的！"你就完了。

大概上了半个学期，我再问同样的问题，因为这样才知道他有没有进步。他回答说："运气很好。"他的人际关系也改善了。有一个完全死脑筋的同学跟我说："老师，这样不对，我们是在骗人。"我说："谁知道你在骗人？你说因为运气好，没有一个人会相信。什么运气好？你是上课注意听，下课去找资料，考前充分准备，才成绩好，你没讲，但是大家都知道。"中国人就是这样，你不讲，他都知道；你讲了，他都不信。

我提醒大家，要跟中国人讲话，最好让他自己讲，你不要多讲。因为他讲的算，你讲的不算。会讲话的人都是让对方讲，自己多听，你讲了也没用，他根本不会听。中国人的话是看的，不是听的。话怎么看？看他怎么说，看他在说什么，这最厉害。大家慢慢体会。

现在我们很爱讲尊严。什么叫尊严？就是自主。一个人没有自主就没有尊严，中国人老是觉得"我说的算，你说的不算"，道理就在这里。跟中国人相处，要懂得设计。中国社会，就是大家设计来设计去，设计到大家都高兴，轻松愉快，这也是一阴一阳之谓道。

比如你当主管，把工作分给下属做，他会气得要命："老找我麻烦，不会找别人做吗？"可是如果你不给他做，他也会气得要命："看不起我，认为我不会做吗？"

我年轻时已经懂得这些道理，所以当主管当得很轻松。上面交代我一件事，我心里知道给谁做合适，但不会讲出来，因为讲出来他会抗拒。大家将心比心就知道了，你的主管交给你新的工作，你会接受吗？不会。如果你哪一天去跟主管说："主管，有什么新的业务可以让我做？"所有人都怕你，认为你不安好心。可见，你有诚意很好，但有时候也很糟糕；你没有诚意，那更糟糕。中国人是心里有数，但不能讲。

我要给老张做，就把老张请来，说："我知道你很忙，但是这个工作我想了半天，不知道给谁做比较好，请你帮我一个忙，替我想想给谁做最好。"十有八九他会说："我宁可自己做。"我说："那你忙得过来吗？"他说："还好。"我说："你千万不要太累。"他就拿走了。问题化解了，简单明了。

倘若你不这样讲，而是一上来就明说这个工作一定要他做，他就会说："为什么要我做？我已经够忙了！要我做，那我拿一个跟你交换……"没完没了，还搞得都不愉快。

你的话讲得太直，他就开始怀疑你。长久以来我们都误会了孔子所讲的直，其实在工作、生活中，两点之间曲线最短，而不是直线。所有的学问都在太极线上，这条太极线是非常高明的，但是我们读书都读错了。做人要诚实，做人要实在，这些话我们都解释错了。

孔子的话，现在全世界都在讨论，比如"父为子隐，子为父隐"，爸爸做错事，儿子要替他隐瞒，儿子做错事，爸爸也要替他隐瞒。你爸爸偷了人家一只羊，警察到你家问，你要怎么回答？孔子说，你要跟警察讲，你爸爸不是那种人，他绝对不会偷羊。现在很多人都在讨论，为什么孔子要撒谎？明明是你爸爸偷的，为什么要说你爸爸没有偷？

老实讲，如果儿子逃回家来，后面有人追赶，说他偷东西，爸爸如果说是，那儿子一定恨死爸爸了。爸爸应该说："我儿子不是那种人，你回去搞清楚再来。"等他们走了，把门一关，爸爸才开始骂他："怎么回事？又偷人家东西！"

你爸爸偷了人家的羊，你会主动到派出所举报吗？那你从此就不要做人了。连爸爸都会出卖，谁还会觉得你可靠？其实孔子的答案很简单，你爸爸偷了人家的羊，别人迟早会知道，用不着你当儿子的出面，你那么急干什么？这是非常简单的道理。

我是学工科的，接受过比较完整的科学系统思维训练，所以才会把《易经》看似乱七八糟的东西整理出来。其实，《易经》有条有理，是以前学文的人在文字上七搞八搞，搞到最后跳不出来。当然，这不是说学文的不好。《易经》告诉我们，含含糊糊不是糊里糊涂，这是完全不同的。难得糊涂，但不能真糊涂，大家要好好体会。

❖ 差不多是高明的智慧

前面讲过,《易经》只有一个纯阴卦和一个纯阳卦,其余六十二卦都是有阴有阳,一眼看过去,会感觉它们都差不多,变化非常小,但其实影响非常大。中国人"差不多"的观念就是从这里来的,差不多是一个高明的智慧,可惜被一篇文章整个抹杀掉了,那篇文章就叫作《差不多先生传》。

学科学的人都知道,品管有上下限,所有良品都差不多,今天叫公差。比如所有的灯都差不多,虽不是完全一样,但只要在公差范围之内,都可以接受。实际上,差不多就是不能差太多,而那篇文章解释说,差不多就是差太多,好好的东西完全被扭曲了,非常糟糕。

```
          差太多
    ─────────────── 上限

       (差不多)(公差)

    ─────────────── 下限
          差太多
```

举例来说,你想从我这里得到五千块,我给你五千块整,你会说差不多,我给你三千五百块,你还会讲差不多吗?一定是怎么差这么多!一个人讲差不多,意思就是刚刚好,我们要从日常生活来了解中国人,不要被扭曲的东西带偏了。

我是学工科的，会刨木头。当刨得很好的时候，别人会问："你功夫怎么那么好？"我就回答："差不多而已。"一个人书法写得很好，不会说自己写得很好，而会说"这张还差不多"，意思就是很好了。

中国人不会让自己得满分，因为天道忌满而人道忌全。你的水太多，老天就把你的分给别人一点儿；你的山太高，老天就让它崩一点儿下来；你的口袋空空，老天就让人家的钱飞到你这里一点儿。天道忌满，所以满招损而谦受益。

差不多，要出乎自主，差不多还是差太多，由每个人自己决定。大家慢慢会发现，中华文化不主张给人压力，我们现在学习西方，结果给了人们很多压力。

很多外国人不了解中国。我在国外时，他们常问我问题。比如："你们一个礼拜七天都在工作，是不是？"我说："是。"他们问："这样不会累吗？"我说："还好。"他们说："哪有这样的事？我们一个礼拜工作四五天都累得要死，你们工作七天不会累，一定是在偷懒！"我说："我们工作很认真。"他们说："那更不可能。"我就告诉他们："中国人不管任何时候都很认真，但是随时可以偷一下懒，稍微偷一下懒就好了，那么认真干什么？"这样去想，我们其实是进退自如。你一限时，他的精神就紧张，我们现在就是不懂得这个道理。

我当主管时，跟部属很容易相处，因为我给他们很大的弹性。我叫他们写一个报告，会告诉他们，这个报告要给谁看，要写多少字，写完放我桌子上就好，不用找我，大家都很轻松。很多人不是这样，主管让下属去写报告，下属回去写了一千三百个字，主管气死了，说写那么多干什么。下属就知道了，下一次写了三百个字，主管又气死了，写三百个字我怎么去跟人家讲？这是谁的错呢？下属很多事做完都会去找主管，可是又经常找不到。我跟下属讲得很简单，人不在，放桌子上就好了。

抓不住要点，就会搞得彼此都很累。你要把重点说清楚，而不是想到就做，没想到就不做。我们一定要合乎人性，你有精力时就多做一点儿，累了就休息一下,没有关系。但是现代化管理不容许这样,再疲倦也要硬撑,精神再好该下班就下班,搞得人像机器。我喜欢讲一句话:"现代化管理,就是把原来人做的事交给机器,而把机器做的事交给人。"是不是这样?现在很多东西的设置都是非常没有人性的,而人整天看整天用,也慢慢变得没有人性。

自主是合乎人性的,被动是不合乎人性的,所以凡是发号施令的主管,通通不是好主管,因为他让下属没有自主。现代化管理使人丧失人格,只剩下可怜的位格。它不管你是什么人,只管你是干什么的,那就完了。大家想一想,现在的职员有什么人格呢?

我年轻的时候,上过很多课,教过很多学生,我发现很多道理都没有传承下去,真是白教了。我给护士上课,跟他们讲,他们都是专业的,但是完全不懂得什么叫作人性,他们的眼睛里只有病人,没有人。比如,今天王伯伯要打针,你会很早在外面叫:"王伯伯,该你打针了!"王伯伯在里面就紧张起来了,还没有打,就感觉已经快死掉了。这就是把他当病人,没把他当人。

应该怎么做呢?你进去说:"王伯伯,医生说你的病已经快好了,不必再打针了,不过他又交代说,如果你要更好一点儿,还是再打一针吧。"他就会开心地让你打,就差这么一点点而已,为什么不打呢?其实,很多病人都是被医生联合护士给"整死"的。身为医生,满脑子都是病人,没有人的存在,是不可以的。你要因为他是一个人而尊重他,而不是因为他有什么职位而尊重他。然而现在恰恰相反,他是总经理,你毕恭毕敬;他是清洁工,你就瞧不起。

我常常讲,很多总经理一退休就变成"总不理"。中国人最清楚,你现在在这个位置,是总经理;一旦卸任,所有人看到你,都假装没看见,能闪就闪,总不理。所以,要看一个人到底行不行,就等他退休以后,看他跟老同事用怎样一种方式互动。

我非常佩服台糖(台湾糖业公司)的一位总厂长,他退休十年后,有一天我陪他回老单位，好多人老远就跑过来，说："总厂长，您来了，太好了！"我跟他讲："你做人很成功，不然人家老远看到你就走开了，干吗理你。"人在的时候，不知道是好是坏，退休以后，别人对你怎么样，那是一目了然。《易经》讲得很清楚，不管你在什么位置都要记住，自己本来是个人，虽然现在在这个位置，但随时会变动，不要太骄傲。

差不多，最能够舒缓压力。现代人压力很大，就是因为来自外在的硬性规定太多。

下面讲的这几个智慧是中华文化的特色，现在通通被污名化、被扭曲了。

第一个，马马虎虎不马虎。中国人讲马马虎虎就是很好的意思。"你的画画得那么漂亮""没有，马马虎虎而已"；"你很会做工作""没有，马马虎虎"。中国人自主地讲出马马虎虎的时候，那是好意，没有恶意，但是马虎就是恶意了。"你怎么那么马虎"，就不是那么好听。马马虎虎很好，但是不能马虎，这两个要分开。

第二个，糊里糊涂不糊涂。那个人糊里糊涂很可爱，但是一点儿都不糊涂。

第三个，差不多，不差太多。

第四个，自主才有尊严。大家好好去想一想，当一个人用二分法的时候，就是让别人没有尊严。

第五个，自动才合乎人性。

小时候，每次放学回家，爸爸都会问我当天有没有考试，考了多少分，我想大部分父母都是这样。我慢慢摸索出来，当我考得好的时候，回去不会先说，因为他反正会问，我急什么？如果一回来就说"我今天考得很好"，爸爸会很不高兴："考得好又怎么样，考得好是应该的。"如果我考得不好，我就要先说话："爸爸，今天考试了。"爸爸说："考得怎么样？"我说："全班都不及格。"先打预防针。爸爸说："怎么会全班都不及格？"我说："老师也觉得很奇怪，从来没有过。"爸爸说："那你到底考了多少分？"我就拿给他看，只考了五十分，可是爸爸很高兴，跟妈妈讲："你儿子考了八十分，因为全班都不及格，五十分就是八十分。"

　　该先说的一定要先说，该后说的就不能先说。"知所先后，则近道矣"，就差在这里而已。你在外面做错事，回家要先分该说还是不该说。第一，有客人在，绝对不能说，否则是找死。爸爸心里想，在客人面前你这样说，叫我怎么说？客人在跟客人不在，对中国人来说，是完全不同的情境。第二，看看爸爸的脸色怎么样。爸爸很不高兴，你也不要说，可以先跟妈妈说。

　　我教书的时候，经常考学生："礼拜天回家，爸爸说把阴沟清一清，你怎么回答？"他们都说："我会告诉爸爸，作业很多，没有时间。"我说："你爸爸会臭骂你一顿，功课多就不要回来，回来蘸个酱油就走了，还回来干什么？"他们说："你怎么知道的？"我说："一定是这样。"

　　我读大学的时候，我们都住在日式的房子里，爸爸说："你把阴沟清一清。"我说："好。"然后就开始做作业。爸爸说："叫你清阴沟，怎么做作业呢？"我说："先把作业做完再去清阴沟，手就不会脏。"爸爸说："这样可以，那你要做多久？"我说："很快，大概四个钟头。"爸爸说："那么多作业？"我说："没办法，老师严得很，每天都要四个小时。"爸爸说："那你好好做作业，我去清吧。"他清得很高兴，还说："我这个儿子太好了，天天都有这么多作业，还跑回来看我。"差别就在这里而已，这就是懂得设计。

　　从现在开始，记住：不懂设计，讲也死，不讲也死；设计了，就不会死。后面还有一句话更重要：要了解中国人的民族性，该被别人设计，就高高兴兴地被别人设计。不要每时每刻都只知道设计别人，而禁不得别人设计，人家设计你是尊重你，当一个人跟你吞吞吐吐不讲实话的时候，你要知道他是在尊重你。可惜现在这种事都被污名化了，说他不老实，说他欺骗你。

　　大家想一想，一个人不说实话的动机是什么？中国人很少存心欺骗人。比如，太太上街买了一大堆东西回来，一看先生脸色不对，马上讲今天运气很好，东西都卖一折，其实是九折，她在给先生面子，不是骗他。所以，人家不跟你讲实话，你要了解他的动机，那多半是尊重你，给你面子，不要搞错了，否则就是死脑筋。

❖ 易有三义：以不变应万变

"易经"的"易"字到底是什么意思，自古以来众说纷纭。《易纬·乾凿度》这本书提出了一个极具概括性的观点，叫作"易有三义"，即简易、变易、不易。

所谓简易，就是不要把事情搞得太复杂。

我们拿一样东西来说明，就是筷子。两根筷子，一阴一阳，合起来就是太极。我们用筷子，往往是一根不动一根动，看准目标，两相配合，马上就能夹到菜，不会两根都动或者都不动。筷子有很大的妙处，可以夹、可以叉、可以拨，这样的三部曲，把所有食物的问题都化解了，哪有那么复杂？这就是简易的道理：简单明了，方便携带，容易操作。

我们再看一样生活中常见的东西——毛笔。过去的中国人写字作画，只要一支毛笔，想细就细，想粗就粗，各种变化尽在其中。这也是简易的道理，结构很简单，但功能变易无穷。

变易和不易需要多花一点时间来讨论。

很多人都说世事无常。实际上，世事怎么会无常呢？任何事情都有一定的脉络和规则，是可以推理的。如果连理都推不通，那人就没法活了。你最起码知道，今天中午有饭吃，晚上回家床还在。我们之所以能够安心，就在于知道有些东西是不会变的。小孩子为什么安心？就是他知道爸爸妈妈不会变。如果小孩子一回家，发现连爸爸妈妈都变了，那他就会不知所措了。

所以，我们不要相信"一切一切都在变，只有变是不变"这种话，讲起来很好听，但不堪一击。家是不会变的，否则你不安定；世道是不会变的，人事全非，但江山仍在。这个世界虽然一直在变，却总有不变的东西存在。我们现在忙于应付这些变，搞得紧张忙碌，最终却一无所得。一个人看到变的时候，要去掌握后面那个不变的常则，那就是自然规律。太阳一定从东方升起，谁都变不了，你再怎么创新也没有用；太阳一定从西方落下，用原子弹也阻止不了。人的力量很伟大，但也有局限。我们不要老在变里打滚，而要学会掌握不变的东西，否则一生是很可怜的。

世上有变就有不变，它们同时存在，不可分割。而且，变中含有不变，不变中含有变，这就是变易和不易。中国人的智慧是以不变应万变。不变的是原则，万变的是现象，要用不变的原则应对万变的现象，站在不变的立场来变，才不会乱变。

一个人内在一定要有原则，而且要坚持，但是外面要磨成圆的，才有办法跟别人妥协、协调，达成大家都能接受的方案。内外皆圆的人是小人，因为他完全没有理想，没有目标，唯利是图，有洞就钻，可耻。内外皆方也不好，内圆外方更不好，只有外圆内方的人才是可贵的。有一句话我们要反复强调："能妥协而不放弃立场，才叫圆通。"有跟没有合在一起，要跟不要合在一起，好跟不好合在一起，善跟恶合在一起，都是不能分的，一分开就完了。我们不要认为这样的人糊涂，不负责任。因为立场太分明，就得不到群众的支持。我们明明不喜欢的，也都会说好、没关系，然后再想办法慢慢地把它们一个个否定掉，而绝不会一开始就全盘否定。

我有两个儿子，他们一吵架，我就两个都罚站。我首先教他们两个，对是没有用的，不要以为你对就没事了。等到兄弟两人站了五分钟以后，我把弟弟叫来，对他说："今天你没有错，就是哥哥一个人的错，不要以为爸爸糊涂。可是既然你没有错，我为什么罚你站？"弟弟说："这样比较好。"我说："你不高兴就说不高兴，不用拍爸爸马屁。"他说："我真的没有不高兴。有一次不知道为什么，你只罚哥哥而没罚我，事后我被哥哥打得好惨。"我说："哥哥打你，你就告诉我好了。"他说："不告诉还好，告诉了打得更惨。"我说:"那我要怎么样呢?"他说:"就像这样好了,不管我有没有错,都罚我站,事后我会安全些。"其中的道理,很多人一辈子都想不通。

然后,我又把哥哥叫来,问他:"今天是谁的错?"他说:"是我的错。"我又问:"弟弟有没有错?"他说:"弟弟没有错。"我说:"你这不是知道得很清楚吗?"他说:"当然了,是非我总还是知道的。"你看,中国人表面没有是非,但心里一清二楚,叫作心中有数。我又问哥哥:"那为什么我还要罚弟弟站?"他说:"你是给我面子。"我说:"我干吗给你面子?"他说:"你是要我以后更加爱护弟弟。"我说:"你知道这些就好了。"这样一来,兄弟两个今后就减少了很多争执和不快。

❖ 持经达变的三个原则

人生要做阶段性的调整，即每一阶段完成，就该回归原点，重新进行周详的思虑，拟订妥当可行的计划，下定决心做决策，然后实施。每一阶段都有不同的人事地物，也就各有不同的变数，不应该完全凭经验，也不应该求新求变而不顾虑基本原则。因此，"持经达变"成为中国人最擅长的方式，用来追求时中，也是十分有效的途径。

经指自然法则，不可变的规矩，是不易的执着。权就是权变，权宜应变，为变易的不执着。兼顾不易的经，因应各种内外的变数，寻求变易的措施，以求制宜。中国人倡导变通，而不主张求新求变，是害怕大家不变则已，一变就乱。

站在不变的立场，具体到底要怎么变，这是中国人一生一世都要面对的难题。这里我们提出三个原则，照着做，就可以应对得非常妥当。

第一个原则，叫作权不离经。不管怎么变，都不能超越规矩，不可以没原则地乱变。一个人如果变来变去，变到没有原则，别人就会厌恶你；一个人如果死守原则，不知变通，那谁都怕你。用现代话来讲，每个人都可以变通，但是不能变得太离谱，这就叫权不离经。每一种改变，都应该看它合不合理。合理是检验的标准，你变得合理，我们就同意，变得不合理，我们就摇头。

第二个原则，叫作权不损人。所有的权变不可以损害别人，损人不利己的事不叫变通。使既得利益者受到很大的伤害，是不公平的，遭受抗拒也是合理的。任何人都不能因为手中有权，爱怎么变就怎么变，这种心态大家都无法接受。

我们来看一个实实在在的案例。一家公司有位朱小姐，她在甲单位，希望调到同一个公司的乙单位去。人事部门首先征求朱小姐直属上司的意见，上司说："没有问题，我尊重她的选择，我们都是同一家公司，没关系。"又去征求乙单位经理的意见，经理说："没有问题，我们欢迎。"然后，总经理一批准，调令一公布，生效。

这本来是很简单的事。可是，调令公布以后，乙单位的经理却跟人事部门说不能接收朱小姐。人事部门的干部说："你不能这样啊，我事先获得了你的同意才签准的，现在命令发布了，你怎么能说不同意呢？"乙单位的经理偏偏说："你不要问我理由，我不同意就是不同意，如果朱小姐真的要来，那我就只好辞职。"可是这位经理是个很好的经理，把他逼走对公司是不小的损失。

大家来看，这件事谁不对？我不觉得有谁不对，只是这里面一定有个系统，叫"程咬金系统"，就是半路出现了问题，无端杀出一个人来。我对人事部门的干部说："我们想事情要这样子想：这位乙单位的经理是个太极，有阴有阳，他平常讲不讲信用？答应的事会不会反悔？"干部说："他平常很讲信用，答应的事从不反悔。"我说："那就好了，这次肯定是例外，其中一定有说不出的苦衷。根据我的判断，很可能是他的太太不同意，而不是他本人不同意。"干部就去问，这位经理大吃一惊："你怎么知道？"大家看，我一猜就对了。有人说读《易经》会算，其实不是会算，是会推理而已。

干部问经理："你太太为什么不让朱小姐来？"经理说："我太太不是对朱小姐有意见，她根本不认识朱小姐，而是三年前我升任经理的时候，我太太跟我讲，不许没结婚的女同事调到我的单位来。三年过去了，我都忘得一干二净了，没想到她还记得。"干部给我打电话，问我应该怎么办，我说很简单：第一，请总经理收回成命，但这样肯定不行，总经理若是朝令夕改，公信力就没有了。第二，勉强乙单位的经理接收朱小姐，但那会逼走一个好人才，也不行。既然两条路都走不通，唯一的办法就是你带一篮水果去见那个经理的太太，说："我事先不知道有这个规矩，如果知道，一定不会让朱小姐调来。但是现在，总经理的命令已经下发，马上收回肯定不行，所以总经理特地叫我来拜托您帮一个忙，让这个调令维持两个月，两个月以后，我们再把朱小姐调走。总经理还要我拜托您，这两个月好好看管您先生，不要让他出事。"干部照我说的去做，经理太太果然说："这个可以商量。"你看，你给别人一定的弹性，让人家有回旋的余地，事情才好商量。

两个月以后，干部再去问经理太太，要不要把朱小姐调走，经理太太说："不用，这两个月也没怎么样，就让她留下来好了。"如此为难的一件事，就这样轻松地化解了。注意，这不是解决，而是化解。《易经》和中国人的智慧是讲"化"的，大事化小，小事化了，最后什么事也没有了。

第三个原则，叫作权不多用。常常变，就表示原来很不成熟，说明你的规矩有问题，不然为什么常变呢？比如穿衣服，一个人摸索一阵子，知道自己穿哪种衣服最合适，就穿那种衣服好了。如果一会儿穿成这样，一会儿穿成那样，就表示他根本穿哪种都不合适。要记住，百分之八十的变都是错误的。天下事不如意者十常八九，我们好不容易找到一个规矩，不要乱变。但很可惜，今天大多都是乱变，设计个水龙头，顺着拧开就好了，但是他们偏不，一会儿用压的，一会儿用提的，千奇百怪。结果就是我们走进卫生间，看着各式各样的水龙头，拧也不出水，压也不出水，提也不出水，一生气，踢一脚，水反倒喷出来了，弄得浑身都是。这算什么设计呢？

喜欢求新求变，还有一个很大的问题，这会使人们觉得，新的就是好的，旧的就是坏的，这是个可怕的观念。为什么新的就是好的？实际上，新的常常不如旧的。我们现在很怀念以前的东西，因为以前的东西简单明了。我们要说清楚，求新求变本身没有错，是人搞错了，认为新的一定比旧的好。旧的再好也要换掉，那叫作喜新厌旧。一个人如果喜新厌旧，那这个人就没有指望了。《老子》说："不知常，妄作，凶。"一个人不知道常规，就开始乱变，最后结果只有一个字——凶，这是多可怕的事情。

所以，我们一定要记住这三个原则：第一，权不离经。所有的变不能离开规矩。第二，权不损人。所有的变不可以损害别人的权益。第三，权不多用。偶尔用，大家没意见；常常用，表示你的规矩要改。一个人如果连根本都变掉了，那是最可怕的。

第三章 《易经》入门基础知识

❖ 掌握基本概念

要读《易经》，先要了解几个基本术语：经、传、易、卦、爻。织布时，纵的丝线为经，横的丝线为纬，缺一不可，后来经纬被引申为纲纪，也就是不易改变的基本原则。汉朝以《诗经》《书经》《礼经》《乐经》《易经》《春秋》为六经，由于《乐经》早亡，后世只存五经。

"易经"的"易"字是变化、变革、变易的意思，透过模拟天地变化的自然现象，精研周而复始、生生不息的生命过程，希望读者能兼顾变易和不易的道理，以求持经达变：坚持原则，又能因人、因事、因时、因地而通权达变，寻找合理的平衡点。关于这些，后面都会详细讲到。

据文献记载，夏、商、周三代本来各有一部《易》书，内容和侧重不尽相同，夏代是《连山易》，商代是《归藏易》，周代是《周易》，前两部均已遗失，故后人说的《易》主要指《周易》。而《周易》又分经和传两部分，《易经》是正文，《易传》是后人（以孔子为代表）用来解释《易经》的。现在我们谈到《易经》或《周易》，常常也把《易传》涵括在内。

《易经》有六十四卦，每一卦由六个爻构成。爻是最基本的符号，只有两种，一个代表阴，一个代表阳，分别用--和—表示，意为交错，借由阴阳爻的互动交错，构成了不同的卦。所谓卦，就是悬挂。传说伏羲氏把宇宙间一切自然现象归纳总结，用八种符号来表示，每一种符号都可以代表几十种事物，这就是八卦。八卦由三个爻构成，称为三画卦。将八卦两两相重，形成六十四卦，每一卦由六个爻构成，称为六画卦，代表更多变化。

卦是由下向上画的：阳阳阳（☰）代表天，阴阴阴（☷）代表地；阴阴阳（☶）表示山，阳阳阴（☱）表示泽；阳阴阴（☳）即为雷，阴阳阳（☴）即为风；阴阳阴（☵）是水，阳阴阳（☲）便是火。

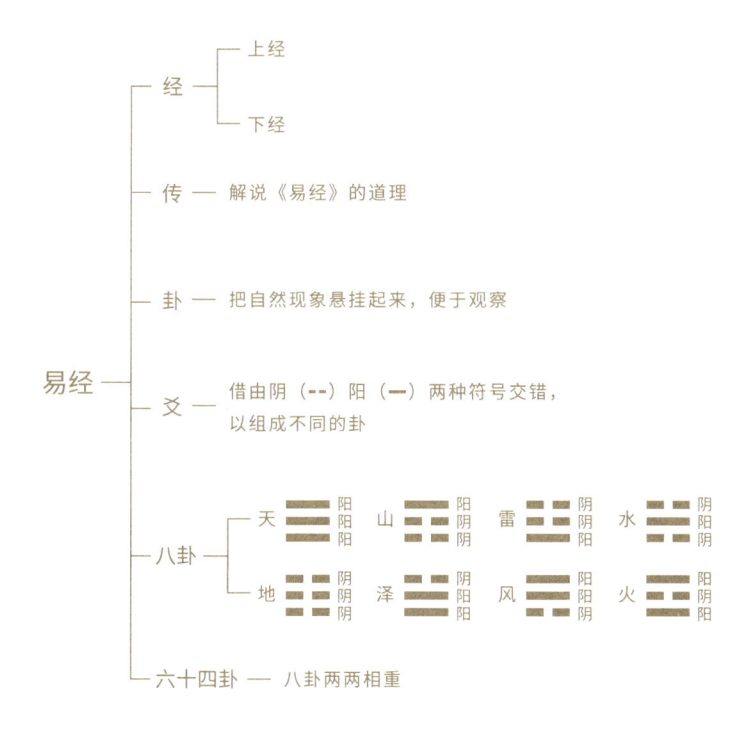

```
          ┌─ 上经
       经 ┤
          └─ 下经

       传 ── 解说《易经》的道理

       卦 ── 把自然现象悬挂起来，便于观察

易经 ──┤
       爻 ── 借由阴（--）阳（—）两种符号交错，
              以组成不同的卦

              ┌ 天 ☰ 阳阳阳   山 ☶ 阳阴阴   雷 ☳ 阴阴阳   水 ☵ 阴阳阴
       八卦 ──┤
              └ 地 ☷ 阴阴阴   泽 ☱ 阴阳阳   风 ☴ 阳阳阴   火 ☲ 阳阴阳

       六十四卦 ── 八卦两两相重
```

❖ 学《易经》最好先研读《易传》

古圣先贤著书，合于常道常法的，都被尊称为经。《易经》的正文由卦辞和爻辞构成，卦辞总说这一卦的大意，爻辞共分六条，每一条对应一爻，解说这一爻的大意，并论断吉凶悔吝。这些正文看似简易，内涵却至为深奥，为了使读者深入了解，后世的学者口授讲解之余，便用记录的方式把心得写成简册，这就是《易传》。因为讲解《易经》的学者众多，所以《易传》也并非只有一部，其中影响最大的有七部，分别是《彖》《象》《系辞》《文言》《序卦》《说卦》《杂卦》。

《彖》上下两篇。彖就是"断"的意思。《易经》每一卦的卦辞下面都接有一段"彖曰"，也叫作"彖辞"，用来论断一卦的卦象、卦德和六爻的排列。

《象》上下两篇。象的功能是模拟万物的形态和事理。每卦的"彖曰"后面紧接着就是"象曰"，这部分称为大象，总论这一卦的象，以及对君子的德行要求；每一卦六爻的爻辞后面也有"象曰"，这部分叫作小象，分论这六爻的象。

《系辞》上下两篇。系的意思是联络，把易道的义理联系起来，相当于《易经》的总论或通论，并不局限于哪一卦或哪一爻。上篇以形而上的道体为主，下篇以形而下的器用为主，合起来可以称为"易大传"。

《文言》一篇。乾卦和坤卦是六十四卦的前两卦，称为"易之门户"，其余六十二卦都由这两卦互动、交感而成。易道变化、阴阳交易都以乾坤为本，因此这两卦的卦爻辞十分重要，特别加一篇《文言》详细解释。

《序卦》一篇。说明六十四卦的次序和排列理由。

《说卦》一篇。说明八卦代表的意义，以及八卦相重的由来，专论阴阳参天地造化的义理。

《杂卦》一篇。解释六十四卦的卦名。

这七部《易传》一共十篇，合称"十翼"，就好像辅助《易经》的十只翅膀。秦汉以后的学者认为这七部书都是孔子所作，而现代学者根据考古资料和传世文献推断，它们其实是先秦、两汉之间集体创作而成的，在思想上与孔子和儒家相近。我们为了方便讲述，姑且还是将《易传》挂靠在孔子名下。

了解了基本概念和经传内容，我们就可以按如下顺序逐步学习《易经》。

第一，看卦名，如乾，即乾卦卦名；坤，即坤卦卦名。

第二，看卦象，看这个六画卦是由上下哪两个三画卦构成，熟记每一卦的象征，如同人卦（☰）由下离上乾组成，乾为天，离为火，即为天火

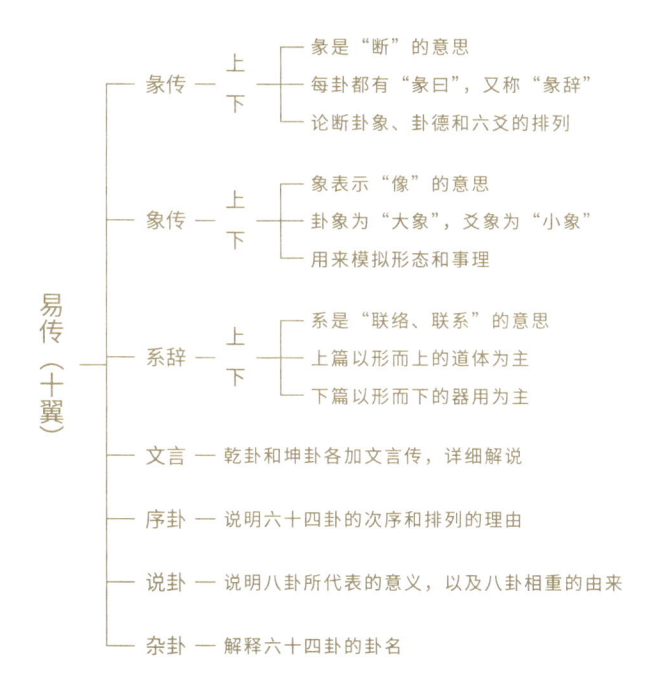

易传（十翼）
- 彖传 — 上/下
  - 彖是"断"的意思
  - 每卦都有"彖曰"，又称"彖辞"
  - 论断卦象、卦德和六爻的排列
- 象传 — 上/下
  - 象表示"像"的意思
  - 卦象为"大象"，爻象为"小象"
  - 用来模拟形态和事理
- 系辞 — 上/下
  - 系是"联络、联系"的意思
  - 上篇以形而上的道体为主
  - 下篇以形而下的器用为主
- 文言 — 乾卦和坤卦各加文言传，详细解说
- 序卦 — 说明六十四卦的次序和排列的理由
- 说卦 — 说明八卦所代表的意义，以及八卦相重的由来
- 杂卦 — 解释六十四卦的卦名

同人。

　　第三，看卦辞，了解为什么叫这个卦名。

　　第四，看彖辞，了解这一卦的重点内容。

　　第五，看大象，了解君子从中觉悟的言行道理。

　　第六，看每一爻的爻辞和小象，全卦要点便能了然于心。

　　第七，思考如何在日常生活中好好应用易理，这才是读《易经》的大用。

❖ 何为太极、两仪与四象

相传，伏羲氏是远古一个爱动脑筋的人。他经过用心观察，发现世界有白天、黑夜之分，而且白天、黑夜好像永远不会错置，海水高涨消退，草木成长枯萎，人类出生死亡，无不井然有序。他十分好奇，宇宙万象为何如此？是否有一种巨大的力量在操控一切呢？

伏羲氏既没有提出主宰神的观念，也没有发展出外星人的理论。他假设有种强大的动能，驱使万物做出如此有规律的变动，并且用一根棍子画了一条直线，造出—的符号来代表这个强大的动能。它既没有固定形状，也没有一定的功能，当然也没有名称，后人便姑且把它命名为太极。《系辞下》说："天下之动，贞夫一者也。"意即天下万事万物的所有活动都取法于太极。

后来，经过仔细观察、体会和反思，伏羲氏否定了自己的假设。因为每天升起和降落的太阳应该是同一个，今年的春夏秋冬也仿佛是去年的重现。他觉得宇宙的变动不是由单一力量造成的，这个基本力量内应该含有两种相对的力量，于是把木棍折断，画一条中间断裂的线，造出--的符号。后来，人们就把—称为阳，将--称为阴，即"易有太极，是生两仪"。

阴阳合而论之，代表一种巨大的动能；分而观之，又可代表两种不同性质的动能。用现代话来说，--代表物质，—表示能量。由于质能互变，动起来是阳，静下来便是阴。说阴阳是一可以，说阴阳是二也未尝不可，我们把它称为"一之多元"，把一和多合起来想，不分开来看。由于一内含二，所以合起来是一，分开来便成为二（多），这种观念对中国人的思维有很大的影响。

```
                ┌─ 阴（--）物质 ─┐           ┌─ 阴极变阳 ─┐
                │              │           │           │
 一（阴阳合一）─┤              ├─ 质能互变 ─┤           ├─ 物极必反
                │              │           │           │
                └─ 阳（—）能量 ─┘           └─ 阳极变阴 ─┘
```

我们一定要了解，中国人的很多思维是从《易经》来的。《易经》告诉我们，世界是由一所构成的，可是这个一如果是单纯的一，那就不会有变化，更不会有万物。如果阴阳不互动，也不能发生作用，所以阳一定会跟阴碰在一起，阴也一定会跟阳化合，这样才会产生万物，变成四象。

拿一天的气温来说，早上，太阳已经出来，但大地还是凉的，所以早上叫作少阳（☳）；到了中午，上下都热，就叫作老阳（☰）；到了黄昏，虽然大地还很热，但是上面已经开始凉了，所以黄昏叫作少阴（☱）；到了深夜，上下都很冷，就叫作老阴（☷）。一年四季也可以按照四象来看，春天是少阳，夏天是老阳，秋天是少阴，冬天是老阴。其实，不管什么方面的变化，我们都可以用"太极生两仪，两仪生四象"的思维来看待。

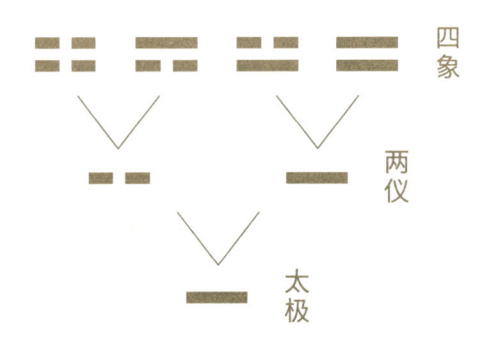

```
   ═══  ═══  ═══  ═══     四象
    ╲    ╱    ╲    ╱
     ═══        ═══       两仪
       ╲        ╱
          ═══             太极
```

❖ 八卦代表静态自然现象

老是阴阳阴阳，四象那么平衡，它怎么会动呢？伏羲氏慢慢又想到，宇宙是由不平衡造成的，一切都是不平衡的，我们希望它平衡，但平衡很快会被打破，而我们又会再追求平衡，这就叫动态平衡，用《易经》的智慧来讲叫作生生不息。

因此，伏羲氏就在四象上再加一个阳或一个阴，得到八种组合：老阳和阳互动成为☰，和阴互动即为☱；少阳和阳互动变成☲，和阴互动便是☳；少阴和阳互动造成☴，和阴互动形成☵；老阴和阳互动就是☶，和阴互动即是☷。这便是八卦。

接下来，伏羲氏观察自然，归纳宇宙万象，总结出跟人类生活最息息相关的八种基本元素，即天、地、水、火、风、雷、山、泽，用八卦符号来代表。

他抬头看见高高在上的天，发现天上没有任何物质，否则受到地心引力，必然向下坠落，因此用☰代表天。

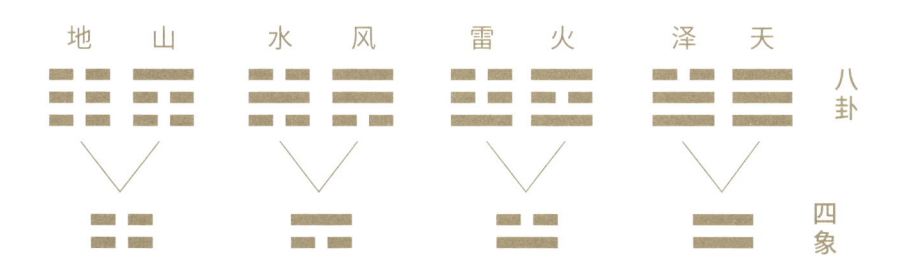

地	山	水	风	雷	火	泽	天	
☷	☶	☵	☴	☳	☲	☱	☰	八卦
⚏	⚏	⚎	⚍	⚍	⚎	⚌	⚌	四象

他低下头，看到地上充满物质，天与地相对应，于是用☷表示地。天地的代表符号定下来，其他六卦就分成了两个系统，一个跟天有关，一个跟地有关。

天（☰）有三种可能的变化，分别为天上面动、天空中动以及天底下动。所谓动，就是阴阳互变。天底下有树木，风吹来，树木摇动，所以天底下动为风（☴）；天空中有一片红色的火焰，表示火烧得很旺，所以天空中动为火（☲）；最难以想象的应该是天上面动，那时人造卫星尚未问世，飞机也还没有影子，谁能知道天上面有什么景象呢？这就体现出古人的智慧，伏羲氏看到地上有许多湖泽，站在岸边往下看，居然看得见天的倒影，天仿佛是在湖泽之下，而湖泽就好像是在天的上面动，因此有了泽（☱），实在是有趣的巧思。

同样，地（☷）也有三种可能的变动，分别为地上面动、地当中动和地底下动。地上面动跟天上面动一样，要花一点想象力，地上面有很多东西，牛在动，狗在动，人也在动，但这些都是枝节，《易经》的思维是不断地提高，去找到根本，地上面最大的动其实是山（☶）；地中间动当然是水（☵）；地底下动是雷（☳），因为打雷和地震时好像地下都在震动。

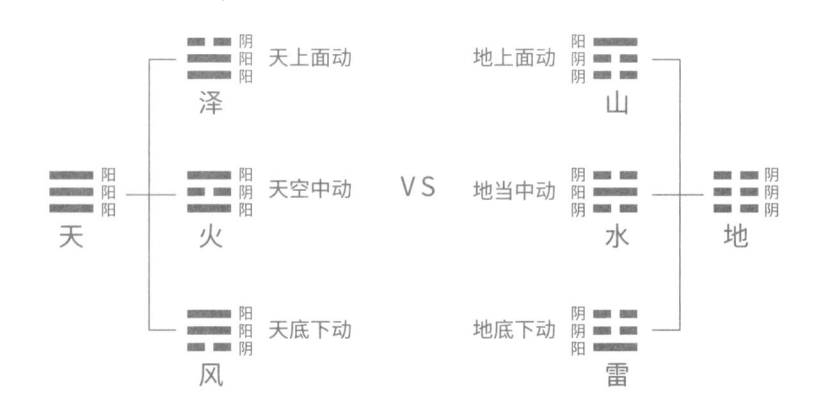

❖ 八卦名称的转变和意义

如果说☰只能代表天，☷只能代表地，其余六卦也都只能代表单纯的现象，那么八卦的功能就会受到很大限制。有了文字以后，八卦获得了正式的名称：天为乾，地为坤，风为巽，雷为震，水为坎，火为离，山为艮，泽为兑。这样做的目的在于扩大原有自然现象的内涵，将相近似的功能、性质、意义合并起来，增进每一卦的效能。

天代表刚健。"刚健"两个字的含义不同，刚是刚，健是健，刚是刚强，健是经得起考验，有持久之意，刚健就是持久地刚强。天不管怎么样，总是一年又一年，始终那个样子。所以，乾卦代表了向上生长的大动能，象征天的自强不息，恒久主动。天、君、父、马、首都属于乾的性质。

地是非常柔顺的，你想挖个洞它就让你挖，想堆个土堆它也让你堆，把动物的尸体埋进去它也不抗议，各式各样的植物都从地下长起来，它都很欢迎。所以，坤卦表示收缩、安静，具有包容性，象征地的厚德载物，安顺贞吉。地、臣、母、牛、腹都属于坤的性质。

风有两个性质，第一个是无孔不入，第二个是齐整，所以巽卦就代表很齐很入里而非停留在表面的功能。风、宫人、长女、鸡、股都具有巽的性质。

雷给人最大的感觉就是震动，雷一来，我们就心惊肉跳，所以把它叫作震。震卦代表启动、起伏的状态，象征春雷发声，地下震动。雷、常、长男、足、龙都具有震的性质。

人喜欢水又怕水，尤其中国人最怕水灾，大水一来就把泥土冲垮了。坎字左土右欠，意思是下陷，凡是"欠土"的地方，都是被水冲过的，所以这一卦叫作坎。坎卦代表危险的状态,象征水的难以治理和深浅莫测,水、寇盗、中男、猪、耳都属于坎的性质。

火一烧起来很美丽,但是烧到最后是同归于尽。"离"字的意思是美丽光明,为了防止大家盲目追求美丽光明而弄得离心离德,所以这一卦用"离"字表示。离卦象征火的明亮终将由于燃烧的物质灰飞烟灭而止熄。火、大人、中女、雉、目都属于离的性质。

山则用艮来代表。在自然现象里,山好像是唯一静止的。我们走到山前就会想,这么高,怎么过得去呢?不如休息一下,暂停暂停。所以,艮卦代表山行艰难的状态,有停滞不前的念头。山、贤人、少男、狗、手都具有止的性质。

泽用"兑"字代表。人到池塘边,心情多半很愉快。"兑"字旁边加上一个竖心旁,就是"悦"字。现在更妙,人家给你一张支票,你到银行就能取钱,那真是太喜悦了,所以这个行为叫作兑现。兑卦表示使人喜悦的景象,象征泽反映的天象,赏心悦目。泽、巫、少女、羊、口都具有喜悦的性质。

八卦名称的转变和意义

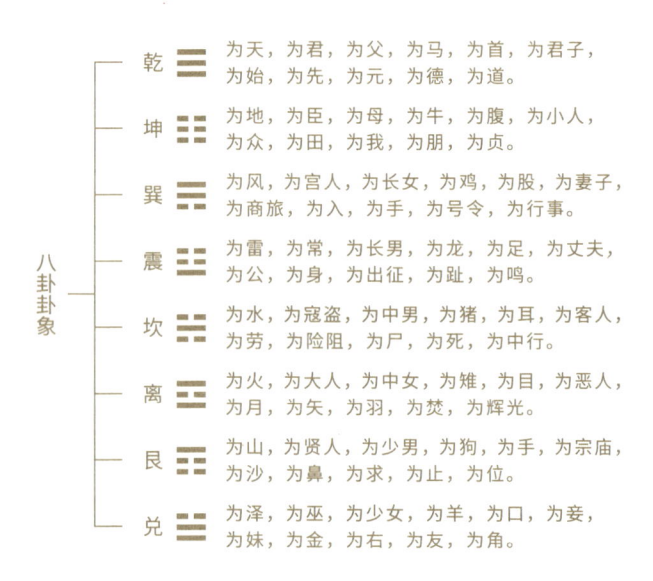

八卦卦象

卦		意义
乾	☰	为天,为君,为父,为马,为首,为君子,为始,为先,为元,为德,为道。
坤	☷	为地,为臣,为母,为牛,为腹,为小人,为众,为田,为我,为朋,为贞。
巽	☴	为风,为宫人,为长女,为鸡,为股,为妻子,为商旅,为入,为手,为号令,为行事。
震	☳	为雷,为常,为长男,为龙,为足,为丈夫,为公,为身,为出征,为趾,为鸣。
坎	☵	为水,为寇盗,为中男,为猪,为耳,为客人,为劳,为险阻,为尸,为死,为中行。
离	☲	为火,为大人,为中女,为雉,为目,为恶人,为月,为矢,为羽,为焚,为辉光。
艮	☶	为山,为贤人,为少男,为狗,为手,为宗庙,为沙,为鼻,为求,为止,为位。
兑	☱	为泽,为巫,为少女,为羊,为口,为妾,为妹,为金,为右,为友,为角。

❖ 三爻卦的阴阳消息

为什么伏羲氏画三爻卦，不继续画四爻卦、五爻卦呢？

因为他抬头看到天，低头看到地，中间有万事万物，而以人为代表。三爻卦的上爻表示天，下爻表示地，中间那一爻便用来表示人，构成天、人、地三才，也就是宇宙的三个主要元素。如果再增加一爻，变成四爻卦，不但增加复杂的程度，而且不如三爻卦合理。三爻卦一共三爻，不是阴多阳少，便是阳多阴少，很容易变化，不像四爻卦那样，阴阳容易数目相同，平衡稳定，反而不易变化。三爻卦给中国人很多影响，比如我们常说"无三不成礼""三人成众""约法三章""三思而行""三年有成"，可见事不过三，三爻卦足矣！

伏羲氏的时代，人类的生活原始而简朴，天地之间的景象十分单纯，没有什么人造器物。现代社会充满了人为的东西，我们想回归到原点，最好对三爻卦做一番反思，看看有什么值得警惕的地方。

三爻卦除了天是纯阳、地为纯阴之外，其余六卦不是阴多阳少，便是阳多阴少，形成阴阳不平衡的局面。我们不要忘记：天地之间，如果没有矛盾，就不可能产生变化，也就不会进步。我们不但不能害怕矛盾或消除矛盾，反而应该面对矛盾，设法化解，说得露骨一些，偶尔还要刻意制造一些矛盾，才能促进变化与进步。

阳多阴少的卦称为阴卦，一共有三个：兑、离、巽。阴多阳少的卦叫作阳卦，一共也有三个：艮、坎、震。阴卦多阳，阳卦多阴，提醒我们：少数贤明人士远比多数脑筋不清楚的人要重要。现代人过分相信"少数服从多数"，以为这是必然的，致使人类在某些方面愈来愈退步，令人十分忧虑。

三爻卦形成天、人、地三才，告诉我们：天、人、地各有不同性质的才能。天高明而无所不覆，地博厚而无所不载，人必须德智兼备，公而忘私，以求既大且久，生生不息。天地之间有万物，人为万物之灵，所以负有顶天立地、辅助天地的任务。为了致中和，人必须讲求仁义，凡是伤天害理、污染环境、破坏生态系统的事，一概不能做。

八卦的变化，可以用阳息、阴消来观察。阳九之动始于震，表示阳的性质向上增长。在纯阴的坤卦中，一阳开始出现于下，向上的息长，也就是增长的意思。由一阳震、二阳兑到纯三阳乾，这时候阳气已经息长至极，阳极则一阴生于乾中而成为离。阴包在阳中，便是阳中静态的阴，称为"阴八之静"。反过来说，阴六之动始于巽，表示阴的性质开始消剥，在纯阳的乾卦中，一阴开始由下向上消剥，于是一阴巽、二阴艮以至于纯三阴坤，这时候阴气消剥至极，阴极而一阳生于坤中而为坎。阳包在阴中，即为阴中静态的阳，称为"阳七之静"。

我们常说的"消息"，其实就是阳向上增长，阴向上消剥，所产生的变化，今天称为"信息"，意思是一样的。阳的功能在使阴减少，阴的功能同样在使阳减少，并没有善恶、好坏、利害的分别，还是一句老话："合理就好。"

在《易经》这个大家庭当中，乾代表父，震是长男，坎为中男，艮即少男，乾为老阳，震、坎、艮是少阳；坤代表母，巽是长女，离为中女，兑即少女，坤为老阴，巽、离、兑是少阴。乾坤生六子的步骤，便是《系辞上》所说的"乾道成男，坤道成女"。少阴、少阳、老阴、老阳这四象，可以用八、七、六、九四个数字来表示（后面讲到占卦时会用到）。乾坤定位，父母扮演好父母的角色，子女扮演好子女的角色，重新加强家庭教育，重视人伦，才是回归原点。

三爻卦的阴阳消息

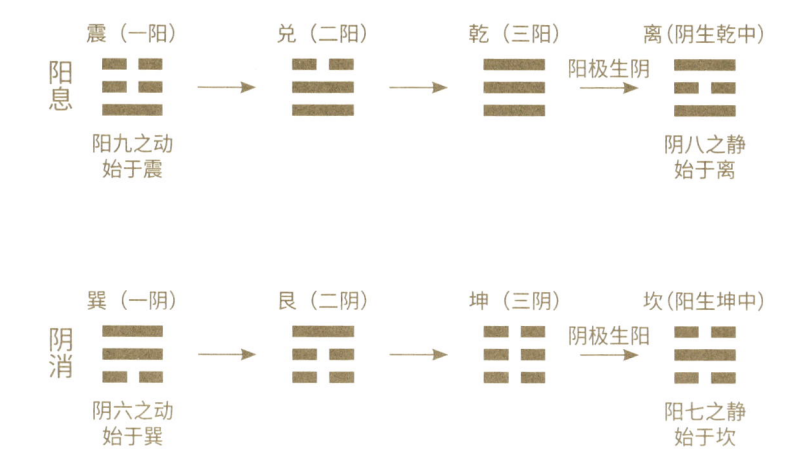

阳息：
震（一阳） → 兑（二阳） → 乾（三阳） →阳极生阴→ 离（阴生乾中）

阳九之动　　　　　　　　　　　　　　　　　　阴八之静
始于震　　　　　　　　　　　　　　　　　　　始于离

阴消：
巽（一阴） → 艮（二阴） → 坤（三阴） →阴极生阳→ 坎（阳生坤中）

阴六之动　　　　　　　　　　　　　　　　　　阳七之静
始于巽　　　　　　　　　　　　　　　　　　　始于坎

（本图采自周大利著《周易要义》）

❖ 先天八卦和后天八卦

随着易学的发展，到了北宋，易学家邵雍依据《说卦》的两段描述，推演出了伏羲先天八卦和文王后天八卦，二者各自对应了八个方位。

先天八卦是邵雍依据《说卦》的"天地定位，山泽通气，雷风相薄，水火不相射，八卦相错。数往者顺，知来者逆，是故，易逆数也"这一段推演出来的。他认为这便是伏羲八卦的定位，也就是乾南坤北、离东坎西、兑居东南、震居东北、巽居西南、艮居西北。

中国古人画图是上南下北左东右西。因为中华民族发源于中原地区，算起来都是北方人，为了照顾南方同胞，君王必须面向南方而坐，一眼看出去，就看到天，回头看自己的座位才是地，所以天南地北便成为正当的方位。我们也就能够理解，为什么孙悟空筋斗云一翻就到了南天门，而不是北天门。

其实，不只是君王，中国人大都会坐北朝南。朝南有什么好处？就是冬暖夏凉，这是自然而然的事。有一句话大家绝对不要忘记，叫作一切以自然作为评判标准。不管分善恶、分好坏，还是分对错，都要拿自然作为标准：合乎自然就是善，不合就是恶；合乎自然就是好，不合就是坏；合乎自然就是对，不合就是错。白天烈日当空，抬着头朝向太阳，一定很辛苦，所以人白天都是低着头才能专心工作；到了晚上，抬头去看看月亮，这样阴阳才会平衡，否则就会驼背，这些都是中国人自然而然养成的习惯。

太阳由东方升起，一片火红，火在东，一目了然；一江春水向东流，发源地在西边，向东流是十分自然的现象，所以东南沿海用泽来表示；西北多山，自然以山为代表；西南多风，而东北多雷，正好和《说卦》描述的伏羲先天八卦方位相配合。

《说卦》这段话的后半句，从"八卦相错"到"逆数也"又是什么意思呢？这是说，八卦定位，凡两两相对的卦一定彼此互错。由东北方震卦一阳生于下，上进至东方离卦和东南方兑卦的二阳，到南方乾卦的三阳，也就是盛极的阳；由西南方巽卦一阴生于下，反退至西方坎卦和西北方艮卦的二阴，到北方坤卦的三阴，也就是盛极的阴。这样可以看出，由震卦一阳左旋而进，巽卦一阴右旋而反，天道左旋为顺，地道右旋为逆，合乎天地之道，这是没有问题的。但是，八卦来自天地自然，应该是立体的，倘若我们将画在平面上的八卦也看成平面的，那就很不妥当了！至于天地何以定位，山泽如何通气，雷风怎么相薄，为什么天道左旋为顺而地道右旋为逆，更需要进一步加以深究，才能明白。

后天八卦的方位与先天八卦不同，它是邵康节由《说卦》的另一段文字推演发挥而来，这段文字说："帝出乎震，齐乎巽，相见乎离，致役乎坤，说言乎兑，战乎乾，劳乎坎，成言乎艮。"他认为这段文字充分说明：天地造化产生万物的最佳时机在于象征春分的震卦，一齐成长于象征立夏的巽卦，繁茂显现于象征夏至的离卦，获得役养于象征立秋的坤卦，成熟欣悦于象征秋分的兑卦，交接配合于象征立冬的乾卦，接下来疲劳止息于象征冬至的坎卦，最后成其旧功而接着重新萌发于象征立春的艮卦。古代是农业社会，透过春耕、夏长、秋收、冬藏的实际情况来划分八卦，实在十分高明。

当然了，事实上伏羲氏和周文王都没有真正绘出图象，至于先后天八卦的具体方位是否由他们定下，也是很难讲清楚的，我们只能先了解古人的讲法，再自行判断。不妨先搁置争议，姑且把先天八卦视为体，把后天八卦视为用。八卦有四个基本卦，乾、坤、坎、离，因为天、地、水、火是万物生化的根本，风与天、山与地、雷与火、水与泽可以看成同类，风即天之气下交于地者，山是地形隆起上交于天者，雷为火郁于地而搏击奋发者，泽是水聚集地上而布散滋润者。

古人认为气之清而上浮即为天，风是气的流动，完全是站在生命力的角度观看自然景象。雷为声，火为形，阴阳始交而发声为雷，阴阳交而生火，与雷同性。先天以南北为经，乾南坤北，是体；以东西为纬，离东坎西，是用。后天以天地为体而居四维，水火为用而居四正。先后天位异而用同，先天为自然天体，后天是王法主要依据。先天乾坤之位，后天坎离居之，对人来说，水火的重要性实不亚于天地！

先天八卦正位图

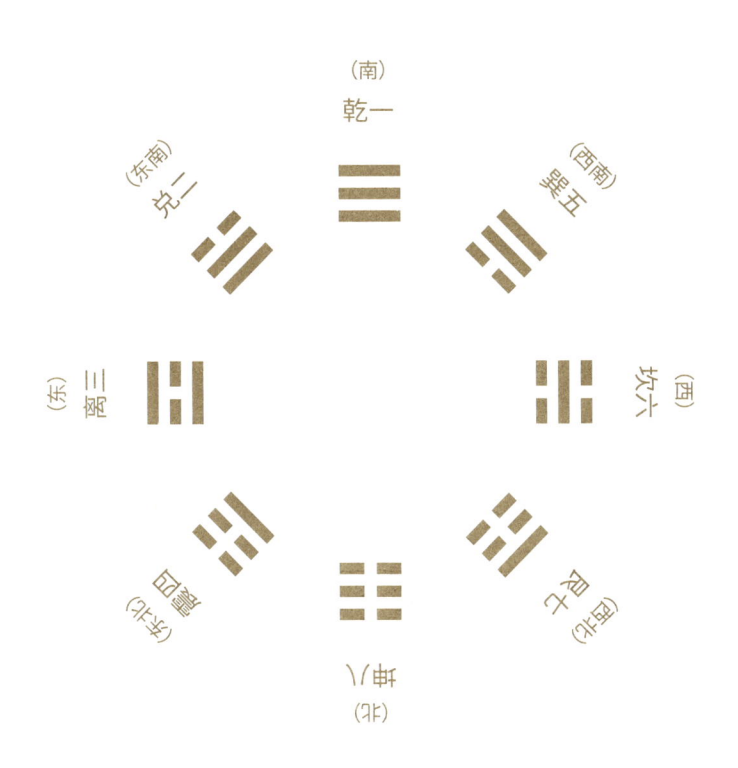

（南）
乾一

（东南）兑二

（西南）巽五

（东）离三

（西）坎六

（东北）震四

（西北）艮七

坤八
（北）

八卦数位次序图

八	七	六	五	四	三	二	一	
坤	艮	坎	巽	震	离	兑	乾	八卦
太阴		少阳		少阴		太阳		四象
阴				阳				两仪
太极								

后天（文王）八卦图

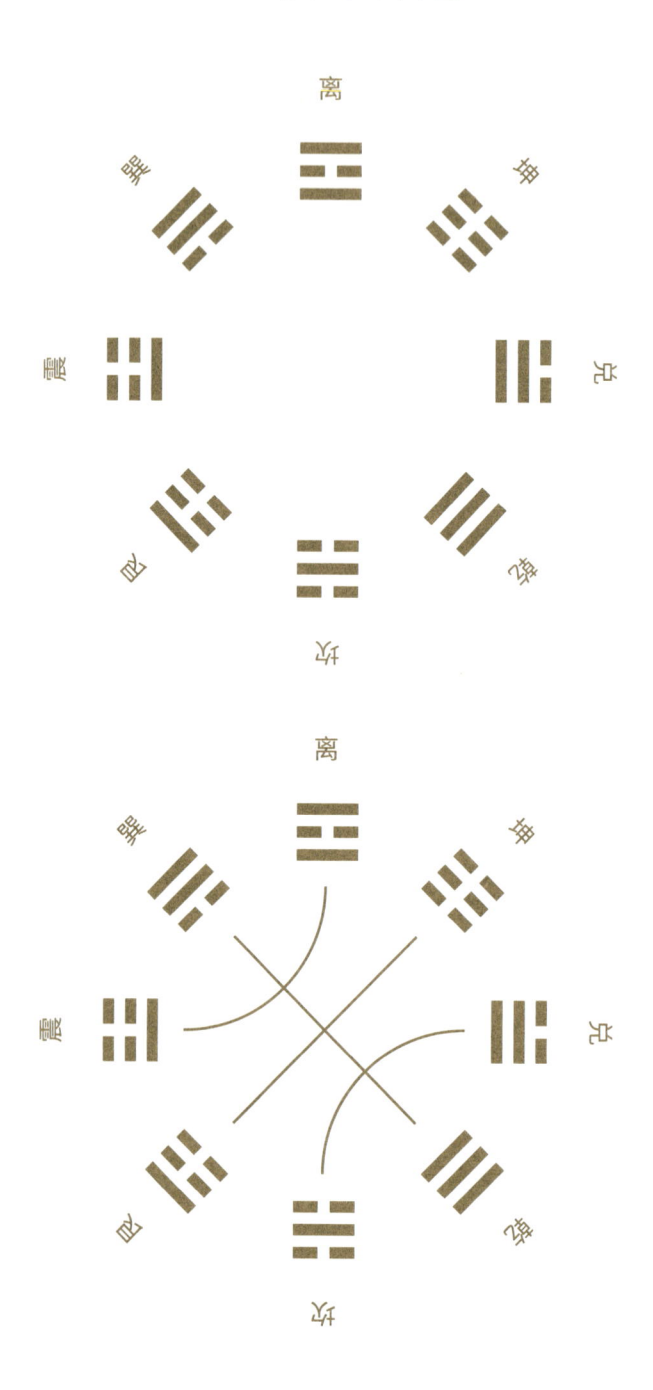

❖ 八卦对中国人的意义

以前中国人不管去哪里,移民也好,做生意也好,通常只带两样东西,一个是祖先的牌位,另外一个就是八卦图。就连许多人迹罕至的地方,也可以看到八卦亭,表示曾经有中国人来过。

八卦图告诉我们一个道理:人生最重要的就是定位。它当初的用途是要告诉所有人,如果往西北一直走的话,就要小心,那边越走山越多;如果往东南走的话,走到最后就是海。看到海,就已经走到尽头,不要再动其他脑筋。伏羲是好心告诉我们那个相对位置,让大家知道自己在哪里。

中国人常讲一句话,叫作"你是干什么吃的",用西方的话来讲,就是你扮演的是什么角色,这叫角色扮演理论。我必须要说明,全世界的学问其实都大同小异,只有很少一部分因为名词用得不一样,想法不一样,有所区别。宇宙只有一个,定律只有一套,不可能乱。扮演什么角色,就要像什么角色。唱戏的时候,唱文就要文,温文尔雅;唱武就要武,杀气腾腾;装坏人就要很坏,不能怕下去被人家揍而不好好演。做什么像什么,就叫定位。

孔子说:"君君,臣臣,父父,子子。"做长官的要有长官的样子,做部属的要有部属的样子,当爸爸的要像爸爸的样子,当儿子的要像儿子的样子。有些人赶时髦,跟我说:"我跟儿子处得可好了,像朋友一样。"我说:"你儿子太可怜了。"他说:"怎么会呢?他很幸福。"我说:"你儿子多了一个年纪大的朋友,却没有爸爸了。"他愣在那里不说话。我问:"你要做他爸爸还是做他朋友?"他答:"我还是做爸爸好了。"我说:"你跟他再做朋友,等他大一点儿，就会把老朋友换掉，换成年轻的。因为朋友可以换，爸爸不能换。"

所谓定位，只做三件事。

第一，知道自己应该做什么。比如，作为儿子，回到家后无论如何应该先问父亲："爸爸，您有没有什么事？没有事的话我可以去做作业吗？"这就是孝。客人来到家里，说"你跟我走吧"，作为儿子，一定要先问过父亲，否则说明你心里根本没有父亲。这些才是做人的根本，否则有多大学问都没用。把位置定好，就会做什么像什么。

第二，怎么样守位。守位就是守分。中国人上桌子吃饭，孩子敢不敢拿起筷子就夹东西吃？大概不敢，一定要等大家坐齐了才动。那孩子怎么知道坐没坐齐呢？做妈妈的一般都这样教孩子："你坐在这里，不要夹，妈妈会夹给你的。"妈妈为什么要夹给他？就是怕他弄得"天下大乱"。这就是为什么孩子不好，我们基本上都怪妈妈。记住，妈妈是孩子的第一位老师，知道自己应该做什么，就要把分内的工作做好。

第三，不断改善，越做越好。到了一家新公司，先问自己该做什么事，列一张工作表，一条一条去看，该怎么把它做好，每隔一段时间，检讨自己都做了没有，你就会变得更好。如果一进去就装老大，什么都觉得自己是内行，不到三天恐怕就跟所有人翻脸了。你有多大本事啊？这就叫不守分，不守位，不知道位是什么。

我们把伏羲八卦图挂在门口，就是告诉所有看得见、看不见的人，你自己搞清楚，该进来再进来，不该进就请往旁边走，该进来的我欢迎，不该进来的请自行躲避。

现在的商业有一个很大的笑话，就是市场导向，为了顾客的需要，可以不顾做人的根本道理，但是有市场没良心是不可以的。我们一定要把它改过来，改成什么导向呢？教化导向，所有产品都有教育顾客的任务，目标只有一个：正大光明。我们将目标定为正大光明，又怎么会昧着良心呢？

记住一句话：目标正确，方向清楚，远比速度更重要。

❖ 六十四卦是依天道而求生活的法则

　　天下万事万物实际上都离不开自然规律的支配。伏羲氏向自然学习，用八卦卦象符号反映宇宙和人生的复杂变化，进而归纳出不易改变的自然规律，作为判断吉凶悔吝的标准，衍生出人类行为的准则，为大家日常生活提供重要的参考。从自然天道中寻觅人类行为的合理途径，便是"天人合一"。

　　八卦代表宇宙中最常见、与人类生活关系最密切的八种相对静态的自然现象，将八个基本卦两两相重，上下两卦不断互动、变通、交易，就产生了六十四种不同的变化，即六十四卦，也可以叫六十四重卦。每一个重卦都有六爻，六十四卦合起来总共有三百八十四个爻。相传，将八卦重卦为六十四卦，并为每一卦撰写卦辞和爻辞的也是周文王。

　　六十四卦代表了六十四种人事变化的类型，古圣先贤所累积的宝贵人生经验透过卦辞和爻辞呈现出来。当我们觉得泰然自若时，赶紧查阅泰卦，以求持盈保泰。当我们陷入"否"的状态时，必须查阅否卦，才有可能否极泰来。打仗时遵循师卦，诉讼时参考讼卦，都是天人合一的实际应用。

　　反过来说，我们也可以把人事可能发生的现象归纳为六十四种类型，把现象和六十四卦适当配合起来，凡遭遇到某一类型的人事问题，便寻找相对应的那一卦，从卦辞和爻辞的提示中找出合理的方式。

　　我们也可以透过占卜发现自己的处境，寻找趋吉避凶的方法。或者透过占卜来施行教化，使大家明白在哪一种人事状态，必须依循哪一种自然规律，以求天人合一。这些后面都会讲到。

正因为有许多功能和用处，涵盖众多，变化多端，《易经》历来都被视为一部能超越神学、哲学、科学的智慧之书，古人用一个"神"字来表示它的奇妙高明。

它怎么会那么神呢？

因为它有三个特性。

第一个，模糊性。《易经》对卦爻符号及卦爻辞并没有十分清楚的解说，而且总共就那么几个符号，六十四个卦，其他什么都没有，正因如此，反而给我们提供了很大的思考和想象空间，可以从不同角度体会它的意义，根据不一样的需要发挥它的功能。如果它每一个符号、每一个字都很明确，那也就只适用于某个领域，换到其他领域便说不通了。这种模糊性对中国人的影响很深。我们讲话经常不喜欢讲清楚，都是点到为止，大致如此，其他的交给别人去想。因为我们知道一切都在变，如果事先说得非常清楚，又不能变，那一定行不通，这就是制度化没有办法应变的最大苦恼。这样我们才知道，小孩要出门，中国父母只讲一句话，那就是"小心一点"，这句话永远不会错，我们无法预料未来的变化，只好多加小心。

第二个，灵活性。《易经》的卦爻辞讲的是道理，而道理是活的，正因如此，只要你言之成理，能通达本源，不违背太极两仪之道，怎么讲都有理。而且，对里面有一些不对，不对里面还有一些对，这一点对中国人的影响也很大。西方人说"right is right, wrong is wrong"，对里没有错，错里没有对。中国人认为，绝对的对太少，圣人和神仙也会算错，而绝对的错也很少，再错的事终归也有一些道理，所以才说清官难断家务事，有时真是搞不清楚，而且一个巴掌也拍不响。

第三个，更妙，叫作空白性。西方人画画，一定把纸涂得满满的，否则就是未完成。中国人画画，一张纸上，这里画只鸟，那里画朵花，旁边再点几下，盖个图章，签个名，画完了，留下很多空白。我们不会认为中国人这样子是偷懒，因为我们知道这样画才有想象空间，并且认为这个画家尊重我们。所以，一幅国画十个人看有十种意境，这才符合自然。

伏羲六十四卦方圆图

第四章　探寻爻卦之间的关系

❖ 变化的几大要件：时、位、性质

接下来我们来了解六爻卦的一些基本概念。

古人通常把时间和空间合称为宇宙，所谓"四方上下谓之宇，古往今来谓之宙"，《易经》用"时"和"位"这两个概念来描述时间与空间。"时"和时间的差别比较小，"位"和空间则有相当大的不同。《易经》的位必须和作为主体的那个物合在一起，没有物，位也就没有讨论的必要。所以，位不完全是空间，它可以有很多解释，市场定位是一家企业的位，你的立场是你的位，人各有分，就是人各有位。物离不开时与位，然而同时未必同位，因为立场不一样，对同样一件事的看法就不同。

《系辞上》说："天尊地卑，乾坤定矣。"乾是天，坤为地，天地就是乾坤。乾为纯阳，坤为纯阴，如果把八卦看作一个大家庭，那乾坤就是父母，一家之主。要注意，其实天尊地卑只是自然的位不同，后来一些人把它演变成男尊女卑，再由此演变成男人高贵而女人低贱，完全是望文生义，不求甚解，自以为是。高低跟贵贱并非一一对应的。所谓高贵，表示既高又贵，但并不能反过来说凡位高的一定贵。所谓低贱，表示既低又贱，但同样不能反过来说凡位低的一定就贱。"高贵低贱"这四个字各有各的意义，合起来又是另一种意思，千万不要合久了就忘记分开的解释。天尊地卑和贵贱没有关系，男尊女卑表示男女同权但不同质，虽然平等却各有特性，不容忽视。

《易经》认为，时位一改变，物就必须做出合理调整。以此类推，人事要以时位为背景，才能判断是非。离开时位，就没有是非。人事要不要调整？应该怎样调整？也最好看时位的变化，寻找合理的平衡点，逐渐定位、正位、当位。

六十四卦是六爻卦，每一爻都有对应的时和位，所以我们可以把六个爻当作时位变化的六个阶段来观察、分析、比较。六爻的次序和"易气由下生"一样，是从下往上计算的，最下面为第一爻（正确称谓是初爻），依次向上，分别为二爻、三爻、四爻、五爻和六爻（正确称谓是上爻），相应地，分别表示变化的第一阶段、第二阶段、第三阶段、第四阶段、第五阶段和第六阶段。

这六个阶段的变化各有侧重，我们用六个字来分别说明：

第一阶段（动）：代表万物始生
第二阶段（入）：代表阴阳化合
第三阶段（深）：代表深刻稠密
第四阶段（显）：代表显现于外
第五阶段（静）：代表止息固定
第六阶段（代）：代表更换交替

孔子自述一生"十有五而志于学，三十而立，四十而不惑，五十而知天命，六十而耳顺，七十而从心所欲，不逾矩"，便是将一生划分为六个阶段，分别加以明确定位。有了明确的目标，我们一方面知所努力，另一方面也找到检核的标准，按部就班，就可以逐渐完成人生使命。

6 七十而从心所欲，不逾矩	第六爻（代）	——更换交替的状态
5 六十而耳顺	第五爻（静）	——止息固定的状态
4 五十而知天命	第四爻（显）	——显现于外的状态
3 四十而不惑	第三爻（深）	——深刻稠密的状态
2 三十而立	第二爻（入）	——阴阳化合的状态
1 十有五而志于学	第一爻（动）	——万物始生的状态

时与位在六个阶段里不断变化，既要合起来考虑，也要分出主次。时分初中末，位分上中下。从时的角度看，六爻分别是初爻、二爻、三爻、四爻、五爻和末爻；从位的角度看，六爻分别是下爻、二爻、三爻、四爻、五爻和上爻；将时位结合，六爻则写作初爻、二爻、三爻、四爻、五爻和上爻。

仔细看，第一爻在"初"和"下"之间选了"初"，第六爻在"末"和"上"之间选了"上"，为什么？

这是非常重要的。

任何事情始生之际，时都比位重要，那时候根本就没有什么位置可言。比如，小婴儿刚刚诞生，我们首先就要把出生时间记下来，甚至连性别是男是女都顾不上。凡是婴儿一出生赶快问是男是女的人，一定重男轻女。男的怎么样，女的又怎样，何必跟自己过不去？你想知道是男是女，不用问，一会儿自然会有人告诉你，急什么呢？这时候赶快问几点几分出生才叫会做人。老实讲，读懂《易经》，你的人生会很愉快，不会留下把柄，也不会让人家笑话。

相反，待到万物终了之时，位比时更重要。一个人去世了，大伙不会赶快对表，看看他是几点几分死的，而是会聚在一起讨论、回忆他的一生。如果死者对社会很有贡献，我们会说他了不起，纷纷悼念；如果死者是个地痞流氓，观感自然不同。

再比如，一家公司要开张，一定会选个好时辰，但一家公司要倒闭，谁会选个好时辰来宣布呢？那不是笑话吗？公司倒闭，重要的是赶快查查还剩多少钱。

在时位变化的六大阶段里，二、三、四、五都是中间过程，是共通的，所以用数字一并表示。而初和上，虽然不相对，却能同时涵盖时与位，两者并举，十分巧妙。一生只有那么多时间，怎么求上进，走到应有的位置，是每个人都要做的功课。

在时和位以外，还有一个概念——性质，即阴阳。事物的性质只有两个，不是阴就是阳，没有其他。许多人把五行当作五种性质，这是不对的。五行不是性质，而是阴阳二气的运动方向。金是向内收敛，火是向上，水是向下，木是发散，土是调和。所以，同样是阴，有金、木、水、火、土之分；同样是阳，也有金、木、水、火、土之分。

下面这张图是一个六爻卦，每一个爻位都是一个虚的空格，可以放进一个阴爻，也可以放进一个阳爻。六个阴阳爻组合起来就是一卦，只要改变其中一爻的性质，就会变成另外一卦，这叫作牵一发而动全身。懂得这一点，很快就能入门《易经》。所谓人生，就是好好地由自己来画出这辈子的卦。你选择用这个时位来做好事还是做坏事，是奉献还是只进不出，完全由你自己判断选择。

一根阳爻是一横，是奇数，在一、三、五、七、九之中，以九为最大，所以阳爻也用数字九来代表。一根阴爻是两横，为偶数，在二、四、六、八之中，二和四古时容易混淆，六和八两个数字依据阳伸阴缩（阳向外，阴向内）的原则，六比八老，所以阴爻用数字六来表示。

将六或九与代表时和位的"初、二、三、四、五、上"逐一结合，每组有两个数字，却承载了三个意义。例如，乾卦是纯阳卦，六爻的性质全是阳，所以通通用九来表示，再结合时位，就写作"初九、九二、九三、九四、九五和上九"；坤卦是纯阴卦，六爻的性质全是阴，所以通通用六来表示，再结合时位，就写作"初六、六二、六三、六四、六五和上六"。

因为始生之际时比位和性质都重要，所以初字仍然在前，写作初九或初六，而非九初或六初；终了之时位比时和性质更要紧，因此上字仍然在前，写作上九或上六，而非九上或六上；中间四爻性质比时位更重要，所以性质在前，时位在后，写作九二、六二，而非二九、二六。

乾卦是纯阳卦，坤卦是纯阴卦，各爻的性质相同，很好记，其余六十二卦却都是阴阳交错（如下图的既济卦和未济卦），应该如何用两个数字来标示，必须多多练习，务求十分熟练。

用两个字代表一爻，同时表达时、位和性质这三个要件，十分高明，也开启了中国人"把二看成三"的智慧，我们常常在正反、上下、对错之外产生第三种说法，那就是"不正不反""中间""很难讲"，十分灵活。

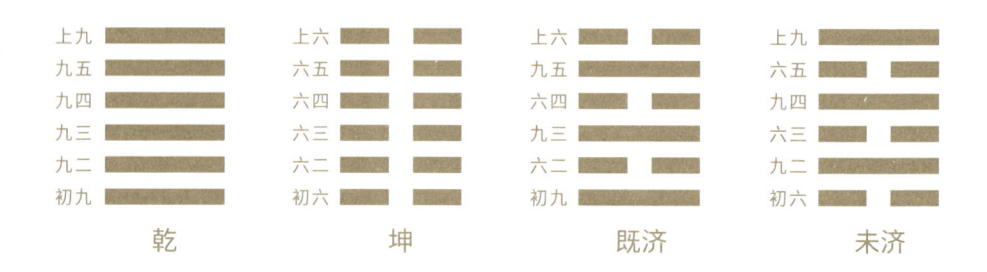

乾	坤	既济	未济
上九	上六	上六	上九
九五	六五	九五	六五
九四	六四	六四	九四
九三	六三	九三	六三
九二	六二	六二	九二
初九	初六	初九	初六

❖ 爻际之间有何关系

中西方是不一样的,我们最好不要盲目学习西方。比如,西方讲人际关系,而中国讲人伦关系,大家不要搞错了。西方人站在人跟人平等的立场,开发出一套人际关系。中国人会告诉你,人跟人是不平等的,本来就不平等,一定有大小。中国人讨厌一个人没大没小,所以讲的一定是人伦关系。不过,《易经》的道理又有所不同,它的爻跟爻之间是有爻际关系的。

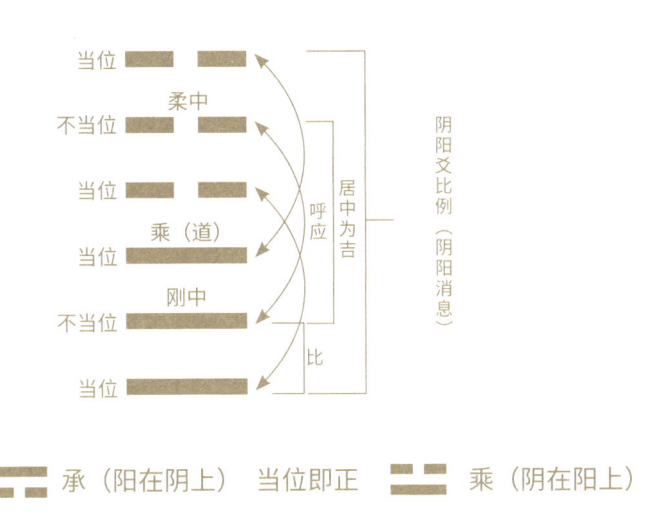

从现在开始,我们看一个卦,要学会从四个方面入手,分析爻的好坏关系,即当位、相应、乘承和中道。

第一种关系是当位。

一卦六爻,初、三、五爻是阳位,二、四、上爻是阴位。阳爻居阳位,阴爻居阴位,叫作当位;阳爻居阴位,阴爻居阳位,叫作不当位。当位又称"正位"或"得位",不当位又称"失位"或"非其位"。

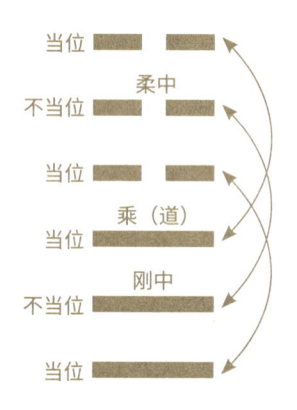

像这个卦,上面是坤,下面是乾,上地下天,叫作地天泰卦。注意看,第五爻应该是阳位,现在是阴爻,第二爻本来是阴位,现在是阳爻,这就表示泰卦的六五和九二都不当位。

当位的爻辞通常为吉,但有其他因素影响时也可能不吉。不当位的爻辞大多为凶,但有时也不一定。这种情况和正当行为不一定事事亨通,而不正当行为有时反而十分得意是相同的道理,因为还有其他因素,必须考虑在内,才能判断结果。比如,我们都知道好人不一定有好报,实际上这句话应该这样说:好人长期看一定有好报,短期看不一定有好报。短期看,好人经常被整得很惨,正因为很惨,最后才能修成正道。

六十四卦当中,六爻都当位的,只有既济卦。既济卦初九、九三、九五三个阳位都是阳九,六二、六四、上六三个阴位也都是阴六,所以卦辞指出事业已成,接着勉励当事人必须保持守正以防危乱,因为一不小心就容易变成六爻都不当位的未济卦。未济卦卦辞提醒我们，必须勉力促成，或可得亨通，如果处事不慎，则必无所利。六十四卦当中，无论当不当位六爻都吉的，只有谦卦除外。换句话说，六十四卦实际上以谦卦为中心，后面讲到谦卦时会仔细介绍。

当位时要提防不当位的可怕，不当位时又要善于补过，以求挽回，时时以趋吉避凶为念，所以，《系辞下》说："作易者，其有忧患乎？"具有忧患意识才能够趋吉避凶。进者退之，退者进之，必须合理应变。

当位的卦象			不当位的卦象
上六 ▬▬	6（阴位）	上九 ▬▬▬	
九五 ▬▬▬	5（阳位）	六五 ▬▬	
六四 ▬▬	4（阴位）	九四 ▬▬▬	
九三 ▬▬▬	3（阳位）	六三 ▬▬	
六二 ▬▬	2（阴位）	九二 ▬▬▬	
初九 ▬▬▬	1（阳位）	初六 ▬▬	
既济		未济	

第二种关系是相应。

位离不开时，时如果是河流，位就是水中的漂流物，地位再崇高，也不敌岁月如流水，届龄退休，也一定会下台。各爻的吉凶实际上都以时为背景，卦就是时，爻就是位。重卦由两个基本卦组合而成，上三爻为外卦，也叫作上卦，下三爻为内卦，又称为下卦。重卦的初与四、二与五、三与上，在各自的基本卦内位置相同，所以彼此有互相感应的作用。内外卦位置相同的两爻，如果一为阴爻一为阳爻，便是彼此调和，称为"相应"；如果同为阴爻或同为阳爻，那就是无法调和，称为"不相应""无应"或"敌应"。

比如泰卦，九二是刚，六五是柔，刚柔相应，很好。同样，初九跟六四，九三跟上六，也是刚柔相应。因此，泰卦虽然有两爻不当位，但三对爻都阴阳相应，整体很不错。以此类推，阴阳相应大多是吉象。但也有例外，有的因为相应而得，有的反而因相应而失，有时由于无应而凶，随着时势而定。

比如，你是新人，就是初爻，那二爻就是你的顶头上司。但是，你不要只看到顶头上司，而要看远一点儿，要看到四爻，因为初爻跟四爻才是对应的。照理说，二爻是初爻的顶头上司，你有好建议，他应该很高兴，应该把功劳归给你，可我们都有过这样的经验，顶头上司经常会把你的功劳抢光，甚至还在上面破坏你的工作成果。可见，虽然你在初爻，但你的关系应该拉伸到四爻。

同样的道理，当一个人在下卦表现非常好的时候，五爻这个"大人"就注意到你了。很多人现在总感觉人才断层，就因为身在五爻的大人们只看到邻近的四爻，没有注意到下卦的二爻。二爻才是未来的接班人，你只看四爻，没看二爻，那就完了。所以，一个大人要找接班人，找的是二爻，不是四爻。五爻是最高位，叫君位，整个国家都由他负责，他的责任就是培养接班人。等五爻退休，二爻刚好赶过来，这才会后继有人。否则，你只注意四爻，等到你退休，他也差不多要退休了，那就是后继无人。

第三种关系是乘承。

和相应有密切关系的是"相比"，指上下相邻的两个爻的关系。凡相比的两爻，如果阴爻在上，阳爻在下，称为乘，即"阴乘阳"或"柔乘刚"；如果阳爻在上，阴爻在下，称为承，即"阴承阳"，或"柔承刚"。承大多顺而善，比较好；乘大多逆而劣，不太好。

就阳爻来看，最好是"据阴"，也就是位居阴爻之上，可以得其用。这时候位居阳爻之下的阴爻处于承阳的状态，也十分有利。但是，仍然要一并考虑其他因素，才能断定吉凶。综合研判，不宜有所偏失。

第四种关系是中道。

《系辞下》指出："其初难知，其上易知。"因为初爻反映事物的根本，比较不容易明了；上爻是事物的末端，最后的结果反而明显易懂。至于中间二、三、四、五这四爻：二多誉而四多惧，三多凶而五多功。由于第二爻居于下卦的中间,称为中位,通常多有称誉;第五爻居于上卦的中间,也是中位,通常多获得成功。第三爻虽然和第五爻同样具有阳刚的功能,却因为所处的爻位不同,通常多有凶险。第四爻通常多有忧惧。重卦之后,原有三爻卦的天、人、地三才,变成兼三才而两之:初、二两爻为地道,三、四两爻为人道,而五、上两爻则为天道。二、五两爻都在中位,一个多誉,一个多功,这就是"居中为吉",成为《易经》中道智慧的依据。关于这一点,本书会有更多详细介绍。

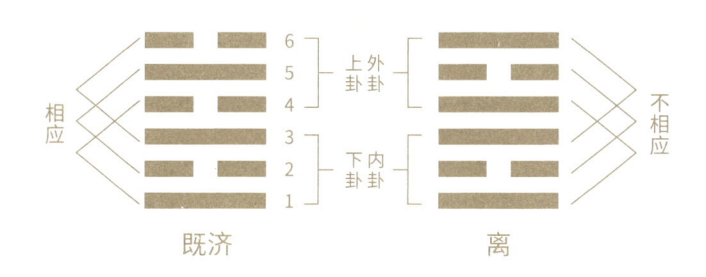

了解了这四种关系,以后面对一个卦,我们就能明白大致的状况了。这在日常生活中怎么用呢?很简单。当你调动到一个新岗位,首先要做的就是看看顶头上司,他是阳还是阴。如果你的顶头上司是阳,你就用阴跟他配合；如果他是阴，你就用阳跟他配合。倘若他很刚健，你也很刚健，两个人一定处不好。

再讲清楚一点。你要去看看顶头上司，是擅长用眼睛，还是擅长用耳朵，这两个有不一样的因应方式。如果他擅长用眼睛，你以后就拿文字的签呈给他看，他才看得清楚。如果他根本就不喜欢看，而是愿意听，那你就讲给他听。有些人，上司擅长用耳朵，他却拼命上签呈，最后把上司气得要命；上司擅长用眼睛，他却拼命叽里咕噜，上司也不想听。这是大家随时可以验证的。

作为上司，也要看看下属是怎么样的，如果他们本来就很内行，本来就很有经验，而且很积极，你根本不需要管那么多，多讲话只会惹他们反感。

有次我去按摩，按摩的人跟我讲："先生，你颈椎劳损。"我回都不回他。很简单，到了我这样的年纪，七八十岁，不劳损才怪，讲这种话就是自找没趣。你跟那些二三十岁的人说，你要小心，要好好注意，那有用。我这么大年纪，跟我讲这个有什么用？过去常说，年纪越大，人家越不给你看相，就是这个道理。看相的人会说，你已经不错了，活到现在，很平安。不然还能讲什么呢？

其实像我这个年龄，如果真有人给我看相，他一开口我就知道他的高低。一般看相的人碰到我这种人都说："哎呀，你现在要多出去走走，多交朋友，使心情愉快一点儿。"这都没有错，可是你跟我讲，我就觉得很奇怪。我比年轻人还忙，但是我不太跟人家讲我很忙，因为我的忙是别人没办法想象的。

老实讲，如果你自己急着要去做什么事，会很累。我奉劝大家，你主动去做的事，才去做；被动去做的事，都不要做。我从不被人家压着去做什么事，所以大家看我一般都不带手机，家里也没有答录机。只做我要做的事都做不完，还去做你要我做的事情干吗？

人生是从求人慢慢走到不求人，这个过程要大家自己去走。年轻人不可能不求人，可是年纪大了还求人，就白活了一辈子。这是阶段性的，每个人都不一样。

爻位的变动，大家要自己去琢磨。简而言之，就是阴阳两气的变动，气候的整个变化都在这里。坤卦是纯阴卦，阳卦开始慢慢增长，增长到完全是阳时，阴又出来了。消息，消是消失，息是增长。有下有上，有伏有起，才叫消息。

所以，在寒冷的冬天，湖面虽然还结冰，仍然有很多人去冬泳，因为底下是暖和的。冬泳的人都知道，当天气非常冷的时候，下面比上面温暖得多，只是上来那一刹那冰冷而已，没什么大惊小怪的。当地面很冷的时候，地底就开始热了。同样，当一切都很热的时候，你就知道阴要出来了。当你的身体没有病的时候，你就知道那是很不保险的。

我曾经有一个同事，一开始就讲，我这人什么本钱都没有，就是身体健壮而已，结果三个月就死掉了。这种话最好少讲为妙。一个人常常生病，从另外的角度来说，对自己是有好处的，病到最后反而不会死，从不生病的人反而容易很快就死了。

有人喜欢说，我病了几十年，还要病上三四十年，结果最后活到一百多岁。他就有本事病一百多年，你能怎么样？久病成良医，这样你才有警觉，知道什么问题来了，怎样调理。从没生过病的人，老实讲，一病起来就不可收拾。像这些观念，都能从《易经》里慢慢学到。

❖ 错综复杂，变幻无穷

看完爻际关系，再来看卦际关系。卦有几种变化，即错卦、综卦、交卦。

把一个卦的所有阳爻变成阴爻，所有阴爻变成阳爻，就能得到一个新的卦，这两个卦就是互错的卦。比如乾、坤二卦，乾卦六爻皆阳，每一爻都阳变阴，就得到六爻皆阴的坤卦，这就叫乾坤互错，这种阴阳变化在一刹那间完成，变化之大，可谓翻脸无情。

把一个卦整个颠倒过来，也会得到一个新的卦，这两卦就是互综的卦。比如师卦和比卦，从这一头看它是师卦，颠倒过来，从另一头看又变为比卦，这就叫师比互综。一个卦摆在桌子上，从你那一头看是你的立场，从我这里看是我的立场。

乾坤互错
相反相成

乾　坤

师比互综
一体两面

师　比

互综的两个卦是一体两面，是相互关系；互错的两个卦是相反相成，是相对关系。其实，凡是相反的都相成，凡是害你的最后都是你的贵人，凡是帮你忙的最后都会害死你。一切都在你，不在他。他用害你来帮你，他用对你好来害你，你自己不知道，怪谁呢？一个人能够借相反的力量来相成，就是有智慧。他跟你相反，你也跟他相反，硬碰硬，你就倒霉。

所谓交卦，是上下两个三爻卦对调交换而成的卦。比如泰、否两卦，把泰卦的上下两卦交换，就从地天泰变成了天地否，反之亦然。

要注意，泰否两卦既互错，又互综，还是交卦，可见泰否不断循环，二者关系最密切。

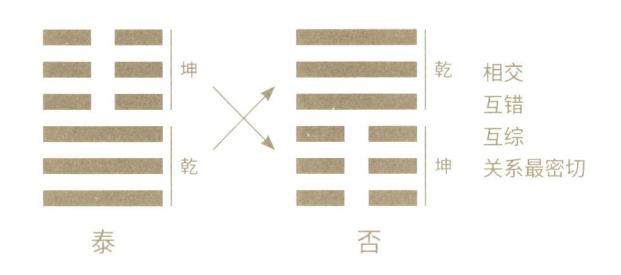

坤　　　　乾　相交
　　　　　　　互错
　　　　　　　互综
乾　　　　坤　关系最密切

泰　　　　否

泰是十一卦，否是十二卦。泰在前，否紧跟其后，告诉我们，当一个人泰的时候，紧接着就是否。比如你参加运动会，今年得冠军，明年多半不会再得了，因为后面的人会马上追来。这样大家才知道，只要运动员得奖时表现激烈，情绪激动，哭天抢地，就表示他这辈子多半就到这里了，后面没有了。另一个人上去，拿奖就拿奖，拿完走了，表示以后还有。

请问大家，是否极泰来，还是泰极否来？从卦序上看，应该是泰极否来。但是我们通常都说否极泰来，因为泰下面就是否，泰极否来是一看就知道的事；而我们说否极泰来，就是要鼓励你、告诉你，否没有关系，只要撑得住，最后还会回归泰。《易经》总是给你积极的鼓励，不会给你消极的打击。它会暗示你，不会明讲，要是明讲的话也多半都是激励的话。有些人说否极泰来是错误的，应该是泰极否来，其实没有什么错误，是你自己理解得不够。

《易经》最后两卦，既济卦和未济卦，同否卦和泰卦一样，不仅互错，而且互综,同时互交。这是《易经》非常高明的地方。当一个人成功的时候,下面马上就不成功。比如,庆功宴的时候,最容易种下祸根。你今天奖励了谁,其他人不服,就会开始搞他。所以,今年得大奖的,通常到此为止,迟早要离开。在这件事上,中国人最"团结",大家会一致把老板认为行的人挤出去,证明老板认为行的人原来也不行。

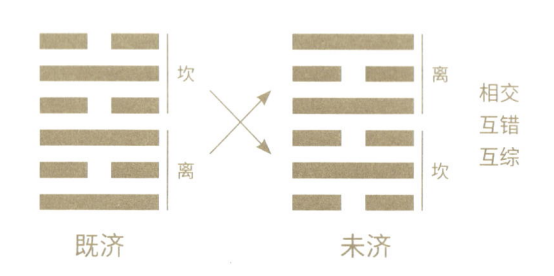

既济　未济

坎／离　离／坎　相交　互错　互综

以前的有钱人,家里墙都很高,里面怎么奢侈,外人看不到。现在不行,要透明,要炫耀,但让人家知道,你就危险了,绑票、诈欺,想尽办法把你整垮,这都是自己找来的麻烦。面对这种情况,西方人会说:"来啊,怕什么!"但中国人告诉你:"命只有一条,不要开自己的玩笑。"这是两种不同的论调。因为我们有道家,要保生,还有阿弥陀佛,要乐一阵子,不要这样就没有了。

所以,当一个人到了既济的时候,形势大好,反而要加倍小心,因为一不小心就掉到未济。这样的教训太多,很多人辛苦奋斗很久,好不容易成功,结果不到几个月又败下来了,就好像虫爬树,爬爬爬,掉下来,爬爬爬,又掉下来……

如果一个人的成就不能给自己带来快乐,那还有什么意义呢?很多人读完博士,出来工作没多久就死掉了,因为他不知天高地厚。前程似锦,大家一致看好,结果很快没有了,这样的人书不是白读了?

老天爷是公正的,但是它不公平,也不会公平。你自作自受,他怎么公平？记住，只有公正，不可能公平。各人要走各人的路，每个人要替自己负责。成功是失败之母，失败也是成功之母，这叫作互相。当你成功的时候，要特别小心，因为后面那一关是很难过的；当你失败的时候，不要泄气，因为还可以东山再起。现在很多人，成功了就不得了，意气风发，不可一世，到后面你就知道结果了；另一些人失败了就很泄气，好像从此没有希望，那就是自暴自弃。这些事我们也看得太多了。

实际上，世界上根本没有成功的事。古往今来，谁成功了？很多人拼命在讲成功学，可看一看古今中外，没有一个人成功。孔子成功了吗？也没有。他一辈子很辛苦，而且每一代都要把他"干掉"，因为孔子很碍眼，只有干掉孔子，自己才有可能变成第一。可见，当一个人有名的时候，就要注意，因为人家开始挑剔你了，这个错了，那个错了，他只需要质疑你、评论你，他就能成名了，这是他的捷径。

当然，其实根本也不必防。人家说你好，能怎么样？人家说你不好，又能怎么样？人家说你对，你又不会胖一斤；人家说你错，那错就错，根本和别人没有关系，你老把别人的评价弄到自己的身上来，增加自己的压力干什么？天底下有看得懂的人，就有看不懂的人。他懂了是他的事，跟你没有关系，他不懂也是他的事，同样跟你没有关系。看到人家说你好，你就高兴，高兴什么呢？看到人家说你不好，你就生气，生气什么呢？都是不了解自己，自找麻烦。

我们现在都是一切按照制度来。大家想想看，我们以前的大学校长多有担当，多了不起，钱穆没受过高等教育，却请他来当教授，王云五没有博士学位，却请他去研究所指导博士。现在的大学校长，一个个按照规定来，像钱穆、王云五这样的人连讲师资格都没有。钱穆曾经说过，大家是先读中小学，再读高中，然后读大学，他刚好相反，是先教小学，再教初中，然后教大学，一路教上去。现在很多校长都没有这样的担当了。我有一个朋友，他的数学论文连英国数学杂志都刊登了，可是他想申请到专科学校当讲师，就是没资格，因为他没有学位，不得不说现在的人脑筋是越来越死板了。

❖ 卦中有卦需综合分析

卦中还有卦，这是比较有趣的事。比如归妹卦，《易经》第五十四卦。归是回到家的意思，女孩子嫁到丈夫家，叫作"于归"，表示你是那一家的人。

为什么叫妹？我们看归妹卦，上卦是雷，代表长男；下卦是泽，代表少女。长男、少女，就表示两人年龄差很远，叫作老夫少妻。以前天子、诸侯要娶太太，一般都是姐姐嫁过去，妹妹也跟过去。中国古人考虑得很周到，万一这位皇后或夫人不能生孩子怎么办？那就势必要找别人，一旦找别人，这两个女人不同姓，以后很容易出现矛盾，不如把妹妹也嫁过去，因为天子都是要多生几个孩子的。

那么请问大家，为什么要多生几个？我们现在读历史都用很粗浅的观念看，一见某个皇帝三宫六院，就骂声一片。这有什么好骂的？皇帝的责任就是要多生孩子，道理很简单，这是封建制度所致。不是古人荒淫无度，而是我们不懂得其中的道理。比如，太子可以跟其他兄弟住在一起吗？绝对不可以。立了太子，他就要单独住。虽然是兄弟，可弟弟也可能下毒，只有把太子杀了，他才有机会。大家也许会觉得怎么那么残忍，但这就是人性。中国古人以前的规矩是遵照人性设计的，非常周到。可是后人看不懂，胡乱批评，实在浅薄。天子娶了一对姐妹，就算将来姐姐死了，妹妹也比较不容易有问题。而两姐妹都在的时候，妹妹也不太容易跟姐姐争，所以比较安宁，这才是原本的用意。

我们现在看归妹卦，不要去管它以前的意思，而要有现代的诠释，也就是老夫少妻。归妹卦卦辞说："征凶，无攸利。"无攸利就是无所利，结婚是好事，为什么会凶呢？这是说做妹妹的如果要跟姐姐争宠，是得不到同情的，所有人都对你不利。

现在我们看看，归妹卦里还隐藏着什么卦。

我们把它的二爻到五爻单独拿出来看，二三四爻是一个离卦，三四五爻是一个坎卦，离在下，坎在上，就可以组成水火既济卦，表示少女嫁给长男其实也可以美满。只要你心里做好准备，仔细斟酌，比如他老了，性生活方面不能要求他像年轻人一样，明白这一点，你还能欢喜甘愿，就可以既济。

同理，把一爻到四爻拿出来看，一二三爻是兑卦，二三四爻是离卦，上离下兑，是火泽睽卦。睽卦是令人跌破眼镜之意，而且有再见、睽别的意思。再看三爻到六爻，三四五爻是坎卦，四五六爻是震卦，上震下坎，是雷水解卦。

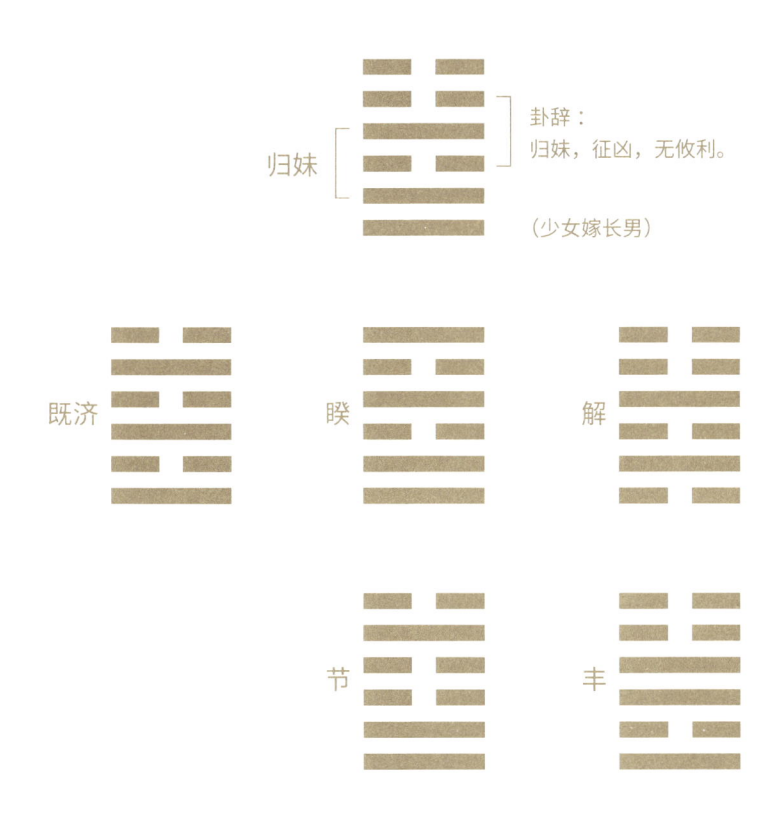

归妹

卦辞：
归妹，征凶，无攸利。

（少女嫁长男）

既济　　睽　　解

节　　丰

我们也可以把一爻到五爻拿出来看一看，一二三爻是兑卦，三四五爻是坎卦，上坎下兑，是水泽节卦，告诉你要节制，你把他当年轻人看待，他很快就死掉了。再看二爻到六爻，二三四爻是离卦，四五六爻是震卦，上震下离，是雷火丰卦。不知道大家觉得人应不应该凡事都搞清楚，但是坦白讲，当你对某件事知道得很清楚时，就什么都不想做了。我们就是不太清楚才会有兴趣，一旦完全清楚，就知道这里面黑幕重重。其实我们都是被摆布的棋子，没什么了不起。比如，被产、官、学三方面势力一摆布，你就动弹不得，不得不随他走。你不买豪宅时，看到人家住豪宅，什么事都没有；你刚刚买了豪宅，就开始征收奢侈税，你能怎么样呢？你还说你有自由，说到底有什么自由呢？人要有觉悟，明白我们只能有内心的自由，在外面是毫无自由的。所以，看一个卦，不能只看卦名就认为是这样那样，要看它里面的好几个卦，才知道有很多因素在，然后好好调整。

❖ 卦变和变卦要分清楚

不仅卦中有卦，卦还会变卦。所以，《易经》不是让大家读的，而是让大家玩赏的。其实，大家可以有空就卜卜卦，卜一个卦认识一个卦，再卜一个卦，又认识一个卦。这样慢慢有了一些经验，去推理就很容易，反正这一招出来，下一招一定是什么，跑不掉的，你稍微一推理就清清楚楚，没什么奇怪的。

卦变跟变卦不一样。卦变是卦里的爻在变。比如否极泰来，一般人看卦序也许认为，否再回到泰需要走六十三个卦，其实不是，经过四个卦就由否到泰了，这方法叫用人力加速否极泰来，不是完全在那里等。如果你现在很否，却要等到最后泰来，那是错的，因为你的命不够长，还没有否完就死掉了。

否极泰来，要经过损益。我们现在用的损益表就是这样，你只要把损益表调整好，否极就泰来了。

大家看图，否卦的上九跑到益卦的初九，益卦的上九来到损卦的九二，损卦的上九来到泰卦的九三。这样四个卦，就由否卦变成泰卦了。卦中的

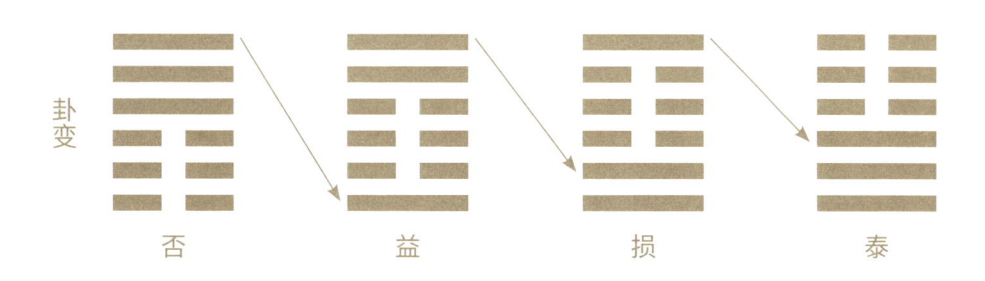

卦变　　否　　益　　损　　泰

每一个爻都可以用人力来调，为什么还要顺着去走呢？

变卦讲的是什么呢？你算卦的时候，如果算出六六六九九九，那否卦马上会变成泰卦，因为六会变九，九会变六。记住，七八不变六九变。换句话说，老阳、老阴会变，少阳、少阴不变。但是我可以告诉大家，卜卦的时候，卜到七八的次数比较多，六九的次数很少。如果哪天你卜到六个爻全是六，要好好记下来，因为那真是千载难逢。六出现的概率是最少的，九出现的概率是其次，八出现的概率最多，然后是七。六九少，七八多，告诉我们世上不变的东西比较多，真正变的部分比较少。有时候你卜出来的是七八七八七八，就说明它没有什么太大变化，很安定。

简而言之，阳极成阴，阴极成阳。七八相当稳定，而六会变九，九会变六，任何一爻变，全卦都要变。如果卜到六六六六六六，马上会变成九九九九九九，表示你问的这件事会有很激烈的变动，要好好斟酌怎么办。

《易经》告诉我们，否中一定有机会，一定可以转化过来，而不是死定了。《易经》从来没有死定了这种事。如果死定了，那人是干什么的呢？《易经》告诉我们，目前处于哪一种状况，要注意哪些事情，如果按照这样去调整，还是有转机的，这才是我们读《易经》的目的。上天有好生之德，就表现在这里，它从来不会一下子判你死刑。

卦中有卦，卦会变卦。同时，我们还可以主动调整爻，照着它的指示去走，改变自己的处境。什么叫运气？人活着就有一口气在。这一口气，你运得好，叫作运气好，运得不好要怪自己，要自己调整。一切都要靠自己，而不是别人。

第五章　恢复《易经》的真面目

❖ 卜筮仅为《易经》小用

　　《易经》非常荣幸，因为它可以用来卜卦；《易经》非常不幸，也是因为它可以卜卦。这就叫一阴一阳之谓道，成也萧何，败也萧何。现在害你的人，将来也许就是你的恩人；现在对你施恩的人，有一天却要把你害得凄凄惨惨。《易经》告诉我们，凡事没有十全，有好一定有坏，你得到一些东西，也会丧失很多东西。

　　一般人最大的毛病就是只相信自己的眼睛，以为眼见为实。你亲眼看到的，有用吗？或许根本就是你看错了。眼睛最会骗人，耳朵也经常给出错误资讯，所以大家千万不要过分相信五官。占卜引发的是人的第六感，第六感从来不骗人，但是我们最不相信它。人的矛盾就在这里，对你好的人，你看到他就一肚子火，反而对陌生人恭恭敬敬。

　　我年轻的时候，很不喜欢人家说我坏话，可是后来完全改变了。说到底，就是一句话改变了我。有一天，我突然想通了，凡是会当面给你难看，当面叫你下不了台的，就是观世音菩萨，不是别人。别人讨好你都来不及，为什么要得罪你？在你面前说好话的人，占尽便宜；可是跟你讲实话的人，你却对他没有好脸色，这是谁都知道的事情，但是我们就是想不通。除了观世音菩萨以外，没有人愿意当面给你难看，没有人愿意让你感觉到他很讨厌。因为这是他的责任所在，不得不讲真话，但是讲真话你是听不进去的。

人一生下来，有一种器官立即开始退化，就是耳朵。比如人老了第一个表现就是耳朵不好用，怎么也听不到。人一出生，老天就安排你的耳朵开始退化，就在警告大家，年纪越大，越听不进去话。换句话说，年纪越大，越固执。我过的桥比你走的路还多，你知道吗？但是有什么用？一切都在不断变化，你那么相信自己的经验干什么？那经验不重要吗？当然不是，经验非常重要。

我讲这段话，就是想告诉大家，世界上的事情永远是摇摆不定的。如果你定下来，那就错了，因为它本来就是摇摆不定的。大家开车，会发现雨刷停是暂时的，动才是正常的。如果车的雨刷是不能动的，你就知道它坏了。我们经常讲，中国人最糟糕，脚踏两只船，摇摆不定，讲了好像没讲一样。实际上，本来就应该这样，因为这才正常。

《易经》是可以卜卦的。庙里头就是用掷筊的方式来卜卦。道家的"一生二，二生三"从这里最容易了解。两个合在一起是一，其实就是太极。太极里面有两个，要不然怎么会一分为二？如果太极是一个，分不开的话，那太极也没有用了。

一就是二，二就是一。可是现代数学告诉我们，一就是一，二就是二，这叫死脑筋。从某个角度来看，人类是越来越退化。我们中国人从汉朝以后，越来越糟糕，而不是越来越好。表面上看人类在不断进化，实际上刚好相反，因为我们有太多的误解。

太极生两仪。两仪有三种不同的变化。第一种，两个都是阳的，叫作盖杯。盖就是不同意的意思。第二种，两个都是阴的，叫笑杯。就是菩萨笑一笑，你没有诚意，我不给你意见。所以，如果每次都是盖杯，菩萨就告诉你，少动这个脑筋；每次都是笑杯，菩萨就笑笑，你是来跟我开玩笑的吗？第三种，一阴一阳，就是圣杯。它只有这三种变化，不可能变出第四种。但是这三种变化就是四种，为什么？因为一阴一阳，哪个在下哪个在上，哪个先哪个后，就不一样，这就变成了四。所以，一就是二，二就是三，三就是四，四就是三，数本来就是变化的，这也是让现代人很恼火的东西。

中国人讲道器是合一的，想了解古代的智慧，一定要从中国人所做的具体器物上面入手，然后再了解背后那些抽象的东西。人类最大的敌人是自己，一天到晚都在开自己的玩笑。当然，老天也只是笑笑而已。大部分人是很愚昧的，我讲一句话大家不要生气，自从有了手机，人类就两极化了，要么是疯子，要么是呆子。什么叫疯子？在路上边走边打电话，笑嘻嘻的，以前都是疯子才这样。什么叫呆子？整天低着头看手机、玩手机，久了就呆了。

人要善用器具，而不是被器具所驾驭。我是常常拿麦克风的人，但是只要不该我讲话时，就算你把麦克风给我，我都不讲。开关要灵才叫开关。现在的人就是开关失灵了。比如，很多人用麦克风用久了，以后就完蛋了，吃饭也讲，走路也讲，这种人就叫作不讲话会死，就是疯子。我就碰到过这样的人，只要他在，我最愉快，因为他从头讲到尾，我就不必讲话了。我还碰到过更妙的，就是我们结束以后，他站在那里，说有一件事情要请教我，我也不能推辞，就边走边讲，讲到送我上车，还是他在讲。至于他要问我什么，真不知道。可是我很感谢这种人，因为他知道我很累了，就让我不必讲话。

我们常说当局者迷。人完全不了解自己，才要卜卦。我们看别人的事情看得很清楚，这个家伙很可笑，那个家伙莫名其妙，这个家伙很愚蠢。可是当我们看自己的时候，就迷糊了。记住，人的眼睛是往外长的，永远看不清楚自己，所以才要用卦把他显出来。卦就是把你的情况显示出来，让你知道原来你此时此地是这个样子。

老实讲，现在西方的很多话都在讲我们的东西，只是从事翻译的人，因为修养不够，理解不到，才翻译得乱七八糟。他们讲的 situation，就是我们讲的情境。情境是随时在变动的，所以中国人说"此一时也,彼一时也"。

只要时一变，人的整个观念都要跟着调整。不能说以前是这样，现在还是这样。现在是现在，以前是以前。一切都是时在决定，我们一再说，孔子最了不起的观念就是"时也，命也"。时到了，你不知道，是命；你知道了，可是时没有到，也是命。

以前有一个人，武艺非常高强。为什么那么高强？因为匈奴不断来攻打我们，他想为国争光。可是当他练到武艺高强时，匈奴不打我们了。是不是匈奴知道出了这么一个高手才不打的？谁也不知道。匈奴不打，我们也不会叫他去统兵打人家。所以，上面就跟他承诺，等匈奴来打我们的时候，我们第一时间去找你。等到匈奴来打的时候，上面马上派人去找他，然而他躺在床上，只剩最后一口气。一辈子生不逢时，能怪谁呢？其实也没有什么好怨恨的。

老实讲，当大家把《易经》搞通了以后，会知道最后就是孔子讲的那句话而已，叫"尽人事，听天命"。一个人要读懂圣人的话，没有《易经》的修养，那叫只会背，只会考试。《易经》告诉我们，你只管自己该不该做，该做就去做，至于结果会怎么样，只有一个答案，叫天晓得。这样你就没有什么怨恨了。你做了该做的事情，心安理得，有什么好怨恨的？你到死的时候，不欠任何人，那就是好死。现在不是，先抢一摊，然后慢慢来忏悔。庙里头那么多人就是去忏悔的。初次拿了不该拿的，你认为没有关系，可是你没有想到，拿了第一次就想拿第二次，越拿越想拿，等到最后你后悔的时候，已经走不动了，已经来不及还了，欠了一大堆债就回去了，那实在很糟糕。

其实宗教所讲的，远没有《易经》讲的这么精辟、这么透彻。宗教最大的问题，就是用九十九句正确的话，来包装那句唯一不正确的话，那一句不正确的话就是毒药。如果他不讲九十九句对的话，你会信吗？很多人说，我是傻瓜才会上当，最后证明他就是傻瓜。因为他不知道，他们是用九十九句非常正确的话来让他心动的，而这九十九句正确的话所包装的唯一不可靠的、不能相信的话，就是"信我者得永生"。这一句话从有人类以来，没有一次兑现的，但是直到现在大家还在相信。

每一个宗教都是用九十九句冠冕堂皇的让你听了会掉眼泪的话，来包装最后那一句最大的谎言。释迦牟尼佛坐在那里，一句话不说，眼睛也不看人，就是在告诉人们，你要靠自己，不要靠他，否则倒霉的是你自己，可是大家永远不懂他的意思。我每次看到释迦牟尼佛都知道，他在说你来拜他，是拜你自己，掷筊引发的是你自己的第六感，跟他一点儿关系都没有，因为每个人都是自作自受。你什么时候悟透了，不管信什么宗教都是很安全的，没有那么神秘。宇宙是最透明的，从来没有隐瞒过任何事，只是人看不懂，那只能怪自己。

人类一开始只有声音没有文字，所有文字都从声音而来，而且刚开始只有单音字，没有复音字。凡是"卜筮""孝顺""仁爱"等复音词都是后人造的。以前，卜是卜，筮是筮，它们是两码事。卜是用火来烤乌龟壳，乌龟壳会裂开，发出卜卜卜的声音，产生不同的裂痕，卜师就来解释这个裂痕代表了什么意思。其实大家也不要太相信，因为都是卜卦的人在讲，而且他想怎么讲就怎么讲，你控制不了。一直到现在都是如此，乩童讲一句，桌头讲十句，乩童就觉得很好笑，我只讲了一句而已，你却给我讲了十句，那这九句算谁的账？当然是算你的。这样大家才知道，为什么通灵的人多半是没有知识的，多半是那些一问三不知的人。如果找个博士来占卜，他告诉你的全是他自己的话，并不是神说的话，可是那时候不管他说什么，大家都会觉得不大对。

记住，天底下的事都是有因必有果，但是一个因可以产生好几个果，不是一个因只有一个果，不然人类也不必努力了。现代科学慢慢证明，长得端正、清秀的人，智商都比较高。所以，你说人是生而平等的吗？但是无论如何大家要记住，众生是平等的，这并不是说众生生下来就平等，而是说众生可以改变自己，这是平等的。如果你什么都掌握不了，还可以掌握自己的道德修养，这是平等的。你想做好人，没有人能够阻挡你，这也是平等的。平等是有限度的、有条件的。

我们接着上面讲，筮是什么呢？卜的时候，是用龟壳。但是人们慢慢觉得，乌龟这么长寿的东西被拿来烤，似乎不太对，而且龟壳也越来越稀少。于是，大家就开始用牛胛骨来占卜。可我们是农业社会，以农为本，牛要耕种，怎么能拿来烤呢？所以周文王才说，不要用龟壳，也不要用牛胛骨，用蓍草来占卜，功能是一样的，只是所用的东西不同而已。

❖《易经》发展有六个阶段

《易经》的发展可以分成六个阶段。

第一个阶段，叫作伏羲的符号易。伏羲所在的年代是没有文字的，那时候就是一大堆符号。大家可以去想象，当伏羲一画开天以后，全民运动，大家回去拼命画，画到最后，才最终确立一个三画卦的系统。三是一个非常高明的数字。其实，人类任何一件事情，如果只是少数人在做，是不成气候的，一定是大家都在做，都在摸索，都在参与。

第二个阶段，叫作周文王的卜筮易。人类之所以会有神权，就是少数聪明人利用大家对神的好奇，因为不清楚而盲目崇拜的心理，来达到某些目的。于是他就说，我们一起听神的，但是神不会说话，由我来说，前面那些符号便被他拿去假借神意，这是最大的欺骗。但没有办法，这是人类必经的过程。

殷商的时候，已经演变到整个社会非常地迷信，这也是必然的现象。于是，周文王就想破除殷商的这种迷信。那么，当大家很迷信的时候，你要破除它，有几种办法？其实一切问题都只有三种办法。当人家提出问题，你马上知道有三个答案，如果讲四个、五个、六个，就表示你不行。如果只讲两个，也表示你不行。一个是你归纳不出重点，另一个是你抓不住重点，所以办法一共就是三个。

周文王非常清楚，如果直接提出要废除迷信，这是下下策。老百姓就是这样，当你告诉他要废除什么的时候，他第一个反应就是抗拒。如果你是老百姓，是相信官府说的，还是不相信？基本上都是不相信。就好比老板的话，员工第一反应是不相信的。因为他知道老板讲的话是为老板自己好，不是为员工好，所以不相信是很自然的。许多有话直说的人都达不到目的，就是这个道理。

你到人家家里去拜访，他的第一个反应一定是你无事不登三宝殿。如果你开门见山，说今天要拜托他三件事情，那他整个都封锁住了，因为他要保护自己。如果你说"没有什么事，我是从这里经过，想到很久没有见你了，进来坐一坐"，他的心就放松了，最后你才讲让他借你两万块，要不然年都过不了，他已经放下戒备，便借给你了。我们现在受西方的影响，变得很愚昧，把好的东西摆在一边，专门去学那些乱七八糟的东西。中国人知道没有会变有，就是得看情况对了没有，都给你做好心理建设了，叫你不要抵挡，事情就办好了。

周文王认为，第一，他现在要废除迷信，革命就不可能成功，因为老百姓绝对不会支持他。第二，如果他不提这种事情，也没有老百姓支持的力量。所以，他就选第三种，以神道设教。其实，一个人要改善、要改革，应遵循三部曲。我不反对改革。记住，学《易经》的人不会反对任何事情，但也不会赞成任何事情，一切都看着办，只要方法对就可以做，方法错再好也没有用，一句话就讲清楚了。现在很多年轻人有改革的心向，这是好事情，但是方法完全是错的。

要改革，首先，要了解现状，否则怎么改革呢？太多人都是理想主义者，对现状都不了解，胡乱改革，当然不会有好结果。其次，要去适应一下，才知道是好还是不好。一般人都是适应完就同流合污，忘记了自己的任务，改革一般都死在这里。最后，适应之后不要忘记应该继续改善。大家只要按照一、二、三去做，应该就没有什么阻碍。

中国人要打人，嘴上都会说"我们两个是好朋友，我不会打你"，然后一把将对方拽下去。这是奸诈吗？当然不是，这有什么奸诈的呢？你都不知道我要打你吗？那也太笨了吧。我们现在完全不了解自己，才会有这么多莫名其妙的反应。尤其那些读书人，一知半解，却在拼命解释这些事情，那是对不起祖先的。

神道设教是周文王的一种策略，他的目的是要改善。这一点只有孔子看得懂。所以，《易经》发展的第三阶段，叫作孔子的人文易。因为时机到了，一下子就把迷信扫掉了。可是扫掉迷信，并不代表孔子反对占卜。太多人断章取义，说孔子反对占卜，其实不是。一个人如果不懂得占卜，就没资格反对占卜。一句话就讲清楚了，你连这个都不懂，凭什么反对？

鬼这个东西，到底存不存在，答案很难讲。如果看到，你相信，他就存在；如果没有看到，你不相信，他就不存在，本来就是这样。

讲了好像没有讲，才叫真理。因为它本来就是一阴一阳分不开的。我们现在都很相信实证，其实太多东西是无法证实的。

说回孔子的人文易，什么叫作人文？我们首先要把"大人"这两个字搞清楚。大人是真正长大的人，一个人要长大成人，有几个条件。

第一，与天地合其德。为什么有人那么神通？就是他与天地合其德，他知道天地有好生之德，无论如何都要往好的方向去做，绝不能起心动念去做坏事。

第二，与日月合其时。该太阳出来的时候，你就要阳；该月亮出来的时候，你就要阴。现在的人，尤其是年轻人，完全做不到这句话。太阳出来了，他开始睡觉，月亮出来了，他开始忙活，搞得乌烟瘴气。

第三，与四时合其序。春天要养生，夏天要养长，秋天要养收，冬天要养藏。我们讲养生，其实只讲了四分之一。春、夏、秋、冬各有不同功能，人要据四时做不同的调剂，而不是说一句养生就可以的。关于生长收藏，我举个例子，很多人赚了一些钱，可是到了冬天就藏不住，到了第二年春天，他想做什么事情，连基本的资金都没有。为什么？因为冬天太冷了，又没有事情做，他就开始赌博，把所有的钱通通赌光。结果春天一来，一毛钱都没有，连种子都买不到，还能做什么事？

第四，与鬼神合其吉凶。大人不会怕鬼神，因为鬼要抓的人就是他要抓的人，神要保佑的人就是他要帮忙的人。鬼神，我们叫作天兵天将，他们是来帮你的忙的。打仗要靠谁？不是靠会打仗的将，而是靠福将。会打仗的人一点儿也没有福气，杀死几百几千个人，那是打仗还是造孽？换成福将，他一去，对方就开始拉肚子，不能打了，自然轻松愉快获胜。换句话说，不战而屈人之兵，才叫福将。历史上有的是这样的人，大家乱得不可开交，谁都收拾不了局面，突然出来一位老先生，所有人都不打了，这也是福将。

现在要当校长的人，我都告诉他，辅导员要选那些耳垂很大、很有福气的人，这样的人当辅导员，学生都不会捣乱。如果选一个很能干的人当辅导员，就是准备对付学生捣蛋的，不然找个能干的来干什么？学生也不能辜负他，因为他那么能干，所以就表现给他看，时不时就有麻烦事。可见，我们现在都说要选能干的人，那社会就不得安宁。你选一个没有事的人最好，干吗要选一个越弄事越多的人？现在我们都很相信美国人说的，要什么能力本位，你做不好，我就叫你下台，其实都是不尽然。

鬼神是来帮助你的，你就是福将；鬼神是来给你捣乱的，你就要反省，是自己哪里错了，而不是鬼神错了。鬼神从来不会错的，所以你说他又搞鬼，他心里会觉得好笑，我不搞鬼，你会反省吗；我搞了鬼，你不反省，我只好更加搞鬼了。有这样的思维就对了。

大人要"先天而天弗违"。不管天意如何，你先去做了，而天会跟着你走，不违背你，这是非常不得了的。其实一个人就是要做到这样，是我说了算，而不是预测说了算。可以改变预测，才叫大人。预测说了算，那还是神在做主。

大人还要懂得"后天而奉天时"。如果你比较慢，就要跟着天走。有时候天跟着你走，有时候你跟着天走，这是大人的智慧。"天且弗违，而况于人乎？况于鬼神乎？"连老天都要跟着你走，何况是人，何况是鬼神，这样的话，你还怕什么呢？

我们都知道，以前是没有鬼神的，鬼神是后人创造出来的。可是人创造出来以后，鬼神就存在了，这是人自找的麻烦。闽南话中有一句最传神："都是你自己想的。"一个人的心思会改变外面的环境，叫心想事成。你认为经济环境越来越不好，它就越来越不好；你认为经济环境会越来越好，它就越来越好。当然，我们还有另一句话，叫"事与愿违"，这也是一阴一阳之谓道。

第四阶段，叫作两汉象数易。请问大家，为什么两汉会变成这样？就是孔子闯的祸。我讲这句话，绝对没有对圣人不敬的意思，大家不要乱意会。孔子把所有伦理道德都讲完了，读书人没有事做了，因为不管他们再怎么讲，都讲不过孔子。可是这些人又想出名，所以就搞了一个象数出来。可以说，这是被孔子逼出来的。好人把坏人逼出来，坏人把好人逼出来，当然最好什么都没有，大家就平平安安。

我必须跟大家说清楚，《易经》是没有天干地支的，《易经》是不讲五行的，甚至《易经》一开始也不讲阴阳，这些都是后来慢慢加进去的。但是因为《易经》的包容性很强，不管你加什么进来，都可以说得通。当然，这也使得《易经》越搞越复杂，而且还能占验灾异、决断吉凶，层次是越来越低。当你做什么事都要卜个卦的时候，就失去了自主性。

占卜灵不灵呢？大家这样想就清楚了，历来占卜的人都是如此，当他卜到一个卦很灵，就一直讲这一个，大家就觉得很灵，但是你不知道，几十个不灵的他都没讲过。任何人卜卦都是有灵有不灵，因为《易经》是为君子谋，从来不为小人谋，所以讲实话就会得罪人。如果你说，因为你是小人，所以不灵，我是君子，所以就灵，谁都受不了。

比如，以前干旱的时候，皇帝要去求雨。通常情况下，皇帝前一个晚上都睡不着。因为如果求到雨，大家会说这个皇帝德行好，可如果没有雨，大家就会说皇帝德行不好。大家了解这些就知道了，如果要征求一个祈雨之人，你敢去吗？谁也不敢，推来推去，只有皇帝去。没办法，他当皇帝，所有人都看着他，这个节骨眼儿上他不出来怎么行？所以，皇帝要吃斋、禁房事、沐浴更衣，以示虔诚之心。全天下人都在看他，求不到雨回去没办法做人，所以一定要很虔诚，也许哪一天老天就被他感动，降下雨来，大家便纷纷称赞。由此也可以看出，古代的许多制度设计是非常严谨的，就是要让皇帝知道，每过一段时间，上天就要考验他一次，所以要好好培养德行，做个好皇帝。就这么简单，大家不要从乱七八糟的角度去解释。

第五阶段，叫作宋元明先天易。宋元明时期，《易经》又恢复到先天易。他们认为《易经》的这些象数都是后人加进去的，然后强调人事就是物理，物理就是天道，历史是循环的，但每一次都不太一样，这句很重要。

第六阶段，叫作现代易。换句话说，我们现代是《易经》的第六次发展。这次《易经》兴起，面目完全不一样。我们不走以往的路，因为有太多事跟以前是不一样的。

❖ 由河图了解《易经》的理气象数

我们为什么把《易经》叫作天人之学？其实跟河图洛书的传说有很大的关系。《系辞上》说："河出图，洛出书，圣人则之。"黄河有"龙马负图"，洛水有"神龟负书"，圣人看到了，便效法它的法则。

相传伏羲氏在河图的启发下，和大自然的景象互相印证，终于有所领悟：大自然千变万化，却拥有共同的本质，并遵循着共通的规律。伏羲氏是人，借由河图的"天垂象"彻底明白宇宙人生的奥秘之后，一画开天。

河图

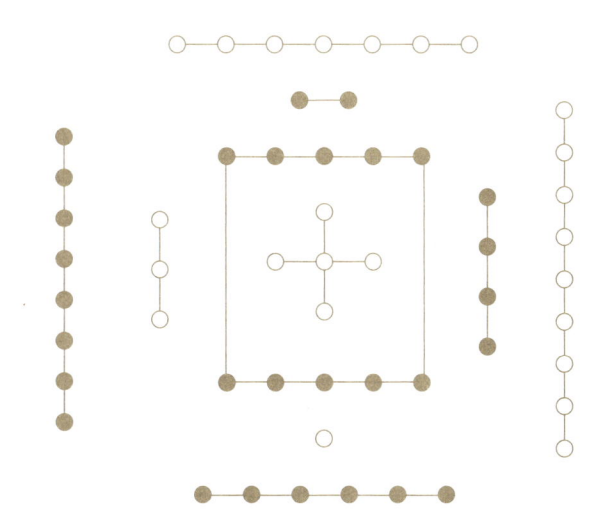

河图由白点和黑点组成，白点代表阳，黑点表示阴。

白点一共有五组，分别为"一、三、五、七、九"，都是奇数。天为阳，所以白点即为天数、阳数、奇数，加起来共二十有五，符合《系辞上》所说"天数二十有五"的说法。

黑点也有五组，分别为"二、四、六、八、十"，都是偶数。地为阴，所以黑点便是地数、阴数、偶数，加起来三十，称为"地数三十"。"天地之数五十有五"在这里也获得了明确的印证。

我们再把整体的河图看一下，一跟六是一对，二跟七是一对，三跟八是一对，四跟九是一对，五跟十是一对。而一跟六相差五，二跟七相差五，三跟八相差五，四跟九还是相差五，五跟十当然也是相差五。每一对阴阳相差的数都是五，所以五摆在中间，五就成了整个河图的核心，也是《易经》的核心。因为一个人一只手伸出来有五根手指头，充其量只能用五根手指头，但五根手指头就可以掌握全体，因此人才是万物之灵。

通过河图的象，我们看到了数，但是，数又从何而来呢？河图歌中说：

天一生水，地六成之，
地二生火，天七成之，
天三生木，地八成之，
地四生金，天九成之，
天五生土，地十成之。

天一为什么会生水？地六又如何能成之呢？原来，象也不是最初的东西，数也不是最初的东西，最初的东西是气。比如人一生下来，一口气上不来就完了，什么都没有，所以中国人爱说人活着就是一口气而已。中国人也都爱讲要争气，气到哪里数就到哪里，气数一成，象就出来了。

我们常常讲气象万千，就是说气是千变万化的。孔子讲得很清楚："在天成象，在地成形，变化见矣。"气在天叫作象，在地就叫作形。形是偏重物质方面的，象是偏重精神方面的，它是能量。我们看天上，除了气象以外还有别的吗？没有了。如果天上有物质，一定会通通掉下来，说不定还会伤害到人。而地上差不多都是物质，如果变成气的话，就升到空中去了。

地上的物质会变成气，升到天上变成象，象再下来……这样就构成天地之间的循环往复，人类才有办法生存。我们都知道天垂象时时刻刻都有，但最具体的是什么呢？就是河图洛书。河图从哪里来我们不知道，龙马到底有没有也不知道，反正我们把它看成天垂象应该就可以了。天垂象就是老天把河图洛书给人类展示出来，它所表现的不是文字，当时哪里有文字。有文字人类也看不懂，它就是一个数。数又从哪里来？怎么会有数呢？数由气来，所以叫气数。

三国时代，诸葛亮想尽办法要火烧上方谷，终于把司马懿父子诱了进去，司马懿也知道完了，今天一家人都要死在这里，可是顷刻之间老天下起暴雨，雨量之大，把所有的火瞬息之间浇灭了。诸葛亮很遗憾，说了一句"汉室气数已尽"，就是在讲气数。

没有气，哪里有数？没有数，怎么会有象呢？这些都是连在一起的。气有阴有阳，这是两仪。这个两仪，如果阴和阳分离，那就阴归阴、阳归阳，没有什么作用，所以两仪要化合。太极生两仪叫作一分为二，两仪化合就是二合为一，两个要同时进行。两仪化合，变成了金、木、水、火、土五行。

什么叫五行？行就是气在流行，没有气怎么能行呢？气代表天地之间万事万物运行的力量。而这个力量是有方向的：大家看到水的方向是向下的，所以水就代表气向下流的那股力量；火是向上的，所以火就代表气向上冒、向上行的那股力量；树木枝叶是向四方八面扩散的；金是由四方八面聚在一点里。一个向内，一个向外，一个向上，一个向下，还有一个是平衡而不倾斜的土，凡是四平八稳运行的力量都叫土，所以古代中国人很自豪地称自己所居之地为中土或中原。

气的运行不可能没有方向，无论是东南西北中，还是上下左右中，都是五，所以有五行。不要把五行解释成五种基本元素，也不要解释成五种基本物质，它是气运行的方向。宇宙万物最初是从气化来的。什么叫气化？就是物质变成能量的过程。

气化包括有形的质和无形的能，也就是物质和能量，它们同时存在。西方一直到爱因斯坦才弄清楚：质能是互变的。我们《易经》老早就讲阴阳互变，阴极会成阳，阳极会成阴。阴代表物质，阳代表能量，一个生一个死，一个动一个定，都是相对的，彼此之间有生化的作用。

那么东南西北中是怎么配上去的呢？为什么"天一生水，地六成之"？大家经常讲一个词，叫气质，其实天一就是气，地六就是质。地下的水变成蒸气上升，越高越冷，阴极成阳，然后变成水降下雨来，循环往复，以至无穷。阳气会上升，阴气会下降，所以"天一生水"，水是北方的；"地二生火"，火是南方的；"天三生木"，木是东方的；"地四生金"，西方多雨，凡多雨的地方都产金；"天五生土"，中央叫作中土，中土珍贵，生在中土实在难得！身为一个中国人应该感觉到很了不起，因为所有好的元素都被我们占到了。

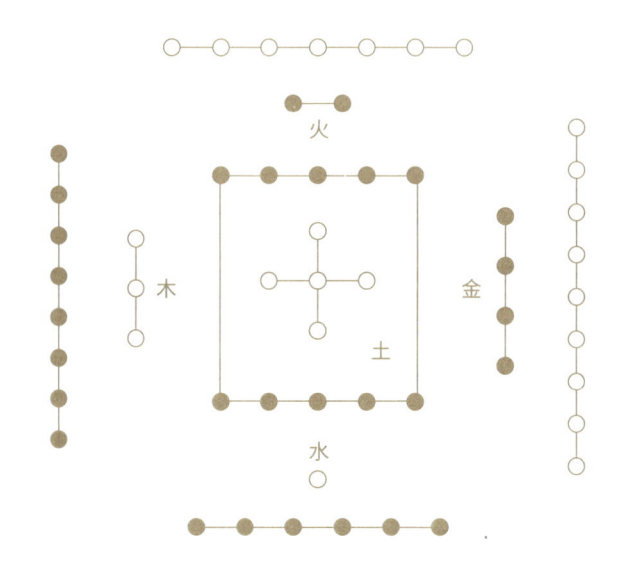

说到人的气质，气就是阳，就是精神；质就是阴，就是身体。身体很强壮，精神自然好；精神好的人，多半身体也不错。从这里我们就知道，原来这么简单的几个点，就能让我们得到很大的启发：人要读书，不是凭记忆，也不是完全凭理解，要好好去悟，用心去悟。

天南地北我们很熟悉，南北一定位，东西马上就明确了。天如果在下，地就在上，东就在右，西当然就在左，只有中无论怎样都不会变，所以中土就是《易经》重要的不变的那部分，叫作不易，即万变不离其"中"。

我们现在管组合成的物件叫"东西"，就是因为东方是木，西方是金，组合而成的物件大都是木性和金性的。而南火北水是合不到一起的，所以不能叫"南北"。

五行方位图

```
        南
        火
        │
东木 ── 土 ── 金西
        │
        水
        北
```

由河图去了解《易经》的理、气、象、数，我们还可以得到很多东西，这里我们大致介绍一点就行了，最终还是要从易理开始。大家只要明白《易经》的道理，就不会对象数着迷，不会一头钻进去而不出来。

❖ 同为天垂象的洛书为何与河图不同

我们今天很自然地就能讲出"图书"这两个字,实际上图是图,书是书,图是图像,书是书纹。当然这个"文"最早是加上绞丝旁的"纹",那时是指花样,而不是文字。河图是图,洛书是书,合称河图洛书。

史书记载了四个字,叫作"神龟负书",这只神龟为什么不在黄河,而在洛水?这是因为,如果通通在黄河里,会让人感觉什么事都是固定的,就没有变化了。古人为了让我们知道,既有不易又有变易,既有固定又有不定,有变就有不变,有不变就会有变,所以不选黄河,而选洛水,并且不再用黄河出现过的龙马,而用神龟。龙马是用身体负图,龟是在龟甲上承载花样。为什么不叫洛图呢?还是要让我们感受到有点儿区别,有点儿变化,有点儿不一样。

河图是经,洛书是权;河图是先天,洛书是后天;河图是体,洛书是用。河图有河图歌,洛书当然也有洛书歌:

戴九履一,
左三右七,
二四为肩,
六八为足,
五在中央。

洛书

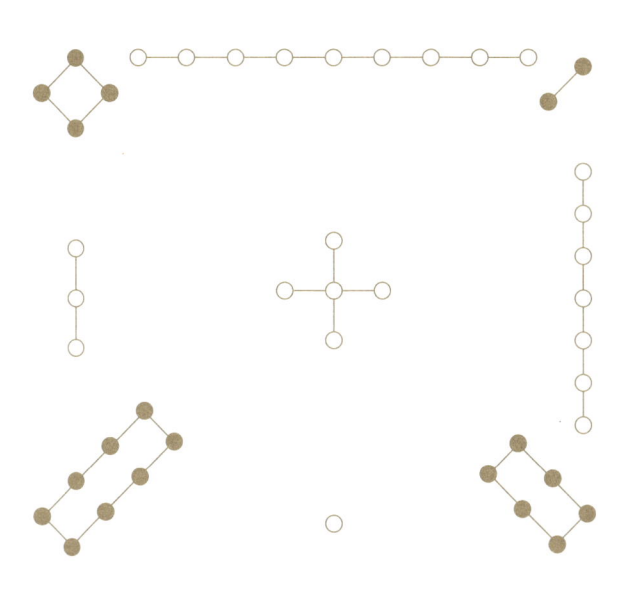

洛书没有讲天地,因为天地已成,没必要再讲。我们先看第一句"戴九履一"。"戴"就是戴帽子的意思,说的是洛书上面那九个白点。为什么要用白点呢?因为它是阳数,是天数,是奇数。"履"就是脚踏,指下面那一个白点,它也是天数,也是奇数,也是阳数。

第二句"左三右七",也都是阳数。

第三句"二四为肩",肩膀两边扛的是二与四,都是黑点,也就是阴数。

第四句"六八为足",两足一个六一个八,还是黑点。

最后一句"五在中央",这跟河图一模一样,中央五是不能变的。

对比河图、洛书,会发现几个区别。

比如,同样是天垂象,河图有十个数,而洛书只有九个数。因为人的两手就是从一到十,而洛书则告诉我们,其实生活中用九个数就可以把事情处理好了,正所谓八九不离十。

又比如，为什么河图歌里分天数和地数，洛书歌里却没有分，而只有数字呢？这是很简单的问题，因为河图已经讲清楚了，没必要再重复，人们一看洛书的一、三、五、七、九，就知道是天数，一看二、四、六、八，那就是地数。

再如，洛书黑白点麇集的方式跟河图不一样。河图是阴阳一对，十个数字分五对。洛书的数字是分散的，有没有道理呢？当然有。洛书中间是一个不变的五，四周八个数字分列八角（八方），分为四正和四隅，这样八卦就出来了。四正是阳，四隅是阴。很多字形相似的汉字意义都是有关联的，"隅"跟"偶"很像，就是因为它们都代表阴。

洛书重在阴阳变化，这点要特别注意。跟河图相比，洛书最重要的特点是五个字：见五不见十（也叫作现五不现十）。把五现出来，把十隐藏起来：一和九、二与八、三跟七、四加六，每组相对的数之和都是十，十藏在四方八面，只有当中的五屹立不摇。这就告诉我们，做任何事一定要有所变，但要先抓紧不变，才可以放心变。所谓用五藏十，就是持经达变。

洛书中气的运行跟河图有很大不同。从一到三是顺时针运行，从七到九是逆时针运行，连不起来。照理说应该是一三五然后七九，那才是阳的顺路，可现在七九是逆的，这就告诉我们，一个人最好从小就走正道，可这是不太可能的事。大家想想看，如果每个人一生出来，不用教育，也不用学习，自己慢慢就走上了正道，那人就跟动物完全一样了，完全按照本能行事，没有什么自由意志和自主性，根本谈不上创造，怎么会进步呢？人只要活着，就应该按照顺的、阳的途径去走，这样当然最好，可是万一走逆了，难道就不活了吗？如果走逆了，再走一遍顺的就好，这有什么关系呢？我们慢慢就会知道，一个人要成功，可以顺取顺守，也可以逆取顺守。

至于阴中的四到二、八到六，跟河图的方向就不一样了。现在我们清楚了：河图是太极生两仪，生出阴阳两种气，阴气是逆，阳气是顺；洛书是两仪生四象，气的走向出现四个系统：一到三，七到九，四到二，八到六，都是不一样的。

我们再来看洛书的理。把河图和洛书进行比对，一、三、五位置并没有变化，为什么会如此呢？因为一是不能动的，一就是太极，就是阳气、正气和天，人不能逆天，而是要顺从天理。

三是木，因为它是东方，代表有生气的地方。人类自古以来，就是先找到一和三，逐水草而居，所以一跟三不会变。五更不能变，因为五是土，是我们生存的一个根基。这再一次告诉我们，首先要有不变，然后才可以放心去变。

有了上面这些基础，再来看《易经》就非常容易了，什么阳九阴六，什么阴中有阳、阳中有阴，什么阴极成阳、阳极成阴，还有阴阳交错变化，都会非常清楚。所以，实际上由一画开天开始，到了六十四卦完成，天下所有事都在河图洛书所显示给我们的象、数、气、理当中。

第六章　破解《易经》的占卜之谜

❖ 求人算命，管不管用

《易经》可以用来占卜，所以从它诞生的那一天起就神神秘秘、隐隐约约。生活中遇到某个说自己会卜卦的人，我们也会不由自主地觉得这个人很神。

其实，每个人都想知道未来会怎么变化，也都知道预防胜于治疗，及时的一针胜过事后的九针。尤其到了现代，社会变化非常快，我们都忍不住会去想，明天会怎么样？明年会怎么样？之后几年又会怎样？面对变化，我们又该怎么做？

可是，为什么我们迟迟不讲占卦的事？

因为占卦真的非常迷人，也很危险，牵涉很多问题，贸然占卦，很容易一头栽进去，深受其害，难以自拔。

我们分三个方面来讲。

第一，占卜的过程有很大的操纵空间。很多会占卜的人自己常常占卜，却又总是告诉大家不要占卜，就是告诉我们，不可以完全相信他人占卜的结果。熟悉卜卦的人从一开始就知道某一卦或某几爻当中的变化有多少，你请人家帮你占一件事，如果那个人根本就不希望你能成功，当然会用占卜来影响你。而且有的人还会作假，倘使有人背后给他一点钱，收买他，操控他，明明是阳他却跟你讲是阴，你不是更受害吗？再者，求神问卜，各人的解说经常不一致，到底要听谁的？

第二，如果占卜的结果是大凶或不利，你怎么办？还要不要做？有人说，不管怎样就是要做。尽管如此，卜出来的结果还是会影响你，你会感觉到糟糕，很可能就真的做不好。而且，既然已经决定无论如何都要做的事，又何必卜呢？只管去做就好了，一切都是自作自受。

第三，占卜之所以经常被认为是迷信，就是因为只有少数人会。多数人一看到占卜，都觉得很玄妙，高深莫测，而占卜的人往往又只能告诉你结果，铁口直断——卦说这样就这样。他无法告诉你道理，因此就算你知道了结果，也根本不能从中找到应变的方式。能改变结果吗？恐怕未必。能改变外在的环境吗？实在是很困难。能改变他人吗？也真的没把握。既然如此，又何必沉迷其中呢？

从前我也去看过命，因为只有试试看，才知道那些算命先生的功力有多少。如果我一坐下来，算命先生就开始讲，身体健康最要紧，到这个年龄不要太操心，子孙自有子孙福，我就知道这人是半路仙，因为他讲的都是常识，活到我这个年龄，身体还能健康的那是妖怪，他讲的都是废话。

我还碰到过一个算命先生，他先问我爸爸怎么样，我说已经往生三年，他说："对呀，他本来应该五年前就走的，因为你们孝顺，所以多活了两年。"我就知道他是鬼话连篇，都在套话，再据此说一些模棱两可的话。

用什么方法证明算命先生是真是假？

很简单，如果他是真的，他只需要去买几只股票，就可以收摊去度假了，还这么辛苦干什么？但是多数人都会相信这些人说的话，觉得他们真的很厉害。

大家想想看，几个人进来，他先招呼大家落座，然后说："你们几位相貌堂堂，都很好，但那个人是领导。"他怎么知道？很简单，他让你们就座，你们几个让来让去，就告诉他谁是领导了。这种招数谁都会用，你却上当了，还认为他很神。算命先生说一句:"你现在很好,但是会犯小人,要小心!"你回去以后,从晚上想到天亮,也没想出小人是谁,他却已经在睡大觉了,你就是自作自受。

我有一个长辈,年龄比较大,很会紫微斗数,而且据说很灵。我跟他请教算命的原则,他说:"算命当然有原则,要不然我的眼睛老早就瞎了。因为有原则,所以到现在我的眼睛还不错。"我说:"那到底有什么原则?"他说:"第一,老人家不算。一个人活这么久还不知道自己是什么样,还要来问我,那真是白活了,根本不用算。第二,小孩子不算。因为将来会变,女大十八变,男大少说也有十六变。第三,神色自若的不算。因为他那么无牵无挂,稳稳当当,来算命其实就是想考我,不用算,请他喝茶就好,其他的不问。第四,愁眉苦脸的不算。因为我马上就知道,年纪大的一定是替子女操心,年纪小的一定是爱情有了问题,往这方面说,多半都对。"大多数算命先生都很会套别人的话,轻轻一套,整串问题都套出来了,然后这样分析一下,那样分析几句,模棱两可。这个长辈不是这样,他看得很明白,讲的话都是两边倒,很清楚,所以很多人来了一次就不需要再来了,生意自然不太好。

讲到这里,我想大家也都明白了,生活在现代社会,很多时候我们的确并不了解自己面对的到底是怎样的问题,至于真相如何,结果如何,外界能不能良好配合,更是无从得知。实际上,我们真正能控制的,只有自己。占卜的目的不在接受一个结果,而在调整自己的行为。

正因如此,我们才不鼓励大家只凭感觉行事,也不鼓励找人占卜算命,而是提倡自占自解,用《易经》改变自己的命运,这才是易学的真正功能。《易经》六十四卦对应了人生的六十四种处境,我们给自己卜卦,就是要用它来明确自己正处在什么状况(西方人叫定位),透过卦爻辞的道理,理顺自己的思路,思考什么样的行为才合理,这就叫作"进德修业"。

我们反复提到一个概念,叫作"心易",即用心变易,以自己的心来改变自己的行为和态度,用心选择合乎自己需求的人生途径,正所谓心想事成。

一般人只知道把心想事成当作祝福语,却不知它原来是一种可以成为事实的叙述语。起心动念,想正确的事,表现出合理的行为态度,事情就顺利地完成了,这不是很简单、方便和愉快吗?

❖ 现代人对占卜的态度

算卦准不准？老实讲，一件事十个人来算，可能会算出十个不同的卦。虽然大家用的工具一样，所用的书都是同一本，但每个人的品德修养不同，占出来的卦也就不同。

古人认为，人的德行可以感动天地。这句话可不可信，大家可以自行判断。如果你说没有这回事，大家也没有话讲，但是在古代，大家却是相信的。以前如果干旱太久，老百姓穷苦，大臣会建议皇上亲自求雨。皇帝当然很慌张惶恐，因为自己的声誉就看这一次了，万一求不到，天下都会说自己品德有问题。所以，皇帝在求雨前要吃斋沐浴、禁房事，规规矩矩，什么事也不敢乱想，诚诚恳恳去求。而且，就算求到了，也不能太高兴，还要好好反省：好不容易老天看上我，更要修养自己，想想哪里有问题，抓紧补救改善，不然下次又求不到了。

历史告诉我们，一个人运气好坏，往往取决于品性。正所谓邪不胜正，个人的品性好，养成浩然正气，邪气就不能入侵。如果一个人去打仗，还没打就先想糟了，这次可能活不了，结果大概也就是死了。他的气一开始就不正，看到敌人就怕，那还打什么？浩然之气不是说我比他行，而是坚定相信正义在自己这边，我一定打得胜，这样才对。

是不是武艺高强的人一定打得赢？不见得。

是不是资源配备好的人做出来的产品一定好？不见得。

是不是吃了好的药病一定好？也不见得。

同样的医生开同样一服药，有人吃好了，有人却吃死了。中国人常讲"先生才，病人福"。先生就是医生，医生的才干很重要，但病人的福气更重要。如果我们很幸运，找到了好医生，还要想想自己大概做了些什么坏事错事，调整一下，配合医生的治疗才会更有用。这不是迷信，而是主观的力量，我们今天就是忽略了这一点，只重视客观，忘记了主客观是互动的。

古代社会生活变化不大，大家的看法也大同小异，搞怪的人并不多。在那个单纯的年代，占卜的仪式简单而隆重，占卜的人大多诚心诚意，愿意相信，也高度配合，正所谓心诚则灵，占卜的准确度自然比较高。

现代人崇尚自主，喜欢自作主张，不相信权威，可是自己的心又不能安定，满脑子求新求变，愈变愈快，结果陷入两极分化，不是过分悲观，认为未来变化太过复杂，根本不可测，便是过分乐观，以为科学和技术是万能的，可以解决未来各种难题。殊不知科学愈发达，科学家愈明白：科学不可能告诉我们所有真相，它只是愈来愈接近真相，却始终与真相有一段距离。只有那些过去迷信水晶球、看手相、求签问卦的人，现在才会盲目相信"科学的预知"。这种"科学"实际上已经变成一种"宗教"，信到差不多就好，再信下去必然成为"迷信"。

现代人对占卜的态度同样两极分化，一种是拿孔子说的"子不语怪力乱神""不占而已矣"做借口，不敢接触；另一种是口是心非，心里明明非常喜欢，嘴上就是不敢承认。这两种态度都容易培养伪君子。

实际上，孔子说"不占而已矣"是有条件的。老实讲，读书人经常断章取义，非常对不起圣人。孔子不反对占卜，他只是不赞成没有恒心的人占卜吉凶。

《论语·子路》有一段话：

子曰："南人有言曰：'人而无恒，不可以作巫医。'善夫！"
"不恒其德，或承之羞。"子曰："不占而已矣。"

孔子说，南方人有一句话："一个人如果没有恒心，连做医生的资格都没有。"因为病人都是需要慢慢调理的，不是一下子就会好。其实，任何病，给它七天时间是最好的，但现在我们都希望马上好。我告诉大家，凡是看病说马上就好的医生，你少去找他，因为他一定给你特效药，不然怎么马上会好？所谓特效就是特别有效，下面还有一句话，久了就没效了，因为全身都被搞得紧张兮兮，一点儿抵抗力都没有。真正好的医生是慢慢来，一周之内让你好，这也是《易经》"七日来复"的道理。人要慢慢好，培养自己的抵抗力，一味依靠特效药，最后什么抵抗力都没了。

记住，一个人如果没有恒心，做什么事都无效。

孔子说的"不恒其德，或承之羞"，其实正是《易经》恒卦的内容，意思是一个人如果没有恒心，便会经常受到羞辱。所以，孔子的"不占而已"是针对那些没有恒心的人而言，不是全部。我们不能断章取义，说孔子反对占卜。

九三：不恒其德，或承之羞，贞吝。

恒

另外，孔子在《系辞》里还讲过一句话：

> 君子居则观其象而玩其辞，动则观其变而玩其占。

里面反复用到"玩"这个字，就是玩味和揣摩。孔子说，我们平时有空，可以把易卦拿出来，看看卦象的变化，看看卦爻辞讲些什么，以便对这些道理有更深入的了解。当我们行动时，要看这个卦的变化，卦序为什么这样安排。有时候我们也可以借着占卜来玩味和揣摩，看看它给了我们哪些参考。他讲这句话，就是让我们不要依赖占卜。人一旦依赖占卜，就没有了自主，进而连生存的尊严都没有了。我们想想看，每做一件事都要占卦，这就等于人在做卦的奴隶，卦叫你做你就做，人完全是工具，还有什么价值呢？所以，我们一定要搞清楚，在哪一种情况之下，遵循什么程序，用什么心态去占卜，然后才可以叫作"玩其占"。

当然，我们还知道一句话，叫作"善易者不卜"，这是荀子说的。他的意思也不是不占，而是说假如你已经很精通《易经》，就不需要再占卜。因为你只要仔细分析，就知道现在处境如何，直接查阅《易经》，找到对应的卦，看一看其中的道理，切实笃行即可，何必再占呢？同样，这句话还是有下半句的，那就是如果你还不是"善易者"，该卜的时候还是要卜。

占卜是有道理的，但不能完全相信，因为有时候准，有时候不准，我们用数学概念来看，很容易理解，这叫作概率。可能有30%的概率，也可能有70%的概率。所以，如果想占卜，必须先经过深思熟虑，大概有一个答案，才可以根据这个答案去卜，卜出来的结果会引导你去想这些问题。多一个卦，就让你多一个思考方向，多一种选择和参考。多看几个卦，你就会比较周到地考虑问题，这才是占卜的目的。

一个人要常常提醒自己用理智去指导感情，而不要让情绪来左右理智。人都有情绪，但不能情绪化，否则最后倒霉的只有自己。只要大多数行为都是用理智来指导感情，这个人就很了不起，犯错的概率很小。

《易经》告诉我们，任何事都有条件，要达到一个目的，往往有几条路可走，而每条路都有条件，没有哪一条是一定好走的，天下绝没有这回事。从《易经》的观念看，任何一条路都有顺有逆——顺里有顺有逆，逆里也有顺有逆。用阴阳观念看，太极里有阴阳，阳里有阴阳，阴里也有阴阳，阴阳同时存在，时时刻刻在变化。

从现在开始，大家听到一句话，要想到这句话另一边的意思，把两边合起来，就能得乎中道。当一个人告诉你没问题的时候，你就要知道还是有很多问题，然后继续深入了解追踪，才会真的没有问题，否则就可能变成大问题。当一个人告诉你问题很多的时候，你就要知道，只要懂得去化解，总有一天问题会变得很少，到最后就没问题了。

举个例子，我认识一个人，她拿了博士学位，有一天跟我说："哎呀，曾老师，有一个人算卦真灵，他说我会找到一个海岛，并在那个海岛住下来。果然，我走了很多地方，最后找了一个海岛住了下来。"我说："不是他算得灵，而是你全力去配合，所以他才灵。"大家想想，是不是这样？你到了海岛，然后决定要留下来，是你本来就打算留下来，这算什么灵？

有一年，我的好朋友主动告诉我要小心，因为我那年十月有血光之灾。我嘴上说"谢谢"，心里头开始想，今年无论如何不要有血光之灾。有没有效呢？事实是我们经常算得到但躲不掉。假如我知道自己有血光之灾，整个十月都待在家里，连卧室也不出，会不会避过去呢？当然不一定，也许外面有人打弹弓，正好打到我床头的镜子，镜子破了，伤到我。这种事怎么避免？

不过，虽然算得到但躲不过，我们还是能以大化小。那一年，朋友说我有血光之灾，果然我最后还是被自行车撞到了。我正好到北欧去，在北欧你不用怕汽车，但一定要怕自行车，这就是入境先问俗。北欧的政府买了很多自行车给市民骑，骑到哪里就停在哪里，所以街上骑自行车的人非常多，而且横冲直撞。凡是纵容某样东西，那它一定会造成灾祸；凡是我们鼓励一件事，那件事一定泛滥成灾。有一好，没两好。我被自行车撞到了，既然撞到了也就无所谓了，因为大已经化小了。人生就像竹子，要一节一节地过，才能成长。

我希望大家了解，不管占到什么卦，它都会给你一些警示。有一次，我在一个研究所让学生卜卦，有一个女生很年轻，她卜到了讼卦。大家都笑她："你这么年轻跟谁打官司？"她当然不会讲。所以，我问她："你应该不会打官司，这个卦是替别人卜的吧？"她说是替父亲卜的，他最近正在打官司。其他的人历练不够，看不清楚，而我一看就知道这一卦一定是给跟她有关系的人卜的。我问她："打了多久了？"她说："刚开始。"我就对她说："回去告诉你爸爸，庭外和解是上策。"

有一家做布的，销路非常好，于是很多人开始仿冒。请问大家，仿冒好不好？如果你说不好，那是笑话；如果你说好，那更是笑话，这就是阴阳分家。如果你的布不好，人家会仿冒吗？就因为你做的布太好，才引诱别人来仿冒。有人仿冒，此风不可长。老板派业务员去抓，抓回来了，他有没有去告这些仿冒的人呢？没有，因为他知道告也没用，一告反而仿冒的更多。怎么办？这家布店的老板找了一个有头有脸的人出来协调，说你们仿冒赚得也差不多了，不要再仿了，或者你们仿仿别人的。大家都说好，但还是照做。可见，有时候庭外和解比法院判决要划得来。像这种民事问题，法院可能拖个五六年，其间的变化谁也不知道，可能你的店都倒闭了，仿冒的还在那里卖，那你告他干什么？很多人说老板这样做太软弱了，说这种话的人其实完全不懂道理。

我们讲的这些，大家要举一反三，可以拿来做参考，但是不要完全相信。

回到孔子的那句"不占而已矣"，这句话其实也向我们揭示了三个原则。

第一，如果你过分相信占卜，就违背了伦理的立场。因为人应该凭良心，不应该问了结果再做事。遇事必占卜，就是相信结果而违背良心。本来应该做的事，一占卜结果不好就不做，这样的人还有良心吗？

第二，人应该只问耕耘，不问收获。你一占卜就是在问收获：这件事能赚钱我就做，不赚钱就不做，这是不对的。比如商业是要服务顾客的，你口口声声说为顾客服务，不赚钱就不做了，那叫服务吗？我们的公共汽车，有些线路赚钱，有些线路亏本，那铁定亏本的线路就不运营了吗？不可以。应该用赚钱的线路去补贴亏本的线路，这才是为商之道。

第三，我们做人做事的动机要很纯正。一件事还没有做，就先想到占卜，动机已经不正。占卜的人不应只是消极等待结果，而要更进一步询问应当如何改善，一方面坚持正当的目标和途径，另一方面寻求趋吉避凶的方法，把消极的占卜变成积极的处世智慧，这才是孔子所乐于见到的"变易"行为。

归根结底一句话：只问应不应该，少问结果怎样。应该做的正当事，纵然有万难，也要想办法排除困难，在方法上有迷惑时，可以用占卜作为参考，纵然最后会很凄惨，也要坚持，因为那是你的责任！

❖ 占卜有一定的限制条件

我在美国时,有外国朋友问我:"你会占卜吗?"我说:"不一定会,但你要我占,我就给你占。"他说:"你占占看,明天是出太阳还是下雨。"他心里可能在想,问一个明天马上就能兑现的问题,看你往哪里跑!我很清楚他的心思,说:"那你打电话问气象台,马上就知道。"

我不是推卸责任,而是要他知道,占卜有它的限制条件,有的可以占,有的不能占。为什么要有限制?因为心诚则灵,你不能拿占卜开玩笑,否则它也会跟你开玩笑,而且它比你灵光得多。所谓心诚则灵,就是你要把它当作一回事来做,要很恭敬,不能把它当作一个新鲜花样,随便玩弄。

什么时候可以占卜呢?

我列出了五个限制条件,请大家注意。

第一个条件,资讯不足时,可以占卜。换句话说,资讯很充足时不必占卜。天气好不好,打个电话问气象局,或者打开手机看一眼天气预报,马上就知道了。但是大家要了解,气象局经常是测不准的,越重要的时候越测不准,这在物理学上叫"测不准定律"。机器越来越进步,人员越来越专业,方法越来越缜密,怎么还会测不准?一句话就讲清楚了:因为测的时候很准,但测完以后情况又变了。我测到明天出太阳,但老天不一定听话,其实老天现在也很忙,各种情况都在发生,本来是出太阳,一下子又变成下雨。

那么请问大家,既然测不准,还要不要测?答案很奇怪:正因为测不准,所以才要测。测得不准就不测了,是错误的观念。测不准,还要测,因为它至少能帮助我们明白当前的处境和未来可能的变化,以便我们做合理的调整。一旦我们对未来的变化掌握度增高，风险也就能大幅度降低。

第二个条件，没有主见时，可以占卜。也就是说，当资讯不足但是你很有主见时，也不必占卜，因为你的第六感很灵，那还卜它干什么？人的五官不清楚的时候，第六感就会出来。第六感是不会骗人的，可是我们都不相信它，非常奇怪。实际上，第六感就是灵感，而灵感是捉摸不定的。现代人很多时候都搞错方向了，该问的不问，不该问的拼命问，该相信的不相信，不该相信的拼命相信。

第三个条件，游移不定、左右为难时，可以占卜。

第四个条件，占卜时要有固定的问项。你不能占问自己的将来会怎么样，或者这个工作怎么样，因为将来很长，变化很大，谁也不知道。你不能问某个人好不好，因为有时候好有时候不好，怎么回答呢？像这些模棱两可的不具象的问题，不要问。

你的问题一定要很明确，比如，这次投资成功的概率大不大？不能问投资好不好。而且，一定要问成功，因为《易经》是问好不问坏，它告诉我们一切要往正面想，不要往负面想。很多人在争论，到底成功为失败之母，还是失败为成功之母，其实两个都对，但我们多半会讲失败为成功之母，因为这也可以帮助我们朝正面去想，给我们最大的激励。

当然，你也不能问诸如"隔壁邻居什么时候会死"这样的问题，因为《易经》不为小人谋。其实，卜卦只能问公事、问大事，小事要你自己去做，何必问呢？

第五个条件，占卜时要诚心诚意，对于占卜结果应持谨慎态度。要么不卜，要卜就要信，不能卜了不算数，或者干脆随便抓一个，那是在开玩笑。记住，占卜本身不是迷信，但占卜的人经常迷信。

❖ 占卜方法之大衍之数

比较常见的占卜方式有两种：一种是大衍之数，另一种是铜板。两者材质、方法不同，但都是通过数的变化来卜卦。孔子解释占卜说："极数知来之谓占。"就是通过占卜中数的变化来预测未来。其实，现在科学也在预测，叫作预测学、趋势学、未来学。连天气预报都在告诉我们未来天气的变化，只不过它不是通过占卜，而是通过一系列参数的变化，其中的原理相通。

孔子在《系辞上》第九章阐释了究竟该如何占卜，占卜步骤的依据是什么，占卜中数会发生什么样的变化，又该如何根据这些变化占卜成卦，我们来看原文：

> 大衍之数五十，其用四十有九。分而为二以象两，挂一以象三，揲之以四以象四时，归奇于扐以象闰。五岁再闰，故再扐而后挂。
>
> 乾之策二百一十有六，坤之策百四十有四，凡三百有六十，当期之日。二篇之策万有一千五百二十，当万物之数也。
>
> 是故四营而成易，十有八变而成卦。八卦而小成。引而伸之，触类而长之，天下之能事毕矣。显道神德行，是故可与酬酢，可与祐神矣。

"大衍之数"的"衍"就是演绎、推演。为什么说"大衍之数五十"呢？历代说法很多，大家都可以参考。以前卜卦是用五十根蓍草，因为蓍草尊贵和难得，所以不要一下把它拔光了。现在不用五十根蓍草，只要是五十个同样的东西，比如五十根筷子、五十根树枝、五十个铜板、五十个扣子，都可以卜卦，不会有什么区别。

"其用四十有九"，是说准备五十根蓍草，但只用四十九根，有一根不用。这是什么道理？因为如果用五十根，两边一分，刚好一边二十五，那不糟了？如果拿掉一根，剩下四十九根，无论怎么拿，都是一边奇数，一边偶数，这样就能分出阴阳。而且，《易经》第四十九卦正好是革卦，意思是我们想要有所变革、革故鼎新、弃旧开新，这才请神明鼎力相助。通过这种表达方式，占卜者就能把心念集中在一起，发出诚信的力量，这样解释不是很简单吗？而那不用的一根，就当作太极。

"分而为二以象两"，把一根拿出来说："拜托，请鼎力相助！我现在想要有一番作为，请告诉我情况怎么样。"然后把四十九根分为左右两部分，就是太极生两仪，分阴分阳。

"挂一以象三"，从一侧拿出一根，挂在另一只手的无名指与小拇指之间，左右两部分再加上这一根，就有了天、地、人三才。这一根是从左边拿还是从右边拿？其实正面看和反面看，左右正好相反，所以怎么拿都有道理。比如我们到庙里，要靠哪边走呢？我们常说左青龙、右白虎，到底是以坐向定还是以面对定，很难搞清楚。不过过去古人所讲的方向大概都是以坐向确定的，都是以它为主，不是以我为主。所以，不妨把两仪在左边的象天，在右边的象地，从左边策数中分出一策来象人。

"揲之以四以象四时"，用左手执左边的蓍草，用右手来"四四揲之"，"揲之"就是数之，以四策为一个计数单位，一次数四策，象征一年春、夏、秋、冬四时。数到最后，看一看余下的策数，或一，或二，或三，或四，都算是奇数，即将此奇数之策扐在左手第三和第四指之间，此即"归奇于扐以象闰"（闰即闰月），已经四四数过之策则放回左边。

次取右边之策执于右手，而以左手四四揲之，这也是"揲之以四以象四时"。数到最后，视所余之策，或一，或二，或三，或四，都算是奇数，而将此奇数之策扐在左手第二和第三指之间。此即"五岁再闰，故再扐而后挂"，已经四四数过之策放回右边，揲蓍到此，是为第一变。

检视扐在左手三四指间的左余之策，及扐在左手二三指间的右余之策，如左余一策则右余必三策，左二则右亦二，左三则右必一，左四则右亦四。合计左右所余之策以及在右手小指间的一策，即是一挂二扐的策数，不是五策，就是九策，将这五策或九策另置一处，第一变即告完成。

再将左右两边已经数过的蓍草合起来检视其数，或是四十四策，或是四十策，再度分二、挂一、揲四、归扐，如第一变这样。最后检视左右所余之策，左一则右必二，左二则右必一，左三则右必四，左四则右必三，合计左右所余之策以及挂在右手小指间的一策，即是一挂二扐的策数，不是四策，就是八策，即将这四策或八策另置一处，是为第二变。

又将左右过揲之蓍合起来，检视其数，或四十策，或三十六策，或三十二策，如第二变那样，再分二、挂一、揲四、归扐，最后检视左右所余之策，与第二变同，将所余之策与挂一之策合之，另置一处，是为第三变。三变而成一爻，计算三变所得挂扐与过揲之策，便知所得何爻。

如三变合得挂扐十三策，以四十九策减十三策，则知三变合得过揲的策数是三十六策，因为揲蓍时是以四四数之，故此处仍以四除之，得九，是为老阳。

如三变合得挂扐二十五策，则知三变合得过揲二十四策，以四除之，得六，是为老阴。

如三变合得挂扐二十一策，则知三变合得过揲二十八策，以四除之，得七，是为少阳。

如三变合得挂扐十七策，则知三变合得过揲三十二策，以四除之，得八，是为少阴。

如是三变而成初爻，即将初爻画出。

以下不再命蓍，仍用四十九蓍，分二、挂一、揲四、归扐，经三变而成第二爻。如此循环，每三变得一爻，共十八变而成六爻，即得到一卦。

画卦时，由下往上画。前九变所成三爻，出现一个三画卦，即是初、二、三爻，称为内卦。后九变又出现一个三画卦，即是四、五、上爻，称为外卦。得内卦是小成，得外卦是大成，六十四卦皆是如此。

由此可见，占卜就是经过十八次数的变化最终成卦。

❖ 占卜方法之铜板占卜

铜板占卜相对容易操作。我们用铜板的正反两面,注意,不要说它只有正反两面,而要说用它的正反两面。假定铜板的正面为三,反面为二,那三个铜板就有四种数的组合:三个都是正面,加起来是九(老阳);三个都是反面,加起来是六(老阴);两个正面一个反面,加起来是八(少阴);一个正面两个反面,加起来是七(少阳)。它一共只有四种变化,生不出第五种来。

一个铜板,正反两面,三个连用,四种组合,一二三四,推演出六七八九,这就是铜板占卜的过程,也完全是数的变化。

大家要问任何事,都可以把三个铜板放在手上,恭恭敬敬地问:这件事我该不该做?然后,三个铜板掷一次,得到一个数,如果是七或九,就是阳爻;是六或八,就是阴爻。连掷六次,就能得到六个数字,逐一分辨阴阳,就能画出六个爻。记住,画卦时还是由下而上画。

3+3+3=9　老阳　▬▬▬　　○

3+3+2=8　少阴　▬▬ ▬▬

3+2+2=7　少阳　▬▬▬

2+2+2=6　老阴　▬▬ ▬▬　　✕

假设我们用三个铜板掷出来的结果，从下往上分别是七七八八七八，对应的六爻就是阳阳阴阴阳阴，下卦三爻是阳阳阴，即兑卦，上卦三爻是阴阳阴，即坎卦，上坎下兑，所以这一次占到的卦是节卦。

```
          节
  8   ▬▬ ▬▬   上六
  7   ▬▬▬▬▬   九五
  8   ▬▬ ▬▬   六四
  8   ▬▬ ▬▬   六三
  7   ▬▬▬▬▬   九二
  7   ▬▬▬▬▬   初九
```

要注意，七和九都表示阳爻，六和八都表示阴爻，所以，只要你掷铜板得到的六个数字能构成阳阳阴阴阳阴，结果便都是节卦。这六个数字可以有几种不同的组合，比如七七八八七八，或者九七八六七六，它们有什么区别呢？仔细看，前者只有七和八，都是少阳和少阴，表示这件事相当单纯，没有变化，照卦所指示的去做，大概没有问题。而后者则不只有七八，还有六九，即老阳和老阴，表示事情比较复杂，有比较大的变动，这就需要引入变卦。中国人常常讲"又变卦了"，就是说任何事都有可能随时会变，人生本来就是这样，有太多变数，要我们自己去掌握。

同样三个铜板，掷出七八的概率比较大，掷出六九的概率比较小。坦白讲，人生本来就是概率的变化。正因为有概率的变化，我们才有自主，才可以自己去操作，改变自己的命运。如果一切都是定的，那根本就不需要测了。

依据"七八不变六九变"的原则，九代表的老阳要变阴，六代表的老阴要变阳，节卦的初九、六四和上六三爻都要阴阳互变，从阳阳阴阴阳阴变为阴阳阴阳阳阳，水泽节卦变为了天水讼卦。我们管原来这个节卦叫本卦，变化得到的讼卦叫作变卦，而这个变化的过程叫作"之"，称为"节之讼"。

	节	之	讼
6	▬▬ ▬▬		▬▬▬▬▬
7	▬▬▬▬▬		▬▬▬▬▬
6	▬▬ ▬▬	→	▬▬▬▬▬
8	▬▬ ▬▬		▬▬ ▬▬
7	▬▬▬▬▬		▬▬▬▬▬
9	▬▬▬▬▬		▬▬ ▬▬
	本卦		变卦

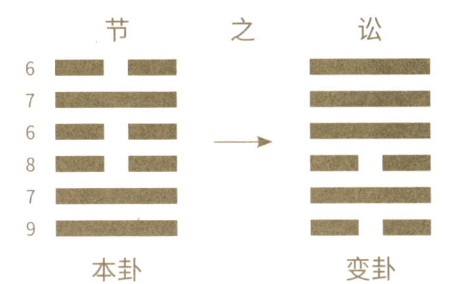

❖ 吉凶悔吝，吉无不利

占卜不仅仅是为了得到一个卦象，而是要据此对未来可能遭遇到的情况做一个判断，事先调整和改变我们的行为与态度。那么，成卦后该如何正确解读卦意、明辨吉凶，指导未来生活呢？

首先我们要知道，六十四卦卦爻辞对占卜结果的划分主要有五种：吉、凶、悔、吝、无咎。《系辞下》说："变动以利言，吉凶以情迁。是故爱恶相攻而吉凶生。"每一卦有六爻，各爻变化透过爻辞来预言"利"或"不利"，而结果的吉、凶、悔、吝，则是依据事物的具体情况而变迁，产生"爱而相合""恶而相敌"两种矛盾的现象。爻与爻相邻却不相合，表示多凶；爻与爻相邻又相合，那就多吉。一切吉凶都伴随着我们的七情六欲而产生，只要我们的情绪有了爱好或憎恶的变化，吉凶便随之出现。心想事成，在这里说明得十分清楚：我们的意志可以决定吉凶。这种不易的原则有待我们在实际生活中亲自体验印证。

其实，自然本身并没有吉凶，站在人类的立场才有吉凶，进而产生悔吝的反应。现代人大多用善恶来分辨吉凶，实际上《易经》却以得失来区分吉凶：有所得为吉，有所失即凶。遵循易理，自然有所得而吉；违反易理，那就有所失而凶，这才是吉凶的原本意义。

《系辞上》说："自天佑之，吉无不利。"上天所佑助的人必定顺应天道，所以吉祥而无所不利。我们常把吉和利连在一起，实际上吉是吉、利是利。吉无不利，但利并非都是吉。有些利带来吉，有些利反而导致不吉，也就是凶。

同样的道理，凶必然害，害并不一定凶。有时看起来是害，结果却是吉。

善恶也是如此,善未必吉,恶也不一定凶。从易理来说,一阴一阳的变化,无论如何都是善的,并没有相对的恶。世上原本没有恶,只是人所不喜欢的,就把它叫作恶。社会上有善有恶,是人与人之间纠缠不清的结果,一旦理智清醒,那就无不善了。

至于悔和吝,《系辞上》说是"忧虞之象",意思是悔恨或遗憾都是心中忧愁或顾虑的象征。悔和吝是犯了过失之后,心中产生的忧虑。不过"悔"字从心,"吝"字从口,有所不同。犯了过失,心中想要补过向善,叫作悔;犯了过失,口头上说要补过,心里头却缺乏诚意,甚至还要找理由掩饰或推诿,即为吝。通常的结果是悔后趋吉而吝常趋凶,因为不诚心改过,必然小过失变大过错,岂能不凶?

《系辞上》说:"悔吝者,言乎其小疵也。无咎者,善补过也。"悔或吝固然是有小过失,只要善于补救过错,便可以无咎,也就是不产生祸害。悔、吝、凶都是过失,都叫"咎"。但是善补过,便可无咎,所以"悔"十分重要。

六十四卦以乾卦的"元亨利贞"为主干。凡卦名很好的,爻辞往往有凶,凡卦名听起来不好的,爻辞又多半很好。爻辞说凶,并不是铁口直断,非凶不可。它的用意在于提醒大家,如果这样发展下去,结果很可能是凶。倘若及时反省,做出合理调整,也很可能化险为夷,收到趋吉避凶的效果。当事人的明智抉择就在这里表现出来,这才叫作自觉自律、改变现况、心想事成。人的自主性和创造性必须加以尊重,才能够充分地自作自受。

吉凶不定,这种"阴中有阳,阳中有阴"的思维方式,充分表现在中华民族的言行态度上。存心欺骗,根本不守贞操,不守信用,违背"有孚"(诚信)的精神,当然不可取。但是,时空改变,人事变动,原来的承诺如今不能不做合理的调整,双方应该互信互谅,好好商量,怎么能以"一定"来否定"不一定"呢?

因此,"元亨利贞"的"贞"尤为关键。唯有以人为本,通情达理,诚信为先,才可以化解疑惑,才有变"对"为"不对"的权利,以不一定的方式来达成一定的目标,用不一定的态度来坚持一定的原则。

坤卦《文言》说："积善之家，必有余庆；积不善之家，必有余殃。"坤卦初六爻辞还特别提到"履霜坚冰至"，以薄霜累积成坚冰的事实提醒大家，凡事都有一定的过程，需要一段时间，自然孕育。现代人盲目求快，以致严重忽略了"积"的功夫，也不愿意耐心累积经验，但求一夜成名，快速致富，结果"死"得也很快，完全经不起挑战，这就是违反了自然孕育的法则，自作自受。

大家要记住，《易经》是重视过程的，强调一步一个脚印，实事求是，时刻提高警觉，以防万一。只要养成习惯，自然轻松愉快，并不会像现在这样，觉得紧张忙碌，劳累不堪。

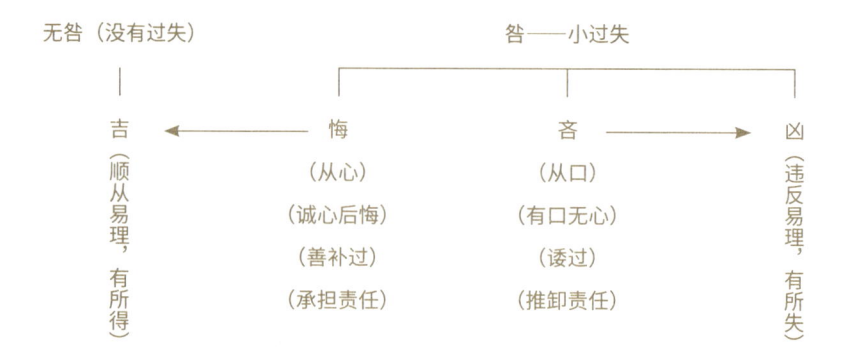

```
  无咎（没有过失）              咎──小过失
        │              ┌─────────┴─────────┐
        │              │                   │
  吉 ◄──┴── 悔         吝 ──► 凶
(顺从易理，   （从心）      （从口）    (违反易理，
 有所得)   （诚心后悔）   （有口无心）    有所失)
          （善补过）      （诿过）
          （承担责任）   （推卸责任）
```

❖ 学会解卦，受益无穷

了解了这些，再来解卦，就会清楚明白。

比如，很多人不了解易理，一卜到无妄卦，就认是无妄之灾，不得了。其实，无妄卦也有很好的一面。无妄，就是没有妄念，它告诉我们，人如果没有妄念，什么都不需要怕，只是一般人很难做到无妄而已。

又比如，很多人一卜到大过卦，也认为很不好。其实，大过有什么不好？它告诉你，要做的这件事很大，要有决心，要么成功，要么成仁。大过卦很简单，中间四个阳爻，上下都是阴爻，卦象很像一副棺材，里面一个人硬邦邦地躺着，上下四个钉子钉下去，好像一个人犯了大过，成仁了。

但是，如果只有成仁这一条路，那谁也不敢犯大过，世上也不会有革命家。所以，我们也可以把大过的卦象看成由很多木板组成的桥，两边固定在岸上，人可以顺利通过，那又是一番新的前途。你看，卜到一个卦，永远有两种不同的说法，不要老从一个角度去看。

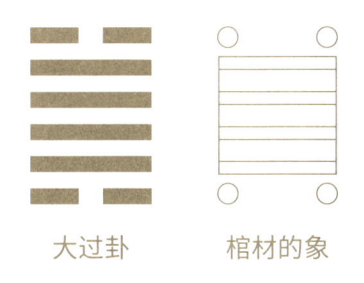

大过卦　　棺材的象

实际上，每一个卦都可以有很多种解释。《易经》本来就是很灵活的，任由大家去想象。每一个人讲《易经》，多半都是讲自己的东西，而不是讲伏羲的思想。伏羲没有讲任何话，他只是画了几幅画而已，很多人讲来讲去，却都算到了他的头上。一个人历练不够，最好少讲《易经》，如果只会在文字上做文章，从文字上面去解释《易经》，那文字就成为障碍。文字只是一个代表而已，它的目的是要你去悟，如果悟不到就少说话。

现在我们举一个三国时代的真实解卦案例。三国时有个非常出名的事件叫作"大意失荆州"，我们不管关羽是不是大意，只是把这个过程中的一个案例说出来。

孙权听说吕蒙攻下了荆州，还是很紧张，不知道结果到底会怎样，就对东吴有名的易学家虞翻说："你那么会占卜，就占一下关羽最终会怎么样吧。"虞翻只好占了，占出来第一个数字是七，就是初九；第二次的数字还是一个七，就是九二；第三次的数字是八，就是六三；第四次的数字是八，就是六四；第五次的数字是九，就是九五；最后一次的数字是八，就是上六。七七八八九八，是节卦。这一卦只有第五爻是九，也就是九五爻要变为六五爻，节卦变为临卦，即"节之临"。

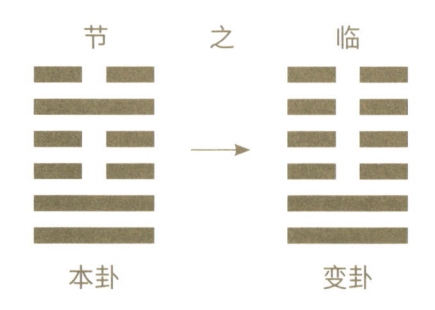

节 之 临

本卦　　变卦

卦卜出来，就要断卦。

虞翻的判断是：不出两天，关羽断头。

他怎么敢这样铁口直断？其实，就因为他太了解当时的状况，料定关羽兵败，几乎没有翻盘或逃生的可能，这才借卜卦之名来让孙权安心，否则岂不是太危险了？由此大家也要明白，在古代，很多时候占卜都是用来向一些不方便明说的人讲解道理的手段。比如周朝设置专门负责占筮的官员，每逢国家大事，都由他占卜，再通过占卜的结果，向君王讲授一些相关的道理，以免有冒犯或轻视君王的嫌疑。

节之临，只有九五变成六五，其他各爻都没变，那就表示所有变化都集中在这个爻上。九五代表谁呢？就是关羽。当时荆州的主事人是关羽，再没有比他大的了，他就是九五之尊，这件事当然要发生在他身上，现在节卦变成临卦，九五没了，就表示这个主事人要遭殃。再加上初九和九二两阳爻保持不变，虞翻据此判断：两天之内便见分晓。

事实果然如此，关羽兵败，被孙权杀害。

节卦九五爻的爻辞是："甘节，吉。往有尚。"说明关羽没有怨恨，而是心甘情愿：死就死了，我尽力了，问心无愧。虽然看起来很凄惨，事实上属于好死，他死得心安理得！像这样的卜卦，非常富有戏剧性。当然，一定要配合实际情况来做判断。

我们建议大家，把卦卜出来以后要跟现实状况去对应，如果差得太远，就要有怀疑态度：是卜卦过程有问题，还是预示未来有变化？凡是现在一点痕迹都没有的预兆，那就要小心，很可能未来要走上这条路，所以要提高警觉防患于未然。如果这些事情都已经过去，两年前就是这样，现在为什么还没有变化呢？那就要从变卦去看一看。比如上面卜关羽的那一卦，如果节卦已经成为过去时，那就看它的变卦临卦，看临卦六五爻，因为临卦六五爻是从节卦九五爻变过来的。看了临卦六五爻的爻辞，就知道在提醒什么，这样推断起来就八九不离十。

我们可以经常练习卜卦、断卦，把每一次的情况记载下来，事后再对证，总结经验教训，慢慢找到一条自己非常熟悉、非常管用的路径。为什么老是说为自己而不是为别人呢？这是不是很自私？其实一点也不。比如，孔子就告诉我们："古之学者为己，今之学者为人。"我们做学问是要提升自己，卜卦是告诉自己怎么样思虑才会周全，而不是胡言乱语去害人。我们为人做事，要谦虚谨慎，而不是目空一切。只要我们说自己行，老天就会觉得好笑，没准什么时间就会让我们出丑，叫我们很难堪，这就是《易经》第十五卦谦卦没有学好。

所以，我们建议大家，好好学习占卜，很诚心地去占卜，很仔细地去解，解完还要参考现实情况，跟大家研究讨论，形成一个比较可靠的判断，这样才比较妥当。

第七章　走近易之门户：乾坤详解

❖ 乾坤易之门

　　一般人都认为乾卦是《易经》的第一卦，其实我们应该把乾卦跟坤卦合在一起看，两者都很重要。

　　乾坤是同时出现的，叫作开天辟地，有了天就一定有地，有了地才看得到天。现代科学认为，地球本来是一团能量，天地不分，就是混沌、无极，后来经历了一次大爆炸。"爆炸"这两个字实在不足以形容当时的状况，因为在我们的脑海里，爆炸就是"砰"的一声，但当时的爆炸是持续的，而且是非常剧烈的，空前绝后，所以科学家给它起了一个专有名称叫作"大霹雳"，英文叫作"Bigbang"。大爆炸之后，万物就出现了。

　　开天辟地有两种力量，一种叫创造，另一种叫演化，演化要根据创造做充分的配合。所以，我们就用乾卦来代表创造的那股力量，而用坤卦代表帮助创造的力量落实、适应，并不断演化的那股力量。这就是乾坤配，它可以应用到很多地方。

　　中国人讲无三不成礼，因此我们可以说，六十四卦只有三类，一类就是纯阳，就叫乾卦；另一类是纯阴，就叫坤卦；还有一类是有阴有阳，就是其他六十二卦。我们可以了解到，就数量来讲，乾只有一卦，坤只有一卦，有阴有阳的乾坤配会产生六十二卦，可是就值来讲，这三类各占三分之一，乾、坤两卦就占了三分之二。所以，我们才会讲乾坤易之门，把乾坤称作易学门户。两扇大门同时打开，六十二卦全部呈现，清清楚楚，那就是宇宙万象。

乾卦卦辞：元亨利贞。

乾卦爻辞：
初九，潜龙勿用。
九二，见龙在田，利见大人。
九三，君子终日乾乾，夕惕若厉，无咎。
九四，或跃在渊，无咎。
九五，飞龙在天，利见大人。
上九，亢龙有悔。
用九，见群龙无首，吉。

《彖》曰：大哉乾元，万物资始，乃统天。云行雨施，品物流行。大明终始，六位时成。时乘六龙以御天。乾道变化，各正性命，保合太和，乃利贞。首出庶物，万国咸宁。

《大象》曰：天行健，君子以自强不息。

《小象》曰：潜龙勿用，阳在下也。见龙在田，德施普也。终日乾乾，反复道也。或跃在渊，进无咎也。飞龙在天，大人造也。亢龙有悔，盈不可久也。用九，天德不可为首也。

乾卦六爻皆阳，坤卦六爻皆阴，像这样六爻阴阳完全相反的两个卦，叫作错卦。乾坤这一对错卦，是六个阳爻全部变成六个阴爻，这在六十四卦中只此一对，这种非常激烈的互错现象告诉我们：人世间的事，变毕竟是少数，不变的还是多数，否则天天变、样样变、人人变，我们吃不消。

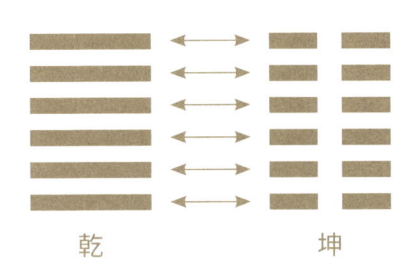

乾坤互错

乾　　　坤

这句话对于很喜欢求新求变的现代人来说，是应该好好去思考的。《易经》三画卦，代表天、人、地三才。那六画卦呢？一阴一阳之谓道，我们就知道，天有阴阳，人有阴阳，地也有阴阳。所以，我们把最下面的两爻叫作地道，当中的两爻叫作人道，最上边的两爻叫作天道，天道是讲阴阳的，人道是讲仁义的，地道是讲刚柔的。

天地人三道

地道的刚柔，刚在第一爻，柔在第二爻，因为地表是比较柔的，我们用锄头就可以挖动它，而越往下越硬，否则如果上面硬，下面越来越软，那太危险了，盖高楼一下就垮掉了。我们盖高楼的时候，地基要打得很深才能够牢固，所以地道的初爻是刚，第二爻才是柔。

那人道呢？人是先讲义还是先讲仁？人要以义做基础，讲话合理，做事合理，言行合理，就是合义。合乎义的要求，才能够证明人心是有仁慈仁爱的。

天道讲阴阳，最上面那个爻是阴，而第二爻是阳。中国人只讲阴阳，从来没有人讲阳阴，这是什么道理？因为阴气是往下走的，而热气是往上扬的。你看我们冷气机多半挂在上面，冷气才会往下吹，否则如果冷气机放在地上，那冷气就只往地面钻，上面还是热的。所以，阴往下，阳往上，阴阳才能交流。

人的头只有一个，是奇数，所以它是阳。人的脚有两只，是偶数，所以它是阴。但是，虽然头是阳，它的气要阴一点，就是头脑要冷静一点，不要太热了，而脚需要热，这个人才是健康的，这也是一阴一阳之谓道。

我们再回头看乾卦，虽然乾卦是《易经》的第一卦，但是乾卦从头到尾都是阳刚，我们马上就知道，它有三个爻不当位，有三个爻当位。不当位就是那个位置跟身份不配合，跟性质也不配合。一个人有能力去做一件事，做得好就表示当位；一个人没有那个能力，又占着那个位置，当然做不好，就是不当位。

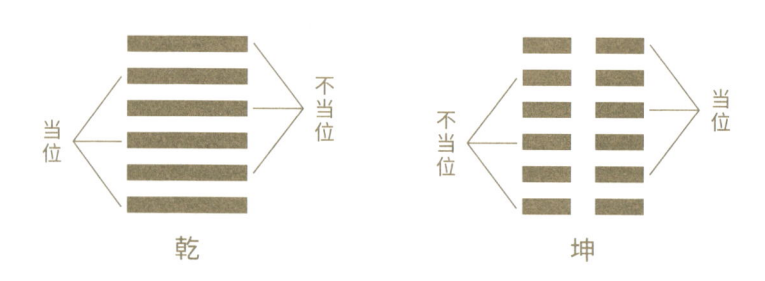

乾　　　　　　　　坤

坤卦也有三爻不当位，如果乾卦、坤卦都当位，那它们都安安静静，各做各的，就不会产生交错。所以，读到这里大家应该很清楚，《易经》是没有好坏的，好会变坏，坏会变好，好就是坏，坏就是好，好的里面也有很多坏的因素随时会产生，坏的里面也有很多好的因素随时会翻过来，然后把所有坏的成分统统取代，就变好了。像这种话，要非常小心地解释，否则就变成没有是非。

一个人的新陈代谢就好像卦的变化，每七天人体大部分细胞就改变一次。所以，我们随时可以做一个新的人。《易经》给我们的启示是，不要只看眼前，要知道未来的变化。就算我们现在的状况不是很好，但这已经是既定的，抱怨也没有用，要想办法让它转好，才是要紧的。

每一卦有六爻，就是在一个时间段里，我们给它六个位阶，表示不同阶段的变化，这是六十四卦爻通例，对每个卦都是通用的。

初爻跟上爻对起来，叫作有始有终，一句话，"初难知，上易知"。第一爻到底代表什么，很难弄清楚，因为事情刚刚开始，谁也看不清楚将来会有什么变化。可是上易知，因为发展到最后一个阶段，种种形态都已经很显著，而且大家都看得很清楚，当然就很容易了解。对于年轻的小孩子，我们不要一眼断定他没有用，因为他还有发展空间。往往小时了了，大未必佳，反而小时候没什么作为的，后来越来越行，可见人是会变化的。

第二爻跟第五爻又是相对的。二多誉，五多功。大家有没有发现，中国人一开会就讲，这件事是由于上级指示很明确，领导有方，我们才能够做得这么好，我们很习惯于把所有功劳都归于上级领导。中国人是不会去跟上级领导抢功劳的，因为抢也抢不过。一个人要抢领导的功劳，那一定倒霉，我们只能把功劳都给领导，然后得到一些赞美。

一个老板会很放心地赞美工地主任，或者是生产线的一些老领班，他大概不会轻易去赞美一个经理、一个科长。我们在这里要提醒大家，现在最大的问题就是我们的是非标准已经错乱，我们把对的看成错的，一直骂，一直笑，这是非常糟糕的。你看今天只要有一个人站起来说，这件事情承蒙上级领导的指示，大家就笑他拍马屁。哪是什么拍马屁呢？没有上级领导，我们有天大的本领也是无用武之地。我们要把功劳给领导，让领导知道"我心中有你"，领导感觉到下属心中有自己，就会放心赞美下属。如果下属认为做成这件事情是靠自己的能力、自己的本事，是自己花心思去做的，那领导就心想："我下次不给你做，我这次也不会赞美你、表扬你。"这样的案例随处可见。

三跟四是最麻烦的，三多凶，四多惧。三是不上不下的，四也一样，虽然是上卦，但跟下卦很接近。三要小心，因为从下卦来讲，三已经发展到顶端，要提防物极必反，防止很快产生大的变化。而四是上卦的开始，此时根本不知道这个变能不能变得很顺利。

初难知，二多誉，三多凶，四多惧，五多功，上易知。我们用这个去对照六十四卦的爻辞，八九不离十。但是，还要记住一句话：一定有例外。如果没有例外就不叫《易经》了。所以，现在很多人说"就是这样""一定是这样"，铁口直断，违反了《易经》的精神。

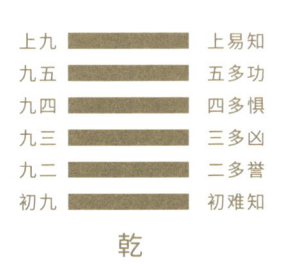

上九	上易知
九五	五多功
九四	四多惧
九三	三多凶
九二	二多誉
初九	初难知

乾

乾卦是《易经》第一卦，我们把它叫作"天下第一卦"，它里面有太多东西非常普遍地影响着今天的中国人，所以我们要把它的六爻好好地分析一下。

❖ 乾卦六爻详解

乾卦六爻的重点一共只有六个字，从底下开始，初九是"潜"，九二是见（读现），九三是"惕"，九四是"跃"，九五是"飞"，上九要小心，是高亢到极点的"亢"字。

初九是乾卦第一爻，当位，也是六十四卦三百八十四爻中的第一爻，堪称"天下第一爻"，值得重视。

初九，潜龙勿用。

潜在地下的龙对地上的环境并不熟悉，虽然很善于变化，又当位，但为了安全起见，最好暂时保持"勿用"的状态。譬如初出茅庐的社会新人，尽管学业有成，修养也很好，仍然需要了解社会环境，毕竟和学校不相同。先了解，后适应，再提出改善的意见，表现自己的才能，应该更加安全。否则一表现便承受重大的打击，就怨天尤人，又有什么用？

也许有人会说，既然"勿用"了，那能力还有什么用？这种反应，我们不要理会。"勿用"不是不用，而是谨慎小心，站在不用的立场来用，以免乱用。初九爻辞，重点在于慎始。

九二，见龙在田，利见大人。

九二位居地道之上，地上有田，有龙出现在田地之象，和初九的潜龙时位都不相同。潜龙准备妥当,待机而动。九二虽然不当位,但是时机成熟,也非动不可,符合"当潜则潜,当现则现"的机动原则。《易经》把人区分为大人、圣人、贤人、君子、民、小人。大人代表道德修养有大成就的人,是道德人格的最高典范;圣人特别凸显其智慧;贤人和君子都是有志于实践易道之人;民指一般百姓;小人是缺乏君子抱负,不免日趋下流之人。这几类人彼此划分的标准也并不十分严格。

这里所说的大人指九五,因为二爻居下卦之中,五爻居上卦之中,都是三才之中的人位。阳大阴小,九五阳居人位,所以有权,九二虽然也是阳居人位,却并不当位,应该表现得十分有为,以符合"大人"之象。

"利见大人"有两方面用意:一是晋见九五这位有权的大人,获得赏识和支持,以便有所作为;二是九二自己的所作所为必须造福人民,有利于社会,表现出大人应有的气势。同时,九三阳居阳位,有君子的修养,能欣赏九二的作为。初九当位,又知道潜修学习,比较容易配合。在这种有利的环境中,九二不当位而时机成熟,既然见龙在田,就必须好好有所作为。九二原本和九五不相应,不容易获得九五的支持,由于初九和九三的当位,才造成九二利见大人的优势。

九三,君子终日乾乾,夕惕若厉,无咎。

九二、九五都称为大人,表示才、德、位三者俱备。君子重在道德修养,未必一定在位。九三进入人位,居人位的下位,所以多凶。就算是修养良好的君子,又能利见大人,仍然招惹很多嫉妒、怀疑、抹黑甚至打击,可以说是明的暗的一起来,必须特别提高警觉,处处小心为是。

"乾乾"的意思是上乾下乾重叠,就算走完下乾,还得继续向上乾迈进。乾代表自强不息,现在来到下卦上爻,不过是告一段落,不能认为已经走到乾下的顶端,便扬扬得意,忘掉"行百里者半九十"的警语。何况九三、九四居于人位,人与人之间的种种问题势必产生很多困扰。

"夕惕"表示连夜晚也应该警惕，不可大意。"厉"是危险，警惕得好像已经遭遇或者面临危险的样子，才能无咎。《易经》除了吉、凶、悔、吝之外，还提出"无咎"的概念。吉凶是得失，不必太在意；心中有悔，容易善补过而吉，只在口头上掩饰、推卸责任，很容易凶；悔吝经常是小过失，却招来吉凶不同的后果；咎原是过失的意思，悔、吝、凶都是咎，只是程度不一样。如果善补过，便可以无咎。九三为什么如此警惕？主要是在九二时的有为表现招人妒忌，可见招人妒忌，自己也必须承受后果。

九四，或跃在渊，无咎。

九三如果不能"终日乾乾，夕惕若厉"，很可能到此为止，再无法向乾上发展，这种成绩只可以说是小成。若是因此而得意忘形，便是小才，不足以大用，更不可能有大成就。

九三应谨慎小心，时时提高警觉，但若只是为了保持小成，不敢对未来抱有更高期望，那就是委曲求全，说难听一点，便是器小易盈。九三最好记住九二"利见大人"的景象，一方面不要辜负九五的提携，另一方面也应该对得起自己。所以，"夕惕若厉"之意，必须用来充实自己、提升自己，做好万全的准备，一旦时机来临，就要及时抓住，一跃而登上龙门。

九四的爻辞，应该是或跃在渊，或飞上天。同样是向上一跃，却产生两种截然不同的后果：一是果然准备好了，在空中飞翔；二是根本没有准备好，不幸坠落深渊。既然有两种可能，为什么爻辞只说或跃在渊，却不说或飞上天呢？这是因为"凡事先想输再想赢"的生存之道。连失败都承受得了，成功当然欣喜万分。换句话说，只许成功不许失败，万一败了怎么办？难道要自杀？圣人作爻辞，思虑十分细密精致。有很多人自以为准备好了，其实不然，他们才能不足，不宜跳跃。但是，只要明白自作自受的道理，也愿意承担所有责任，就算一跃再跃仍不能成，甚至不幸坠入深渊，也不怨天尤人。具有这样的心态，当然无咎了。凡事把失败的一面想清楚，心里有准备就好了。

九五，飞龙在天，利见大人。

九四居人位，所以九三多凶，九四多惧。如今在万全的准备下，一跃而飞上高位，有如飞龙在天。首先应该知道，人生最大的考验，看起来已经顺利通过，实际上才刚刚开始。多少人从这个高位栽下来，大叹上台容易下台难；多少人在这个位置留下臭名，令后人想起来就咒骂；多少人飞了以后才知道翅膀不够硬，很快飞不动了，领悟出勃升勃落的辛酸滋味；多少人根本下不了台，不是忧郁以终，便是折磨至死。

圣人作爻辞，是提醒我们，真的有朝一日飞龙在天，唯一的生路即为"利见大人"，意思是自己表现得公正无私，造福人群社会，让人民获得利益，让好人出头，果然是了不起的大人。偏偏历史上有一些居高位的人刚好相反，他们是邪恶的暴君，使人民觉得生逢乱世，命如风灯，随时可被吹灭，命如蝼蚁，丝毫没有价值，而且命不由人，完全没办法应对。

九四只说或跃在渊，不提或飞上天，九五却只提利见大人，不说祸害社会、令人民厌恶的事，就好比好不容易出现良好的领导，大家一定要满怀光明的期望，给予积极正面的支持。对于九二，虽然和九五不相应，但也必须好好栽培，使其成为优秀的继承者，将来经过严格的考验，同样可以一跃而飞龙在天。如此一代又一代，薪火相传，才能生生不息。

上九，亢龙有悔。

"悔"是有小过失。上九是六爻的最高位置，经过严苛的磨炼与挑战，才能荣登这样的高位，怎么可能犯小过失呢？关键就在于一个"亢"字，即高傲，目中无人，看不起所有人。一个人登上高位，眼睛难免往下看，看到的大多是看门狗，很容易不把人当人。圣人作爻辞，提醒居高位的人，看到看门狗，最好看看狗的眼睛，好像也是向下看的，这样才有"狗眼看人低"的骂名，因而要自我警惕，千万不要高亢，以免懊悔都来不及。

盛极而衰，好像把物向上抛，到达顶点，也就是抛物线的最高点，必然会向下落。骄亢引来懊悔，也是势所必然，理所当然。《易经》指出这条事物运动的基本变化规律，特别对上九提出警告：一旦高亢，悔吝必随之而生。

人随着不断的上进，年岁不断增长，体力由盛而衰，不可避免。人事的适时交替应该合乎自然。我们常说"大位天定"，意思是小位由人自定，而大位的机会太少，希望大家不必过分竞争，以免造成生灵涂炭的不幸浩劫。同样的道理，居大位的人，是仁君或暴君，自己固然要负最大的责任。然而影响的因素也很多，简直不是哪一个人所能够单独承担的。上上下下，大家多尽一份心力，对上九的仁或暴应该会产生一些影响，我们通称为"共业"。

总结来看，乾卦六爻，从个人角度来说，要按部就班，循序渐进。初九重"潜"，先做好准备，待机表现；九二重"现"，时机良好，一鸣惊人；九三重"惕"，时时提高警觉；九四重"跃"，把握一生中最关键的时刻，成则飞龙在天，不成则安分守己，不怨天也不尤人；九五重"飞"，必须有大人风范，为全民所利见；上九重"亢"，尽力避免高贵骄傲而后悔。

就事业发展角度来看，乾的下卦是初基，上卦是大成。初基若不稳固，到九三便趾高气扬、得意忘形，势必半途而废，根本没有上卦的机遇。如果初基稳固，奠定良好基础，再接再厉，才可能一跃而登乾上，大展宏图。

依时的观念来看，上下卦各有三爻，分别代表"始、壮、究"三候。不同的时段有不一样的情况，称为候。初九表示阳气渐生，为始，由下而上，其数为"一"。九二表示阳气壮盛，有少阳的气势，其数为"七"。九三表示阳气终成老阳，其数为"九"。始、壮、究完成下卦之后，若是时间许可，意志坚定，机遇来到，当然可以发展上卦的始、壮、究。乾上乾下完成，有时候还可以向上发展，不过那是少之又少的特例，所以《易经》发展到六爻，暂时告一段落，以免给人太大的压力，得不偿失。先把乾下的始、壮、究好好完成，奠定稳固的初基，然后不折不挠，不改初衷，继续完成乾上的始、壮、究，以获得大成。

用九，见群龙无首，吉。

乾、坤两卦比较特别，在各爻爻辞之后，还有"用九"和"用六"两个提示。

"群龙无首"如今已是耳熟能详的成语，但大家大多按照字面解释，说成是群众失去领导人，进而口耳相传，居然很少有人对"这样怎么能吉"产生疑问。实际上，从初九到上九，同样都是龙，却各有各的表现，并不相同，这种现象才叫作群龙无首。只有按照不同的爻位，扮演不一样的角色，做出不相同的表现，符合不同时位的要求，才会有所得而吉。同样的刚健，处在不同的环境，必须有不一样的弹性运用，看起来好像群龙无首，实际上每一阶段都有为有守，在什么阶段做什么表现，称为阶段性的合理调整，这种精神也被称为"持经达变"。经就是不易的刚健，变则是变易的合理应变，有原则地应变，而非坚持到底，丝毫不能变通，这是中华文化的重要精神，也是圆通与圆滑的主要分野。

❖ 乾卦彖辞：各正性命，保合太和

《彖》曰：大哉乾元，万物资始，乃统天。云行雨施，品物流行。大明终始，六位时成。时乘六龙以御天。乾道变化，各正性命，保合太和，乃利贞。首出庶物，万国咸宁。

乾代表"能"，有"性"却无"形"。我们常说天空，"天"后加一个"空"字，表示天是空的，看起来虚无，却藏有灵气，十分灵光，也很灵活。万物尚未成形之前，就具有这一点先天之气，所以彖辞说"云行雨施，品物流形"，云气流行，雨水充沛，充满造化生机，产生各种有形的物质。可见，乾阳一方面生机充实，另一方面也十分虚无，因为虚无才方便充实。从六爻皆阳的卦象看，每一爻都刚健充实，而从乾卦的性能来看，却是万物的根源，还没有实在的形体，显得虚无。

孔子一方面作《易传》以阐释《易经》的道理，另一方面也建立儒家的思想系统，他从乾道变化进而提出"各正性命"的主张，由天的无言体会出"无为"的治道。天不言语，提供人人各自言语的机会；天无作为，提供人人都能有所作为的舞台。同理，居上位的人无为，居下位的人才能充分有为；居上位的人讲求有为，居下位的人连有为的机会都被剥夺掉了，只好无所为。

无为却能激发大有为的效果，主要在于虚无中藏有丰厚的灵气、灵性和灵力。天不能规范或改变我们的躯体，却能提高我们的精神。居上位的人，不必管居下位者的身体，却可以激发大家的潜能，那就是各正性命的表现。

❖ 乾卦象传：君子以自强不息

《大象》曰：天行健，君子以自强不息。

《小象》曰：潜龙勿用，阳在下也。见龙在田，德施普也。终日乾乾，反复道也。或跃在渊，进无咎也。飞龙在天，大人造也。亢龙有悔，盈不可久也。用九，天德不可为首也。

十翼中的《象》分为大象和小象，大象解释每卦卦象的象征意义，只有一则，小象分别解释六爻的爻象，所以有六则。象就是像，像什么呢？大家最好多加想象。乾卦大象"天行健，君子以自强不息"，便是要我们想象一下，乾的形象是不是如此。

君子是有志于实践易道的人，"以"是效法、取用之意。乾卦自初九到上九，一路持续阳刚到底，有"天行健"的象征。君子既有志于实践易道，看到天道运行刚健而永不停息，就要效法天道，取用在自己身上，便是培养自强不息的精神。

学习的目的在于实践，六十四卦都有实际用途，称为"卦用"。《易经》大象有"君子以"三字的多达五十三卦，可见从乾卦开始，就应该养成效法、取用的良好习惯，以免流于空谈。

再看乾卦小象：从"潜龙勿用"而"见龙在田"到"终日乾乾"，都是健而又健的样子。小有成就之后，再"或跃在渊"而"飞龙在天"，以至"亢龙有悔"，终能大成。从下到上都是"九"，表示刚健的德，也就是天德，并没有改变。不过，初重时，上重位，初九和上九也不宜贸然逞强，为了迁就实际环境，也不得不稍做合理调整，才是合理因应。至于其余四爻，则当然以刚健为主。

❖ 乾卦四德：元亨利贞

《易经》的学问是从大自然生发出来的，自然是活的，所以《易经》的学问也是活的，是有弹性的，不能按照字面去解释。任何事情都会有千变万化，人生的境遇也是瞬息万变，充满了难以预测的情境变化。乾卦说龙，其实是指变化的过程，未必是指一种动物。六也不一定特指六，而是代表我们很难去掌握的领域和部分。人的一只手有五根指头，可以掌握的部分就叫五，超出所能掌控的部分就叫六，所以我们只讲队伍，从来不讲队六。中国人很爱讲"六六大顺"，实际是强调，一旦到了六，很可能不顺，所以六六大顺是要人特别小心，这也是一阴一阳之谓道。我们如果用这样的思维来了解中国人的学问，大概不会错到哪里去。

乾卦卦辞：元亨利贞。

乾卦卦辞很简单，只有四个字："元、亨、利、贞"。卦辞是解释一卦之要点，"元、亨、利、贞"四个字可以代表人一生的成长过程，也可以代表一个团体或人群里每个人之间的互动关系，还可以代表一件事从开始到最后的阶段性变化，所以又叫"四德"。

孔子对乾、坤二卦特别重视，因为只要读懂乾、坤二卦，其他六十二卦都可以触类旁通，所以他特别为这两卦加上两篇《文言》，其中乾卦的《文言》内容尤其丰富，要想进一步了解乾卦的内涵，就必须看一看。

《文言》曰：元者，善之长也；亨者，嘉之会也；利者，义之和也；贞者，事之干也。君子体仁，足以长人；嘉会，足以合礼；利物，足以和义；贞固，足以干事。君子行此四德者，故曰：乾，元亨利贞。

《文言》开篇，孔子便解释了元、亨、利、贞。

"元者，善之长也。"元就是指人的元气。元是开始，气就是呼吸的空气。元气为什么重要？因为胎儿在子宫是靠脐带呼吸的，只能吸收母亲体内的气，吸收不了外面的空气。可是一出生，脐带剪断了，婴儿没法呼吸了，就开始哭，练习用嘴巴呼吸空气。人一出生就面临生死关头，有的婴儿出生不久便死了，说明过不了这一关，一口气上不来，有再大的本事都没用。

人生下来的那一口元气很重要，所以我们一见面就会说"你气色不错""你很有元气"。天最大的善，就是给了我们足够的气，我们要好好爱惜。元和仁是分不开的，人一开始就要凭良心，才叫作元。自己吸空气，还要考虑别人也需要空气，不能一个人把空气都吸光了。所以，"元者，善之长也"，强调每一个人都要堂堂正正做人。

"亨者，嘉之会也。"亨是亨通，嘉是美，会是聚集。大家聚集在一起，互相照顾，互相帮忙，彼此尊重，才能过美好的生活。自然的阻碍已经够多，现在人与人之间还设下种种阻碍，非常不明智。"亨者，嘉之会也"告诉我们，每个人要各尽所能，而又各取所需，钱是要流通的，货物是要交换的，任何东西都要考虑到别人也有需要，而不是只想自己独吞，否则人一聚集就乱，就开始争夺。

"利者，义之和也。"义就是宜，适不适合，合不合理。合理就和谐，尤其是中国人，合理的就心服口服，不合理的，表面上也许不敢、不方便或不愿说什么，但是心里有数，到时候就找你麻烦。利是老天对我们最大的考验，赚钱并不可耻，其实很可爱，因为它对人类生活有正面的贡献，可是怎么去用钱才是智慧。赚钱凭什么？有人说凭能力，我不认为有能力就能赚到钱，赚钱其实是靠机会，机会来了，钱怎么来的自己都不知道。

可是用钱那是靠智慧，所以一个人要赚钱之前，最好先学一学怎样花钱和用钱。

其实这个智慧，《易经》用八个字就讲完了："当用不省，当省不用"。该用的，就算没钱，想办法也要用。老实讲，一个人要么不结婚，结了婚，当了家长，就要负起责任，让一家老小最起码可以温饱。但是我们也没必要把生活弄得很豪华奢侈，那样反而是罪过，是浪费资源。一个社会，贫富差距越大，越不稳定，越不安全，但我们又不能勉强全民都一样，那是不合自然。所以，有钱人一定要想办法跟大家分享，照顾比较穷困的人，这样就对了。但是又有人想错了，想自己先去赚一些昧良心的钱，然后去做善事。这个行吗？不行，因为功过不相抵，一个人做了坏事就是做了坏事，想用这个来补偿那个是不可能的。现在很多人赚了钱，赶快去烧香拜佛，求神保佑，这是不合理的，因为如果这样可行的话，那神就不公正，不公正就不叫神，而叫魔。

"贞者，事之干也。"贞是一切的关键。始、壮、究的过程中，老天始终在检验我们贞不贞，贞了，就贞下起元，有个更好的开始，从而进入上卦；不贞，你在下卦就完了，有的人飞黄腾达只到九二，九三没有做好就进了牢房，根本没机会走到上卦。过去贞就叫贞操，现在很多人听到贞操就害怕，说那是传统，其实很好笑。什么叫贞操？就是固正的操守。固是很牢固，永远一个样，而且又很正，这有什么不好？贞操是男人女人都要守的，只不过表现的方式不一样，这叫男女有别。这一点对人类社会，尤其对现代人的未来，具有关键性的影响。

一个人赚了钱，还能规规矩矩，经得起考验，就是贞。一般人在穷时保持规矩很难，因为穷会使人不择手段；可是有了钱，要保持规矩就更难。可见穷会害死人，富也会害死人，金钱财富对每一个人都是考验。

钱财是工具，不是目的，目的要看正不正，也就是能不能摆平，摆不平，问题就出来了。中国人很喜欢说"你摆平了没有"，摆平不是用强制手段，那样更摆不平。每个人立场、身份、需求不一样，要摆平就必须求圆满，所以我们一直讲做人要正直，而且要持久。正直一分钟、正直一天、正直一年都没有用，很多人就是一段时间很正直，忽然吃了亏，觉得是因为自己正直才吃亏，所以变得比谁都狠，那就完了。人要出淤泥而不染，靠自己而不能靠环境，只能接受环境的摆布，是对自己不负责任的表现。

我们现在都很清楚，正不正在自己，不在别人，可是，哪个人不说自己正呢？现在的问题就是我们不了解什么叫作正。正不是正直、一丝不苟、样样都守规矩，但是两千年来我们都是这样解释的，所以才会满口仁义道德，而表现出来的却是龌龊卑鄙。我们曲解了圣人的意思。老子说"曲则全"，就是告诉我们要走出那条太极线，走出那个弯弯曲曲的路，否则没有办法正直。

我们以为二分法是对的，直就是直，曲就是曲。其实不然，曲才能直，越是直的公路，出车祸概率越大，越是山路崎岖，九弯十八拐，越是安全。因为人一看到歪歪斜斜的路，不敢睡觉，很认真地把稳角度，大家都小心，自然安全。而一看到路很直，自以为没问题，就开始打电话了，结果"砰"的一下出去了。这种现实告诉我们，越直越容易出问题。全世界没有哪个地方的高速公路交流道（高架桥）敢用直道，都是弯弯曲曲的，这样大家才会乖乖减速，认真开车，下了高速才能适应平地的交通。人类的智慧就表现在曲直的过程里。

上卦跟下卦中间有一个交界，这个交界处是曲的，不是直的。西方人认为水平线是直的，实际上水平线是弧形的，也是起起伏伏的。世间没有直的东西，两点之间直线最短，但是永远达不到。中国人一听直话就火大，听不进去，不妨稍微婉转一点，转个弯，对方就听进去了。所以，读《易经》，就要读出使生活更加安全、有效、方便的道理来。

贞就是虽然自己很正直，但也会替别人想，外圆内方。方就是圆，越小就越方，越大就越圆，同样一个东西，小小的一定是方的，而到了很大的时候就圆了。所以，当我们说做人要大方一点的时候，中国人一听就懂了，其实是在说做人要圆通一点，因为方就是圆，圆就是方，一个人很圆通，就是很大方。

中国人做人做事要面面顾到，顾虑每个人的角度、立场、位置，所以特别辛苦，特别为难。西方人讲是非，不讲圆满。中国人痛恨没有是非的人，但是也强调是非要分得很圆满，分得不圆满，还不如不分是非。许多人没有这个概念，一味坚持对就是对、错就是错，最后都不会圆满。

孔子把"元、亨、利、贞"发展成五个字，叫作"仁、义、礼、智、信"。

仁就是元，也就是慎始。种子好，长出来的东西就好，种子不行，再怎么努力耕耘浇水，还是不行，所以千万要重视那个元，重视那个仁心。

义跟礼是亨，一个人有礼有节，处处合理，就会亨通。礼是一般人能看得见的，做人要有礼貌，做事要重礼节，要有节制；而义只能心中有数，外面看不见。孔子说："不知礼，无以立。"人不学礼，就没办法在社会立足，什么事情都办不通。

智是利，利益当前，要用理智判断，该不该要？能不能要？要了以后能不能无咎？如果不能理智判断，心就开始不安，到最后就会后悔。当商人送官员一百万元的时候，这个官员要记住，自己不只是拿了一百万元，最起码算在自己头上的是两百万元，因为那个商人如果自己赚不到一百万元，就不会给他一百万元，很可能商人拿到了一千万元才给他一百万元，却要他背很重的负担。

信是贞，人家对你信不信，就是看你正不正。你正，就算他觉得不公平，也觉得你有你的道理，还是会拥护你；你不正，就算你对人家再好，人家也会怀疑你是不是又要利用他，他会怕，会躲得远远的。现代人最大的危机是互信危机，人与人之间不能信任，爸爸害怕儿子，长官怕部属，左右邻居都互相提防，上下楼都提心吊胆，我们没有互信了，这都是人类自寻苦恼，而自己又很难解决的问题。

我们一定要从《易经》的道理，从乾卦的道理开始，先要求自己，不要老要求别人，把自己做好了，别人自然会受影响。一个人最了不起的，不是控制别人，不是教导别人，不是命令别人，而是发挥自己的影响力，而影响力的发挥是不分身份地位的，任何一个人，只要行得正，只要得到大家的信任，都可以发挥相当的影响力。哪怕是一个建筑工人，只要大家看到他说"你盖的房子一定没问题"，就够了；一个售货员，我们看到他说"你卖给我的东西，我不担心"，就够了。

仁、义、礼、智、信就是元、亨、利、贞，就是天地的正气，叫作"乾元"。乾元这股先天一气，是天地之间最无私的，所以《文言》特别提到："乾元用九，乃见天则。"为什么乾卦能够自强不息？就因为它会用九。用九，用现在的话说叫阶段性调整。一个人不能老是用同一套办法，这一套在这个阶段合适，到下一阶段就可能遭遇重重困难。这就是为什么中国人赞美别人都说"这个人了不起，有两把刷子"，而不说"这个人有一把刷子"。一把刷子管什么用？一个人最起码要有阴阳两把刷子，能刚就刚，要柔就柔，能高就高，该低则低，这叫能屈能伸。

中国人讲究能屈能伸、刚柔并济、恩威并施、内方外圆，始终是阴阳配合。乾卦告诉我们亢龙有悔，阳刚过盛马上就成阴，当一个人不可一世、非常神气的时候，突然间掉下来，就会凄凄惨惨。所以，到五我们还可以掌握，六最好是算了，不要贪得无厌。千万记住，可以掌握的东西掌握到就好，掌握不了的东西还是不要为好，不要太过相信"六六大顺"。正如前面所说，中国人喜欢讲六六大顺，正是因为事情到六的阶段往往不顺。《易经》就是这样，我们很顺的时候，它告诉我们要小心，顺的后面是有后遗症的，我们要追求没有后遗症的无咎境界。

《易经》每一卦都有条件，也都提供了一个希望，人是活在希望里，而不是活在梦想里，有希望要靠我们自己去落实，所以有了乾的自强不息，就必须有坤的厚德载物，乾在前面创造，坤在后面落实配合。

附：乾卦《文言》全文

元者，善之长也；亨者，嘉之会也；利者，义之和也；贞者，事之干也。

君子体仁，足以长人；嘉会，足以合礼；利物，足以和义；贞固，足以干事。君子行此四德者，故曰：乾，元亨利贞。

初九曰"潜龙勿用"，何谓也？子曰："龙德而隐者也。不易乎世，不成乎名。遁世无闷，不见是而无闷。乐则行之，忧则违之。确乎其不可拔，潜龙也。"

九二曰"见龙在田，利见大人"，何谓也？子曰："龙德而正中者也。庸言之信，庸行之谨。闲邪存其诚，善世而不伐，德博而化。易曰'见龙在田，利见大人'，君德也。"

九三曰"君子终日乾乾，夕惕若厉，无咎"，何谓也？子曰："君子进德修业。忠信，所以进德也。修辞立其诚，所以居业也。知至至之，可与言几也。知终终之，可与存义也。是故居上位而不骄，在下位而不忧，故乾乾因其时而惕，虽危无咎矣。"

九四曰"或跃在渊，无咎"，何谓也？子曰："上下无常，非为邪也。进退无恒，非离群也。君子进德修业，欲及时也，故无咎。"

九五曰"飞龙在天，利见大人"，何谓也？子曰："同声相应，同气相求。水流湿，火就燥。云从龙，风从虎。圣人作而万物睹。本乎天者亲上，本乎地者亲下，则各从其类也。"

上九曰"亢龙有悔"，何谓也？子曰："贵而无位，高而无民。贤人在下位而无辅，是以动而有悔也。"

潜龙勿用，下也。见龙在田，时舍也。终日乾乾，行事也。或跃在渊，自试也。飞龙在天，上治也。亢龙有悔，穷之灾也。乾元用九，天下治也。

潜龙勿用，阳气潜藏。见龙在田，天下文明。终日乾乾，与时偕行。或跃在渊，乾道乃革。飞龙在天，乃位乎天德。亢龙有悔，与时偕极。乾元用九，乃见天则。

乾元者，始而亨者也。利贞者，性情也。乾始能以美利利天下，不言所利，大矣哉！大哉乾乎！刚健中正，纯粹精也。六爻发挥，旁通情也。时乘六龙，以御天也。云行雨施，天下平也。

君子以成德为行，日可见之行也。潜之为言也，隐而未见，行而未成，是以君子弗用也。

君子学以聚之，问以辩之，宽以居之，仁以行之。易曰"见龙在田，利见大人"，君德也。

九三重刚而不中，上不在天，下不在田，故乾乾，因其时而惕，虽危无咎矣。

九四重刚而不中，上不在天，下不在田，中不在人，故"或"之。"或"之者，疑之也，故无咎。

夫大人者，与天地合其德，与日月合其明，与四时合其序，与鬼神合其吉凶。先天而天弗违，后天而奉天时。天且弗违，而况于人乎？况于鬼神乎？

亢之为言也，知进而不知退，知存而不知亡，知得而不知丧。其唯圣人乎？知进退存亡而不失其正者，其唯圣人乎？

❖ 坤卦卦辞、彖辞、大象详解

坤卦卦辞：元亨，利牝马之贞。君子有攸往，先迷，后得主，利。西南得朋，东北丧朋。安贞，吉。

坤卦卦辞第一句是"元亨，利牝马之贞"。可见，坤卦和乾卦卦辞一样，都具有元、亨、利、贞四德，只不过加上了"牝马"这个条件。

乾卦的龙可以看成天的化身，由阳刚雄健的气所构成，属于纯阳。坤卦六爻皆阴，所以用牝马（母马）而不以牡马（公马）表示。牝原指母牛，后来泛指雌性鸟兽。卦辞为什么不用牝牛，而用牝马来限制呢？因为牛和马同样顺从，可牛却缺乏原则，叫它做什么它都顺从，谁叫它做好像也无所谓。

牝马不是这样，首先它是忠贞不贰的。母马有一个特性，就是永远追随公马，公马往哪里跑，它就跟着往哪里跑，公马跑多快，它就跟多快，不会给公马一点点负担，不会变成公马的累赘，反而会成为公马的伴侣。这就叫夫唱妇随。今天很多人听到夫唱妇随就火大，说妇唱夫随不可以吗？当然可以，反正这是夫妻两人之间的事，夫妻自己去商量，只不过社会有一个主流价值，你有自由坚持妇唱夫随，可是你不能标榜自己，也不能否定人家。

第二，母马虽然忠贞不贰，但它也会坚守原则，该跟从的才跟从，不该跟从的不会跟从，可见卦辞用马不用牛的深刻意义。做妻子的不能是丈夫让做什么就做什么，只有丈夫的要求是正当的，才会全力配合，如果丈夫的要求不合理，就坚决不能跟从。坤卦有个美德，就叫成全，现在很少有人懂。太太虽然不一定比先生能力弱，但为了整个家庭，必须集中力量，做好自己的同时，也要让先生没有后顾之忧，成全先生，这比创造更伟大。现在大家只计较功劳，那种看不见功劳的事都不愿做，当然就谈不上成全。乾有乾元，坤也有坤元。只有乾元，就会只有理想，始终不能落实；只有坤元，虽然能吃苦耐劳，但没有理想。只有乾元跟坤元配合，才能使理想落实。前面有人引导，后面有人把事情做好，这就叫乾坤配。

乾元和坤元，同样是元，但作用不一样。乾元是创始，同时产生时间、空间和原物质，坤元则是配合其后产生的各种变化，形成各种不同的"性命"。这些不一样的性命具有相同的要求，即合理的贞操、正当的操守，叫作"各正性命"。"元、亨、利、贞"，既可解释为春、夏、秋、冬，也可解释成东、南、西、北，还可以说是仁、义、礼、智、信，便是为了因应不同性命的个别需要。

我们学《易经》，必须保持相当大的灵活度，不能固执一事一物。一般人都有绝对的倾向，喜欢把《易经》的相对看成绝对的彼此相反，譬如乾为至刚，坤即至柔，却忽略了至刚生柔（阳极生阴）和至柔生刚（阴极生阳）的道理。

男人柔情似水，大家比较容易察觉，而"最毒妇人心"就需要更深一层的体会，才能充分了解真正的原因。女性柔顺，对丈夫忠贞不贰，如果缺乏宁死不屈的刚强，怎能保持忠贞的志行？就是这种刚强的气质，当发现丈夫不忠时，很可能反过来"弑杀"亲夫。无毒不丈夫，最毒妇人心，两者比较，最毒还胜过无毒。

坤卦卦辞接着说："君子有攸往，先迷，后得主，利。"君子指品德修养良好的人，"有攸往"是有所往，合起来便是君子有所行动，打算做一些事情。这时候"先迷，后得主"比较吉利。"先迷"是坤在乾前，容易迷失方向，若是坤在乾后，那就跟在后面而有所得，当然吉利。

乾如果代表看不见的思想观念，坤便是看得见的行为态度。"先迷"是行动领导思想，难免轻举妄动，十分危险。"后得主"才是思想引领行动，想妥当再付诸实践，谋定而后动，更加有利。

不过，倘若坤完全柔顺，追随在乾的后面，行动时就难以积极进取。所以，坤一方面要追随乾，另一方面还要有刚强的行动力，以防落后而跟不上，与乾愈来愈远，彼此很难配合，这种柔中带刚的气质才是真正的至柔。

卦辞又说："西南得朋，东北丧朋。安贞，吉。"依后天八卦方位，西方兑为少女，南方离为中女，东南巽为长女，都是阴卦，与西南的坤同类相聚，所以坤在西南能获得很多志同道合的朋友。反观东方震为长男，东北艮为少男，北方坎为中男，都是乾的同类。坤若是向东北走，必然丧朋失类。

"安贞"是反省自己够不够柔顺。够的话，得朋友帮助有利；不够的话，丧失朋友反而有利。扩大来说，君子得道多助，得朋友利；小人离经叛道，丧朋反而更好。反过来看，获得君子的协助，应该柔顺；以柔顺的方式追随小人的阴恶行为，那就不吉。物以类聚，人以群分，才能孕育长养，发挥坤卦的伟大功能。

《象》曰：至哉坤元，万物资生，乃顺承天。坤厚载物，德合无疆。含弘光大，品物咸亨。牝马地类，行地无疆，柔顺利贞。君子攸行，先迷失道，后顺得常。西南得朋，乃与类行。东北丧朋，乃终有庆。安贞之吉，应地无疆。

坤卦象辞第一句是"至哉坤元，万物资生，乃顺承天"。我们把它和乾卦象辞"大哉乾元，万物资始，乃统天"对照起来看：乾元资始，为性命的开始；坤元资生，是形体的生成。性命和形体，对万物来说，都是不可不兼顾的，虽然有先后，却相差不远。乾元统天，统辖天体；坤元承天，承受天意以生长万物。"大哉乾元"表示天大到可以包地，"至哉坤元"则是地再大也包不了天。天以气为主，地以形为主。气先于形，所以乾元资始，而坤元资生。坤要柔顺以承受乾的气，才能顺利生物。

然而，乾元和坤元都应该共同秉持天道，这是先决条件。乾元和坤元彼此配合而又互相合作，若是乾元不遵守天道，坤元照样可以不配合，这才是相对待的原理，否则就成为片面的要求，也就是不符合天道。

乾元必须自强不息，坤元才能柔顺相应。男性够刚健，女性柔顺才有依靠。丈夫负责任，妻子才会守贞操；君看得起臣，臣自然对君忠诚。反过来说，乾元不能自强不息，坤元柔顺又有何用？男人不够刚健，女人怎能依靠？丈夫不负责任，有什么权利要求妻子守贞操？君看不起臣，把臣当作奴才使唤，臣何必对君忠诚？长久以来，我们不是把乾、坤两卦分开来看，便是把道理说成绝对的，以致僵硬而缺乏弹性，强制却不合乎人性，柔顺变成逢迎，配合变成讨好，承受成为忍受，根本不是易理的原来用意。

只有天没有地，万物都无法生成。有性命缺乏形体，构不成物。能量大家看不见，必须透过器物才能表现功能。大地的博厚，使上天有用武之地，实在十分伟大。"至哉坤元"的"至"便是最大、最广、最厚的意思，但是它来自"大哉乾元"的"大"，有了这样的大，才能获得这样的至。只有地没有天，同样无法生成万物。有形体而缺乏性命，岂不是行尸走肉？恐怕连行走都有问题。有器物若是没有能量，实在做不出功来。象辞的"坤厚载物，德合无疆"，表示地道必须与天德相合，才能共同生出万物。有德之人要自觉学习地道，为社会做贡献。接着，象辞说："含弘光大，品物咸亨。""含弘"指地的博厚，善恶美丑，无所不包。博施厚积，所发出的光也很大。万物生于地，长于地，老于地，死于地，藏于地，都因地而亨通。

《象》曰：地势坤，君子以厚德载物。

地高低不平，有些地方更是形势险恶，原本不平也不顺。"地势坤"即是地势顺的意思，所指的不是形势，而是所处的位置，永远在天的下面，所以说顺。应该秉持天意来厚德载物，绝无反抗、抵御的表示。有德之人应当效法地的德行，增厚自己的美德，以承载重责大任，造福人群。具体的表现即为利用厚生，发挥万物的效用，充实人民的生活。君子做这些事时，最好按照坤卦象辞"先迷失道，后顺得常"的原则，不要在领导尚未许可之前，便率先去做，以免迷失方向，不合柔顺的道理。

　　考古学家都知道，保存古物最好的方法便是不加以发掘，出土是不得已才做的事情。各种矿产也只能合理开采，以免挖光用光，使后代子孙无矿可采，不知道要用什么。地的坚实、牢靠，主要由于地中实实在在存着很多东西。哪一天挖空了，地面塌下去，反而把地面上的东西都埋了进去，岂不成了天翻地覆？

　　老子提倡深藏不露，是专门对具有真才实学的人说的。没有真才实学，有什么好深藏的？露吧，就那么一点点，一露就光了。只有真才实学，才需要深藏不露。集中精力和时间，处理重要的事务，这才是坤的美德。把不重要的事情交给那些喜欢作秀的人，让他们去忙，又能怎样？

❖ 坤卦六爻详解

初六，履霜坚冰至。

《象》曰：履霜坚冰，阴始凝也。驯致其道，至坚冰也。

六爻中初、三、五为阳位，坤卦初六、六三、六五显然不当位。爻辞说"履霜坚冰至"，警惕意味十分严重。它告诉我们，当走路的时候，脚踩到霜，千万不要掉以轻心，认为很好玩。一旦霜积得厚，结成坚冰，那就走不动了，一步一滑，甚至摔得人仰马翻，十分危险。坤卦既然"利牝马之贞"，就是提醒我们，牝马虽然服帖，还需严格驯服，屡经各种不同考验和磨炼，才知道是不是一匹好马，值不值得把宝贵的身家性命托付给它。若是发现一些不良习惯，必须及早加以纠正，以免有一天闯出大祸，后悔莫及。

小人的恶念就好像地面上的霜，刚开始的时候薄薄一层，太阳一照便消失了。这时候稍微加以劝导和纠正，很容易改变过来。倘若小恶不惩，养成不良习惯，那就恶性难改，再加以严厉的惩罚，恐怕也无济于事。对于组织中的新进人员，最好考察他们的警觉性，凡是警觉性不高的人，大概都不是良马，就算柔顺也不过是唯命是从，不可委以重任，以免害人害己。

六二，直方大，不习，无不利。

《象》曰：六二之动，直以方也。不习，无不利，地道光也。

六二当位。坤为地，地的本来面目便是"直方大"。"直"指地气向上直升，植物向上生长，人也应该积极向上（善）。"方"是方形物体比较稳固的意思，以《易经》的观点，方和圆是一样的，大方为圆，小圆为方，天广大无边，人仰望天，只看出它的圆，地却有界线，人看地时，往往只能看出有限的部分，方方正正，也是人对地的最好规划。"大"即恢宏伟大，大地风光明媚，令人心生敬重。直、方、大是地的自然景象，地丝毫不造作地表现出来。人居大地之上，最好像地一样真诚，表示自己的心地光明，既正直又大方。牝马也是如此，把马性率直地流露出来，使骑马的人比较容易适应。

"不习"的意思有两层：一是不要学习，便能自然表现出来的，才是真正的本意。若是经由培训，刻意学习，很可能是表面功夫，虚伪、造作、欺骗都令人十分不自在。二是不要胡乱学习，获得一些错误观念，养成一些不良习惯。学习是好的，但胡乱学习则是严重的伤害。

"无不利"是无所不利，但是，造作或扭曲甚至于错乱的直方大，仍然会带来不利。正直而圆通，有原则地内方外圆，加上恢宏的心胸，当然无往不利。六二居地道之上，已经有一些作为，好比一匹良马显出某些长处，如能保持直方大的真诚，不染及恶习，可保无不利。

六三，含章可贞，或从王事，无成有终。

《象》曰：含章可贞，以时发也。或从王事，知光大也。

"含"是包含，也就是内在，"章"为美，"含章"即为内在美。六三阴居阳位，在人事上相当于内刚外柔，也就是内方外圆。外表看起来柔顺圆融，内在却十分刚强正直。"贞"是正固，具有内在美，就算不当位，以六三自己的能力，还是可以保持正当的操守。

"或"是"惑"的简写。六三位于内卦之上、外卦之下，显得进退不定，难免困惑。在从事公务的时候，遇有困惑，不能擅自做主，最好服从命令。目前虽然没有成就，但将来历经磨炼，终究会有更好的成就。换句话说，把功劳归给上级，自己只要用心把事情处置妥当就好。

牝马遇到进退不定的困惑，必须遵守"先迷，后得主"的原则。自作主张，擅自做主，便是先迷。奉命然后行事，才是牝马的本分。具有这样的内在美，当然是可以保持正固操守的良马。只要顺利完成任务，有始有终，不一定要有什么成就感。"王事"是什么呢？我们从"先迷，后得主"这句话来加以探究。坤在乾后，以乾为主宰。这里所说的主，应该是天道。替天行道，才是最重要的大事。把它称为王事，当之无愧，不论人或马，都要具备这种"无成有终"的内在涵养。把功劳归给上级，自己把事做好。实际上想和上级抢夺功劳，再怎么说也是徒劳无功，反而引起上级的不满，引来不必要的打压。把功劳推给上级，说不定会换来一些嘉勉，至少会获得上级的信任，更为有利。

六四，括囊，无咎无誉。

《象》曰：括囊无咎，慎不害也。

"括囊"是把囊的口扎起来，不使囊里的东西掉出来。好比我们的裤袋，一定要开口处较窄，而袋肚较为深广，因为开口较窄，放置东西不易掉落，袋肚深广，才能装入更多物品。"括囊"的意思，其实是口风要紧，以保守秘密。六四当位，但是位于上下两卦相接处，上阴下阴，最好不求有功，但求无过，首先要做到的便是谨守秘密，不当组织中的广播电台。

六四和六五十分接近，六五常常和六四讨论一些事情，一方面想听取六四的意见，另一方面又害怕六四把信息胡乱传播，难免造成内部的不安，甚至引起外界误解。于是，六五常常用测试的方式，故意对六四说一些子虚乌有的事，而且只对六四一个人说，不对其他人提起，看看结果如何，便知道六四能不能保密到家。

倘若一段时间后，外面的人开始传播这些事，六五不必追究，便知六四很不可靠，从此不敢和他谈论正事，反过来用他当作广播电台，通过他放风声，以观后效。若是外界完全没有这样的传闻，六五会再试几次，确信六四守口如瓶，不致乱传信息，便放心和他讨论，甚至请他担任机要人员，协助处理机密事宜。六四固然获得信任，对外却是默默无闻，既没有什么好声誉，也不致有什么祸害，所以无咎。但是不知括囊，不守分，极力想争取名声，那就是咎由自取了。

六五，黄裳元吉。
《象》曰：黄裳元吉，文在中也。

第五爻是君位，但阴爻却只是臣身，六五以臣身居君位，可以说已经位极人臣，位于上卦中爻，具有柔能得中的象，表示柔顺得十分合理，承上启下，都有良好表现。好比穿着黄色的衣裳，和其他颜色的衣裳都能够调和一样，不致对比强烈或碍眼。"裳"是古代穿在衣服外面的长裙，现代叫作裙子。

《系辞下》记载："黄帝、尧、舜垂衣裳而天下治，盖取诸乾、坤。"黄帝、尧、舜设置文物制度，垂下衣裳，采取无为而治的方式，结果天下太平，人民安居乐业，所穿着的衣裳，取象于乾、坤两卦，乾为衣，坤为裳。"垂衣裳"是上衣下裳有别，象征君主和臣下必须讲求伦理。黄色在红、白、黄、黑、蓝五种基本色之中是中间色，不像黑、白那么强烈对比，也不如红、蓝那样对抗，显得不是很融洽。"黄"表示六五的品德，"裳"代表六五的位置，"黄裳"意即位置高贵而态度谦和，所以"元吉"，也就是大为吉祥。

古代的将相是人臣最高的尊荣，六五小象说："黄裳元吉，文在中也。""文"即"纹"，是文采。六五居上卦中爻，有如黄色那么中和，所以说"文在中"，引申为才华在内，品德修养良好，最具体的表现当然是对上忠诚而对下信实。倘若不是这样，就算穿着黄裳，恐怕也得不到"文在中"的好评，当然不可能"元吉"。牝马表现得如此神奇，实在少之又少，名马中的名马，更加大意不得。

上六，龙战于野，其血玄黄。

《象》曰：龙战于野，其道穷也。

上六位于坤卦最上爻，阴极生阳，相当于乾阳的亢龙。再好的马也只能飞快地奔驰，若是真的飞上天，大家一定把它当成龙。上位的龙，即为高亢的龙。

按照亢龙的特性，是不容许出现另外一条亢龙的。如果出现这样的情况，非发生激烈战斗不可。上六的作战对象，并非坤卦内部的牝马，而是乾卦的上九，属于外界的战争，所以说"龙战于野"，便是阴阳亢龙在野外作战的意思，结果两败俱伤，都流了血。"玄"是天的颜色，阳亢龙属天，流出来的血呈玄色。"黄"是地的颜色，阴亢龙属地，流出来的血呈黄色。"其血玄黄"是指两种不同颜色的血混在一起，表示战斗的惨烈令人触目惊心。

小象"龙战于野，其道穷也"中的"穷"即极，走到极端的地步。坤上六，阴到了极点。原本只是初六爻的薄冰，现在变成了坚冰，坚冰至的时刻已经出现，于是触犯了乾上九，非战不可。历史上功高震主的功臣，往往功劳愈大，死得愈快，便是最好的证明。

《易经》的道理，阳是不能尽的。好比一个人阳寿已尽，那就是死了。只要一口气犹在，便是阳气未尽。我们常说最后一口气很难咽下去，就表示生存的意志力十分坚强。坤卦发展到上六，几乎没有阳的余地，根本违背了《易经》扶阳抑阴的精神，相当于功高震主，完全不把阳放在眼里，非战不可。

大多数人努力一辈子，到达六三的阶段，也就是好不容易走完坤的下卦，便告老退休。有些人甚至在初六、六二的地道阶段，就由于不够地道而离开职场，不得不铤而走险，或者不务正业。能够顺利走完坤的下卦，进入坤的上卦，历经种种磨炼和凶险，还要心存戒慎，处处小心，才能获得善终。可见慎始善终是乾、坤两卦的共同目标，从开始的潜心修持，提高警觉，到最终的亢龙有悔和龙战于野，都在描述人的一生必须经过的各种情境。

一个人除了培养高度的警觉性之外,最要紧的,莫过于自觉没有功劳。警觉性的同义词便是怀疑心,警觉性高,就等于怀疑心重。我们认同警觉性,却不喜欢怀疑心,实在十分不妥。特别是受到上级或他人的怀疑,便觉得受到侮辱,更是自取其辱。实际上受到怀疑,即是证明自己清白的大好机会,有什么不好?

自古以来,功没过存便是不能改变的事实。大家只会记得我们的过失,很少有人愿意承认、接受、记取我们的功劳。我们常说"不求有功,但求无过",真正的意思是不要存心求取功劳,因为功劳迟早会不存在,应该谨慎小心,不要犯错,以免被人家长久记住,不断重复提起。有些人硬是把它当作消极的态度,实在是不明事理。现代人要求成就感,也是不明白有小成就往往很难获得大成就,不在乎成就的人,常常出乎意料能获得大成就的道理。坤上坤下,具有不一样的戒慎心态,最好用心加以体会,以求竟其全程而获得善终。

用六,利永贞。

《象》曰:用六永贞,以大终也。

"利"是适宜,"永"为长久,"贞"即保持贞操,"利永贞"即为适宜于长久保持应有的贞操。

乾卦用九,指的是应用阳、运用刚、日用强。坤卦用六,意思则是应用阴、运用柔、日用弱。六十四卦出现的阳爻,都是用九;显示的阴爻,也都是用六。换句话说,用九不限于乾卦,用六也不限于坤卦,而是六十四卦通用。三百八十四爻,只要出现阳爻,便是用九;若是出现阴爻,即是用六。各有不同特性,最好明辨其差异性。

小象说:"用六永贞,以大终也。"同样是人,理应大家平等,凭什么要采取柔顺的态度?就算不是自贬身价,至少也有辱自己的身份。可见卑顺、柔软的态度,必须出于真诚,心甘情愿地表现出来,倘若采取制度化的精神,明文规定务必卑顺、柔弱，就会引来很多虚伪、造作、欺骗的人。刚开始还自我压抑得下来，久而久之，积压得忍受不了，爆发出来，便容易造成臣弑其君、子杀其父、妻毒其夫的不幸事件。

臣弑其君，当然不是大终。《文言》说："坤至柔而动也刚，至静而德方。"在平常状态下，坤柔乾刚。但是老子说："天下莫柔弱于水，而攻坚强者莫之能胜。"我们常说柔能克刚，即使强硬如铜墙铁壁，也会被柔弱的水所冲破。地十分平静稳定，一旦山崩地裂，也十分可怕。这样说起来，维持长久的柔顺，保持合理的贞操，才能大终。

❖ 坤卦的启示

一、宁要真小人，慎防伪君子

《易经》这本书，从头到尾都是用道德来贯穿的。如果不重视道德，不相信良心的力量，也不能加强自己的品德修养，不如不读，以免读了之后增加危害人群社会的功力，徒然害人也害己。君子和小人在《易经》中经常出现。君子指品德修养良好的人，小人则是见识很少、不识大体、日趋下流的人。但是，有阴就有阳，有真便有假，有真君子必然出现伪君子，有真小人也一定有假小人。

怎样分辨君子和小人？

首先听听他的观点，然后看看他的朋友，了解一下他业余做些什么，读哪一类书，看什么杂志，喜欢哪些资讯，又如何反应。常常标榜自己是君子的人，多半是假的，迟早露出马脚，让大家看出伪君子的真面目。毫不避讳地表现出小人的行径，反而是不虚伪、不造作、不欺骗的真小人，远比那些虚伪造作、企图蒙蔽大家的伪君子可爱得多。

至于假小人呢？有时候是为了测试他人的真假，故意装的；有时候是为了规避责任，有意如此；有时候则是由于一时糊涂，无意间表现出的小人心态。真真假假，虚虚实实，无论是君子还是小人，我们都应该用心加以明辨，严防混淆。

然而，真假难辨，虚实不明。凡是一路忠实到底，或者一路骗到底的，实际上便是真的。忽真忽假，最好认定不是真的，比较保险。我们宁可面对真小人，也不情愿遇到伪君子。偏偏伪君子远比真小人多得多，所以用六"利永贞"是十分重要的启示。不柔顺则已，要的话请长久保持。

二、提防阴恶是自己的责任

坤卦初六提示"履霜坚冰至"，告诉我们阴气初集的时候，水汽结成霜。朝阳轻轻照射，霜就不见了。我们因此不以为意，认为不足以影响行动。小人的行径和这种情况十分类似。刚开始时不敢过分嚣张，若是不加以取缔、劝导或纠正，便可能像霜那样，集结成为坚冰。虽然大力取缔，严加劝导，也不容易加以改变。

坤卦《文言》说，臣弑其君、子弑其父、妻杀其夫，都不是一朝一夕就会突然发生的，"其所由来者渐矣，由辩之不早辩也"，意思是它之所以产生，完全是平日逐渐累积下来的，也就是不能及早明辨，没有及时提防的结果，总认为不会不会，才会有措手不及的祸患。

读易学，若是不相信坤卦《文言》"积善之家，必有余庆；积不善之家，必有余殃"的道理，岂不是白读？"积善"便是累积善德善行，一代又一代常做好事，子孙必然获得福报，称为"祖上有德"。"余庆"表示遗福，是祖先遗留给后代子孙的福气。不善的恶言恶行累积下来，同样会遗留给后代子孙，只不过是恶报而非善报。人类进入计算机时代，一切都加快了，这种善有善报、恶有恶报的反应也快速得多。

上六"龙战于野"，是初六不能妥为提防才造成的惨局。时时提防阴恶，原本是人人都应该注意的。提防小人，乃是君子的责任。我们不同情吃亏上当的人，便是"自己不小心，怎能怪别人"的最好证明。

三、明着搞革命也不能劫弑

柔顺必须出于自愿，否则难以持久。不甘久居人下，自然心生反抗，有实力的还会明着搞革命。《易经》第四十九卦泽火革,说的便是汰旧换新的道理。革命一定要有合适的时势和合理的智勇,并不是想做就能做的。没有实力却忍无可忍,常常会阴谋劫弑。坤卦的用意,即在提醒某些奸臣,假借柔顺的手段,取得君王的信任,然后伺机弑杀,是十分残酷的行为,殊不可取。

君子防不了小人,是我国历史治少乱多的主要原因。我们常常把责任推给小人,说什么小人当道,君子难有所作为;说什么小人存心害死君子,而为所欲为;说什么小人不择手段,君子反而缚手缚脚,所以小人得志而君子早死。这些都是借口,拿来推卸责任,还过得去,若是当真,那就自欺欺人。尤其是现代社会,君子如果胜不了小人,我们还有什么希望?君子必须用心体会坤卦的道理,一方面防止小人的恶行,另一方面也要揭穿小人的假面具。

初六小象说:"驯致其道,至坚冰也。""驯"是渐次的意思,阴寒渐次长盛,势必经由薄霜而结成坚冰。如何防微杜渐,便成为君子必修的课程。初六的履霜,六二的不习,六三的含章,六四的括囊,六五的黄裳,上六的龙战,都是顺应时机的自然变化,有真的,也有可能是假的。君子用六,利永贞,是柔和,却不应该软弱,是调和配合,却不可以谄媚奉迎。小人用六,表面柔和顺从,内心阴险不测。君子必须胜过小人,人类社会才有光明的未来。

四、提防自己由极好到极坏

在学校品学兼优的学生,毕业后有的反而变得恶劣。我们说社会大学的影响力往往大过学校教育,实际上这是每个人自我心理的调适问题,和社会或学校并没有太大关系。因为优秀的学生成为优良的社会分子也是常见的现象,不能以偏概全,用少数人的改变来证明学校教育的无能。提防自己由极好变成极坏,是每一个人应尽的责任,后果也必须自己承担。

坤卦《文言》说："君子敬以直内，义以方外，敬义立而德不孤。"提示我们，君子应该效法地德，以恭敬持重来端正自己的心志，用正当适宜来规范外在行为。恭敬、适宜，使美德广博而不狭窄。六二的"直方大，不习，无不利"，即是说对自己的所作所为不必疑虑。

不习的反面便是到处学习，由于不能慎选学习对象和内容，居然认为"新奇的便是好的""试一试也无妨"，加上自己的主管也求新求变而加以赞赏，于是变本加厉，忘记了地道"无成有终"的道理，紧接着不知括囊，终于逼使自己由极好转成极坏。最后干脆一不做二不休，那就更加无可救药，只能走上阴谋劫弑的穷途末路，自取其咎。

用六，利永贞，看起来十分简单，实际上坤卦六爻皆阴，每一爻都应该记取这一法则，才能持之以恒，真诚有效。任何一爻不能长久保持合理贞操，都将引起内心的矛盾、冲突，甚至于产生受辱的感觉而愤怒怀恨。这时候倘若不能及时加以调适，恐怕就会因不幸而变节了。

附：坤卦《文言》全文

坤至柔而动也刚，至静而德方。后得主而有常，含万物而化光。坤道其顺乎？承天而时行。

积善之家，必有余庆；积不善之家，必有余殃。臣弑其君，子弑其父，非一朝一夕之故，其所由来者渐矣，由辩之不早辩也。易曰"履霜坚冰至"，盖言顺也。

直其正也，方其义也。君子敬以直内，义以方外，敬义立而德不孤。"直方大，不习，无不利"，则不疑其所行也。

阴虽有美，含之以从王事，弗敢成也。地道也，妻道也，臣道也。地道无成，而代有终也。

天地变化，草木蕃。天地闭，贤人隐。易曰"括囊，无咎无誉"，盖言谨也。

君子黄中通理，正位居体。美在其中，而畅于四支，发于事业，美之至也。

阴疑于阳必战。为其嫌于无阳也，故称龙焉。犹未离其类也，故称血焉。夫玄黄者，天地之杂也，天玄而地黄。

❖ 乾坤之道

读完乾、坤二卦,我们就知道什么是天长地久、地久天长。任何事情做强、做大不如做长久,否则强一阵子,没有了,大一阵子,垮了,有什么用?要做久就要配合,乾坤怎么配合才能天长地久,我们现在可以小小地归纳一下,并将其真正运用在生活中。

乾、坤两卦在生活中的运用,从哪里开始讲起?从男女关系开始,然后就可以推及父子、君臣、朋友、兄弟,整个儒家的道理就从这里找到根源了。有些人怀疑,孔子讲了一大堆,到底能行不能行?只要读完《易经》就知道,孔子的主张非行不可,没有别的路走。所以,为了拯救我们的生活,回归我们的幸福,我们有必要再来了解乾坤之道。

乾坤完全相反,但它们分不开。

乾卦代表男性,坤卦代表女性,有男有女,才会天长地久,生生不息。孔子在《礼运·大同篇》中讲得很清楚:"男有分,女有归。"一个社会要和谐,人群要幸福,这句话非常重要。男有分,女有归,可见对男女的要求不太一样。男有分,就是男人要尽家长的责任,家长是个没有报酬的虚名。现在人的家庭搞不好,夫妇要离婚,就是家里的女人连"家长"这个虚名都舍不得给男人,男人没有分。

当一个女人把家里所有事统统做完了,她的男人就没有分了,他不认为这是他的家——儿子是你生的,家里是你整理的,东西是你摆的,我什么都不知道,剪刀在哪里也要问,我在这家没有分了。有的爸爸连晚饭都不回来吃,就因为回家感觉到没有分。所以,女人不能太能干,否则最后是会逼走丈夫的。

我就看到一个妻子，爬得高高的换电灯泡，我问她为什么要自己换，她说这种小事自己会做。我心里想：谁不会做？你会做就去做了，就是在告诉你先生，回来没有事干，这个家没有他的分，那他就把这个家当旅馆了。我是太太的话，就算我会换灯泡，我也不去换，让先生去换，因为这样才能让他了解到自己是家庭的一分子，要尽一份责任，从而留住他的心。他才会觉得原来自己除了上班有用以外，回家还有点用处，这样就叫男有分。

男人为什么要结婚？说难听一点就是想当家长，什么长都当不上，最起码当个家长，男人就心满意足了。说实话，凡是什么长都当不上，只想当家长的人，已经够没出息的了，太太还不让他当，那他就一无所有，跟乞丐一样，只有到外面去流浪。现在很多男人倡导要当"家庭煮夫"，让妻子出去赚钱，靠女人吃饭。自古以来，凡是靠女人吃饭的男人都是完全没有骨气的，但现在有些人觉得这样很光荣：我太太比我能干，她去赚钱。这就是男人的分不见了。

一个男人，要去体会什么叫乾道；一个女人，要去体会什么叫坤道。乾道，是男人应该尽的责任；坤道，是女人应该尽的责任。对男人，从小就要教导他：将来你要承担养家糊口的责任，不能嘻嘻哈哈过日子。

而且，男人跟女人的训练、教育从小就要分开，教材应该不一样，可惜现在男女学的都一样。对女人，要教她怎样烹调，可是我们会发现，好厨师都是男人，这就叫一阴一阳之谓道。女人最会缝衣服、做衣服，但最好的裁缝师还是男人。这就是说，对男生，我们会告诉他，可以学学裁缝试试看，很有兴趣就继续学，没有就到此为止，会自己缝扣子就好。

大家会不会觉得我们好像又在重男轻女？我觉得不是这样，我们最大的错误就在"男女平等"这句话上。我们去看自然，什么跟什么平等呢？猫跟狗平等吗？好像不见得。同样是猫,平等吗？这只猫人家抱着温暖得很，那只猫在那儿可怜兮兮的。草跟草平等吗？到处都是牛羊的地方，那个草可怜兮兮的，有钱人家院子里的草看起来就很风光，当然它稍微长一点也会被剃光头。

我们应该要了解，天之所以要生男生女，是让他们有不同的功能，有不同的贡献，负不同的责任。男性的责任是什么？就是用九，群龙无首。你是个男人，在不同的场合，不同的时代，处于不同的地位，就应该有不同的表现。

男人在社会上，第一个要觉悟的是：我是个男人，他也是个男人，我的地位虽然跟他不一样，但我的价值不会比他低，只要把本分工作做好，我就有价值，而不是说领多少钱的问题。虽然他领很多钱，可是他在外乱花，都没有拿去养家，这种行径很卑鄙；我赚的钱虽然很少，可是我不乱花，一分一厘都奉献给家庭，我比他伟大。这样才叫作认分、守分、本分。

大丈夫要能屈能伸，为了家庭，该忍耐的一定要忍耐。一个男人完全没有弹性，就没有男人的责任了。老实讲，一个男人五指并拢，手心向下拍桌子，大喊"我不干了"，看起来确实是男子汉大丈夫，但是不负责任，因为家里要等你养家糊口，你不能回去对妻子说："我不干了，我受不了了，换你去赚钱，我来看小孩。"赚钱养家是男人应尽的责任。可是现在有些夫妻，两人结婚归结婚，丈夫赚了钱自己管，妻子赚了钱自己管，丈夫一分钱都不给妻子，那这个男人当然就没资格当家长，两人只是有同居的样子，完全没有夫妇情分，各谋生活，这就是男人的分不见了。

学校里，主持校务的校长重要，还是扫地的工友重要？

有这样一个故事。一所学校附近的山上有一匹狼，一天，那匹狼下来把守校门的警卫叼走了，不到一个小时，全校都知道了："不好了，校警被狼叼走了！"过了几个礼拜，那匹狼把学校的教务主任叼走了，一个礼拜以后大家才知道这件事。又隔了一段时间，那匹狼下来把校长给叼走了，整整一个月，大家还不知道校长被狼叼走了，以为他去开会、出公差或者生病没有来。学校一个月没校长照样运行，可只要一天没有校工，垃圾就堆积如山，味道不可忍受，学生无法上课。校长领的工资高，但有时候他最没用，校工领的工资最低，但学校环境要好，他就变成最重要的。

从这个角度看，就知道什么叫"见群龙无首，吉"。不管处于什么地位，只要把本分工作做好，就能实现自我价值。人天生有差异，有人体力很好，脑力不行，就算找医生开刀换脑也没用；有人很能想事情，但体力不行，十几岁就像老人家，这样的人很会想又能怎么样？我们更深一层分析，可以得知，一个人的优点就是他的弱点，一个人的弱点正好是他的优点，这又是《易经》的智慧：合起来看，而不是分开看。现在的人都分开来看，评价一个人往往说这个人的优点是什么、缺点是什么。没有这回事，因为优点就是缺点，缺点就是优点。

一个人当总经理十几年，有一天他找经理来说："李经理啊，我们相处十几年了，你倒说说看，我有什么优点？"李经理说："你优点太多了。"总经理说："少来，说一个就好。"李经理说："如果要讲一个的话，那就是很认真。"总经理说："这还用说？现在不认真活不了啊，这个优点我接受了。那我有什么缺点呢？"李经理说："你没有缺点。"总经理又说："不要这样子，一定有，讲一个就好。"李经理为难地说："真的要讲一个，就是你太认真了。"认真一方面是优点，另一方面却是缺点，不该认真的时候也认真，那就是苛刻，就是刻薄，就是刁难人家，就是故意让人家难堪。

女性的责任是用六，"利永贞"，就是要记住，一辈子只嫁一个丈夫，跟了这个男人，就要一生一世，不能随便再跟其他男人发生性关系，所以结婚前必须慎重，看了又看，挑了又挑。现在很多人是合得来就合，合不来就算了，大家重视第一印象，重视看得顺眼，结果很快就离婚。结婚之后女性才知道，原来这个家伙这么穷凶极恶，那请问结婚前你的眼睛长在哪里了？答案就是这个女人打算一辈子嫁好几个丈夫，才会这样随便。

我在大学里教书，有一次一个女同学跟我讲："老师，我的男朋友跟我讲，我一定要跟他好，我如果不跟他好，他就要爱别人了，我是应该答应他，还是拒绝他？"我说："当然要拒绝他。"她说："怎么拒绝啊？一拒绝他就跑掉了。"我说："你拒绝他，他不跑掉，才是你真正的丈夫，但是你要会讲话……"我连怎么讲都告诉她了。

女生要谨记，当你的男朋友向你说你要跟他好，不然就表示你不爱他，你可以问他："你是外国人还是中国人？"因为外国人都是好奇（wonder），只有中国男人是关怀、关心（concern）。你问你的男朋友，他是对你好奇，还是对你关怀。如果是好奇，你告诉他，所有女人都一样，没什么可好奇的；如果是关怀，他就要等到结婚那一天才可以动这个脑筋，否则免谈。女孩子会讲这种话，才会赢得男朋友的尊敬。女孩子在婚前一定要相当矜持，不能随便，你一随便，所有人都怕你，因为他知道你对他随便，也会对别人随便。

地有厚德载物的美德，但同样是地，同样厚德载物，为什么有的就叫风水宝地？同样是女孩子，都是块地，但不是任何人都可以来种东西，这样才对。

我们这个年龄的人，以前结婚，那一天真是够受的，我平常都有饭吃，就是结婚那天没饭吃，因为父母都在张罗客人。我结婚了以后就跟爸爸讲："那天样样都好，就是我饿得要命。"爸爸说："那是故意饿你的，这样你才知道结婚这么辛苦，一辈子一次就够了，不要想下一次。"现在结婚轻松舒服，再来一次也不错，今天的人竟错到这个地步。

乾是男，坤是女，乾坤有个共同的责任，就是要生下子女。老实讲，没有子女的家不叫家，其实西方人对这点也很坚持，没有生小孩就没资格叫 family，只是 couple，一对夫妇而已。因为没有小孩，没有成果，有了小孩才有家的温暖，才有家的希望。

但是生男育女只是家庭的开始，我们读了乾、坤两卦就知道，父母出现了，家庭组织起来了，下面就开始有一连串的历程，所以《易经》在乾、坤两卦之后，有屯卦、蒙卦、需卦、讼卦等。

什么叫作屯？就是指生小孩那种辛苦，怀胎十月，而且之前还有能不能受孕的问题。怀胎很难，要胎教，要好好照顾胎儿，然后平安顺利生出来，才算完成屯卦。

可是小孩一出来，问题又来了。他懵懵懂懂，天真无邪，可是我们忍心看他长大还这个样子吗？小孩子天真无邪是很可爱，长到七八岁甚至十几岁还天真无邪，那很快就会被人家骗走了，而且被人家当笑话——是不是白痴啊？所以，我们必须启蒙他、教育他。可是生小孩容易，教养难。《易经》告诉我们，要好好教小孩，因为小孩一懂事就会产生需要。小孩懵懵懂懂时还不需要，我们给他什么他都觉得好，但小孩有了知识就会选择，就会有需求，那都是我们教出来的。

人类没有知识还比较容易做好人，比较容易守分，有了知识就开始贪得无厌，该要也要，不该要也要，产生各种奇奇怪怪的需要。需要是不能完全满足的，因为资源和机会都是有限的。我们面对这样的现状，需要又不断地增加，那就开始有争抢，争到最后对簿公堂，就是讼卦了。

人类没出生时总希望赶快出生，一出生，问题接二连三地来，而且无可避免。通通不生，人类灭绝；要生，就要面对所有困难，这才叫人生，人生是来历练的。

我们面临困难时要胸有成竹，所以一定要好好把《易经》的道理悟透了放在心上，兵来将挡，水来土掩，才能在面对各种不同的起起伏伏的时候顺利过关。

接下来，我们开始讲解《易经》剩余的六十二卦。

下 篇
六十二卦详解

❖ 卦之三 云雷屯 ䷂

一、屯卦总说

屯卦是乾坤交合产生的第一卦，阴阳二气充盈天地之间，万物自此萌生。《序卦》说："有天地，然后万物生焉。盈天地之间者唯万物，故受之以屯（zhūn）。屯者，盈也。屯者，物之始生也。"屯卦下震上坎，震为雷，雷响以后，万物抓住机会开始生长；坎为险，说明万物的生长都是艰难的。一动就充满危险，不动就生不出来，因此必须要动，同时要懂得面对危险。万事开头难，这就是屯卦的启示。

二、屯卦详解

屯卦卦辞：屯，元、亨、利、贞。勿用，有攸往，利建侯。

屯卦兼具元、亨、利、贞四种美德，但是后面有个条件。"有攸往"是"有所往"，加上"勿用"，就是暂时不要乱动，因为根基未稳，乱动非常危险。应该先找一块立足之地，站稳地盘，这就是"利建侯"，做任何事在初始阶段都应保持这个原则。

屯卦六爻只有六三不当位，可见万物始生虽难，但上天有好生之德，初九跟九五形成了一个框框，这就是生长的优良生态环境。人孕育要有胎盘，草生长要有地盘，尽管很小，那也是生长的基础。任何事物的诞生都是又难又险，它必须要聚集力量，谨慎行事，同时方向要正确，方式要合理，方法要正当，才能够元、亨、利、贞。

《彖》曰：屯，刚柔始交而难生，动乎险中，大亨贞。雷雨之动满盈，天造草昧，宜建侯而不宁。

阳刚与阴柔开始交合，万物都是在危险的情况下初生、运动、发展，必须保持合理的操守，才能获得吉祥亨通。开天辟地之后，雷雨交加，有利于万物的生成，却由于聚集、混杂、险难而造成不安宁，必须封爵建国，各有地盘而各守其分，化不安宁为安宁。

《象》曰：云雷，屯。君子以经纶。

君子看到乌云密布、雷声震动的自然景象，很容易想象始生的艰难，因此领悟"经纶"的道理。古代织丝，纵线为经，青丝叫纶，"经纶"原本是抽理乱丝之意，这里引申为要勤于治理和经营事业。君子要么不从事任何事业，安稳过日子就好；一旦要建立事业，第一步就要懂得经纶，再小的事业也要把基础建设扎实，慢慢求发展，慎重又慎重。

拿事业来看，屯卦六爻可以看作开创事业的全过程，初九是强烈的创业动机。要创业，首先要考虑跟谁合作，选择什么行业，市场在哪里，这就叫阳刚之气。但就算有很多点子，没有适合的生态环境，也还是空谈，所以初九告诉我们，第一步要跨出去，否则一切都是空想。跨出去之后，会面临更多困难：市场不确定，人员不安定，产品不成熟，价格不好定，顾客意见太多，都要慢慢调整适应。到了九五，各方面都磨合得差不多了，终于发现自己有了一个小小的平台，可以安心经营，即"利建侯"。

年轻人找工作也是一样，应当先找一个以便安定学习，这样才知道自己的兴趣在哪里，有机会再动。有的人东看西看，高不成低不就，永远找不到初九，年复一年，逐渐丧失希望。很多人找不到老板，只好自己去开小店当老板。一个人找不到老板很苦恼，一个人太年轻就出来当老板也很苦恼。

所以，我们想重新做人，重新开始，就要回想屯卦的道理：虽然每一个动作都面临很大的危险，一件事做得不正当就会后患无穷，可是只要起步做得好，按部就班，勤劳守正，一点一滴，就会亨通。

三、六爻详解

初九，磐桓，利居贞，利建侯。
《象》曰：虽磐桓，志行正也，以贵下贱，大得民也。

初九阳居阳位，有阳刚之气但地位低微，就好像一个人很有学问和智慧，可是刚进社会，讲话没人听，他的意见没人用，不是很顺利，所以叫作"磐桓"。"利居贞"就是要找到最佳立足点，安安稳稳、规规矩矩地把它守住。"利建侯"就是从这里发展出基地来。

阳贵阴贱，初九一阳居数阴之下，象征"以贵下贱"，表示初九有远大志向又能亲和群众，善于采纳意见，自然深得民心，以此心态建立地盘，必然有惊无险，化险为夷。

六二，屯如邅（zhān）如，乘马班如，匪寇婚媾（gòu）。女子贞不字，十年乃字。
《象》曰：六二之难，乘刚也；十年乃字，反常也。

六二以阴爻乘初九之上，受初九的干扰是势所必然。"屯如"是艰难停滞，"邅如"表示把握不了方向，"乘马班如"是骑着马要进不进。六二刚刚冒出地面，遇到外来的刚强势力（初九），总认为不怀好意，就算是来求婚的（"婚媾"），也以为是强盗（"匪寇"），而且自己和九五早有婚约（六二与九五相应），所以断然拒绝初九，宁愿苦等许久（"十年乃字"）再与九五完婚。"十年"是满数，表示很久，也说明情况终将改变。

六二一方面不得不和环境互动以求适应，另一方面也应该坚定志向，保持合理贞操，吃一点苦，受一点难，对成长反而有利。

六三，即鹿无虞，惟入于林中。君子几，不如舍，往吝。
《象》曰：即鹿无虞，以从禽也；君子舍之，往吝穷也。

六三进入人道，环境更加复杂，最好提高警觉。"即鹿"是入山麓，"虞"是向导。没有向导，空入林中，必然毫无所获。明白事理的君子善于审时度势，见机行事（"君子几"），此时宁可舍弃，也不会贸然追逐，以免迷失在林中，陷入困境。

初九因得民而有利于奋进；六二以待字闺中的女子做譬喻，表示能坚守贞操，不受外界诱惑、威胁；六三上下都是阴爻，不起比邻作用，与上六也不相应，有如去打猎却找不到向导，只好暂时勿进。勿用之用在这三爻有不一样的表现，而这一路走来，象征下卦雷震即将突破上卦坎水而浮出水面。

六四，乘马班如，求婚媾；往吉，无不利。
《象》曰：求而往，明也。

六四和初九相应，初九刚开始并不明白，反而去纠缠六二，后来才知道找错了对象。六四不计前嫌，乘马求婚，虽然有一些迟疑，但应该受到鼓励。"往吉"就是放心前往，没有坏处。六三没有向导，盲目狩猎，所以"往吝"。六四当位，只要合情合理，自然顺利有成。此时初九和六四都已明白自身处境，能表达真意，化解心结，不计前嫌，要求相合而主动去做，当然吉祥。六三、六四的共同点即在明辨所处情况，配合屯卦"勿用，有攸往"的大原则，以求渐次获得发展。

九五，屯其膏。小，贞吉；大，贞凶。
《象》曰：屯其膏，施未光也。

这里的"屯"读作 tún，是囤积；"膏"是有润泽的美好食物；"光"是广；"施"即分享。"屯其膏""施未光"是说，九五囤积了一些可以滋润大家的东西，但不能广大施泽。因为自己不是乾卦的九五，无法飞龙在天。此一时，彼一时也，屯卦的九五以阳爻居上坎中位，既中又正，却陷于坎险之中，只能屯其膏。九五不能忘记自己目前还在始生状态，有一点积蓄，应当谨守本分，做事适宜得当，不能稍有发展便夸大吹嘘，以免招惹凶险，这就是"小，贞吉；大，贞凶"，大的未必就好，该小的时候还是以小为宜。

上六，乘马班如，泣血涟如。
《象》曰：泣血涟如，何可长也。

"泣血"是哭得双眼出血；"涟"是风吹水面引起的波纹；"泣血涟如"表示不停地血泪交流。为什么这样凄惨？因为九五居中得正，已经提出"小，贞吉；大，贞凶"的警示。屯卦始生，一切量力而为，上六以阴爻居阴位，自认当位，忘了自身处境，来到上坎的极端屯难，还要乘马有所行动，自然不能长久。成长过程中倘若遇到实在前进不得的情况，为什么不急速转回，再做其他打算？

屯卦的主旨是"勿用，有攸往"。"勿用"便是要用，虽然"动乎险中"，却也不能不动，只是不同的阶段会面对不一样的艰难险阻，适时合理调整，才是顺利生长、适度发展的最佳保障。

初、三、五爻属阳位，应以动为主。初九磐桓不定，还是要动；六三不宜贸然前进，仍要见机行事；九五虽然大不如小，依然要适时合理施泽。

二、四、上爻属阴位，应以静为主，想要有所行动，最好先提醒自己，宜静不宜动，想妥当了，准备好了，再采取合适的行动。

　　冷静想一想，以屯卦的处境，要想做到元、亨、利、贞，便是要时刻记住"动乎险中"的警训，不宜轻举妄动，但又不能坐以待毙。时而动，时而静，随时洞察周遭变化，掌握所有资讯，务求动静咸宜，以期在险难中磨炼自己，在成长中练得一身好功夫。

屯卦启示

卦名	卦辞	启示
屯卦	屯，元、亨、利、贞。勿用，有攸往，利建侯。	险难行动，深谋远虑。

爻位	爻辞	启示
上六	乘马班如，泣血涟如。	环境艰难，急速返回。
九五	屯其膏。小，贞吉；大，贞凶。	积聚恩泽，君子失策。
六四	乘马班如，求婚媾；往吉，无不利。	下求贤才，共济时艰。
六三	即鹿无虞，惟入于林中。君子几，不如舍，往吝。	见微知著，不可独往。
六二	屯如邅如，乘马班如，匪寇婚媾。女子贞不字，十年乃字。	难进而返，疑遇寇盗。
初九	磐桓，利居贞，利建侯。	徘徊难进，宜居于正。

❖ 卦之四 山水蒙 ䷃

一、蒙卦总说

屯卦与蒙卦互综，前者是诞生，后者是启蒙。蒙卦下坎上艮，前山后水，原本清洁纯净的水被围困在重重山峰之中，人们只看到山前不断流出的泉水，却找不到山后的水源，好比人与生俱来的良知良能，被混杂污秽的世事所遮蔽，难以自觉。

人在诞生之初都是幼稚无知，对很多东西感到陌生，却又不想问不想学，含糊而不自知，这就是蒙昧。小孩子懵懵懂懂、天真无邪是可爱，但如果长成大人后还这样，就是可笑。蒙卦"山下出泉"便是启示我们，甘美的泉水虽被山所围困，却能够凭借自身特性找到一条出路，人也要明白这个原理，把自身的潜力、本来的智慧启发出来。小孩子愿意问问题，就是因为想解蒙，不想一直幼稚，这是好现象。而中国人常说入境先问俗，不可自作聪明，则是蒙卦最好的应用。

二、蒙卦详解

蒙卦卦辞：蒙，亨。匪我求童蒙，童蒙求我。初筮告，再三渎，渎则不告。利贞。

愚昧的人要亨通，需要合理的启蒙。儿童幼稚无知称为"童蒙"，引申为教育指导。"匪我求童蒙，童蒙求我"是教化的基本原理。不是老师去求小孩要好好学习，而是小孩来求老师。他来问，老师才给答案，否则老师一直教，小孩却越学越烦，越来越讨厌学习，还可能养成坏习惯，人家讲什么他都不在乎，那会倒霉一生。

学生第一次问老师问题，老师会看他的程度，只讲他听得懂的部分，适时合理，适可而止，即"初筮告"。很多老师见小孩子问问题，就给他讲一大堆，生怕他懂的不够多，结果压得孩子喘不过气，心生抵触，以后就不问了，这就是老师的问题。人之大患在好为人师，误人子弟是罪孽深重。如果学生再三问同样的问题，表示他根本没有恭敬之心，老师就不再告诉他了，即"再三渎，渎则不告"，象辞"渎蒙也"。这就好像卜卦，卜了一卦觉得不合适，再卜一个，就是亵渎。

我们把蒙卦拆开，上山代表学生，下水代表老师。下去上叫作往，上去下叫作来，只有学生来求教，不能老师热心跑去教。老师是水，可以滋润万物，也可以泛滥成灾。老师是智者，要知道该流才流，不该流要节制，免得一下流光。学生是仁者，要乐山，山里有很多宝藏，要主动挖掘。一定要记住，学习是靠自己，父母和老师只能适度启发兴趣，稍一过分，学生就学不到东西。人最要紧的是主动，主动发现问题，主动找到合适的老师，主动提出合适的问题，不管听不听得懂，都要暂时停下来，自己好好想一想，想不通就问问别人，实在没有把握，再去问老师，这才合乎蒙卦的精神。

孔子有七十二贤徒，其中颜回是他最欣赏的学生。颜回的爸爸也是孔子的学生，颜回跟孔子学习时还非常年轻，但已经很聪明，他觉得很奇怪，我爸爸跟这样的老师能学到什么呢？老师所讲的他差不多都懂了，所以就开始提问。孔子一开始很忍耐，给他讲解，可是有一天终于大发脾气："你是来干什么的？是来学习的还是想把我考倒？"颜回没想到孔子会发这么大的脾气，回去后整整一个礼拜不敢出门，在家反省，人瘦了一圈儿，从此很少提问。可是你不要以为是颜回的问题变少了，相反他的问题其实变多了，只不过遇到问题他会自己先去想，想不通再找资料，最后实在没办法了才请教孔子，孔子自然也很高兴教导他。

《彖》曰：蒙，山下有险，险而止，蒙。蒙，亨，以亨行时中也。匪我求童蒙，童蒙求我，志应也。初筮告，以刚中也。再三渎，渎则不告，渎蒙也。蒙以养正，圣功也。

下坎为险，上艮为止，因为"山下有险"，所以容易裹足不前，即"险而止"，可见启蒙之重要，一不小心，就会有高度的危险。启蒙老师会影响我们一生的判断、选择和方向，必须慎重选择。中国人一旦有所成就，一定要回头感谢自己的父母和启蒙老师，原因即在此。"以亨行时中也"中的"时中"指施教者要适时合理、适可而止，受教者要诚意用心，二者密切相应。接下来三句彖辞是对卦辞的复述和说明，其中，"志应也"指二、五爻相应，"刚中也"指九二阳刚居中，"渎蒙也"是亵渎了蒙道。

《象》曰：山下出泉，蒙。君子以果行育德。

山下出泉，虽然水量不大，有蒙昧而不知流到何处的感觉，却显示出果敢向前的可嘉勇气。君子（圣人）看到这种景象，最好反求自己，也应该以果敢的行为来培育良好的品德、纯正的品质，着重于把握正确的方向，寻找合理的方法，这也呼应了彖辞最后的"蒙以养正，圣功也"。

三、六爻详解

初六，发蒙，利用刑人，用说桎梏，以往吝。
《象》曰：利用刑人，以正法也。

"刑"通"型"，为楷模。用树立楷模的方式，启发蒙昧幼稚的人。"说"

通"脱","桎梏"指木制刑具,即脱去刑具,不咎既往,用爱心启蒙。初六阴柔在下,初来受教,最好给他树立良好的典范,鼓励其用心学习。刚开始学不好,也不必操之过急,以免造成相反效果。小象"以正法也"中的"正法"即合理的方法,树立楷模只是其中一种。

九二,包蒙,吉。纳妇,吉。子克家。
《象》曰:子克家,刚柔节也。

九二阳刚居中,光耀照及初六和六三,又跟六五相应。"包蒙"是指周围很多懵懂的人都来向他请教学习。有了九二这样的老师,就好像家里讨了一个好媳妇("纳妇,吉"),子女也能克承家业("子克家"),全家有福,当然吉祥。

九二是最好的老师,所以是蒙卦的主爻。

六三,勿用取女,见金夫,不有躬,无攸利。
《象》曰:勿用取女,行不顺也。

初六启蒙,九二包蒙,现在到了下坎上爻,忽然蒙昧大开,遇着各种物质诱惑。"取女"即娶女为妻,这里譬喻六三与上九相应,好像遇见尊而多金的男子("金夫"),便不顾礼俗和身份("不有躬"),主动跑去嫁给他,当然没什么好处。

这里是用"这种女孩子不能娶"比喻"这种老师我们不能跟他学习"。下坎是施教者,上艮为受教者。施教者专门想教富家子弟,这样的师道还有什么尊严?这样的行为根本不合道理,当然不应该顺从("行不顺也")。山下出泉,倘若不能顺畅,一点一滴,滴水穿石,反而造成伤害。

六四，困蒙，吝。
《象》曰：困蒙之吝，独远实也。

蒙卦下卦代表三种老师，上卦则代表三种学生。

六四这种学生最可怜，上下都是阴爻，把他蒙在里面，始终不见天日，而且跟初六又不相应。这种学生缺乏良师益友，自己又无法看清真相，始终困惑于到底要听什么，到底要学哪样，所以困蒙。

父母不应该规定孩子要学什么，只能提供机会，让孩子自己了解蒙在哪里，要怎样发展。否则弄得孩子什么都困惑，什么都想学，学多了什么都讨厌，什么都学不好，又不知道怎么问老师，回来也不敢讲，那就困蒙。

六五，童蒙，吉。
《象》曰：童蒙之吉，顺以巽也。

最幸运、最聪明的学生是六五。

六五以阴爻居阳位，又在上艮中爻，显然才与位并不相符。幸好童蒙并非愚蠢，只是幼稚无知，倘若虚心受教，必然易于启发。因为没有主见，不会坚持己见；因为没有偏见，更加方便施教。六五与九二相应，表示慎选明师（九二包蒙），以免误导。有明师循循善诱，学生又虚心受教，自然吉顺。

二、三、四爻构成震卦，以九二良师，震动六三金夫，减少外界诱惑，消灭六四困蒙。三、四、五爻构成坤卦，表示六三不能不顺，以免师道扫地。而六四困蒙、六五童蒙，也应逃脱无师无友的困境，虚心受教，早日脱离蒙昧而趋于善良。柔顺的态度对教育的效果有很大助益。

上九，击蒙，不利为寇，利御寇。
《象》曰：利用御寇，上下顺也。

上九以阳刚居全卦极位，象征教育到了穷途末路，包蒙、发蒙都不奏效，只好"击蒙"。打是教育最后的手段，所以施教者一定要注意，不能像对付敌人那样毒打受教者（"不利为寇"），要"利御寇"，要像抵御敌人入侵那样，打的方式、时机、态度一定要合理，否则就是体罚，就是不对。

要不要打，应不应该打，并不重要，怎么打才重要。击蒙要让彼此感受到"打在你身，痛在我心"，才能收到实效。师生关系要和顺，必须平日相处融洽，互敬互爱。倘若师生之间只有金钱利害，缺乏浓厚感情，那就不用打了。

整个蒙卦把教化的道理说得非常透彻，问问自己是哪一种学生，要选哪一种老师；问问自己是哪一种老师，要教哪一种学生，这样才会天下太平，每个人都受益，才不会误人子弟。

蒙卦启示

卦名	卦辞	启示
蒙卦	蒙，亨。匪我求童蒙，童蒙求我。初筮告，再三渎，渎则不告。利贞。	果断力行，培育素养。

爻位	爻辞	启示
上九	击蒙，不利为寇，利御寇。	惩治蒙昧，注意教法。
六五	童蒙，吉。	童子蒙昧，易于施教。
六四	困蒙，吝。	困于蒙昧，未受教育。
六三	勿用取女，见金夫，不有躬，无攸利。	见异思迁，教育无益。
九二	包蒙，吉。纳妇，吉。子克家。	包容蒙昧，贤者治国。
初六	发蒙，利用刑人，用说桎梏，以往吝。	启发蒙昧，宜用严师。

❖ 卦之五 水天需 ䷄

一、需卦总说

需就是需要。教育的作用有正有反，一方面让我们过好日子，另一方面又使人欲望无穷，痛苦不堪。人总是有很多需求，然而资源有限，机会不足，资讯也不够全面，时常供不应求，无法全部满足，也不能马上拥有，必须等待。等待是很难受的，可也是难免的，所以屯、蒙两卦之后，就是需卦和讼卦：万物创生，就要启蒙，启蒙产生需要，需要不能满足，难免引起争讼。屯与蒙，需与讼，都是一体两面。

二、需卦详解

小孩子说"我要喝水"，恨不得马上水就到口里，这就叫童蒙。童蒙只知道水会到口里，不知道水怎么到口里，可见蒙卦做不好，到需卦一定出问题，一卦接一卦，井然有序。需卦的问题就出在蒙卦只在知识层面启蒙，没在智慧层面启蒙。小孩要水，家长就把水送到嘴边，这是在告诉孩子：你想要，东西就来。那就糟了，将来小孩就很性急，要不到就哭，不给就闹，父母也拿他没办法。我们应该让小孩知道，食物到嘴巴里有一个过程，需要一段时间和很多人的用心，这样他就懂得做任何事都要忍耐，并且一定要有时间观念。耐心等待，适时而动，是一个人必要的修养。

需卦卦辞：需，有孚，光亨，贞吉，利涉大川。

"有孚"指诚信，需卦卦主九五居中得正，具有诚信的美德。三、四、五爻为离卦，象征阳光普照大地，所以"光亨"便是很普遍、很广大的亨通。一个刚健果断、秉持诚信的人，要多少拿多少，不合理的都不要，自然会"光亨"。守分、自爱、节制欲望的人，到哪里都受欢迎，反之谁看了都害怕。如果你的欲望太多，就会让人产生一种想法，跟你亲近一定吃亏，你的路会越走越窄。长久保持"光亨"而又能守正，不管你到哪里都会克服万难，获得吉祥顺利的成果，即"贞吉，利涉大川"。

《彖》曰：需，须也。险在前也，刚健而不陷，其义不困穷矣。需，有孚，光亨，贞吉，位乎天位，以正中也。利涉大川，往有功也。

需卦卦象上水下天，同样是坎卦，在下卦叫水，在上卦叫云。云上于天，雨水要等云积得厚一点才会掉下来，所以一切的需要都有个过程。不过如果只认识到这里也还是很浅，云和水都是坎，所有的需要都得承担风险，这是上坎的警示，叫作"险在前"。

需卦的下卦是乾，表明尽管你是君子，很能干，很求上进，但这辈子肯定是劳碌命，就这么简单。坎、乾两卦合起来就告诉我们，就算一个人再刚健、再积极、再奋发，也免不了处处都是风险考验，所以还是要适可而止，不要过分。

元、亨、利、贞四德，需卦只有亨、利、贞，跟蒙卦一样没有元，因为我们不清楚自己真正需要什么。有些人常常很急，给了他以后才知道这不是自己想要的，原本并不需要。这同样说明，需卦的亨需要节制，人要对欲望做合理的规范和深入的判断，要常常谨记"险在前"，人生总会有"艰、难、险、阻"四个字，没有一件事好做，凡是做得很顺利的，就要知道快上当了。我们看山水风景，只看到美的一面，不知道山就是阻，水就是险，这是在蒙卦时没有得到启发的智慧面。所以，看一个卦，要想它的前卦后卦、综卦错卦，要想到卦里还有卦，这样道理才会通，不然就是偏。

《象》曰：云上于天，需。君子以饮食宴乐。

"云上于天"是指水蒸气上升到天空，等待时机成熟，便要下雨来滋养大地万物。云成雨需要等待，君子由此领悟，人做事同样需要等待合适的时机，最好以饮食来蓄积体力，准备良机来临，全力以赴。

需卦给我们的启示：第一，人不能想要就要；第二，不能想要多少就要多少；第三，培养等待的习惯，才能心平气和。不懂得生活的人就不会等待，卜出需卦，就要明白：很多事不要急，人家审查、办事有一个过程，你只管安排好自己的生活，稳定自己的情绪，借这个机会跟朋友聊聊天，这才叫高明。卜卦不问吉凶，但问自己怎样安度克服。只会苦苦地等，只会紧张地等，还不如不卜。

除了需要和等待之外，需卦还有一个意义叫作必须。就是一定要，该要的还得要，那是合理需求，也是我们的责任，老板必须照顾员工，知识分子必须对社会尽责，为了运用知识更有效地帮助人家，必须启发自身的智慧。自私就是无耻。因为怕麻烦，怕承担风险，怕吃苦受累，就轻言放弃，又或者自己要这要那，不把别人的死活放在眼里，这样的人处境高度危险。

需卦的正面意义叫作衣食足而知荣辱，反面意义叫作人心不足蛇吞象。贪得无厌，损伤自我形象，最后人格与信用双双破产。需求有正也有负，天生我材必有用，但人的拿捏非常困难，这才需要学习。

三、六爻详解

初九，需于郊，利用恒，无咎。

《象》曰：需于郊，不犯难行也。利用恒，无咎，未失常也。

初九离险境最远，尤其以阳刚居阳位，最好记住乾卦初九"潜龙勿用"的教训。"郊"即平坦广大的地方，通常在郊外。初九就像一个年轻人刚刚进入社会，又好像排队排在最后面，如同身在郊外，到哪里都有一段距离，心急也没用，不如平静下来，以平常心等待。小象"不犯难行"是说此时不必冒险犯难，如能耐心等待，持之以恒，再远都能到达。但有一个必要条件——"未失常也"，不能违反常道。依循正当、正常的途径，自然无咎。

九二，需于沙，小有言，终吉。
《象》曰：需于沙，衍在中也。虽有小言，以终吉也。

九二更接近上坎，险境即将出现。看到沙，就想起水，这是坤卦初六"履霜坚冰至"的应用。"衍"是水渗透沙中，沙漏进鞋里。在郊外，大家都知道离需要的满足还很远，彼此客客气气。现在来到沙地，河快到了，眼看需求得到满足，竞争的人多了，就会有闲言闲语。好在九二虽然是六爻中唯一不当位的，却居于下乾中位，表明只要能行中道，坚守合理的方式，不被动摇，就会吉祥。"需于沙"也告诉我们，此时可进可退，最好仔细考虑。

九三，需于泥，致寇至。
《象》曰：需于泥，灾在外也。自我致寇，敬慎不败也。

九三居下乾上爻，又是全卦人位的下位，最接近凶险的上坎，必须格外谨慎小心。再往前走，沙地水分逐渐饱满，成为泥地。从双脚陷入泥泞之中，可知灾难即将自外而来，很可能是小人或盗贼。临时仓皇失措往外跑，有时反而更加危险；留在原地不走，又等于坐以待毙，让人进退两难。九三当位，但有过于刚健冒进的可能，这时竞争最激烈，你勉强去拿，反而容易招惹他人的敌意。最好记取乾卦九三"终日乾乾"的谨慎小心，不该要的根本不去想，该要的也不一定要得到，不要自讨苦吃，尽人事听天命，免生祸害。

六四，需于血，出自穴。
《象》曰：需于血，顺以听也。

六四是上坎始位。《说卦》指出，坎"为血卦，为赤"。坎为险，也象征鲜血。"需于血"说明六四已陷坎险，在血泊中等待。"穴"指危险的坑洞，寓意无论财富多少都具有风险，一不小心就会让人掉入危险的坑洞，不是被坑，就是坑人。因此对六四来说，平安脱离险境才是主要诉求。

好在六四所陷困境并不是很深，自身当位，又能以柔顺承助九五，只要获得九五的支持，听命而行，记取坤卦六四的"括囊，无咎无誉"，保持谨慎、稳重的心态，就算有血光之灾，也将顺利脱离险境。反过来说，人生充满了艰难险阻，为了达成光明正大的目标，有时难免受伤流血，只要血不会白流，就应该不怕牺牲。

九五，需于酒食，贞吉。
《象》曰：酒食贞吉，以中正也。

九三的敬慎不败是需卦的主要精神，种种努力、忍耐和坚持，都是为了达到九五的目标，即从容不迫地完成任务。六四"需于血"能保持高度警觉，才有九五"需于酒食"的机会。

"需于酒食"并非暴饮暴食或者痴迷山珍海味，而是指历经各种艰难险阻的考验，总算可以过上小康生活，获得生活所必需的物质。人不为生活所逼，才能从容不迫地完成正当任务。九五居中得正，代表老成稳重，世事练达，顾虑周到，有备无患，所以吉祥。现代人盲目求快，毫无节制，急躁不安，忙碌不堪，自然缺少了九五从容不迫的气象，以致死得更快。

上六，入于穴，有不速之客三人来，敬之，终吉。

《象》曰：不速之客来，敬之终吉。虽不当位，未大失也。

九五倘若不能安于小康，贪得无厌，到了上六便会难以自拔，犹如陷入危险的洞穴深处，毫无回避、转圜的余地，同时还会引起外界的怀疑和羡慕，招来许多"不速之客"。"三人"泛指多数。这些人不请自来，无非三种可能：第一种是来查明财富来源，调查有无偷税漏税的；第二种是过去少有往来，如今赶来认亲、祝贺，顺便分一杯羹的；还有一种更危险，是想来绑架或敲诈的。对待这三种人，爻辞提出一个"敬"字，便是不可大意。上六应自认以阴柔居上位，原本就不合适，本着"取之于社会，用之于社会"的原则，对社会尽一些责任，与亲朋好友分享成果，诚心反省以往的过失，自然能减少损失。倘若不诚信又不敬重，认为财富是自己赚来的，一毛钱也不愿意拿出来，那就必然有大失误。

需卦启示

卦名	卦辞	启示
需卦	需，有孚，光亨，贞吉，利涉大川。	饮食宴乐，以待时机。

爻位	爻辞	启示
上六	入于穴，有不速之客三人来，敬之，终吉。	进入险境，以敬待客。
九五	需于酒食，贞吉。	安于生活，守正得计。
六四	需于血，出自穴。	深陷险地，仍能脱出。
九三	需于泥，致寇至。	已临险境，敬慎处之。
九二	需于沙，小有言，终吉。	可进可退，不计闲言。
初九	需于郊，利用恒，无咎。	栖身山林，持之以恒。

❖ 卦之六 天水讼

一、讼卦总说

"讼"字左言右公,本意就是把事情说给大家听,让大家评理。我们常常觉得两个人意见不同,其实是立场不同。公说公有理,婆说婆有理,通常先引起口头争辩,再造成文字争论,讲不通,只好打,文明一些就是上法庭诉讼。讼卦上乾下坎,上天下水。天跟水怎么会是讼呢?因为天代表太阳,东升西落,而中国的水都是向东流,二者方向刚好相反,寓意见解不合,口角相争,进而引起诉讼。

二、讼卦详解

讼卦卦辞:讼,有孚窒,惕,中吉;终凶。利见大人,不利涉大川。

"有孚"是诚信,"窒"是窒息,一旦信用破产,只好诉诸法庭。"惕"字是讼卦的重点,即警惕,提高警觉:要不要打官司?自己受不受得了?能否打赢?能不能接受失败?就算赢了,对方会不会服气?只要提高警惕,最后就会找到合理点,公正而不偏颇,叫作"中吉"。不过,讼卦的总结是"终凶"二字,可见打官司输的固然是输,倘若赢者得理不饶人,一定要争到底,最后也可能输,而且输得更难看,因为对方势必会没完没了纠缠,他在暗处,你在明处,那就糟了。

《象》曰：讼，上刚下险，险而健，讼。讼，有孚窒，惕，中吉，刚来而得中也。终凶，讼不可成也。利见大人，尚中正也。不利涉大川，入于渊也。

讼卦上刚健而下坎险，即"险而健"，可见一个人面临艰难险阻，如果依然十分强健，便很容易引起诉讼。卦辞、象辞都提到"利见大人"，在讼卦，什么人才是"大人"呢？很简单，能救命的就是大人。我们一受冤枉就会说"大人，冤枉啊""大人救命"，从不说"圣人救命"。所以，跟老百姓最有切身之痛、最有利害关系的就是大人，这里指公正的法官（九五）。"利见大人"说明诉讼到最后还是靠人（九五）。法再好，立法者、司法者、执法者不凭良心，就等于零。过去中国老百姓为什么始终没有信心？就是自古以来大人少，所以包公很出名。但是，千万要记住"不利涉大川"。"大川"表示大问题，不要以为自己一定会赢，因为变数太多，任何诉讼都跟需求一样充满危险，除非双方诚心诚意想化解，否则由谁来审判都可能是蹚浑水，打到最后只有"终凶"。

《象》曰：天与水违行，讼；君子以作事谋始。

君子看到天水相悖运行的自然现象，领悟到做人应该"作事谋始"。不管做什么事，事先防备，事后无悔，这才叫快乐。快乐不是嘻嘻哈哈、不动脑筋，死到临头还不自知，那是幼稚和蒙昧。

诉讼的目的是化解问题，基本的原则是免于诉讼。要想办法疏通化解，让大家知道打官司最后是两败俱伤。要想办法让大家都不打官司，而不是禁止大家打官司。

中国人对法官的看法很奇怪。一个法官庭外和解的案件越多，表明这个法官绩效越高。能劝解双方无须动气的，才是好法官。讼卦最难的就是合理。中国人只接受合理的法。我跟很多法律界资深人士都谈过这样的问题：只要是用汉字写的法律，都很难解释，而且这样解释也对，那样解释也通，永远公说公有理，婆说婆有理。中国人的法律永远少一条，少需要找的那一条。其实原因非常简单：堂堂正正的中国人从来不违法，有些人只是在做法律没有规定的事而已。任何一部法律定死之后都行不通，非要与时俱进、因地制宜不可。西方人定制度，一、二、三、四、五，写完就没了。中国人把一、二、三、四、五写完，一定要加一条"其他事宜"，留下空隙，不然有法等于没法。

我们老想过一种很简单的日子——政府定了法，大家依法办事，这种模式五千年都没实现。日本人占据台湾，抓到小偷，先砍掉脚后跟，因为那不是他们的同胞，当然可以砍。我们现在也可以照做，保证没有小偷，但是你愿意生活在这样的社会吗？想起来都恐怖。所以，讲来讲去还是要讲良心，自己管好自己。这些听起来好像是废话，但最后却会变成最有用的话，这是讼卦最好的启发。

三、六爻详解

初六，不永所事，小有言，终吉。

《象》曰：不永所事，讼不可长也。虽小有言，其辩明也。

讼卦下坎三爻可以看成原告，而上乾三爻不妨看成被告或审判员。以下讼上不免凶险，被告或审判员也必须正大光明，才能刚健有力。

初六位卑力弱，容易引起他人（九四）轻视，遭人中伤。"不永所事"就是说初六不要常常讼。"小有言"跟需卦九二的"小有言"不同。需卦的"小有言"是闲言闲语，讼卦的"小有言"是稍微做一些辩解，说明错不在我，也就算了，不要得理不饶人，免得造成更大误会。最要紧的，莫过于自己要争气，使人家不敢看不起，自然减少许多不必要的口舌。争讼的开始就要十分谨慎，化解误会方为上策。

九二，不克讼，归而逋，其邑人三百户，无眚（shěng）。
《象》曰：不克讼，归逋窜也。自下讼上，患至掇也。

九二和九五象征下对上的关系。九二当然可以和九五争辩，再申诉，但必须注意，九五中正合理，九二不当位又不合情理，自下讼上，一定输。不幸到了这一地步，最好赶快回归原来的居处（"归而逋"），表示人少势弱（"其邑人三百户"），诚心停止，还可以获得谅解而免祸（"无眚"）。若是居处人多势大，恐怕九五放心不下，依然不肯罢手，那就祸患临头。

六三，食旧德，贞厉，终吉。或从王事，无成。
《象》曰：食旧德，从上吉也。

六三居九二、九四之中，居坎中而不免危险，所以要"贞厉"，坚持合理贞操，应该终获吉祥。小象"从上吉也"是说，六三阴柔，对阳刚的上九，既不能讼，也不能反叛，顺从长上，所以吉祥。"从上"的条件就是"食旧德"，固守旧道德，洞察人情世故，讲求诉讼技巧。

辅助上司做事，最好不要凡事依循往例而不知改善，应该做到这三点：第一，上司对的，没理由不顺从；第二，上司不对，先应承，使其不至于丢面子而恼羞成怒，然后等待适当时机，提出难题，向上请示，说不定那时上司已经有所改正；第三，不要让上司觉得我们有意改变他，最好想办法让上司自己改变，使上司有面子地改变自己的看法。能做到这种地步，就算没有大成就，也不致有灾祸。

九四，不克讼，复即命，渝，安贞，吉。
《象》曰：复即命，渝，安贞，不失也。

九四居上卦始位，却也刚健有力，不至于以上欺下（初六），即使偶有误会，初六也会忍受，所以不必诉讼（"不克讼"）。倘若真不讲理，仗着有九五依靠，欺凌初六，公正廉明的九五照样会判定九四败诉，社会总有公义。

九四在互卦巽中（六三、九四、九五三爻），有风象。为了端正风气，九四必须认清自己，反省言行，改变（"渝"即改变）争讼心态，回过头来遵守正道（"复即命"），安于正常情理，自然吉祥。

九五，讼，元吉。
《象》曰：讼，元吉，以中正也。

诉讼原本是凶事，怎么可能元吉？

因为九五是讼卦卦主，也是无讼的关键。讼卦六爻只有九五当位，公正廉明。在这个大前提下，初六在相争之初，便以"不永所事，小有言"达成无讼；九二不敢贸然兴讼；六三固守旧道德，无讼；九四稍有放纵，也不敢破坏良好风气，及时回复正道，无讼；上九是大佬，不受九五这位老大的约束，诉讼获胜，其实并不光彩。

居上位的人，凡事秉持正道而行，大家上行下效，自然明白无讼的好处。诉讼对九五而言，几乎是备而不用，大抵上已经无讼，当然元吉。讼卦爻辞吉多于凶，提醒我们讼为凶事，尽力避免，自然吉祥。

上九，或锡之鞶（pán）带，终朝三褫之。
《象》曰：以讼受服，亦不足敬也。

"或"为或许，"锡"是赐，"鞶带"指大带。"锡之鞶带"便是赐给高官厚禄。上九居全卦极位，也就是大佬，阳刚有力，每每凭着老脸，为世道鸣不平，为公义而争讼，实在功德无量，大快人心。不过话说回来，这种直来直往、理直气壮的诉讼风气，毕竟破坏社会安宁，并不值得鼓励。

"终朝"是一天之内，"褫"是剥夺，"终朝三褫之"是一天之内多次剥夺所得。倘若大佬因敢讼而获得高官厚禄，大家便怀疑他的动机；若从此封口，大家更怀疑他是依凭争讼而换取官职，更不值得尊敬。就算赐予高官厚禄，大家也议论纷纷，一天之内，受到多次批评和攻击，何苦来哉？

讼卦启示

卦名	卦辞	启示
讼卦	讼，有孚窒，惕，中吉；终凶。利见大人，不利涉大川。	争讼刚险，谋虑于始。

爻位	爻辞	启示
上九	或锡之鞶带，终朝三褫之。	争讼虽胜，不足尊敬。
九五	讼，元吉。	争讼得计，由于中正。
九四	不克讼，复即命，渝，安贞，吉。	争讼不胜，宜安于正。
六三	食旧德，贞厉，终吉。或从王事，无成。	容忍旧恶，不与争讼。
九二	不克讼，归而逋，其邑人三百户，无眚。	争讼不胜，归隐以避。
初六	不永所事，小有言，终吉。	言辞之争，不久可止。

❖ 卦之七 地水师 ䷆

一、师卦总说

讼卦之后是师卦和比卦，就是说除了诉讼，我们还有两条路可走：一是兴师动众，用武力解决；二是将心比心，和好如初。比的前景快乐，而师令人忧愁，这就叫"师忧比乐"。师卦与比卦互综，师卦下坎上坤，地中有水；比卦下坤上坎，地上有水。水在地上会流散，在地中会凝聚，且地下水远比地上多，所以象辞说"师，众也"。中国人打仗时非常团结，可如果在日常也要大家时刻这般团结，有异见也不能讲，那怎么沟通？师卦下险上顺，象征以兵不厌诈的险道，来统率名正言顺的义师。

二、师卦详解

师卦卦辞：师，贞，丈人吉，无咎。

"贞"即正固，战争要正当，将领要忠贞。有德、有能力且长寿的人叫作"丈人"，出征的将领如果合乎丈人的标准，就会无咎，打赢了没有后遗症，打输了也不会怎样；如果不合乎丈人的标准，那就不吉，不可能无咎。

师卦五阴一阳，它的本德源于坤卦，乾卦九二进入坤卦，就构成师卦，所以师卦的贞是"利牝马之贞"。九二刚健，是优良的大都督、大将军，可他们都没有决定战争的权力，要不要打，只有最高领袖可以裁决。统帅（九二）

一定要执行、顺从最高领袖（六五）的命令，不可擅自做主，以求得领袖的安心（即象辞"行险而顺"），完成重大的和平任务。战争是为了和平，干戈必须转为玉帛。

《彖》曰：师，众也；贞，正也。能以众正，可以王矣。刚中而应，行险而顺，以此毒天下，而民从之，吉又何咎矣。

彖辞"能以众正，可以王矣"中的"王"是行王道，就是除暴安良，为和平而战。为一个国家的私利而侵略别人，那是霸道。我们从漫长的历史可以看出，凡是王道战争，结果都是无咎；凡是霸道战争，结果害人害己。西方战争大部分是霸道，而中华文化自古就强调王道。

"刚中而应"即九二应六五，将领跟最高领袖心心相印，彼此信任。下坎是险，上坤是顺，即"行险而顺"。打仗是行险，但求上面那个领导班子能安心，倘若领导班子天天接到情报，对九二总是有所怀疑，前线又怎能安心做事呢？"以此毒天下"中的"毒"是役使，老百姓及三军都觉得将领这样做是对的，自然乐于顺从，吉而无咎。

全世界的兵法都在讲怎么取胜，只有《孙子兵法》强调"不战"，非不得已不要发生战争，真正要战，以"全国"为上，要保全人家。西方的战争像打桥牌，一定有赢输，没有和局，只有中国的象棋可以和棋。下象棋下到要赢就赢、要输就输、要和就和，才是真正的高明。今天所谓竞争，你争我夺，也要学会王道精神，顾虑每一个人的尊严，将心比心，知道贞，知道正，还"能以众正"。

《象》曰：地中有水，师；君子以容民畜众。

有品德修养的人及好的政府学会师卦，就知道平常要爱护百姓，带百姓走正道，教育他们爱惜时间、勤劳工作，帮他们安顿家庭，这都是君子及政府的责任。"容民"是育民爱民,"畜众"是养育百姓,必要时百姓就会自告奋勇,投戎报国。中国人最惜命,但为了国家民族,又最不怕死。

三、六爻详解

初六,师出以律,否臧,凶。
《象》曰:师出以律,失律凶也。

九二是师卦唯一阳爻,显然是主将,九二、六三、六四互震,有出动之意,初六则是最先出动的士兵。"师出以律"即将令必须贯彻给士兵,纪律严明,秋毫无犯。"否"为不,"臧"为善,初六不当位,与六四不相应,有不善的可能,士兵不守纪律,容易招致凶险。

九二,在师,中吉,无咎,王三锡命。
《象》曰:在师,中吉,承天宠也。王三锡命,怀万邦也。

统率军队("在师")能秉持中道而无所偏失,必能吉祥("中吉")。"三"是多,"锡"同赐,"王三锡命"表示六五多次给予九二重大任务。小象"承天宠也"中的"天"也是六五,"天宠"便是六五对九二宠爱有加,充分信任。"怀万邦"是使万国人民心悦诚服,纷纷来朝。九二以中道统率军队,全卦五阴爻都全力配合,自然吉祥无咎。倘若不能如此,必然有咎。

六三,师或舆尸,凶。
《象》曰:师或舆尸,大无功也。

师卦上坤下坎,凶险大多集中在下卦,毕竟除非十分有必要,才会由君王御驾亲征,大部分战役实际都由九二统率三军出战。六三很可能是军师,位于上下两卦之间，可进可退，有"或"的可能。"舆"是车，"舆尸"即用军车载满尸首。六三不当位，似乎"非丈人"，缺乏作战能力，又在九二之上，以柔乘刚，不听九二指挥，且与上六不相应，容易不自量力、贪功躁进，出师不利，所以凶。九二大有功，六三大无功，也符合"二多誉，三多凶"的通例。

六四，师左次，无咎。
《象》曰：左次，无咎，未失常也。

六四应该是监军。"左次"是撤退。撤退是消极、不利且不吉祥的，所以中国人不说撤退，而说转进，转一个方向继续前进。六四阴柔当位，阴主退，所以就算不能克敌制胜，若能及时转进，保持实力，也可无咎。胜败乃兵家常事，用兵之道，当进则进，应退即退，六四全师退守，比六三裹尸而还要有利，所以小象说"未失常也"。

六五，田有禽，利执；言，无咎。长子帅师；弟子舆尸。贞凶。
《象》曰：长子帅师，以中行也。弟子舆尸，使不当也。

六五是君王。"田有禽"即有害的野兽进了农田，当然要"利执"，把它抓住。可见，六五只能为了和平正义、除暴安良而出师，即使有人闲言闲语，也不必受其影响，即"言，无咎"。"长子"和"弟子"并不限于自家人，而是六五了解且信任的人。长子就是丈人，弟子则是非丈人。派长子出战会吉，派弟子去一定凶，所以君王一方面有权决定要不要打仗，另一方面也要慎选将领，用错了自己是要负责的。师卦六三不当位，所以凶，六四当位，所以无咎，而九二、六五明明也不当位，却能吉而无咎。因为《易经》就要教人走正道、守中道，不论身居何处，立于何位，只要秉持中道而行，大多安然无事。

上六，大君有命，开国承家，小人勿用。
《象》曰：大君有命，以正功也。小人勿用，必乱邦也。

上六当位居终，表示上坤的柔顺来到极点。"大君"指六五，上六则是朝廷元老。元老对战争的发动和过程必须了如指掌，以便战后论功行赏。"以正功也"中的"正"是评定务必公正，过程必须严谨。国之元老在这方面应尽心辅佐，提出若干高见，给六五参考。"开国"指封侯，"承家"是封大夫。论功行赏必须坚守"小人勿用"的原则。为了避免国家沦亡，有时起用品德不良的小人为将，实属情非得已，所以战后对这些人必须格外提防，只能多给钱财，不能派充实职，以免小人日后作奸犯科，引起祸乱。倘若赋予小人实权，日久必定生乱，那时再来整肃，就难免有杀功臣的嫌疑，更为不利。

师卦启示

卦名	卦辞	启示
师卦	师，贞，丈人吉，无咎。	包容人民，蓄养群众。
爻位	爻辞	启示
上六	大君有命，开国承家，小人勿用。	封国立家，不用小人。
六五	田有禽，利执；言，无咎。长子帅师，弟子舆尸。贞凶。	敌人来侵，贤才统兵。
六四	师左次，无咎。	作战胜败，兵家常事。
六三	师或舆尸，凶。	作战用人，要专要当。
九二	在师，中吉，无咎，王三锡命。	恩威并用，得王信赖。
初六	师出以律，否臧，凶。	出兵依律，不善则凶。

❖ 卦之八 水地比 ䷇

一、比卦总说

师卦和比卦都是五阴一阳，平常阳爻在上，全民一致，拥护一个领袖；打仗时阳爻在下，全国都支持出去的将军。可见《易经》所讲的不是权利义务，而是责任。打仗时将军负最大的责任，成败就在他身上，但平时的责任在最高领导身上，要加强他的责任。

比的意思是亲比，即彼此之间保持合理、和谐的关系。《易经》是从自然现象来看社会现象，用以推论各种现象背后的理。比卦卦象地上有水，地上水会流动，会渗透，也会蒸发，不像地下水那样有凝聚力。这就告诉我们，打仗时团结的力量很可怕，但平时没必要这样，否则谁也受不了。与其为了战争才团结一致，不如平日就互相亲比，巩固领导中心，使别人不敢前来侵犯，自己也更加安全。

平时大家要亲比，会采用比较有弹性的方法，叫作志同道合：意见相同的靠近一点，不同的疏远一点，所谓亲疏有别。企业文化就是指同心一致的认识：老板用你，你非听他的不可；你不听，认为公司和老板不行，可以离开。可见，亲比是非常自然的，战争时的凝聚也是自然的。

二、比卦详解

《论语·为政》说："君子周而不比，小人比而不周。"比和周意思相同，就是亲附，同心协力。同心协力要有中心人物（君子），比卦的九五就是君子，其他五阴爻通通是小人。君子周到地照顾所有人，自然会得到大家拥戴，这就叫"周而不比"。小人没什么能力照顾别人，只有找一个可追随的合适对象，以他为主，团结一致，自然吉祥。

比卦卦辞：比，吉。原筮，元永贞，无咎。不宁方来，后夫凶。

古代五家为一比，设有比长，因此称邻居为"比邻"，有亲近之意。"原

六十四卦中有十五个是阴包阳

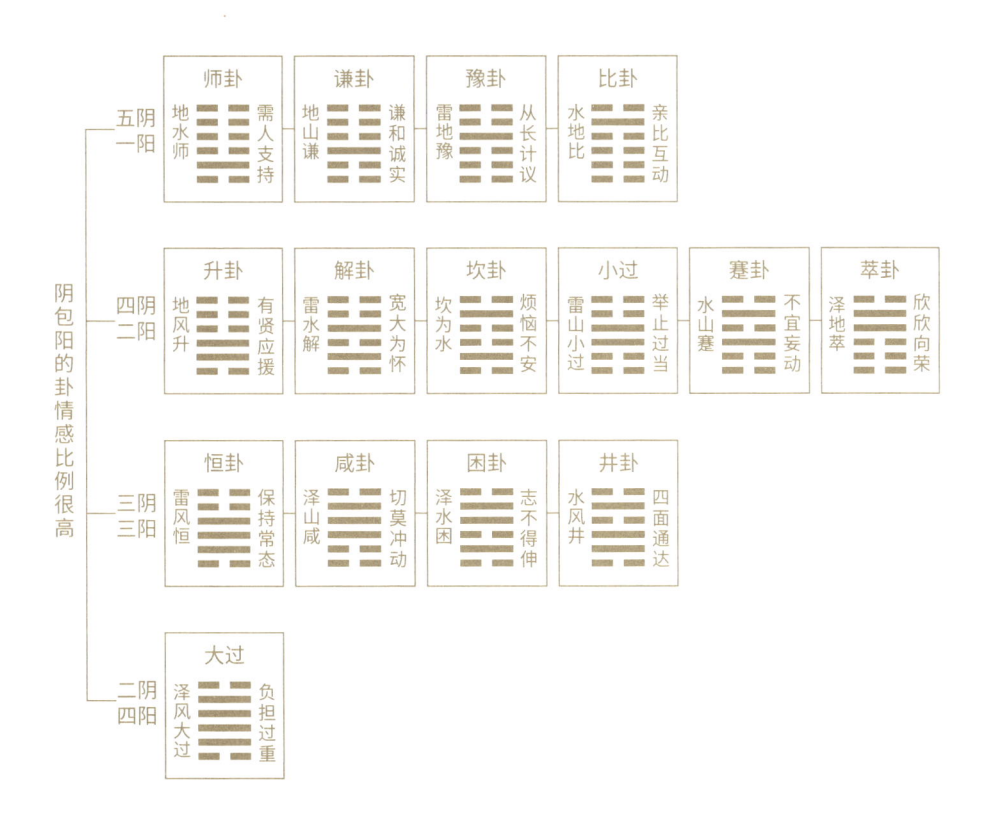

阴包阳的卦情感比例很高

五阴一阳：
- 师卦 地水师 需人支持
- 谦卦 地山谦 谦和诚实
- 豫卦 雷地豫 从长计议
- 比卦 水地比 亲比互动

四阴二阳：
- 升卦 地风升 有贤应援
- 解卦 雷水解 宽大为怀
- 坎卦 坎为水 烦恼不安
- 小过 雷山小过 举止过当
- 蹇卦 水山蹇 不宜妄动
- 萃卦 泽地萃 欣欣向荣

三阴三阳：
- 恒卦 雷风恒 保持常态
- 咸卦 泽山咸 切莫冲动
- 困卦 泽水困 志不得伸
- 井卦 水风井 四面通达

二阴四阳：
- 大过 泽风大过 负担过重

筮"指选择亲比对象的过程,"原"为推求,"筮"即抉择判断,也就是推求一个智识够高明、心胸够宽广、有修养的人做领袖。中国历史上只有推举,从来没有选举。推是大家都认为某人好,选是自己拼命鼓吹。一定要记住,我们要让别人来认识、肯定、推举自己,这样才有价值。"元永贞"中的"元"是大度,"永"是永久、永恒。一个人有大度量而且能长期保持,再加上合理的操守,就是"元永贞",其他人自然以他为亲比对象,无咎。

只有生活不安宁、不安定的人才会亲比君子,即"不宁方来"。到都市打工的人差不多都是如此,所以老板有责任使他们安宁。"后夫凶"有两种解释:一是来得慢的人倒霉;二是大家一起来,就会把亲比的对象搞垮了,也倒霉。

《象》曰:比,吉也。比,辅也,下顺从也。原筮,元永贞,无咎,以刚中也。不宁方来,上下应也。后夫凶,其道穷也。

"辅"是辅助,彼此帮忙。下面的人既然选定了亲比对象,就要心甘情愿、诚心诚意地顺从,可见亲比也有条件。我们不要盲目顺从老板,而要慎选老板。正确的择业心态是,我到这家公司可以学到很多东西,追随这个老板可以提高品德修养,至于领多少工资,会不会升迁,并非首要问题。可惜,现在的年轻人不懂这些,也不知道要这样去选。

"刚中"指九五,人家来亲比,九五就要加强自身修养,做典范,刚健持久。"不宁方来"指六二与九五相应。九五是上卦中爻,六二是下卦中爻,彼此一阴一阳,正好相应。九五做得好,六二正好不安宁,所以前来相应;如果九五表现很好,六二也很安宁,那六二不一定来;如果九五并不比别人强,六二也不会来。"后夫凶"是因为"其道穷也"。《易经》提醒我们,同心协力也要适可而止,否则慢慢就没有是非判断,底下觉得上面讲的都对,上面便没有压力,一旦放纵,不再谨慎,整体都要受害。

《象》曰:地上有水,比。先王以建万国,亲诸侯。

大象把治国平天下的道理和比卦连接在一起。九五一阳居上，其余五阴亲比，象征古代帝王以"元永贞"的美德建立国家，分封宗室功臣，成就万邦。由于自身诚信，使诸侯乐于主动亲比，分中有合，万邦成一国；合中有分，一国分万邦，却能够上下同心协力。

三、六爻详解

初六，有孚比之，无咎。有孚盈缶，终来有它吉。

《象》曰：比之初六，有它吉也。

亲比的原则是互有诚信，从初六开始就不能违背，即慎始。有好的领导人，大家应该心怀诚信来亲比，才能无咎。好比瓦缶接满雨水（"盈缶"），积累够充沛，彼此互信互惠，自然获得意想不到的吉庆。

六二，比之自内，贞吉。

《象》曰：比之自内，不自失也。

用发自内心的诚信来亲比（"比之自内"），自然正当而吉祥。初六与六四不相应，表示彼此尚未建立互信。六二与九五相应，情况很不相同。但是，九五阳刚积极，六二阴柔等待，会不会造成迟迟不肯亲比，成为"后夫凶"呢？这就要看六二能不能"不自失"。讨好、奉承九五，固然不合乎诚信的原则，但是以阴爻居下卦之中，却又迟迟不肯主动亲比，恐怕也不是诚信的应有表现。所以，不能自己有了过失还不自知，必须为了公利而奋勇积极，扮演瓦缶的角色来接满雨水，以便发挥更大的效益。

六三，比之匪人。

《象》曰：比之匪人，不亦伤乎！

比卦上坎象征一旦选错亲比对象就有凶险，下坤表示亲比之人必须诚信。初六有六二照顾，所以无咎；六二与九五相应，又当位，因此贞吉。六三不当位，与上六又不相应，选错了交心的对象（"比之匪人"），实在十分伤悲（"不亦伤乎"）。

六四，外比之，贞吉。
《象》曰：外比于贤，以从上也。

《易经》的通例，以上为外，以下为内。比卦上坎以九五为主，所以六四只是被亲比的核心团队中的一位伴随者，向上（也就是向外）比附九五（贤明的领导）才是合理的态度。只要守正道，不从中谋私利，可获吉祥。

九五，显比，王用三驱，失前禽，邑人不诫，吉。
《象》曰：显比之吉，位正中也。舍逆取顺，失前禽也。邑人不诫，上使中也。

"显"是光明正大，"显比"指居中得正的九五。九五是大家追随拥护的对象，所以要以身作则，让人诚心拥护。怎么做呢？九五在狩猎时，当只在三面围网（"王用三驱"），所谓网开一面，使健壮能跑的猎物优先逃离（"失前禽"），让它们继续繁殖，而只捕捉跑不动的弱者，完全顺应汰弱存强的动物优生原则，不加以强制，合乎天道要求。"邑人"就是百姓。百姓看到九五"舍逆取顺"的狩猎态度，对九五的公正合理深具信心，不致心存恐惧，而乐于拥戴效力，一片安乐祥和。

上六，比之无首，凶。
《象》曰：比之无首，无所终也。

上六阴居终爻，虽然也被列为亲比对象，却由于乘凌九五，使人产生"大佬"看不起"老大"的不良印象，以致被孤立卦外，反而无可亲比。"比之无首"是上六不能率先领导大家亲比九五，因而错失良机，等到大家都亲比九五时，要想回头，已经引起反感，所以凶险。"无所终也"是指不能获得良好的结果。

君不可以有私心，必须公正对待下坤三爻，所以初六无咎，六二贞吉，六三虽然比之匪人，却也没有凶险。民不应该多主，因此上坎三爻必须以九五为主体。上六以大佬自居，却不能率先亲比九五，当然凶险。由于无首，不能做好榜样，以致无所终，这是上六自作自受，怪不得别人。身为大佬，当老大正大光明时，最好明白自己的处境，率先亲比，务求巩固领导中心，才算完成自己的责任。六四也应该亲比九五，上坎三爻紧密团结，共事一君，使百姓知所亲比，进而万众一心。

四、从屯卦到比卦，人生充满艰难险阻

乾、坤之后，屯、蒙、需、讼、师、比六卦，都跟坎水有关，可见人一生下来，还没有做出一番事业，就已和艰难险阻脱不了关系。

屯卦的主旨，要不畏危难，想办法冲出危难。

蒙卦的主旨，要我们重视培训，使自己早日受训启发，从愚昧中走出来，具有终身学习的决心，不断充实，做好合理的阶段性调整。

需卦提醒大家，有了知识和能力，便可能产生很多不必要的需求，诱惑自己走入偏道，更加危险。应该见机行事，以求适时采取合理行动。

讼卦的争辩、诉讼，是由于需求的过分或不合理引起的，最好抱持消弭争端的心态，凡事谋求"慎始"，力求"不讼"。

师卦的原则，军队最好备而不用，不主动求战，以免引起更为严重的后患。然而为了防患于未然，也不得不用心研究，才能安不忘危，准备万全。

比卦的道理人人都应该熟悉，使自己在领导与被领导的关系中，择善

而从，建立良好的亲比关系。人是群居动物，独力难成大事，必须养成合群的习惯，互相帮助，彼此照顾，才能同心合力，完成预期的目标。

人的一生充满艰难险阻，害怕没有用，想逃也逃不掉。最好有心理准备，时刻记住"天有不测风云，人有旦夕祸福"，提高警觉，随时谨慎小心，步步为营，尽人事以听天命，生活自然愉快而有意义。

从屯到比，皆有坎险

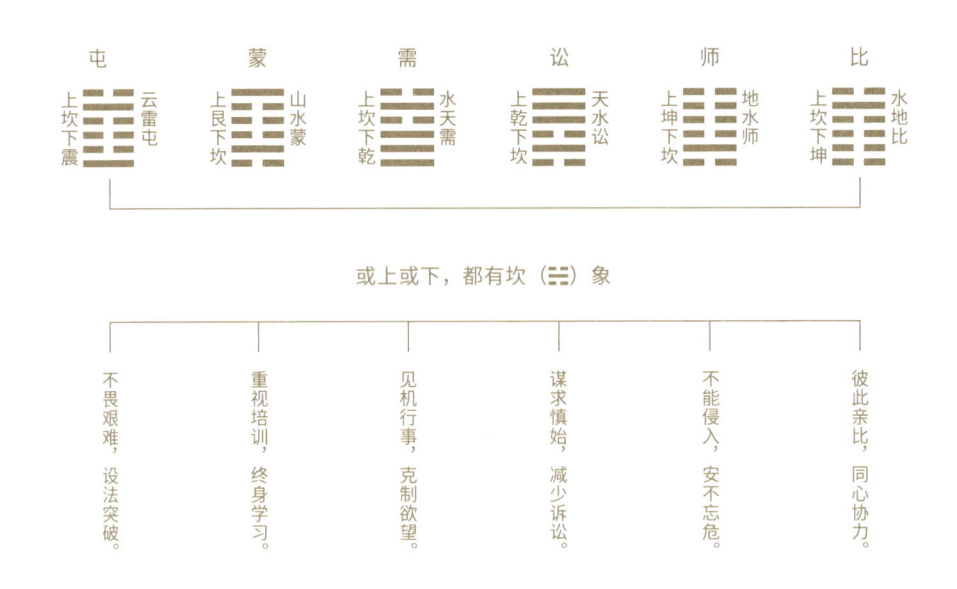

屯	蒙	需	讼	师	比
上坎下震 云雷屯	上艮下坎 山水蒙	上坎下乾 水天需	上乾下坎 天水讼	上坤下坎 地水师	上坎下坤 水地比

或上或下，都有坎（☵）象

| 不畏艰难，设法突破。 | 重视培训，终身学习。 | 见机行事，克制欲望。 | 谋求慎始，减少诉讼。 | 不能侵入，安不忘危。 | 彼此亲比，同心协力。 |

对于生活在现代社会的人来说，从屯到比的六卦同样有着重要的意义。

屯卦象征创业维艰，继承者必须尊重先人的理念，合理传承，不可辜负先人一片苦心。

创业有成的人，更应该重视蒙卦，切记富贵人家若是不能好好教育下一代，不但自己的理想难以继承，也会祸延子孙，成为"富不过三代"的例证。启发蒙蔽，是每一个人时时刻刻都应该重视的课题。稍有自满，自认为懂得很多，离险境就不远了。

活到老学到老，必须言行一致，切实躬亲实践。对于需求，最好以合理为度，力求无过与不及。这两种修养，都是高难度的，不容易达成。有些事是知难行易，这两件事却是知易行难，每个人都挂在嘴边上，却很少有人做到。

诉讼好像是现代人的生活必需品，不是告人，便成为被告，把"终凶"的警惕早已忘得一干二净。我们只能以"合理"为标准，适当地通过讼的手段来化解问题。反正人人皆是自作自受，自不必在"什么叫作合理"上面做文章。

用师卦来发扬师道，是当务之急。现代人经济挂帅，一切都趋于商业炒作，更需要真正的明师来指点迷津。名师太多，明师难寻，实在是现代人最大的悲哀。

比卦用现代语可称为"组织力"，在普遍有组织却缺乏组织力的情况下，尤其值得大家重视。巩固领导中心，是所有组织的共同目标，不能因为自由民主，便"君不君，臣不臣"，彼此只讲利害关系，失却"士为知己者死"的高尚情操。

比卦启示

卦名	卦辞	启示
比卦	比，吉。原筮，元永贞，无咎。不宁方来，后夫凶。	在下顺从，上下相应。

爻位	爻辞	启示
上六	比之无首，凶。	无始无终，亲辅失策。
九五	显比，王用三驱，失前禽，邑人不诫，吉。	光大亲辅，施爱于人。
六四	外比之，贞吉。	亲辅贤人，正而得计。
六三	比之匪人。	亲辅坏人，悲伤失策。
六二	比之自内，贞吉。	诚心亲辅，正而得计。
初六	有孚比之，无咎。有孚盈缶，终来有它吉。	与人亲辅，充满诚信。

❖ 卦之九 风天小畜 ䷈

一、小畜卦总说

"畜"和"蓄"互通，一方面是积蓄、畜养、储备，另一方面是止息，能畜不能止就是守财奴。货币称为通货，便是要守住，也需要流通，适当地止息而不盲目，才是畜的真义。当用不省，当省不用，最能表达储蓄的要领。小畜卦一阴五阳，阴为小，阳为大，以一阴（代表物质）畜五阳（代表人），显然是要以小畜大、以寡畜多。生活中我们多少要有点积蓄，以备不时之需。但天下的资源不敌天下人的贪婪，最好以小畜为戒，不可无度，以免招来凶祸。

二、小畜卦详解

小畜卦卦辞：小畜，亨。密云不雨，自我西郊。

卦辞中只有"亨"没有"元"，即不是大亨，只是小亨，因为最初的畜聚只能有一点点，不能太多。云虽密而雨未降，是因为水汽聚集得还不够，人多而资源不足，一定会产生"密云不雨"那种不舒服的感觉。俗语说："云往东，一场空；云往北，只空黑；云往南，水潭潭；云往西，马溅泥。"云自西往东走，即"自我西郊"，阳阴交合刚刚施展尚未畅行，自然无雨。

《彖》曰：小畜，柔得位而上下应之，曰小畜。健而巽，刚中而志行，乃亨。密云不雨，尚往也。自我西郊，施未行也。

"柔得位"指全卦唯一阴爻六四（卦主）当位，其余五阳爻不论在上还是在下，都和它有所感应。下乾为健，上巽为顺，下乾三阳都要往上走（"尚往也"），回到原来在上的位置，这才是君子应有的修养——要回复正道，把物当作工具，而不是被其役使。九二、九五以刚居下卦和上卦之中，都是刚中，有志小畜，得以施行，因而亨通。

六四一个小小的阴爻，居然有那么大的力量，可以把五个刚健的阳爻蓄积在一起，可见物质对人的引诱力道之强，很多人都逃不过这一关。嘴巴讲都很容易，无欲则刚，可一看到东西，欲望产生，自然就不刚。如果下乾不刚，小畜卦很可能会变成巽卦，完全为物质所征服，心甘情愿做物质的奴隶，其中蕴含的警示是很深刻的。

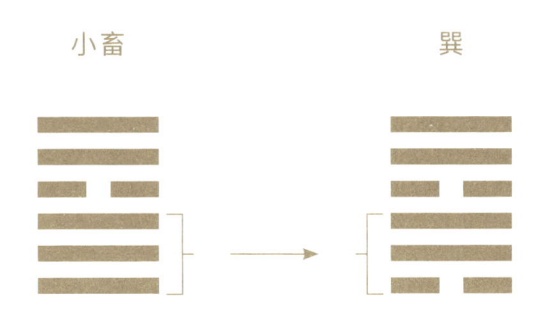

小畜　　　　　　巽

《易经》中向上叫作往，向下叫作来。"尚往也"是说下面三个阳爻都要往上走，虽然被六四挡住了，制止了，还是要继续努力往上。这告诉我们：小小的积蓄，少少的资源，虽然不管怎么分配大家都不满意，但没有关系，把它当作一个过程，只要不断充实自己，继续努力，还是可以蓄积的。

雨是不是越大越好，畜聚是不是越多越好呢？其实也不是，因为太大太多了反而问题更多。"自我西郊"就是说风从西边来的，我们不用急着等下雨，要耐心地充实自己，将来自然会有突破。《易经》的好处，就是它永远带给我们希望，不会告诉我们此路行不通，只是提醒有困难，而不是无路可走。

《象》曰：风行天上，小畜。君子以懿文德。

下乾代表"能畜"，上巽代表"所畜"。乾为天，原本高高在上，为了有所畜养，必须下降，形成自下而上的力量。乾在下往往象征意志坚强，不怕挫折，奋力向上，有所作为。

虽然卦象是风行天上，但实际上风还是在天下面，只是越靠近人群的，越引不起众人的注意，而高到好像在天之上者，众人才会仰目注视，充满敬意。所以，大象说君子观察到风行天上这种景象，推天道及人事，就考虑到做人应该"懿文德"。懿是美化，文德是人文德业。君子要畜养自己的声望，做到先效法先贤，后树立自己的风格，"懿文德"比积蓄物质更重要。

三、六爻详解

初九，复自道，何其咎？吉。
《象》曰：复自道，其义吉也。

初九阳爻居阳位，既当位又与六四相应，是小畜的开始，最担心的是被六四所畜养，成为以阴（六四）畜阳（初九），也就是以小畜大，很难有大收获。最好的方式是，初九恢复本性，以阳刚之气，走乾阳正道，以勤劳、节俭、朴实、安全为基本原则，自立而不依赖他人，先求自给自足，再逐步求得小畜。采取这种合宜的心态，又会有什么祸害呢？当然是吉祥。

九二，牵复，吉。
《象》曰：牵复在中，亦不自失也。

"牵"指牵连，也就是影响。九二阳居阴位，虽不当位，却是下乾中爻，称为刚中。九二是下乾能畜的老大，由于受到初九这位良好的"领头羊"的正面影响，同样不接受六四的引诱，坚持自立的正道。九二比初九更接近六四，也就更容易受到六四的引诱，但能够不丧失自身立场，终于成为小畜的关键人物，吉祥。就个人来说，坚持了初九，有了良好开始，进入更高位置后，仍然不受外在的引诱，实属难能可贵。

九三，舆说辐，夫妻反目。
《象》曰：夫妻反目，不能正室也。

"舆"指车辆，"说"为脱，"辐"是车轮转轴。九三以阳居阳位，原本当位，却是下乾极位，过于刚健而不遵守中道。下乾为能畜，理应自立。九三为六四所乘凌，在六四柔性攻势下，不与九二、初九采取一致立场，反为六四畜养。九二与初九极力反对，并合力将九三拉回，这样拉来扯去，致使车轮转轴脱落，车辆难以行动，象征财富处置不当，导致家庭失和，夫妻反目（上巽为长女，象征妻子），容易招来灾害。

六四，有孚，血去惕出，无咎。
《象》曰：有孚惕出，上合志也。

六四是全卦唯一当位的阴爻，上有九五秉持中正刚健的原则，充分给予支撑，下与初九相应，与九五、九三构成离象，诚信光明。对下乾三阳爻有很大吸引力，与九五又能心意相合（"上合志也"），所以成为全卦主爻，得以脱离危险，扫除忧惧而免遭伤害。否则以一阴想要畜止三阳，难免会有犯阳之过,怎么能无咎呢?下卦所想畜养的当然是诚信的对象,所以九五才会全力支撑。

九五,有孚挛如,富以其邻。
《象》曰:有孚挛如,不独富也。

九五既中又正,虽然不是卦主,却以阳居阴,受六四诚心畜养。"挛如"指牵连的状态,六四"有孚",九五也"有孚",如此才能合乎正道。九五和六四彼此诚信,紧密牵连在一起,使下乾三阳爻群起仿效,以诚信对待六四。一阴柔畜五阳刚,九五功不可没。九五居尊位,能够抱持"不独富"的心态,与六四共享富贵,也是在告诉畜养的人:自己富有,也要让他人富有。

上九,既雨既处,尚德载。妇贞厉,月几望。君子征凶。
《象》曰:既雨既处,德积载也。君子征凶,有所疑也。

上九以阳居阴位,又是全卦终极,很可能变成上六,变为上坎,到了可以降雨的程度。"既雨"是已经下雨,"处"为止,"既处"表示雨又停了。从密云不雨到天降甘霖再到雨过天晴,这一连串令人满意的转变,来自六四和九五的诚信,象征积了德又得了富,而且所积的德多到要用车负载,真是盛大的德行!

"贞厉"是保持合理的贞正,唯有如此才能由夫妻反目转为彼此融洽。阴历十五日称为"望","几"是接近,"月几望"是阴气即将极盛的象征。妇人属阴,在将满未满的重要时刻,更应重视贞正而不要贪得无厌。小畜到上九已经大功告成,不宜再无限制地求取发展。所以,君子不应轻举妄动,对妇人的过分要求必须适度加以制止,以免盲目蓄积招人疑忌,带来凶险("君子征凶,有所疑也")。

小畜卦启示

卦名	卦辞	启示
小畜卦	小畜，亨。密云不雨，自我西郊。	稍有蓄积，尚不能用。

爻位	爻辞	启示
上九	既雨既处，尚德载。妇贞厉，月几望。君子征凶。	物质蓄积，过丰危险。
九五	有孚挛如，富以其邻。	诚信及人，财富共享。
六四	有孚，血去惕出，无咎。	畜养诚信，无害无忧。
九三	舆说辐，夫妻反目。	刚而不进，受制于柔。
九二	牵复，吉。	同复畜道，不自有失。
初九	复自道，何其咎？吉。	自复畜道，无咎得计。

❖ 卦之十 天泽履 ☰

一、履卦总说

履卦与小畜卦互综。履卦的"履",本意是穿鞋走路,后来引申为"礼",要求合理实践礼法。卦象下兑上乾,上面晴空万里,下面湖光清澈,象征礼法健全,必须喜悦地履行。凡走过的路必留下痕迹,所以"如临深渊,如履薄冰"就是为人处世的基本原则,人人都要遵行。

二、履卦详解

履卦卦辞:履,履虎尾,不咥(dié)人,亨。

走在老虎尾巴的后面,即"履虎尾",这是多么危险的事!"不咥人"是不咬人。在老虎后面一定要小心翼翼,不要去踩它的尾巴,使它认为你没有恶意,它自然不会咬人,因而亨通。

要注意,人真的会在老虎后面走吗?哪有那么笨的人!只是大家不晓得,自己前面的任何人都可能是老虎,他会翻脸无情,随时会整你,有时比老虎还凶。人生的旅途上充满了危机,这样我们才读懂了孔子的话:"非礼勿视,非礼勿听,非礼勿言,非礼勿动。"因为非礼或失礼就是危机。很多年轻人刚从学校出来时非常有志气,可是踩了一次老虎尾巴后,就再也不敢踩了,变得比谁都快,这就是没有读懂履卦。

《彖》曰：履，柔履刚也。说而应乎乾，是以履虎尾，不咥人，亨。刚中正，履帝位而不疚，光明也。

彖辞通常从阴阳刚柔的发挥角度来解说卦象。履卦内兑外乾，兑为阴卦主柔，乾为阳卦主刚，所以是"柔履刚也"。我们所碰到的每件事几乎都充满了艰难险阻，只好小心翼翼。这还不够，一定要很柔，不能以刚碰刚、将硬碰硬。"说而应乎乾"是以和悦的柔顺应上乾的刚，内心很喜悦，但在外面要很小心，到处都是铜墙铁壁，不是想象的那么容易。只有以这种态度才能得到好的结果，就算"履虎尾"，也不致被虎所咬，当然亨通。

"刚中正"指九五居中又正，光明正大。"疚"为愧疚，九五中正，就算居帝王高位也不必愧疚，因为全卦除六三外，其余五阳都将热烈响应。九二、六三、九四为离，代表光明的景象，所以说"光明也"。九五是一切环境的总主导，只要能把危险的人生旅途走得很平顺，当然没有愧疚。所以，我们一再强调，一个人一生应只求心无愧怍——没有对不起的人。

《象》曰：上天下泽，履。君子以辨上下，定民志。

上天下泽，合乎自然规律。君子看到这一自然景象，在日常生活中必须明辨上下和顺之道，就像上天和下泽那样彼此和谐。如果把天跟泽换过来，那就变成夬卦，意思截然不同。可见人在社会中是没办法平等的（真正的平等是人格平等），既然有大小就会有上下，有不同的身份、职责、责任，这就叫伦理。"定民志"是让所有人都了解这个天理，各安其分，互不干扰，更不能没大没小，以防天下大乱。

履的现代意义是遵守礼法，并且确定履行。深一层的意思叫作履危而安。如履薄冰，如履虎尾，有高度的危机感，这样反而能安。而要履危而安，必须以柔克刚，怎样一步步去实践呢？这就需要看履卦的六个爻指出的路径了。

三、六爻详解

履卦六爻里只有六三是阴爻，而且不当位。整个履卦，只有两个爻当位，一个是初九，另一个是九五。这表示要实践履卦，大环境中的九五是关键，因为它会引领整个社会风气的改变。

初九，素履，往无咎。
《象》曰：素履之往，独行愿也。

我们要晓得，履卦是从乾卦来的，乾卦跟履卦只是九三爻变成六三爻而已。所以，看履卦初九的"素履"，马上就要想起乾卦初九的"潜龙勿用"。"素"是不造作、不作假。"往"是向外、向上。初九象征正当有为的年轻人初入社会，想要引人注目，除了奇形怪状、言语唐突、行事怪异之外，似乎别无他途。不如规规矩矩做事，老老实实做人，用朴实无华的素履作为人生指南，奉行不怠，再怎么做也不会出差错。先把自己做好，再看往后应该如何发展，才是保平安的要领。

九二，履道坦坦，幽人贞吉。
《象》曰：幽人贞吉，中不自乱也。

九二不当位，与九五不相应，象征一般人老老实实做人做事，有了一些成绩，便认为务实的效果良好，以为履道原来十分平坦，可以一路走下去。于是凭着下兑中爻的优势，不但不能自隐其才，而且恃才傲物，看不起上级，觉得上级软弱无能。九二特别提出"幽人贞吉"的警示，告诉我们心目中除了自己，还应该有别人。做给自己看，也应该做给别人看。只有以幽静平淡的态度，不汲汲于功名，才能履道坦坦。不然很可能崎岖曲折，寸步难行。

六三，眇（miǎo）能视，跛能履，履虎尾，咥人，凶。武人为于大君。

《象》曰：眇能视，不足以有明也。跛能履，不足以与行也。咥人之凶，位不当也。武人为于大君，志刚也。

六三以阴爻居阳位，又是下兑上乾位。初九素履，九二幽人贞吉，效果都很良好，六三便艺高人胆大，自认为盲了一只眼也能看清楚（眇能视），跛脚也不输给常人（跛能履），不料阴沟里翻船，不小心踩到老虎尾巴，被咬了一口，当然凶险。口碑再好，对自己再满意，免不了会出差错，万一失败，不必怪别人，自己反省，是不是"武人为于大君"？只有一点武艺，便想象自己可以成为伟大的人物（九五）？想通了，及时改正，就可免于凶祸。

九四，履虎尾，愬愬，终吉。

《象》曰：愬愬终吉，志行也。

九四以阳爻居阴位，与初九不相应。象征经过六三的一番波折，已经知所戒惧。做人做事，除了务实的功夫外，还需要有应变的能力。"愬愬"是谨慎戒惧的样子，只有抱持这样的心态，在老虎尾巴后面行走，才不致误踩虎尾而闯祸，所以最终得以吉祥。换句话说，倘若不能戒慎恐惧，那就不可能终吉。

九五，夬履，贞厉。

《象》曰：夬履贞厉，位正当也。

九五以阳爻居阳位，又居上乾中位，既中又正。"夬"是刚决果断。"夬履"是果决践行。"厉"是危险，虽然比"吝"和"悔"好一些，但终究不是吉；同时也可以解释为更加自勉。九五经历许多磨炼之后，终于有机会登上大位，难免刚健大胆，果断裁决，显得很有魄力。这时必须守正，避免刚烈自负而又刚愎自用。领导者的两难，包容或专断，都有相当的难度，最好熟悉人情，做到上下沟通流畅，可免危厉。

上九，视履考祥，其旋元吉。
《象》曰：元吉在上，大有庆也。

"视"为审视、查看。"履"指经过的履历。"考"为考察。"祥"是各种得失的吉祥面，并不计较凶险的那一面。"旋"为旋转。"元吉"是旋转回到原点（初九）。

上九以阳爻居阴位，又是全卦上爻，按常理会物极必反。幸好与六三正应，从六三"咥人，凶"体会出自己的处境：不但和六三（下兑上位）相似，而且更为高亢危险。于是考察初九到九五的履历，发现回归初九的原点，采取素履的态度，最为吉祥。以上九的地位，能这样返璞归真，元吉在上，自然大有庆也。

人都是哭着来到世上的，一生的目的是要笑着回去。可这个笑不能太早，笑得太早什么都得不到。笑要慢慢由外到心，不要把自己得意的事拿去跟失意的人讲，这样就是看不起他，不尊重他，只会让他更难过。从这个角度想，就知道什么叫天地良心。

内心的快乐才叫作喜悦。越有阅历的人，越不轻易把心里的感觉表现出来。爱高兴就高兴，想发脾气就发脾气，想要怎么样就怎么样，那就是眼里没有其他人，跟小孩子一样，一辈子没有长大。现在有太多人是这样，哭着来，哭着回去，一生等于零。

履卦强调的回归原点，不是归零，而是说做了一辈子人，不改初衷，坚持履行天道，一以贯之，非常难得。其实人这一生，无论在家还是社会，都在走履卦，履天道。回归原点是时时刻刻都可以做的，并非只在上九爻。我们每隔一段时间都要回归原点进行思考：自己是不是走偏了？是不是太靠近那只老虎了？是的话，赶紧拉回来。

履卦启示

卦名	卦辞	启示
履卦	履，履虎尾，不咥人，亨。	分辨上下，安定民心。

爻位	爻辞	启示
上九	视履考祥，其旋元吉。	审查实践，考核得失。
九五	夬履，贞厉。	刚愎自用，虽正而危。
九四	履虎尾，愬愬，终吉。	实践戒惧，终必得计。
六三	眇能视，跛能履，履虎尾，咥人，凶。武人为于大君。	见解不明，有害于人。
九二	履道坦坦，幽人贞吉。	幽独之人，道路平阔。
初九	素履，往无咎。	不受干扰，独行己愿。

❖ 卦十一 地天泰 ䷊

一、泰卦总说

泰卦跟否卦很有趣，一方面相错，另一方面又相综，对比很强烈。泰跟否是截然不同的两种情况，但又好像一条履带，从泰到否，再到泰，再到否……循环往复，这是天道对人类最严苛的考验。我们读泰、否两卦，就是希望最起码能长久一点持盈保泰，而不要老是经过动乱之后再去争取太平。

二、泰卦详解

泰卦卦辞：泰，小往大来，吉，亨。

天本来应该在上，地本来应该在下，这才是自然现象，但是泰卦地跑到上面，天反而跑到下面。真的会这样吗？

不可能的，那样人类都活不了。

其实这讲的是气的变化。三阴在上，三阳在下，阴气下降，阳气上升，阴阳交泰，才能充满生机，万物才能顺利成长。因为三阳在下，所以称"三阳开泰"。《易经》中，小指阴爻，大指阳爻，阳以天为代表，阴以地为代表，天地换位，叫作"小往大来"。元、亨、利、贞四德，泰卦只有亨，因为原本不是这样，人要努力，才会有泰。

泰卦与否卦的关系

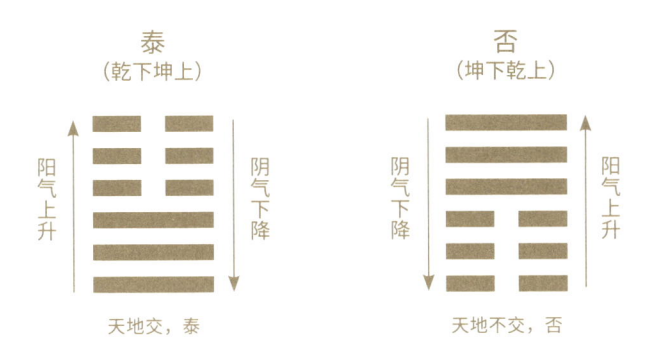

泰
（乾下坤上）

阳气上升　阴气下降

天地交，泰

否
（坤下乾上）

阴气下降　阳气上升

天地不交，否

泰卦与否卦，既互综又互错

正反互综

从上往下看是泰卦，由下向上看是否卦

左右互错

每一爻都相反，也就是互相交错

泰　　泰　否

《彖》曰：泰，小往大来，吉亨，则是天地交而万物通也，上下交而其志同也。内阳而外阴，内健而外顺，内君子而外小人。君子道长，小人道消也。

阳在内而阴在外，内部健全而外部通顺，二气调和，所以吉祥亨通。宇宙间阴阳交互，促使万物通达发展，是自然现象；组织中上下级沟通顺畅，促使意志相通，是人事现象。阳象征君子，阴代表小人，君子的气势蒸蒸日上，又能采取低姿态，使小人自然消退，即"君子道长，小人道消"。

泰卦六爻都是两两相应，表示小人跟君子相生相应，只要有君子就有小人，我们必须认真思考二者的关系。

小人能不能改变呢？

答案是，君子绝对改变不了小人。君子要想天下太平，不能消灭、征服、阻止小人，而要去感化他。只有小人自己要改变，他才会改变。所以，天下太平是天下人共同的责任，不只是君子，同样也是小人的责任。

君子要行正道，必须有一套正确对付小人的方法，不能疾恶如仇。我们从泰、否两卦可以学到很多应对之策。现在的年轻人要么什么都看不惯，认为别人都是小人，只有自己是君子——那又有什么用；要么反正就是这样，不如同流合污——那你也会变成小人。这就是不懂泰卦的道理。

君子和小人同时存在，正确的选择是亲君子而远小人，不要招惹小人，更不要逼小人愤怒，因为你没办法改变他，只能自己先做好，从而感化他，使他自己变，才能真通泰。

我们要着力于健全内部，外面的环境管不了，但必须能因应外界的变化，而不是自己认为怎样就一定要怎样。很多人认为社会治少乱多，完全是小人的责任。其实，真正懂历史的人就明白，社会治少乱多，君子的责任更大——如果小人一当道，君子就不行，那君子当然要好好检讨，自己的责任有没有尽到。

任何时候我们都不要以君子自居，也不要说别人都是小人，更不要骂社会、骂传统，什么都别骂。每个人都脚踏实地，反省自己有没有真正懂得践行天道，这样就够了。越多人这样，天下太平越容易实现，否则都是唱高调，自我标榜，占了便宜还卖乖，那样人类是不会长进的。

天本来高高在上，现在跑到底下来，这就叫以大事小。小人最喜欢人家捧，君子就应该捧他。当一个人很喜悦或者很愤怒的时候，最没有抵抗力，最没有理性，最容易上当，这也是"一阴一阳之谓道"。君子老是想把小人压在底下，那不"否"才怪！因为小人受到压制，就要保护自己，团结起来，那就乱了。假定君子懂得泰卦，就把小人捧得高高的，才有办法影响他，这在泰卦各爻可以深刻地感受到。

《象》曰：天地交，泰。后以财成天地之道，辅相天地之宜，以左右民。

天地交泰生出万物，种种问题便接踵而来，这时候领导者最好"财成天地之道，辅相天地之宜"。"财"是裁，"辅"为助。"财成"是裁制，裁决制定天地间合理的制度。"辅相"即辅助，辅导一切合乎天地自然应该施行的事务。"以左右民"便是给予合理的辅助，促使民生均衡发展，以兴利除害。

三、六爻详解

初九，拔茅茹，以其汇，征吉。
《象》曰：拔茅征吉，志在外也。

"茅"就是茅草。拔茅草的时候会连根带泥整个拔出来，这就告诉我们，如果你是君子，想要尽天下太平的责任，就要跟其他志同道合的人，像茅草一样，根茎叶连成一体，同心协力，主动积极，而不要一味标榜自己。下乾步调一致，君子同心协力，不要自乱阵脚，这就是泰卦的基本精神。

九二，包荒，用冯河，不遐遗。朋亡，得尚于中行。
《象》曰：包荒，得尚于中行，以光大也。

"包荒"是广结善缘。你一看到他，就认定他是小人，那就是你把他逼成小人的。

"冯河"就是孔子说的"暴虎冯河"。空手打老虎，没船却渡河，这种人有勇无谋，鲁莽冒险。君子连这种人都要用，可见非常包容。肚子里面有是非，又表现出最大限度的包容，这才是君子。

"不遐遗"就是再远的人都不遗弃。眼里只有自己，没有别人，那样的君子很孤单。

"朋亡"不是没有朋友，而是不要结党营私。君子一内斗，就跟小人一样。

"得"是能够，"尚"是重视。能够重视中道，表示这个人真的可以变成君子的骨干。九二是阳居阴位，说明虽然你很阳刚，但在这个位置上要特别柔和。

九三，无平不陂，无往不复，艰贞无咎。勿恤其孚，于食有福。

《象》曰：无往不复，天地际也。

进入九三，应该高度警惕。

我们今天最大的问题就是自以为是君子，要维持公平，可事实上哪里有什么公平。用现代话讲，"无平不陂"就叫作"合理的不公平"，现实世界只能做到合理的不公平。我们有很多不正当的想法，都是因为固执地认为人应该绝对公平。人最讨厌特权，可是特权永远存在，不要幻想去除特权，特权只会转移，不会消失。

"无往不复"是说天地循环。"艰贞无咎"是说只有在艰难困苦当中，始终不为恶念所动，保持要为天下开太平的正念，才会无咎。

"恤"是吝惜，"孚"是诚信。君子不能吝惜诚信，更不要觉得自己对大家讲信用，大家就应该也讲信用。要知道你所做的都是应该做的，结果怎么样不是你在决定，是天在决定。

六四，翩翩，不富以其邻，不戒以孚。

《象》曰：翩翩不富，皆失实也。不戒以孚，中心愿也。

"翩翩"是小鸟飞翔的样子。

"不富以其邻"是说，六四已经不像以前那样，跟六五那么接近。六四放弃私利，是出于内心诚意，表示要以诚待人，不再乱来。说到这里，大家应该明白，我们要给小人一条出路。什么路？就是逆取顺守。小人位置会那么高，也是经过一番努力得到的，可是小人没有走正道，那叫逆取。既然小人已经逆取，君子只有让他顺守，这才是自然感化。

六五，帝乙归妹，以祉元吉。
《象》曰：以祉元吉，中以行愿也。

六四的这种举动会引起六五的察觉，因为人总是有警觉性的。"帝乙"是殷商的天子，"归妹"就是把妹妹嫁给九二，"祉"就是福祉。

六五想要把九二提拔起来，选贤举能——只要你们这些君子是可用之才，那我也可以开放一些职位，让你们来担当，大家一起慢慢走上正道。

上六，城复于隍，勿用师，自邑告命，贞吝。
《象》曰：城复于隍，其命乱也。

"城"指城墙，"复"是倾覆，"隍"是护城河。"城复于隍"，代表盛极而衰。本来是小人当道，现在因为六四改变态度，六五也开始想跟君子谋和，上六就知道小人的势力快要盛极而衰了。

上六给我们的警告是守成不易，为什么不易？因为小人不可能从此不在，他们还是存在的，只是躲在暗处，其实暗处的小人更危险。

"勿用师"就是不要动武。不管小人还是君子，只要动武就不对，因为泰卦就是要天下太平。不能动武怎么办？"自邑告命"，从城里发出一些通告，诏告大家，现在有什么样的改变，为了全民的福祉，要开太平，要由近而远地去宣告正念，使人心安定。所以，处泰虑否，未雨绸缪，是避免"城复于隍"的唯一办法。

这样讲下来我们就知道，君子的责任其实只有四个字，叫作"修己安人"。在安定当中求进步，这就是泰卦的主旨。

泰卦启示		
卦名	卦辞	启示
泰卦	泰，小往大来，吉，亨。	内健外顺，上下一体。
爻位	爻辞	启示
上六	城复于隍，勿用师，自邑告命，贞吝。	泰极否来，不可用兵。
六五	帝乙归妹，以祉元吉。	贤明帝王，嫁女幸福。
六四	翩翩，不富以其邻，不戒以孚。	不富得邻，不诚得信。
九三	无平不陂，无往不复，艰贞无咎。勿恤其孚，于食有福。	盛极必衰，不可置疑。
九二	包荒，用冯河，不遐遗。朋亡，得尚于中行。	不远失君，舍弃昵友。
初九	拔茅茹，以其汇，征吉。	同类仕进，以行其道。

❖ 卦十二 天地否 ䷋

一、否卦总说

否，意为不通和否定。否卦坤下乾上，与泰卦完全相反，阳气越升越向上，阴气越降越向下，阴阳不交，就是否态。"否"字上不下口，有口不能言，言不由衷。否卦阳刚居外，阴柔居内，就人事现象看，表示对他人刻薄，却对自己宽厚，终究众叛亲离，害了自己。一家公司，董事长很了不起，总经理很了不起，经理很了不起，高高在上，看不起底下人，那当科长的心里就有疙瘩，当领班的就会觉得很窝囊，基层打工人更是忍气吞声，心知说什么都没用，干脆什么都不讲，混日子算了。这样一来，上情不能下达，下情难以上达，自然无法通泰。这样的公司，它的产品会好吗？它的组织气候会正常吗？它又能支撑多久呢？

二、否卦详解

从卦序看，泰卦是第十一卦，否卦是第十二卦，表示由泰入否，从通泰到阻塞，只是一瞬间，十分容易，而由否到泰则费时甚久，从第十二卦走到第六十四卦，再周而复始，由未济卦走到泰卦，总共要走六十三卦。中国人常说否极泰来，其实既费时又没把握，还没转泰，人的寿命就结束了，往往半途而废。中国人普遍很不喜欢等，时常觉得等久了会死，应该与此有关。通泰和阻塞的关系同既济与未济十分相似。泰和既济都很容易得意忘形，转

瞬变成否和未济，要想反转过来，路途都十分遥远，需要极大的耐力。

否卦卦辞：否，否之匪人，不利君子贞，大往小来。

"大往小来"刚好和泰卦的"小往大来"相反，象征天地不交，小人道长而君子道消，所以名否。在否的大环境下，不重视人道，只有"匪人"或"非人"才能得意，凡是走正道、有君子修养的人都不利，这就叫"不利君子贞"。在这种气氛下，君子最好暂时退隐，过着勤俭的生活，致力于转移风气，以求挽回世难，不能以高官厚禄为荣。

《彖》曰：否之匪人，不利君子贞，大往小来，则是天地不交而万物不通也，上下不交而天下无邦也。内阴而外阳，内柔而外刚，内小人而外君子。小人道长，君子道消也。

我们一定要了解，《易经》所讲的小人不是坏人，小人经常是君子变的。阳爻代表君子，阴爻代表小人，可否卦却是"内柔而外刚"，上卦三阳代表小人，下卦三阴反而代表君子。小人很刚强，掌握实际权力，君子很柔弱，忍气吞声，委曲求全，有志难伸，只好隐退，所以"小人道长，君子道消"。

《象》曰：天地不交，否。君子以俭德辟难，不可荣以禄。

"俭德"就是不展露才华，因为要避难。荣禄原本很好，但大环境是否的，你一出来，要么变小人，要么帮助小人，都很糟糕，所以要安贫。道不同不相为谋，能得富贵而不得，才是君子所为。如果一家公司的老板不像个人样，你什么也不必说，直接辞职。如果你进到一家公司，发现都是骗人的，可是为了要那份工资，为了要那个职务，还是情愿去做，最后自己一定会倒霉。

否卦跟泰卦一样，每一对爻都相应，那为什么会否呢？

其实，就是一句话——权力使人腐化。

人本来善良，可一到社会就变。因为一般开始时都是泰的，于是就放纵自己，不学了，更没有警觉性，看到上面人过的日子真好，把什么都忘了，一心一意往上冲，等冲到上面，比谁都腐化，比谁都腐败。

怪谁呢？

只有怪自己。

君子就是要在没有权力时好好地提升自己的修养，以便有一天有权有势、有名有利，还能控制自己不腐化，先打预防针。《水浒传》里的高俅本来是个小混混，忽然有一天飞黄腾达，他有时间来修养吗？当然没有，最后一下就否到底。他自己否没有关系，可是搞得所有人都跟着倒霉，这才是真正的否。

三、六爻详解

初六，拔茅茹，以其汇，贞吉亨。

《象》曰：拔茅贞吉，志在君也。

泰卦初九爻辞也有"拔茅茹，以其汇"，可见不管保泰还是去否，都要同心协力。只不过要提醒自己，应该采取跟泰卦相反的方向才正确，要往下走，不要上进，要退守，宁可装糊涂，宁可装笨。

否卦初六是要带头往下拉的，可是初六不当位，表示很多人明知身处否境，却仍然冲动地要往上，所以更要搞清方向。"志在君也"表示，我们的出发点是要用行动来引起九五的注意。老板叫你做事，你一看就知道那根本是违法的，怎么办？我只告诉你，老板叫你做什么，你都嘴上先应承着，但是不要做，而且也不要跟老板直白地讲出来。你不做，老板就会反省，再交给别人试试看，别人也不做，他就知道，大家都不想做，那就不做了。可见有时候我们要用积极的配合来使上面的人更加有信心，而有时候也要用"你怎么讲我都不动"的态度引起上面人的注意。

六二，包承，小人吉，大人否，亨。
《象》曰：大人否，亨，不乱群也。

与六二相应的是九五，而九五是君位。老实讲，一个人会爬到那么高的位置，他一定相当聪明，不管他是君子还是小人，都有相当的聪明才智，而居高位的人会时刻注意下面的动态。

任何一个总经理（九五）都会关心公司的整体状况，对底下人的动态更是不会放过。他会很仔细地观察、推敲、分析，如果发现有人开始不合作了，好人陆续走了，马上就知道这是个警讯。他总要想办法巩固根基，所以一定会笼络六二，关键就看六二的表现。

上面赏识我，我就尽力；上面给我机会，我就好好表现，这就叫"包承"。六二要警觉，想办法不接受威胁利诱，才会亨通，否则就会被九五利用，跟其他君子有隔阂，最后加入小人阵营，害死自己。六二要很坦然地表示自己去否的态度，表示自己要跟初六、三共同努力的决心，时刻警诫自己不乱群，不要变成下坤这一群君子中的害群之马。

六三，包羞。
《象》曰：包羞，位不当也。

"包羞"就是充满羞耻、羞辱，令人很难堪。六三"包羞"是因为柔居刚位，居位不当。六三跟上面靠得很近，所有情报都知道，上面要试探下坤的心意，要动摇下坤君子们的想法，多半会找六三下手。特别是当六二态度很坚定的时候，六三就是最重要的关卡。

其实不当位在否卦里不是不好，而是说既然位不当，就应该有相反的想法。但现在六三既不当位，又要照阳刚的位子往上走，急于上进，当然会蒙羞，会被人家看不起。这就表示六三徒有君子外表，实际上内里还是个小人。

九四，有命无咎，畴离祉。

《象》曰：有命无咎，志行也。

"有命无咎"是说九四不要主动做事，等九五下了命令再去做就会无咎。现在上下不通，九四最清楚底下的变化——基层士气不振，能摸鱼就摸鱼，能混就混，有好的意见不提，有缺点大家也不管……可是知道归知道，他不能直截了当跟九五讲，因为九五不会相信。九五会心想：你想以此来威胁我？！

"畴"指下坤三爻，"离"是依附，"祉"是福祉。九四不要主动改变九五，因为力道不够。可是底下人不敢直接跟九五讲，只敢跟九四讲，他们把整个福祉和希望都寄附在九四身上。所以，九四只能"有命无咎"，让九五自己改变，才会吉祥而无后患。

《易经》从来不教人去做小人。实际上九四还是应该表明自己跟九五、上九是一体的，只是希望九五赶快改变。九五一变，自己就顺着变；九五没变，自己就适当消极一点，少出馊主意。

九五，休否，大人吉。其亡其亡，系于苞桑。

《象》曰：大人之吉，位正当也。

"休否"是说否到九五这里可以休止了，只要九五观念一变，作风一变，适当调整，并让九四施行，传达到基层，底下整个就动起来了。可见否要休止只能依靠九五——不管九五是伪君子、真小人还是一时迷糊的真君子，只要休否，就是大人，就会吉祥。

"其亡其亡"是说九五要高度警觉，再不改变就会灭亡。

"苞桑"是说九五要直接跟六二、六三谈一谈，才知道怎样做正当的调整。

上九，倾否，先否后喜。

《象》曰：否终则倾，何可长也。

既得利益者会很强烈地反弹，想要把整个去否的力量倾覆掉，所以九五要发挥魄力，跟上九好好沟通，化解反弹。因为九五也只是休否而已，如果上九强烈反弹，否态还是会复发。

倾否，才能真正把否整个化解掉。

总经理已经知道这样不行，但上面还有董事会。董事会的想法是，我们每年有那么多收益，万一你调整了，我们的利益受损怎么办？所以坚决不同意总经理的调整。此时，总经理只有两条路，一条是很诚恳地跟董事会沟通，到最后他们也同意了，那就真的是"先否后喜"——刚开始很为难，结果皆大欢喜；另一条是以退为进，董事会不调整，自己就辞职，促使他们再考虑考虑。

这就是《易经》的好处。它不会老告诉你将来没有希望，哪怕再坏，都会给你一线生机；哪怕再危险，都会给你一线光明；哪怕是在否卦闭塞不堪的状况下，都会讲否是可以化解的，所以中国人才会讲否极泰来。

四、泰、否两卦最好并列研究

现在我们把泰、否两卦并列在一起研究，这两卦不但彼此互变，而且泰中有否、否中有泰。

初九和初六都以"拔茅茹"为戒，表示单打独斗不成气候，必须建立共识，以求齐心协力。泰要保泰，否要去否，任何情况下都不可能静止，保持现状只是不切实际的安慰，真正的保持现状就是落伍，赶不上时代变化。初九和初六都代表君子，这是《易经》最有趣的事情，一切看着办，不一定。泰时阳是君子，否时阴也是君子，人的进退要看大环境的变化，做出合理的调适。

九二和六二都是首领，和六五、九五上下呼应，成为保泰、去否的关键人物。九二"包荒"，六二"包承"，都是不乱群的领导风范。心胸宽，度量大，比较容易协调。

九三和六三都与当权的上卦很接近，任何的风吹草动都会受到影响，很凶险。九三"无平不陂"，六三"包羞"，都是警诫语。

六四和九四居上卦始位，和下卦接触得多，必须小心翼翼，以免弄巧成拙。六四"翩翩"，九四"有命无咎"，都是忠实可靠、值得信任的干部，全力和六五、九五配合。

六五和九五是保泰、去否的决定性人士，至关重要。

上六"城复于隍"，上九"倾否"，都在告诉我们，凡事物极必反，必须预先防患，以免泰尽否来、否极泰来，来不及做好准备。人的幸与不幸，社会的治乱，国家的兴衰，都可以从泰、否两卦获得很多宝贵的经验和启示。

泰、否两卦的六爻对比研究

泰		否
上六	物极必济	上九
六五	关键领袖	九五
六四	戒慎恐惧	九四
九三	最为凶险	六三
九二	主导人物	六二
初九	拔除茅茹	初六

泰卦初爻提示贤能君子，必须以牺牲奉献、造福人类社会为共同目标，齐心协力，才有成功的希望。

九二爻表示君子们的领袖，必须宽宏大量，包容各种意见。君子和小人相争，不能有你死我活的心态。

九三爻指出，君子应该坚贞忠实，即使遭受羞辱，也要坚持合理贞操。就算受人怀疑，也要保持诚信。

六四爻要预防虚伪不实，必须以忠实诚信为妥当。

六五爻有宽厚的仁德，和平中正就能达成愿望。

上六爻已失人心，不宜用兵，以免陷于衰落。

由此可见，每一阶段都要以人为本。人必须为自己的所作所为负起全部的责任。因为自然现象，实在无所谓泰否。只有站在人的立场，才有泰否的感觉。从个人、家庭、国家、社会，以至于全世界来考量，都有泰有否，而且循环往复，而保泰去否，也一直是大家共同的愿望。

君子保泰去否

泰

上六	不宜用兵
六五	和平中正
六四	预防虚伪
九三	坚贞忠实
九二	宽宏大量
初九	齐心协力

保泰

否

先否后喜	上九
高度警惕	九五
有命无咎	九四
承受羞辱	六三
特立独行	六二
合力以赴	初六

去否

否卦启示

卦名	卦辞	启示
否卦	否，否之匪人，不利君子贞，大往小来。	上下闭塞，必须守正。

爻位	爻辞	启示
上九	倾否，先否后喜。	逆运终止，后有喜悦。
九五	休否，大人吉。其亡其亡，系于苞桑。	逆运虽已，仍宜戒惧。
九四	有命无咎，畴离祉。	承受上命，共事明主。
六三	包羞。	包容小人，是可羞耻。
六二	包承，小人吉，大人否，亨。	包容承顺，大人不可。
初六	拔茅茹，以其汇，贞吉亨。	小人同类，顺从君子。

❖ 卦十三 天火同人

一、同人卦总说

任何一件事不可能永远闭塞不通，因为事物本身会调整，叫作"自我修正"。所以，《序卦》说："物不可以终否，故受之以同人。"同人卦象征了人际关系的和谐融洽，勾勒出一幅既美好又理想的世界大同蓝图。大家尽量朝大同的目标努力，效果自然会好，可是大同世界不是一个同人卦就能够做到的，它还需要一个跟它相综的卦——大有卦。

二、同人卦详解

同人卦下离上乾，天底下有一个太阳，普照万物，一视同仁，大家都觉得光明在望。此外，同人卦还有天下为公的含义，因为如果没有天下为公，就不可能一视同仁。人类一出生就不平等，这是事实。我们只能用后天的人为道德修养尽量让大家平等——相对的平等。在物质上大家可以一视同仁吗？当然不可能，我的西装脱下来很多人穿不上，不是大了就是小了。相反，人格修养的平等比较容易做到，大家都可以勤劳、负责、认真、有理想，不太坚持己见……这些只要想做就做得到！

同人卦只有一个阴爻，就是告诉我们，不要老盯着物质层面，不如在精神层面尽量让大家有"同样都是人，不应该差太远"的觉悟。

同人卦卦辞：同人，同人于野，亨，利涉大川，利君子贞。

古代把城市叫邑，邑外是郊，郊外是野，野外比郊外更荒僻。"同人于野"强调凡事都有先后、轻重、本末。世界大同的确很美好，可一上来直接追求大同，那是不切实际。一定要按部就班，从里往外、从近到远、由亲到疏，慢慢推出去。如果一个小孩子没有家庭观念，只有社区观念，整天为社区奉献，在家却什么都不做，我们会有何感想？

还要注意，卦辞说"同人于野"而非"同人于家"，即同人的理想不是在家完成的，在家那就叫家人卦。换句话说，人在家可以靠亲情，在外要用理智指导感情。

《彖》曰：同人，柔得位得中而应乎乾，曰同人。同人曰：同人于野，亨，利涉大川，乾行也。文明以健，中正而应，君子正也。唯君子为能通天下之志。

六二爻居中得正为卦主，即"柔得位得中"。六二与九五相应，而九五为上乾主爻，即"柔得位得中而应乎乾"。下离代表文明，上乾象征刚健，即"文明以健"。六二和九五都居中得正，彼此相应，是"中正而应，君子正也"，呼应卦辞"利君子贞"。

最后一句"唯君子为能通天下之志"的"通"和"同"意思相近，只有君子才能促进天下为公，世界大同。天下有这么多人，十个人就有十种看法，要大家完全相同，不但不可能，而且不需要。要同心协力，唯一的办法就是去掉成见，抛开私人恩怨和邪念私欲，每个人都牺牲一点，为共同的正大目标而努力，这样便会克服万难而亨通，即卦辞的"亨，利涉大川"。

《象》曰：天与火，同人。君子以类族辨物。

天与火的属性同为向上，象征同心协力、和谐融洽。君子看到这种自然景象,觉悟"方以类聚,物以群分"的道理。有时候民族之间有一点小意见,我们也不要太过敏感,认为这就是种族歧视。要想到"君子以类族辨物",思考为什么别人跟自己不一样,慢慢加强沟通,互相尊重,就会发现原来只是大同小异。君子会同类相聚,而差异也确实存在,我们只要做到可以同的尽量同,没办法同的彼此谅解包容,这就叫大同。

既然同人这么好,我们要不要把同人当作一个既定目标,一直往前推进呢?答案是不要。因为"一阴一阳之谓道",就算是同人,仍然有好就有坏。君子与君子和同是同心同德、同舟共济,小人与小人和同那就是朋比为奸、同流合污,务必用心细察明辨。

三、六爻详解

初九,同人于门,无咎。

《象》曰:出门同人,又谁咎也。

初九是阳爻居阳位,所以当位。就是说这个人在家里有很好的家教,家人相处得很好,不管是精神上还是物质上,大家都全力支持他,他可以放心出门,所以"无咎"。

"门"指门户,人与人、家与家、国与国之间,存在各色各样的门户之见。"同人于门"是说这个人初次踏出家门,与外人和同。由于初九与九四并不相应,表示初九不存私爱而满怀公心。抱持这种正大光明、无私无偏的心态,出外与人和同,当然无咎,更不会产生什么不良的后遗症。与外人保持一种和谐的关系,不存心占小便宜,也不要手段令人吃亏上当,这是与人和同的基本原则。人人由自己做起,再逐渐向外扩展。

六二,同人于宗,吝。

《象》曰:同人于宗,吝道也。

六二居下离中位，为卦主，柔居阴位，所以《象》说"柔得位得中"。六二与九五相应，而九五为上乾主爻，柔得位而应乎乾。离代表文明，乾象征刚健，下离上乾，即"文明以健"。

透过"乾"的健行，应该可以"同人于野"。

然而，人类并未真正"乾行"，且对"潜龙勿用"也不够理解，所以未能充分实践，以致一迈出家门，便出于种种原因，遭遇挫折甚至受到伤害，陷入六二的困境。

六二得位得中，又与九五相应，为什么反而"吝"（狭隘）呢？那是因为陷入困境后，对外人失去信心，产生畏惧，而只敢和"宗亲"和同。对同人的理想已经大打折扣，因而缺乏广阔的胸襟，以致有所偏爱又心存偏私，当然吝了！出外之人过分依赖宗亲的协助，对同人来说是一种吝道，必须适可而止。此时唯有继续扩大和同的范围，走出小圈子才能吉祥。

九三，伏戎于莽，升其高陵，三岁不兴。
《象》曰：伏戎于莽，敌刚也。三岁不兴，安行也。

九三当位，又居下离极位，难免有过刚的倾向而好勇斗狠。由于以刚乘柔，所以对六二产生了近水楼台的感情，但是六二又与九五有应，并不理会九三。这时九三竟然产生以兵力劫持九五的歹念，把军队埋伏在草莽之间，又攀登高山不断窥探九五的情况，结果自知不是九五对手，终于省悟九五与人和同的苦心，以至于三年甚至于更久都不敢有所行动。其之所以始终采取安于本位的态度，主要是受到九五的感召。

九四，乘其墉，弗克攻，吉。
《象》曰：乘其墉，义弗克也。其吉，则困而反则也。

九四不当位，又与初九不相应。上有九五的诚心感召，下有九三的不怀好意，很可能采取隔岸观火的心态，而成为骑墙派。"墉"为城墙，"乘其墉"是把军队部署在城墙上。"弗克攻"便是在看到实际状况后，九四自忖打不过九五，因而停在那里观望。为什么九三不言吉，九四反而为吉呢？外人不知真实的情况，还以为九四是明白义理、依循正道而不敢攻击，所以称吉祥。

九五，同人，先号咷而后笑，大师克，相遇。
《象》曰：同人之先，以中直也。大师相遇，言相克也。

大同的关键在于初九原始的动机，但最后能不能完成还是要看九五，因为九五之尊的势力最强大。

九五当位，居上乾中爻，又与下离六二相应，形势极佳。有如拥有庞大军力，也就是"大师"，足以克服九三、九四的野心与阻碍，使其知难而退，转而相遇和合。然而，同人的先决条件是以至诚令人心悦诚服，不能诉诸武力。这里的"大师"应该是指九五长期以德服人所培养出来的高尚声望。由于人心不同、各如其面，必须备极忍耐、历尽艰辛，以至于大声痛哭。后来以公理克服事端，这才笑逐颜开，喜在心头，这就是"先号咷而后笑"。这样，大同就几乎在望。但有人还是怀疑：真的吗？

上九，同人于郊，无悔。
《象》曰：同人于郊，志未得也。

上九位于全卦上端，象征同人之道已将穷尽。但是同人卦辞以"同人于野"为目标，而上九却仅能做到"同人于郊"，表示距离同人的理想仍有一段遥远的距离。"无悔"是勉励大家，只要尽了力，不论结果如何，都不必介意。因为总要留些事给下一代人去做，人类才能一代一代进步。

记住一句话："功成不必在我。"

现在我们可以看出整个同人卦的过程：

初九，打开心胸，公而无私，这是基本信念。

六二，不要搞小团体。同人于宗，气魄太小。

九三，千万不要动歪脑筋，不要再想用武力恫吓人家，那样只会使仇恨越结越深。

九四，骑墙派不敢轻易动武，让其自己改变态度，知过而退，才是最好办法。

九五，我们要在不同文化里争取成为主流，有"四海之内皆兄弟"的胸襟。先好好努力，尽了力，最后才笑得出来。

上九，安定和纷争永远处在动态平衡中，保持平衡才是我们真正能做到的事。

同人卦启示

卦名	卦辞	启示
同人卦	同人，同人于野，亨，利涉大川，利君子贞。	正道合群，能解困难。

爻位	爻辞	启示
上九	同人于郊，无悔。	合群广远，无可懊悔。
九五	同人，先号咷而后笑，大师克，相遇。	合群不易，要经奋斗。
九四	乘其墉，弗克攻，吉。	意欲攻击，更不合群。
九三	伏戎于莽，升其高陵，三岁不兴。	伏藏兵戎，绝不合群。
六二	同人于宗，吝。	合群狭隘，令人惋惜。
初九	同人于门，无咎。	合群无私，没有差错。

❖ 卦十四 火天大有 ☰

一、大有卦总说

把同人卦整个颠倒过来，就变成大有卦，这两卦彼此相综；而把同人卦上下两卦颠倒，也会变成大有卦，二者又互为错卦，可见关系之密切。《序卦》说："物不可以终否，故受之以同人。与人同者，物必归焉，故受之以大有。"少数志同道合的人为共同理想同心合力，就会使很多人前来归附，进而获得很多东西，这个状况称为大有。大有既然是大获所有，当然也应该大家都有，把同人的佳果给予大家，共同分享。

二、大有卦详解

大有卦卦辞：大有，元亨。

"元"为大，"亨"为通，有办法维持大通的局面，才算是真正的大有。大有卦乾下离上，离为火为日，乾为天。日在天上，普照天下万物，有阳光便有雨水，万物得以欣欣向荣。

《系辞上》说："富有之谓大业，日新之谓盛德。"乾为大业，离即盛德，有盛德必有大业。大有是同人的最佳效果和最大收获，因此可以解释成"大获所有"。如果同人卦是"同样是人，不要差太多"，那大有卦就是把同人的佳果分享给大家——别急，大家都有。

大有是同人发展来的，现在的大有完全是大家共同努力的成果，不是某一个人便能够创造的。所以，真正的大有需要两个条件：一是富而有礼，不要目中无人；二是富而能仁，把别人当人，发挥人间大爱。富而有礼，富而能仁，就会福慧双全。

我们特别提出一句话：小富由俭，大富由天。小富是自己赚的，可以不跟人家分享，因为一共也就一点点；大富往往是老天爷给的，单凭你自己赚不了这么多，当然要分享。有钱人不这样做，一定遭殃。

大有卦还有四个重点：一是有公，二是有智，三是有仁，四是有则（就是原则）。一个人知道怎么用钱，一辈子不会变坏；对钱根本没概念没原则，突然暴富，十有八九会遭殃。大有生于无，无私、无为、无我、无欲，才有办法有公、有智、有仁、有则。

《彖》曰：大有，柔得尊位大中，而上下应之，曰大有。其德刚健而文明，应乎天而时行，是以元亨。

大有卦五阳一阴，依据物以稀为贵的原则，六五成为卦主。六五柔居阳位，居上离中爻，全卦的尊位，所以说"柔得尊位大中"。上下各阳爻都与六五应合，以一阴而包容众阳，所获者大，因此称为"大有"。下乾刚健，上离文明，是大有的卦德。六五与九二相应，所以说"应乎天而时行"，也就是按照时序而行动，春华秋实，因而得以大通。

《象》曰：火在天上，大有。君子以遏恶扬善，顺天休命。

天原本就很高，火在天上，表示火也很高。君子看到这种自然景象，便会悟出圣人在上，指引万民甚至子子孙孙，犹如火在天上，光照万物的道理。

"顺天休命"的"休"是美好，"休命"是美好的使命，人只要有机会有能力，就一定要顺天理良心，完成作为人的美好使命，这才是读《易经》所需要的觉悟。如果读了半天，只想从中得到好处，只想把坏处推给别人，那就读成了小人，还不如不读。

人一旦大有，就会不断产生恶念。过去没钱、没机会、没能力做坏事，现在有了，便开始动歪脑筋。各种离奇古怪的现象多半发生在富贵家庭，不能遏恶，就会害死自己。人要安贫固然难，要安享富贵更难，所以孔子一再提醒我们，可以富贵，但要先做好充分的心理建设。再者，我们本来是有良心的，想做一些善行，而现在有能力却不想做，因为想积小成大，再大，更大，最好能比任何人都富有……这样就什么事都不要做了。

三、六爻详解

大有卦火在天上，同人卦火在天下，两者有什么不同？同人卦火在天下，所重在人道。同人卦九三、九四倘若缺乏同人意识，九五很可能笑不出来。大有卦火在天上，更加重视天道。由于天道必须借助人来表现，所以大有卦六爻的发展大致均衡。

> 初九，无交害，匪咎，艰则无咎。
> 《象》曰：大有初九，无交害也。

"无交害"指没有近忧。初九阳刚当位，与九四并不相应，难免满而自溢，和卦主六五又相距很远，似乎孤立无援。在这种情境中，没有近忧，通常也缺乏远虑，必然有咎。这里为什么说匪咎？可见原来有咎变成无咎，最好的办法便是回想一路走过来的艰辛历程。大有得来不易，必须记取乾卦初九"潜龙勿用"的警示，不要自己害自己，这也是"无交害"的警惕。不因自满而自溢，唯有如此，才能无咎。

九二，大车以载，有攸往，无咎。

《象》曰：大车以载，积中不败也。

九二以阳刚居下乾中位，象征坚牢的大车，也就是用牛拉动的牛车。阳居柔位，表示刚中有柔，可以负载重物。又与六五相应，好像奉六五指令，载重致远，因此有所往而无不利。由于九二并不当位，唯恐大家担心其有咎，这才特别提示无咎。希望大家能秉持中道精神，不用担心当不当位，最后都能得以无咎。

九三，公用亨于天子，小人弗克。

《象》曰：公用亨于天子，小人害也。

九三象征王公，以刚健居阳位，下有九二、初九的支撑，表示资财根基厚实，有能力比照天子那样祭祀天地和祖先，所以说"公用亨于天子"。"小人弗克"指倘若小人处在这样的情境，很容易心生不轨，反而"不克"，也就是不应如此。就算九三不是小人，也可能有小人向六五打小报告，以致六五怀疑九三。最好的办法，是向六五有所奉献，以表示忠诚。

九四，匪其彭，无咎。

《象》曰：匪其彭，无咎，明辨皙也。

九四以刚居柔位，象征刚健而失位，很容易不甘寂寞而走上旁门左道。"彭"是旁，"匪"即非，只要不走旁门左道，九四就不致造成什么遗憾，所以无咎。九四之上是柔弱的六五，下面则是足以分六五大权的王公，究竟该投靠柔弱的天子，还是趁机鼓动权压天子的王公呢？按理，九四和六五同属上离，其光明主要来自六五，当然以不鼓动九三为宜。"彭"也可以解释为鼓动的声浪，所以"匪其彭"也就是不鼓动，因而无咎。

小象的"晳"是肤色洁白，也是"析"，释文又作"晳"；"辨"即辨别。"明辨晳"便是分析事理，明辨是非。"彭"又可以解释为盛大，明知不当位，却硬要奢侈浮华。六五看在眼里，倘若不加以制止，岂非纵容九三趁机夺权？因而先对九四施加压力，那就不可能无咎了。九四不说吉，只说无咎，是含有深意的，必须细心体会为宜。

六五，厥孚交如，威如，吉。
《象》曰：厥孚交如，信以发志也。威如之吉，易而无备也。

六五柔居刚位，为上离中爻，称为柔中。"厥"是"其"的意思，"厥孚"便指六五的诚信。同人卦的九五还有庞大的军队，可以备而不用，大有卦的六五必须以诚信来服众，以尊位而柔顺待人。"交"为感动，"交如"表示六五的态度深深感动了所有人。全卦一阴五阳，六五一阴感动其他五阳，即使不施加武力，也能自然显现威严，令人敬畏。六五原本居中为吉，再加上"交如""威如"，自然吉祥。

上九，自天佑之，吉无不利。
《象》曰：大有上吉，自天佑也。

大有并不是以"大获所有"为庆喜，而是以保持"大家都有"来勉励大家。提醒大家，无论做任何事，都应该固守本德，保持正当操守，自然得到天佑，事事亨通，可以无咎。

上九以阳刚居柔位，原本有乘凌六五的可能，看到六五以诚信感动初九、九二、九三、九四，深切体悟天之所助者顺也、人之所助者信也，于是置之度外，冷眼旁观初九、九二、九三、九四之争附于六五，因而获得"自天佑之，吉无不利"的上吉。

天道忌满，人道忌全，自我约束而不以丰盈自处，才能吉祥。

大有卦启示

卦名	卦辞	启示
大有卦	大有，元亨。	遏恶扬善，顺天应命。

爻位	爻辞	启示
上九	自天佑之，吉无不利。	上天保佑，极为得计。
六五	厥孚交如，威如，吉。	诚信交往，应有威严。
九四	匪其彭，无咎。	丰盛不极，没有差错。
九三	公用亨于天子，小人弗克。	有才德者，享受富贵。
九二	大车以载，有攸往，无咎。	能有为者，促进丰盛。
初九	无交害，匪咎，艰则无咎。	尚无伤害，艰难警惕。

❖ 卦十五 地山谦 ䷎

一、谦卦总说

　　大同得来不易，却又难以持久，如果德量不足，一旦富贵而骄，很快便会得罪人。《序卦》说："与人同者，物必归焉，故受之以大有。有大者，不可以盈，故受之以谦。"要化解这种状况，方法只有一个：重视谦恭合礼的修养。所以，大有卦之后是谦卦。"谦"字左言右兼，言是说话，兼是兼顾，即每说一句话都要兼顾他人的感受。

二、谦卦详解

　　谦卦卦象是下艮上坤，上面一片土地，下面一座大山，自然的景象分明是山高高矗立在地上，谦卦的卦象却是偌大一座山躲到地下，让人看不见，就表示它充分谦虚，本来可以很伟大，却表现得很平凡。当然，一座山躲到地下，也会有委屈，可山还是山，并不因人们看不见就化掉，所以谦卦还有一个阳爻（九三）。如果九三也变成阴爻，谦就变成坤，可见谦是坤演变而来的：乾卦九三进入坤卦，坤就变为谦。乾卦九三爻辞"君子终日乾乾"告诉我们，一个人终其一生都应该进德修业。而谦卦六二、九三、六四三爻构成一个互卦坎，也告诉我们人生会经历持续的险阻，谦卦最主要的目的就是用谦虚礼让来突破各种艰难。

谦卦卦辞：谦，亨，君子有终。

谦卦内艮为止，内心能够自我约束，保持知足常乐，不过分要求；外坤柔顺，表现谦虚、礼让、谦退。这种谦虚美德，保持一时容易，但要始终如一保持高度的谦让是很难的。所以如能始终保持，养成良好习惯，自然亨通而无所阻碍。

《彖》曰：谦，亨，天道下济而光明，地道卑而上行。天道亏盈而益谦，地道变盈而流谦，鬼神害盈而福谦，人道恶盈而好谦。谦，尊而光，卑而不可逾，君子之终也。

六爻分天、人、地三才，初、二两爻为地道，三、四两爻为人道，五、上两爻为天道。谦能亨通，是由于谦德包有三才。天道、人道、地道都和谦有密切关系。天气下降使万物生长，并以日月光辉使世界充满光明。地气受日光普照，上行以应合天时，虽然地势卑下，却能成育万物。谦卦下艮象征天道下济，上坤表示地道上行，所以亨通。天道减少盈满的，增益谦虚的；地道改变盈满的，用以充实谦虚的；鬼神危害盈满的，设法施福谦虚的；人类憎恶盈满的，喜欢谦虚的。谦虚的君子如果位居尊贵，更显得光彩耀人；即使位居卑下，其道德修养也难以被人超越，所以始终吉顺。

《象》曰：地中有山，谦。君子以裒（póu）多益寡，称物平施。

"裒"是减少，"益"为增加，君子将山高出的部分减少，弥补地的不足，象征以谦德来弥补世间的不平。"称"为衡量，"施"即施与，"称物平施"便是权衡事物的多寡，设法公平施与。上坤阴气向下，下艮阳气上升，上下互通，取多余而补不足，即为谦虚、礼让、互惠的表现，发挥了地中有山的精神。

同人前为否，大有后必谦

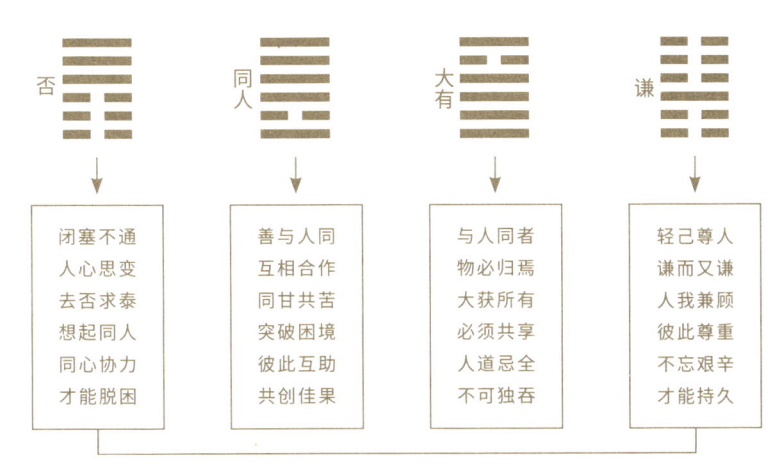

否	同人	大有	谦
闭塞不通 人心思变 去否求泰 想起同人 同心协力 才能脱困	善与人同 互相合作 同甘共苦 突破困境 彼此互助 共创佳果	与人同者 物必归焉 大获所有 必须共享 人道忌全 不可独吞	轻己尊人 谦而又谦 人我兼顾 彼此尊重 不忘艰辛 才能持久

谦虚礼让是大同世界的共同守则

三、六爻详解

谦卦外柔顺而内静止，象征恭敬有礼，虚怀而不自满。我们不难想象，山这么高，令人心生畏惧。做人如果像山这样，岂不是令人望而生畏，敬而远之？亲和力完全丧失，人际关系一定不好。山能躲在地下，这是多么高明！谦卦六二、九三、六四、上六当位，而初六、六五不当位。一般来说，当位的爻大多吉，不当位的爻往往凶，但谦卦例外，它是六十四卦中唯一六爻皆吉的卦。换句话说，六十四卦实际以谦卦为中心，无论当不当位，都吉。

初六，谦谦君子，用涉大川，吉。

《象》曰：谦谦君子，卑以自牧也。

初六以阴爻居阳位,又居全卦初位,象征年轻人初出茅庐,不可要求太高,才能顺利获得工作机会。不宜心态高傲,或自视甚高,必须抱持谦虚、恭敬、谨慎的态度,才容易获得赏识和提拔。这样的谦谦君子,不管走到哪里都受人欢迎,当然吉祥。

"谦谦"有"谦之又谦"的意思,初六居谦卦初位,又柔顺自牧,所以称为"谦谦"。下卦为山,本身便具有坚定不移的力量,初六是山底,更是负载着庞大的重量,具有这样的实力,又能够谦虚礼让,才有资格称为谦谦,也才有能力承担重要责任。

六二,鸣谦,贞吉。
《象》曰:鸣谦,贞吉,中心得也。

六二以阴爻居阴位,得位而吉,又处下艮中位,居中得正。由于六二、六四、六五互震,而六二和九三亲比,有雷鸣之象,所以说"鸣谦"。只要坚持合理的贞正操守,便能声名远扬,为大家所欣赏。六二的声名并不是虚的、经不起考验的,所以心中当之无愧,显得心安理得。这种实至名归的谦虚美誉,大家会发自内心地加以宣扬。倘若六二缺乏实力,那就会"心虚",而不是"虚心",哪里能心安理得呢?

九三,劳谦,君子有终,吉。
《象》曰:劳谦君子,万民服也。

九三是谦卦主爻(卦主),以阳爻居阳位,与上六相应,同时一阳居众阴之中,六二、九三、六四互卦为坎,九三正好居于互坎的中位,有陷、劳、忧的象征,所以称为"劳谦"。平凡而没有贡献,谦虚是应该的,说起来也是一种藏拙,免得出丑;有功劳、有贡献,难免因人不知而愤怒,认为这些人缺乏见识,简直就是井底之蛙;如果大家知道,也表达了敬意,当事人便不免沾沾自喜,自认为了不起,而失去应有的谦虚美德。有功劳、有贡献、负重责大任,还能谦虚、不自大自满、高而不傲,始终有如此"劳谦"的君子风度,当然吉祥。

在谦卦里,又分"坤谦"和"艮谦"。"谦之又谦"的第一个谦即指下卦的"艮谦",第二个谦便是上卦的"坤谦"。谦谦君子以谦卑心态约束自己;声名远扬的鸣谦,需要坚持贞正才能获吉;到了劳谦,已经显得君子有终。下卦艮谦的修养至此告一段落,自我充实(修己)的功夫已告完成,上卦坤德即将发挥谦的能量,以柔克刚,无往而不利(安人)。上坤纯阴,下艮属阳。下艮仍有向上冲的气势,在伟大中力求平凡;上坤却向下包容,在平凡中见伟大,因此坤谦所受的阻碍要比艮谦小得多。

六四,无不利,撝(hui)谦。
《象》曰:无不利,撝谦,不违则也。

"撝"是发挥,"撝谦"即发挥谦德的功能。"不违则"是不违背谦虚的原则,必须自然而然、毫不造作,若是出于勉强,就是"伪",伪装的谦德很快会被识破。六四以阴爻居阴位,又是上坤最下位,上对六五,下对九三,都能发挥谦卑的美德,所以无往而不利。六四居九三之上,称为柔乘刚,通常这种情况并不好,但在谦卦的大环境里,六四对九三必能自守柔顺,没有骄态,彼此真诚相待。

六五,不富以其邻,利用侵伐,无不利。
《象》曰:利用侵伐,征不服也。

"不富以其邻"意思是不和周围的人在富贵方面计较,反而容易产生更大的影响力。六五阴居阳位,又是上坤中爻,阴象征小,以小居中,有不富之象。九三、六四、六五互震,具有震动的影响力,即为"以"。六五不富却能发挥巨大的影响力，主要是谦德极盛令人心服，这种得来不易的影响力，必须用来正己正人、修己安人。"利"是宜，六五性质柔顺，怎么适合用来讨伐呢？当然是因谦的美德而得人心，大家心甘情愿、毫无计较地出死力。这种力量只能用以征讨少数不服德化的人，倘若存心侵略，那就不吉。谦卦所说的侵伐，实际上用不着动武。大家同声劝导，不接受德化的人受到影响，自然心服。一动声势就够，根本不必动武。

上六，鸣谦，利用行师，征邑国。
《象》曰：鸣谦，志未得也。可用行师，征邑国也。

上六当位，而且与九三相应，表示他有很好的群众基础。六二的"鸣谦"来自他人的赞美，而上六的"鸣谦"是自己发出来的力道，谁不重视谦道，上六就以大佬身份指责他，甚至可以叫一帮人来指责（"利用行师，征邑国"）。为什么这里会突然出现"利用行师"？就是因为这些事做老大的六五不能做，否则很容易丧失亲和力。一个人到了国之大佬的地位，声望很足，很有贡献，受大家尊敬，自然可以去纠正那些不谦虚、破坏和谐的人，而且人家也不会认为他很傲慢。这些话如果六五不方便讲，上六又不愿意讲，通通变成滥好人，社会就没有秩序。

按照《易经》卦爻通例，到了上爻往往物极必反，只有谦卦例外，因为谦是无止境的。小象说"志未得也"，人生还没有走完，不能自我膨胀，否则晚节不保。上六要"利用行师"，要发挥自己的影响力，可是千万不要骂到外国去，因为风俗习惯不同。"征邑国也"就是征服自家人，使同胞和谐相处。

谦卦起于内心的谦虚礼让，必须透过言行表现，所以说话是谦卦的重点。你一说话，别人就知道你是不是谦虚。中国人说话不用"实不实在"或"欺不欺骗"这种虚而不实的二分法，而用三分法：既不欺骗，也不说实话，我们所说的几乎都是"妥当话"。在中国社会，欺骗别人，良心不安，而且很快会被揭穿，但说实话的人往往十分凄惨，至少不受欢迎，多少人一开口便成"烈士"，"死"得很难看。平心而论，说实话的人，不是目中无人便是口无遮拦，实际都很不合乎谦德。我们一定要说妥当话，让对方听起来顺耳，既不讨他的欢心，也不拍他的马屁，而要让他听得进去，使他自己做出适当的调整，就会达到预期的效果，这才是真正会沟通的人。

谦卦启示

卦名	卦辞	启示
谦卦	谦，亨，君子有终。	减多益寡，自能受益。

爻位	爻辞	启示
上六	鸣谦，利用行师，征邑国。	过分卑逊，仅治小事。
六五	不富以其邻，利用侵伐，无不利。	谦德极盛，要施威武。
六四	无不利，撝谦。	发挥谦德，没有不利。
九三	劳谦，君子有终，吉。	有功的谦，终能受益。
六二	鸣谦，贞吉。	著称的谦，正而得计。
初六	谦谦君子，用涉大川，吉。	德谦君子，克服困难。

❖ 卦十六 雷地豫 ䷏

一、豫卦总说

豫是快乐、喜乐、高兴，同时还有预备、预喜、预悦等不同层次的含义。总而言之，豫卦就是快乐之道。豫卦和谦卦一样，都是一阳五阴，初、上两爻是阴，属阴包阳，且唯一的阳爻都在人位，说明谦不谦虚、快不快乐是人的事情，跟天地没有太大关系。

一个人有很大的喜乐，常常会情不自禁地表现出来，以致忽略了他人感受，造成无意的伤害。若是不能得到受害者的体谅和包容，更容易引起反感、排拒甚至是破坏，岂不是乐极生悲？我们常说得意忘形，便是要预先做出警诫。然而，人生追求快乐也是正当目标，不能因他人的感受便强行压抑，或者以苦修为乐。乐不是，不乐也不是，在这种两难情况下，应该设法走出一条健康、安全、正当的豫道，既不能逃避逸乐，自甘劳苦，也不必犹豫不定，造成自己的不安。《易经》将豫卦安排在谦卦之后，即在提醒大家，先修好谦德，再享受喜乐，能谦必能豫，不豫便是不谦。

二、豫卦详解

豫卦卦辞：豫，利建侯行师。

豫卦下坤上震，我们看到雷声迸发，使大地振奋的自然景象，很容易想象到人间的悦乐。"利建侯"在书中出现过多次，但只有豫卦把"建侯"和"行师"连在一起，因为雷震荡的范围约为一百里，和古时诸侯之封疆大抵相近，所以有利建侯的象征。在这个有限领域内，兴兵讨逆安民，是为了使大家安居乐业，这样的知足常乐，才能获得真正的悦乐。

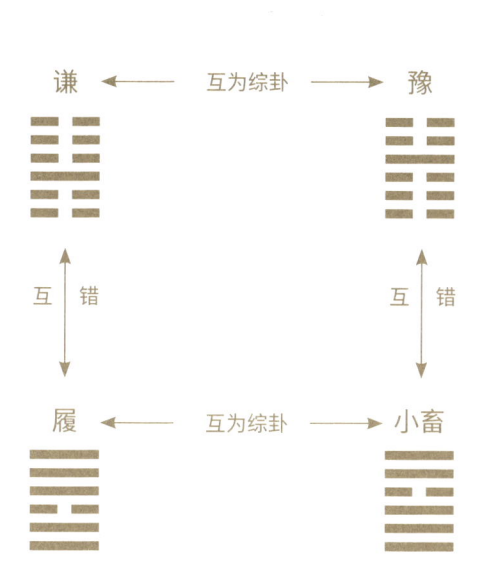

豫道、谦道都离不开履道

谦 ← 互为综卦 → 豫

互 错　　　　　　互 错

履 ← 互为综卦 → 小畜

《彖》曰：豫，刚应而志行，顺以动，豫。豫顺以动，故天地如之，而况建侯行师乎？天地以顺动，故日月不过而四时不忒。圣人以顺动，则刑罚清而民服。豫之时义大矣哉！

九四以一阳与五阴相应，即"刚应"，象征九四在独乐之外还能与众同乐，当然志向得以施行。上震为动，下坤为顺，上级像雷出地那样振奋，下属应该有柔顺的反应，这种顺性而动的喜乐才是合理表现。天地的自然现象是顺性而动，所以日月运行、四季交替都不会出差错。圣人顺性而动，刑罚清明，百姓自然心悦诚服。可见合乎时宜，就悦乐而言，是多么要紧！

人生一定要有喜乐。辛苦一辈子，愁眉苦脸，没有意思；但快乐要有节制，内心的愉快要不要表现，需要看"时义"，该表现就表现，不该表现再乐也不要表现，否则就会乐极生悲。

很多人说中国人没有时间观念，这是不明就里。《易经》最重视"时"和"位"，每一卦的代号，譬如九五、六二、上九，都是"时""位""性质"三合一的称呼。

生活中我们常说"时也，命也"，也是特别重视"时"的变动。六十四卦中，象辞特别提出"时""时用""时义"而赞叹为"大矣哉"的，共有十二卦，豫卦便是其一。"时"指时间性，"时用"为配合时宜所产生的功用，"时义"则是因时转移的重大意义。

《象》曰：雷出地奋，豫。先王以作乐崇德，殷荐之上帝，以配祖考。

雷从地下"砰"的一声出来，人有时会很愉快，但如果在不对的地点、不合适的或未经充分准备的时候出来，人就会害怕，可见并不是"雷出地"人就一定振奋。古代圣明的先王（明君）看到这个现象，就知道要用"乐"来帮助推行礼制，所以自古以来礼乐始终连在一起。

孔子说，我们的先朝殷商敬谢天地（自然），同时配享历代祖先。他把天地和祖先联系起来，告诉我们没有天地就没有祖先，没有祖先就没有我们，今天的快乐应该感谢天地和祖先，这是不忘本，也是谦虚的美德。

三、六爻详解

我们的老祖先看事情很长远，想得也很深入，角度非常之高明。豫卦六爻爻辞，除了九四，大多凶险，这就在不断告诉我们要居安思危，千万不要乐极生悲。

初六,鸣豫,凶。
《象》曰:初六鸣豫,志穷,凶也。

初六以阴爻居阳位,并不当位,且全卦之中只有初六与九四正应,象征初六(年轻人)初出茅庐,受上级赏识,稍有表现便自鸣得意,不当其时,凶险。"志穷"是意志满极,很容易心满意足而目空一切,也可说是穷极无厌,凶。

六二,介于石,不终日,贞吉。
《象》曰:不终日,贞吉,以中正也。

六二既当位又居下卦中爻,得中得正,能守正道,当然会吉。"介于石"便是以石为界,像石碑一样严守界限,坚定不移。六二明白凡事要适可而止,不能整天沉溺于安乐,要面对现实,时刻提高警觉,喜悦中存有戒心,忧患中仍有喜乐,才能真正吉顺。

六三,盱豫,悔。迟,有悔。
《象》曰:盱豫有悔,位不当也。

"盱"即张开眼睛向上看,引申为逢迎上级。九四是豫卦主爻,六三以柔承刚,奉承、讨好、迎合九四,这种喜悦并不正常,也不正当,最好能及早悔改,迟了必有所悔。相反,对上级的悦乐不能及时做出合理反应,迟疑不定,矫枉过正,同样会引起不满而有悔。最好是诚心诚意,适时合理与上级同乐,在试错中寻求合理的度,以便互相适应,产生良好的默契,增强同心的效果。

九四，由豫，大有得。勿疑，朋盍（hé）簪。
《象》曰：由豫，大有得，志大行也。

具有正当理由的悦乐必将大有所得，不需怀疑，可以和朋友同乐。"由"是理由。"朋"指朋友。"盍"为合。"簪"是束缚头发的饰物。"朋盍簪"便是像束头发那样与朋友共享和乐。九四是卦主，自己悦乐便会震动全卦其他阴爻随之悦乐。九四也有责任使大家享受正当的喜乐，令大家都有所得，即小象所说的"志大行"。可见九四是豫卦精神的最佳发扬。

六五，贞疾，恒不死。
《象》曰：六五贞疾，乘刚也。恒不死，中未亡也。

"疾"是形势危险。"不死"并非永生，而是"质虽柔而位未亡"的意思。六五居尊位，但九四才是卦主，所以自己有虚位却无实际功能，又凌驾在九四之上，柔承刚，很危险。好在《易经》六十四卦的五爻位，不论阴阳，即不管六五（五爻为阳位，故六五又称"柔中"；二爻为阴位，故九二又称"刚中"）或九五，爻辞都没有"凶"字，说明只要能行中道便无大碍。由于九四由豫，只要六五想得开，把事情交给九四做，不因大权旁落、有位无权而痛苦，便可减少很多无谓纠纷，依然可以共享安乐。

比如企业搞晚会，总经理（六五）不一定要做主，否则会给员工很大压力，使员工在玩乐时还要顾虑、招呼他。很多总经理在晚会上都是不当主席的，而让员工推选一个主席，而且他还经常早退，因为他知道只有自己退了大家才会比较自在。总经理在场，不过是要维持教化，教化目的达成就可以退了，这才是懂得"时义"，懂得进退。要想办法使大家乐，在乐中学到东西，这才了不起。如果总经理从头坐到尾，还要上去讲一些大家听了几百遍的笑话，大家还要装作第一次听到，陪他哈哈大笑，这种同乐有什么意义？

上六，冥豫成，有渝，无咎。

《象》曰：冥豫在上，何可长也？

"冥豫"指昏迷的享乐。"渝"为改变。上六居上震极位，好像乐到极端，昏天黑地，放纵自己，将要乐极生悲。倘若能自我警惕，有改变的决心，应该可以无咎。改动一下标点，上六爻辞也可变为"冥豫，成有渝，无咎"。在享受成功的乐趣而玩味无穷时，忽然情况有所改变，倘若能及时觉醒，调整享乐的心态，也算不幸中的大幸，应该可以无咎。

综合这两种观点，上六有物极必反的倾向，倘若不能改变，不能及时刹车，不能回归正道，哪里能够长久？

四、把一阳五阴的卦比一比

六十四卦当中有六个一阳五阴卦，即复卦、师卦、谦卦、豫卦、比卦和剥卦。其中阴包阳的、与感情具有密切关系的，有师、谦、豫、比四卦。

六个一阳五阴的卦

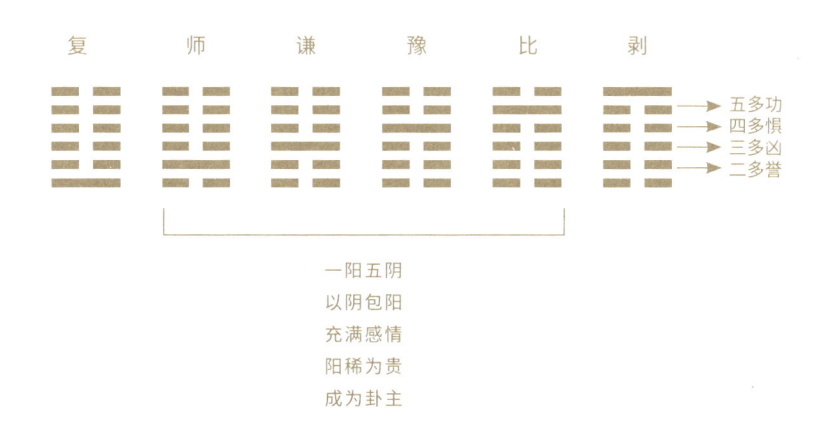

复　师　谦　豫　比　剥

→ 五多功
→ 四多惧
→ 三多凶
→ 二多誉

一阳五阴
以阴包阳
充满感情
阳稀为贵
成为卦主

师卦九二是卦主，接受六五的全权委任，统率上下五阴兴师征战。虽然年轻，也能刚中而应，做出良好的表现。在上下同心的气氛下，完成艰巨的任务。

谦卦九三是卦主，以一阳谦逊居下卦，劳谦不息，受五阴衷心敬重，只要守中不变，坚持自下于人，劳苦功高而不骄亢，谦虚有礼而不自夸，完全没有恃才傲物、恃宠而骄、恃富凌人，不求他人回报，自然万民诚服，而获得终吉。

豫卦九四是卦主，以一阳而居人位之上，应上下五阴，要旨在以一个"诚"字，获得与众同乐的无比喜悦，才能大有所得。谦九三属内卦，象征自己要谦虚礼让，自力即能完全控制。豫九四属外卦，内坤三阴倘若只能欢乐却不能共患难，岂不是"生于忧患，死于安乐"？谦卦爻辞多吉语，豫卦爻辞多警示，值得细心玩味。

比卦九五阳刚居中，有显比的象，表示以光明正大的原则来做人做事，自然成为卦主。

易理以稀为贵，一阳五阴，阳为稀而贵，所以一阳五阴的卦，阳爻都成为主爻即卦主，象征阳爻在众阴爻包围的气氛下，显得特别重要，可以说都是众人瞩目的人士，影响力很大。

由于二多誉、三多凶、四多惧、五多功，师卦和比卦的阳爻比较容易行事，而谦卦、豫卦的阳爻想要达成预期的使命，必须加倍努力。特别是谦卦九三，能够摆脱常见的凶厄，获得劳谦的美名，更是难能可贵。

象、数、理的一以贯之，从师、谦、豫、比四卦的比较当中，可以获得进一步的了解，多多体会，必然能领悟得更深。

豫卦启示

卦名	卦辞	启示
豫卦	豫,利建侯行师。	顺理行动,众人服从。

爻位	爻辞	启示
上六	冥豫成,有渝,无咎。	和乐至极,必将生悲。
六五	贞疾,恒不死。	乐不忘忧,常能存在。
九四	由豫,大有得。勿疑,朋盍簪。	和乐有自,大有获得。
六三	盱豫,悔。迟,有悔。	操守坚定,不溺于乐。
六二	介于石,不终日,贞吉。	和乐逢迎,必将后悔。
初六	鸣豫,凶。	自鸣得意,和乐失策。

❖ 卦十七 泽雷随 ䷐

一、随卦总说

随卦下震上兑，象征大泽中有雷鸣。泽水随着震动而有所波动，引申为随从、随顺、随悦。一般人多半会躲开辛苦，去追寻快乐，这叫好逸恶劳，也是人之常情。《序卦》说："豫必有随，故受之以随。"你让人家快乐，自然就会有人跟随你，所以豫卦之后是随卦。

二、随卦详解

随卦最主要的精神就是上下和顺，彼此精诚团结，密切合作。我们看随卦六爻，只有三、四爻不当位，那是人位。可见，天地的一切互动都是自然的，而人位很有问题。一个人跟随人家，配合人家，接受人家领导，团队精神很强，也有高度的危险。事情有好就有坏，不团结会气死人，太团结也会害死人，需要慢慢领略。

随卦卦辞：随，元亨利贞，无咎。

倘若比照乾卦卦辞，认为随卦和乾卦一样，具有元、亨、利、贞四种美德，那就不妙了，容易使人误解为"随总是好的"，反而扭曲成"随波逐流"，那就有失随道真意。随有一个先决条件，就是诚信守正。随的目标正大光明，动机纯正不邪，结果又良好，这样的追随才符合元、亨、利、贞的要求，才能无咎。所以，元、亨、利、贞不是随的美德，而是随道得以无咎的必要条件，缺一不可。

《彖》曰：随，刚来而下柔，动而说，随。大亨贞，无咎，而天下随时。随时之义大矣哉！

下震阳刚为长男，上兑阴柔为少女。震卦来到兑卦下面，象征阳刚主动居阴柔之下，以求随顺和同，同心协力。刚有所动，柔便乐于追随配合，这是最好的随，用现代话说便是"顺应民意""广纳各方意见"。"说"即喜悦。人在喜悦和愤怒时都会有偏差，所以随卦特别警示：引导者和追随者必须共同遵循正道，获得大亨通，才能无咎。追随别人、配合潮流、追求时尚之前，千万要先想一想整个大环境是否正当，要不要追随。不要一头栽下去，一路追到底，最后害死自己，也害死被追随的人。

天下的现象随时在变（"天下随时"），跟着"时"做合理的调整便至关重要，这就叫"随时之义大矣哉"。我们从卦象看，随卦二、三、四爻是艮卦，寓意适可而止、适时而止；三、四、五爻组成巽卦，是驯化和教化之意；下艮上巽是渐卦，即循序渐进，不可冒进。合理就追随，不合理就止，这就是随之大义。但是随与不随，最终要靠自己拿捏。

我们要注意老祖宗留下的一些话：第一句是"从善如流"，确保追随的对象一定是善的；第二句是"随缘不变"，万事万物随时在流动，抱着随缘就好的心态会减少很多苦恼；第三句是"随时调整"，乾卦用九"见群龙无首，吉"告诉我们，就算是龙也不能一成不变。理解了从善如流、随缘不变、随时调整，随卦的真粹大概就可以抓到了。

《象》曰：泽中有雷，随，君子以向晦入宴息。

君子看到泽中有雷，泽水随雷震而产生波动的现象，便养成了随顺自

《彖》中赞叹"时、时义、时用"的共有十二卦

豫卦（☷☳）《彖》曰：豫之时义大矣哉！　　随卦（☱☳）《彖》曰：随时之义大矣哉！

颐卦（☶☳）《彖》曰：颐之时大矣哉！　　大过卦（☱☴）《彖》曰：大过之时大矣哉！

坎卦（☵☵）《彖》曰：险之时用大矣哉！　　遁卦（☰☶）《彖》曰：遁之时义大矣哉！

睽卦（☲☱）《彖》曰：睽之时用大矣哉！　　蹇卦（☵☶）《彖》曰：蹇之时用大矣哉！

解卦（☳☵）《彖》曰：解之时大矣哉！　　姤卦（☰☴）《彖》曰：姤之时义大矣哉！

革卦（☱☲）《彖》曰：革之时大矣哉！　　旅卦（☲☶）《彖》曰：旅之时义大矣哉！

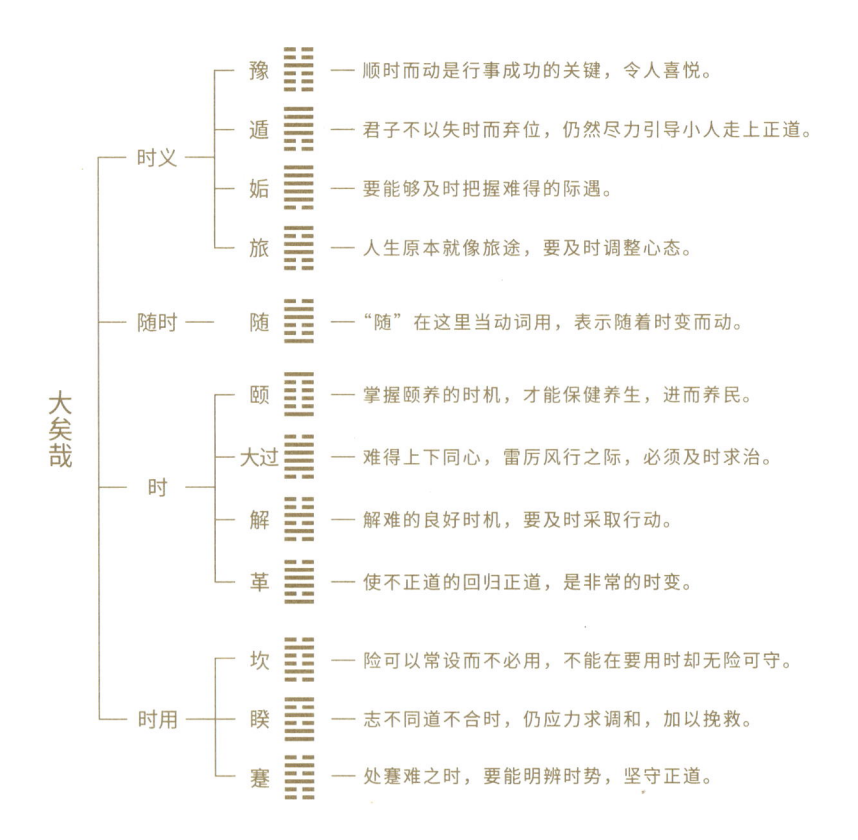

大矣哉
- 时义
  - 豫 —— 顺时而动是行事成功的关键，令人喜悦。
  - 遁 —— 君子不以失时而弃位，仍然尽力引导小人走上正道。
  - 姤 —— 要能够及时把握难得的际遇。
  - 旅 —— 人生原本就像旅途，要及时调整心态。
- 随时
  - 随 —— "随"在这里当动词用，表示随着时变而动。
- 时
  - 颐 —— 掌握颐养的时机，才能保健养生，进而养民。
  - 大过 —— 难得上下同心，雷厉风行之际，必须及时求治。
  - 解 —— 解难的良好时机，要及时采取行动。
  - 革 —— 使不正道的回归正道，是非常的时变。
- 时用
  - 坎 —— 险可以常设而不必用，不能在要用时却无险可守。
  - 睽 —— 志不同道不合时，仍应力求调和，加以挽救。
  - 蹇 —— 处蹇难之时，要能明辨时势，坚守正道。

然规律的良好生活习惯。"向晦"是接近黑夜,又称"向晚"。"宴息"是休息。"入宴息"是入室休息。唯有对个人、家庭、社会都觉得相当安心,不随便附和、盲从、起哄,才能过日出而作、日落而息这样有规律的正常生活。

三、六爻详解

初九,官有渝,贞吉。出门交有功。

《象》曰:官有渝,从正吉也。出门交有功,不失也。

初九当位,居下震始爻,是随道的开始。"官"指官职、主脑。"有渝"即有变化。"官有渝"泛指宦途波折起伏。人和事的现象,表面上看来固然是起伏不定、变化多端,实则有不易的规律。初九与九四并不相应,又以刚承柔,在六二之下,象征初九可正可不正,不容易取得九四的信任。这种"官有渝"的现象,必须走正道才能吉祥,千万不能投机取巧、到处钻营,否则随时会有波折。

一个人初出家门与人交往,能找到一个值得追随的人("出门交有功"),会一辈子愉快。年轻人要明白,学校那一套实实在在的东西不能随意丢掉,但也不能一出来就随便批评。要在不违背原则的前提下,衡量当时的状况做合适的调整。再联想到乾卦初九,年轻人一定要"潜龙勿用",为大家造福,不要添乱,才会"有功",而这功劳要由别人认定,不能由自己认定。

六二,系小子,失丈夫。

《象》曰:系小子,弗兼与也。

六二当位,以柔乘刚,象征与九五相应,却难免心系初九。"小子"是不成熟的人。"丈夫"是成熟、有社会经验、值得相信的人。"弗兼与也"便是很难兼顾。

如果六二代表一个女人，那她要找的丈夫应该是九五，但现在身边有个既年轻又有干劲的小子，六二难免会就近拉拢初九。可是爻辞提醒，这样做六二就会失去九五，失去真正可以信任和依赖的人，从此会很辛苦。人没办法样样都要，要找到真正好的对象，不能贪图近利，而这是年轻人常忽视的地方。所以，六二告诉我们，现在位置提升了，对社会也有了一些了解，反而更要心正且专一，善择追随的对象。

六三，系丈夫，失小子，随有求得，利居贞。
《象》曰：系丈夫，志舍下也。

六三和六二位置不同，仰承九四（丈夫）而远离初九（小子），所以说"系丈夫，失小子"。六二当位，六三不当位，但由于六二存心两面讨好，顾此失彼，反不如六三的从上舍下。

六三以阴柔居下震上位，与上六又不相应，表示他既不敢存心利用初九，也不便高攀九五，上下距离都很远，于是决心上随九四，刚好九四也与初九不相应，所以对六三有求必应。为免惹上"三多凶"的祸患，爻辞特别提示"利居贞"。"居贞"是自处正道。"利居贞"说明六三只有走正道才能吉祥有利。随正不随邪，是随道的不易原则。

小象说"志舍下也"，即我们要尽量追随上面的人，不要迁就底下的人。如果你夹在部属和主管中间，是听主管的还是听部属的？当然追随主管比较有利。通常来讲，职位高的人一定是经过一番历练才爬上去的，他看得比较长远，而且又接近核心，消息比较灵通，所以他讲的多半可靠。六三很明智地选择了九四，表示他会多听九四的话，而不太去接受初九，可是这么一来，他也害死了九四。

九四，随有获，贞凶。有孚在道以明，何咎。
《象》曰：随有获，其义凶也。有孚在道，明功也。

九四阳刚却并不当位，处于上兑的开始。由于下据六三、六二，所以随时有所获，因而心生喜悦。依正常规律，应该是良好的随顺。但由于过分亲近六三、六二，势必引起九五的不安，怀疑九四是不是存有私心，要讨好群众，营造势力，所以"贞凶"。

那要怎么办呢？

很简单，"有孚在道以明"，就不会有咎。九四要诚信，要合乎正道，并且要想办法用实际行动表现出来。九四要让九五知道，自己的心中有他，让九五相信自己不会背叛，自然不会惹来猜忌。小象说"明功也"，就是九四要明辨进退，争取领导的持续信任，要做到这一点很不容易。

九五，孚于嘉，吉。

《象》曰：孚于嘉，吉，位正中也。

九五当位，居上兑中爻（"位正中也"），又与六二相应，条件良好，是随卦的卦主。"孚"为信任，"嘉"是美善，表示九五为众多美善人士所信任，所以吉祥。九五贤明，知道可顺与不可顺的取舍，能够知人善任，造成"孚于嘉"的美善风气。

合乎天道的才顺，不合乎天道的自然不顺——这才是真正的顺应民意，而不是出于利害关系，把它当作口号，用来笼络民心。现代人常把"市场导向"挂在嘴边，实际上在顺应市场需求的同时，必须谨慎明辨方向是不是正确。如果是，当然可以顺应；假若不是，那就不能盲目顺应，反而应该教育顾客，把市场的需求给予合理的导正。受欢迎的产品究竟是受到什么样的人欢迎，又产生了什么样的效应，这些都是必须探究的课题。

上六，拘系之，乃从维之，王用亨于西山。

《象》曰：拘系之，上穷也。

一般来讲，不管什么卦，最上面一爻多半是比较危险的，但随卦是个反例。"拘"是拘禁。"系"是用绳子捆起来。"从"是重叠。"维"是说服。用重叠的绳子捆绑起来，逼迫其不得不服从，结果是"王用亨于西山"，这样当老板的人才能够很安心地吃饭。那是不是告诉我们，不听话的人就强制他，听话的人就照顾他，然后我们就可以放心地过日子？

不是这样的。

看爻辞最好用小象来加以印证，上六小象说"拘系之"是因为"上穷也"。随顺之道已经来到顶端，穷尽了，表示原来那些反对的、不听话的人，看到九五长期以来一切为公，没有私心，自己就改变了，全力支持九五这位好老板。九五本来是要强制上六的，现在不需要了，没有后顾之忧，才会安心去吃饭。

	随卦启示	
卦名	卦辞	启示
随卦	随，元亨利贞，无咎。	随从卑下，必须守正。
爻位	爻辞	启示
上六	拘系之，乃从维之，王用亨于西山。	用竭诚心，求人相随。
九五	孚于嘉，吉。	诚信于心，随至嘉美。
九四	随有获，贞凶。有孚在道以明，何咎。	诚信有道，随从有得。
六三	系丈夫，失小子，随有求得，利居贞。	接近君子，随从要正。
六二	系小子，失丈夫。	接近小人，随从不当。
初九	官有渝，贞吉。出门交有功。	主管变动，无私交往。

❖ 卦十八 山风蛊 ䷑

一、蛊卦总说

蛊卦跟随卦相综，表示随顺、随和、随机应变之后，会产生很多乱象。器皿中生了虫，就是蛊。器皿里的食物腐败了会生虫，刚开始只有一条，慢慢就会增多，形成很可怕的势力。把各式各样的毒虫装在罐子里密封起来，毒虫只能自相残杀，最后剩下的那一只便是百毒之虫，厉害无比。就好像社会的风气，如果不加防治，严重了便很难整治。所以，腐败、蛊惑、紊乱、惑乱、生病、败坏风气等，都可以叫"蛊"。

二、蛊卦详解

蛊卦卦辞：蛊，元亨，利涉大川。先甲三日，后甲三日。

蛊怎么可能会"元亨"？这要从另一个角度想。我们常讲一句话："人会越来越老，事会越来越糟，东西会越来越旧。"这些都是理所当然，势所必然。所以，腐败也是难免的，只要知道革除积弊的必要性，及时加以整治，自然就能克服重重困难，获得大亨通。

治理乱世需要创制新命令，称为"甲"。"三日"有多日或逐层告知的用意。发布命令前多花些时日深入研究（"先甲三日"），发布后也多花一些时间和心力研究整饬措施（"后甲三日"），事前事后都能充分准备沟通，自然有利。

相反，很多人是想做就做，雷厉风行，最后做不下去，只得草草收场，给人留下很坏的印象。

《彖》曰：蛊，刚上而柔下，巽而止，蛊。蛊，元亨而天下治也。利涉大川，往有事也。先甲三日，后甲三日，终则有始，天行也。

蛊卦上艮下巽，艮为阳卦属刚，巽为阴卦属柔，即"刚上而柔下"。艮义为止，巽义为顺，"巽而止"即风受山阻挡，山林中通风不良，动植物难免腐败；同时也象征驯顺而能抑止，惑乱可以匡除，天下重获治理，所以大得亨通。任何事到了绝境，新的希望很快就会出现，这也是天道的规律，即"终则有始，天行也"。

《象》曰：山下有风，蛊。君子以振民育德。

小象不说"风为山所阻"，反说"山下有风"，用意在提醒大家，凡事应该往好处想。君子因此觉悟：风气的败坏往往就从那一股风开始，自己必须有所作为，事先了解，多加防备，振济百姓，培育道德，以图匡除惑乱。

<hr>

三、六爻详解

蛊卦爻辞分两种，一种叫"干父之蛊"，一种叫"干母之蛊"。"干"有改正、整饬之意。"干父之蛊"是整治精神方面的腐化，"干母之蛊"是整治物质方面的腐败。观念是行为习惯的驱动力，凡在物质方面积习难改的人，都是因为观念上不通。所以，"干父"与"干母"分别代表治本和治标。一个人认为开名车才有身份，没有名车就会难过丢脸。可如果他觉得车子不过是代步工具而已，就会觉得打车也可以很愉快。我们很少说"人为观念所役"，都说"人为物役"，可见对这方面的认识还不太正确。

初六，干父之蛊，有子，考无咎，厉终吉。
《象》曰：干父之蛊，意承考也。

初六为蛊卦初始，"子"譬喻新人。通常新人比较容易发现旧有流弊，好比儿子更加了解父亲的不足。"考"指父亲亡故，表示儿子在父亲过世后才方便做出变革。能有这样思虑周详的儿子，对父亲而言也就无咎了。

初六柔居刚位，与六四并不相应，象征要独力担负艰巨的任务。另外，初六能上承九二、九三两阳，有"意承考也"的诚意。"承考"指发扬亡父的意志。初六的用意不在揭发亡父的弊端，变革的动机纯正，不违孝道，所以终吉。蛊卦初六爻变为大畜卦，就表示必须顾全大局。

九二，干母之蛊，不可贞。
《象》曰：干母之蛊，得中道也。

九二阳居阴位，和初六一样能够刚柔并济，又与六五相应，六五阴柔在上居中，因此称为"干母"。初六有"考"，而九二却没有"妣"（母亲亡故称"妣"），表示母亲健在，也象征物质方面的恶习难除。毕竟精神方面，只要坚定意志、决心治理，通常容易见效；而物质方面的不良习惯，若想强行改变，或是直言相劝，大都很难奏效。所以，爻辞说"不可贞"，即不可固执坚持，最好循循善诱，等待时机，顺势而为，婉转劝导，以免引起反感和反效果。

我们也可以把"干父之蛊"看成国事，把"干母之蛊"看成家事。家事比国事更不易整治，必须刚柔适中，不可过猛过急。九二爻变即成为艮卦，象征可行则行，不可行就要暂时停止。

九三，干父之蛊，小有悔，无大咎。
《象》曰：干父之蛊，终无咎也。

九三当位，却与上九不相应，又是下巽终位，很容易由于阳刚直行无上应，以致过分急切而稍有悔恨。幸好精诚所至，终得无咎。初六与九三同样是"干父之蛊"，为什么初六"终吉"而九三只能"无大咎"呢？因为初六是继承父志，大家都看得明白；九三并无继承父志的象征，表示父亲可能尚在，此时"干其蛊"自然有伤父子感情，好在九三能获得众人谅解，自己仍能刚而顺，才能"无大咎"。

六四，裕父之蛊，往见吝。
《象》曰：裕父之蛊，往未得也。

"裕"即宽减，"裕父之蛊"指慢慢降低亡父的惑乱。六四当位，以柔居阴，象征自知才能不足，宁愿放慢脚步，也不敢急速求变，否则必然有误，即"往见吝"，但是长此以往也必然有所憾惜，同样是"往见吝"。六四与初六并不相应，所以即使急于有所往，也是空忙一场。

精神方面的惑乱，必须积极加以清除，然而初六"厉终吉"，九三"无大咎"，只有六四"往见吝"，可见同样是"干父之蛊"，处境不同、方式不同，效果也大不相同。而"干母之蛊"在蛊卦各爻之中，只有九二的"不可贞"能见效，可见精神和物质方面的改变有所不同，这是治理乱世时必须谨守的原则。

六五，干父之蛊，用誉。
《象》曰：干父用誉，承以德也。

六五是卦主，用美好的德行继承父志，即使有所修正，也能获得称誉。《易经》通例是"二多誉，五多功"，六五不称"功"而称"誉"有三种可能：一是大家心悦诚服，不会怀疑六五的改变；二是六五与九二相应，由信任九二"干母之蛊"能得其中道，获得知人善任的美誉，大家乐观其成；

最要紧的应该是第三种，六五以柔居刚位，又是上艮中爻，表明自始至终都能坚持继承父志，完全没有自立门户之意，大家自然安心称誉，放心支持。蛊卦的用意在治理惑乱，而非标榜新政，"承以德"的关键实际就在于内心是否诚敬亡父。

上九，不事王侯，高尚其事。
《象》曰：不事王侯，志可则也。

初六至六五爻都有"蛊"字，只有上九用"事"不用"蛊"，表示惑乱到六五那里已经除尽。上九阳处阴位，与九三不相应，也和九二、六五不相牵涉，正是不必从事王侯职务，不必治蛊，置身事外的象征。也可解释为贤明的君王在整治完前代惑乱之后，明白自己的做法现在虽然正确，但未来时势变迁，难免会不再正确，甚至产生新惑乱，不如及时功成身退，高尚其事，淡泊名利，让继任者能及时治理。这样的心志可以作为从事公务者的准则，所以说"志可则也"。

我们学习完蛊卦六个爻，应该注意三件事。

第一，整治动机要纯正。借整治腐败之名，行中饱私囊之实，结果一定很惨。老百姓骂得最厉害的，就是每个新干部都要莫名其妙把路修一遍。所以，新干部一定要先告诉老百姓，让大家来提议，哪些桥是不安全的，哪些路是必须修的。

第二，过程要讲究。做决定的人不需要替每个人着想，但要知道每个人的想法不一样，会无意中造成很大的阻碍。所以，要"先甲三日，后甲三日"。凡受干扰的老百姓，都要与之沟通；凡因后果而蒙受损失并感到意外的人，都要告诉他弥补的措施，这样自然不会有问题。

第三，前后任交接很重要。一个人要退职或调任，最关心的就是谁来接替他。因为接任者如果专翻旧账，好处一点不提，坏处到处张扬，那前任就惨了。可是与其接任时提心吊胆，还不如平日广结善缘，实实在在做事。但也不能一意孤行，只求问心无愧，否则后任把所有坏事都栽赃给前任，前任也没办法。前后任要好好交接，不是说隐瞒罪恶，而是要彼此尊重。

蛊卦启示

卦名	卦辞	启示
蛊卦	蛊，元亨，利涉大川。先甲三日，后甲三日。	败坏之后，必有整饬。
爻位	爻辞	启示
上九	不事王侯，高尚其事。	没有败坏，不需整饬。
六五	干父之蛊，用誉。	整饬精神，用人得誉。
六四	裕父之蛊，往见吝。	宽容精神，将有惋惜。
九三	干父之蛊，小有悔，无大咎。	整饬精神，稍有懊悔。
九二	干母之蛊，不可贞。	整饬物质，不可固执。
初六	干父之蛊，有子，考无咎，厉终吉。	整饬精神，要用新人。

❖ 卦十九 地泽临 ䷒

一、临卦总说

在十二消息卦中，复卦代表农历十一月，阳气始生，即"一阳来复"。至十二月，一阳生变为二阳长，阳气开始向阴气进逼，就是临卦。临卦兑下坤上，泽上有地，土地高过泽水，有居高临下之象，引申为上对下的关系。所以，临字的意思包括监临（监督）、光临、莅临、临场、面临等。

二、临卦详解

临卦卦辞：临，元、亨、利、贞，至于八月有凶。

元、亨、利、贞合称四德，代表"以通神明之德"的最高自然法则。六十四卦中只有乾、坤、屯、临、随、革、无妄七卦具有此四德，但各有不同条件、性质和含义。临卦的警语即为"至于八月有凶"，因为它的主动力在初九和九二，到了农历八月，阳气日衰，便会有凶险，所以要预先做好准备。

十二消息卦中代表八月的是观卦，与临卦正好互综，可见它们是一体两面。当人家说"欢迎光临"时，后面往往还有一句话不讲出来，就是"观其后效"。人家会先给一段比较长的时间，看你能带来什么，有什么表现。到了验收成果的时候，你做得不好，大家不满意，那就凶险了。

临卦的用意，一方面要我们提高警惕，好好表现，给出好的成果；另一方面也告诉我们不必急，还有大半年的时间，完全可以从各方面来考虑，找一条比较妥当、安全、有效的途径。

十二消息卦

十月	十一月	十二月	一月	二月	三月	四月
纯阴为坤	一阳来复	二阳光临	三阳开泰	阳气大壮	五阳逼夬	纯阳为乾

由纯阴的坤逐渐转化为纯阳的乾

↓

阴消阳长：阳气逐渐增长，阴气逐渐消减

四月	五月	六月	七月	八月	九月	十月
纯阳为乾	一阴来姤	阴进阳遁	天地否塞	适合观光	五阴剥阳	纯阴为坤

由纯阳的乾逐渐转化为纯阴的坤

↓

阳消阴长：阳气逐渐消减，阴气逐渐增长

十二消息卦配二十四节气

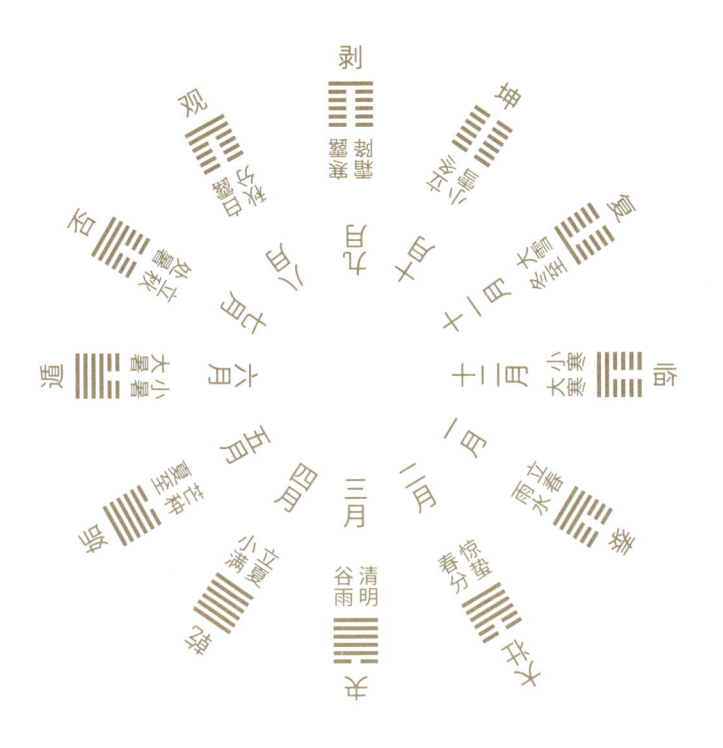

《彖》曰：临，刚浸而长，说而顺，刚中而应。大亨以正，天之道也。至于八月有凶，消不久也。

阳爻为"刚"，渐进是"浸"，"刚浸而长"即指初九、九二两爻阳气逐渐增长。"说"即悦，下兑为悦，上坤为顺，所以"说而顺"。"刚中而应"指九二阳居下兑中位，与六五相应。这里特别提示"大亨以正"，"大亨"与"元亨"相比还有一些差距，所以临卦跟乾卦不同，必须具备"刚浸而长，说而顺，刚中而应"三个要件，并且持之以正，才能大为亨通。天道的变化有规律可循，阴阳的消长不过是一种自然秩序，也就是因果。所以，因果当然不是迷信。

在阳长阴消的十二月便可预知八月会阳消阴长，即"八月有凶，消不久也"。

《象》曰：泽上有地，临。君子以教思无穷，容保民无疆。

土地高过泽水，监临、规范泽水，不使其泛滥成灾。君子秉持这种思路，不断思虑教化的措施（"教思无穷"），以期长久、广泛地包容和保护人民（"容保民无疆"），符合坤卦象辞所说的"德合无疆、行地无疆、应地无疆"。

临卦六爻说的都是对人的道理。我们听到人家说"欢迎光临"，就要知道自己在"地"，人家在"泽"，我们的地位是高的。但再要往前走，就很危险，水里到底什么样，我们不清楚。所以，做任何事，临阵时一定要全面考虑，特别小心。

三、六爻详解

初九，咸临，贞吉。
《象》曰：咸临，贞吉，志行正也。

"咸"为感应。初九与六四都居于正位，互相感应，且心志正大，行止光明（"志行正也"），不含任何邪念，可获吉祥。九二同样与六五相应。我们将六爻分为三组，初二、三四、五上两两相并，便呈现出震卦（☳）的大象，表示冬天潜藏在地下的热能借着春雷一动释放出来，万物苏醒，大地回春，只要保持贞正，适时适地，自然吉祥。

"咸"跟"感"只差一个"心"而已，所以"咸"也可以解释成无心之感。我们要感应、感动、感化别人，千万记住，只有无心之感才会有很好的应。很多老板常跟员工讲，我对你这么好，你怎么可以这样对我？这就是不懂《易经》，抱持这种心态的人出发点就不纯正。你怎么对他和他怎么对你是两件事，不能混在一起。要记住，我们只是尽自己的本分做好该做的事，至于结果怎么样，只求四个字：问心无愧。其他自有公论，自己说了也不算，就算说得再好，也总会有人不认同。

九二，咸临，吉，无不利。
《象》曰：咸临，吉，无不利，未顺命也。

九二是卦主，并不当位，但居于下兑中爻，算是不当而中。下有初九相助，上有六五相应，所以和初九一样，不含任何邪念，互相依正道感应，上下协调，也可获吉祥，故也称为"咸临"。

很多人做基层主管时，脾气温和，态度良好，可到了高层就变了，认为自己的威势足以逼迫别人，不用再像以前那么客气，那就糟了。小象"未顺命也"就是说，九二前面根本没有阻碍（四阴爻），自然容易冒进。顺反而不顺，不顺才是顺，有威势而不用，仍以无心之感去感化别人，才会"无不利"。

六三，甘临，无攸利。既忧之，无咎。
《象》曰：甘临，位不当也。既忧之，咎不长也。

六三失位，又与上六不相应，以一阴乘凌二阳，有忧厄之象。"甘"指花言巧语，"忧"即忧惧。如果六三变成九三，阳长阴消，那临卦就变成泰卦，但现在六三还只是接近变化，并没有真变。倘若此时便开始用花言巧语和诱惑的手段临事临民，缺乏诚意，结果当然是无所利。六三如能及时刹车警觉，有这样的忧虑，确实明白自己的处境，知所悔改，也能够无咎。

下兑三爻，初九、九二都是咸临。六三为兑的主爻，反而无所利。表示临道不能采取"甘临"的方式，甜言蜜语可迷惑人于一时，终究无所收获。

六四，至临，无咎。
《象》曰：至临，无咎，位当也。

六四居上坤始位，与下兑紧密相邻。"至"是承上接下，把陆地和泽水连接在一起，有十分亲近的象征。《说文》中说"至"字是"鸟飞从高，下至地也"。六四就像鸟在高空飞翔，眼睛非常敏锐，对准地上的目标直扑而下，而目标是什么呢？就是初九。得到六四的阴阳相应，初九这才勇敢地和九二同心协力。可见六四能够任用并支持贤能的初九，也是"位当也"的表现。六四不以阴柔而行邪恶之事，且能上承六五，下比于兑，当然无咎。

六五，知临，大君之宜，吉。
《象》曰：大君之宜，行中之谓也。

六五是君位，倘若事必躬亲，样样都要自己来，实在不能胜任。"知"即智，具有知人善任的智慧，才有可能成为"大君"，也就是有大智慧的君主。六五以柔居上坤中位，象征至尊而行中道，下与九二相应，表示给予充分信任和支持，所以称为"知临"。把无为而治、大度能容表现得恰到好处，当然是"大君之宜"，因而获得吉祥。

上六，敦临，吉，无咎。
《象》曰：敦临之吉，志在内也。

临卦"八月有凶"的警语，借由天气渐冷、阳气渐衰，譬喻人事到了阴盛阳衰时也会产生变化。我们必须真诚处世待人，以人力预防君子道消而小人道长的灾厄。临卦上六"敦临"的期望，便是大象的"君子以教思无穷，容保民无疆"。

上卦为外，下卦为内，上六居全卦极位，却能"志在内也"，全心全意照顾下兑三爻，一方面支持初九和九二，另一方面使六三警觉，能自我反省而变为九三，将临卦变为泰卦。"敦"是敦厚，"敦临"是以敦厚的态度来监临众人，出乎真心，毫不伪装造作，所以吉祥而不致有差错，符合象辞"刚浸而长"的用意。易道着重未来，将来有应，也是上六吉祥的因素，否则内不与六三相应，怎么可能会吉呢？

在公司内部，领导可以跟干部讲："这样不行，再加把劲儿！"可是在有外人的场合，只能说："谢谢，大家辛苦了！"这就是"志在内也"的运用，上六对下属的"爱之深，责之切"，只能在内部表现，不要给外面人看到。很多领导刚好相反，为了表示自己了不起，在外面板着脸批评干部，回去才跟干部讲："你们能做成这样已经不简单了。"刚好是错误的。

临卦启示

卦名	卦辞	启示
临卦	临，元、亨、利、贞，至于八月有凶。	礼贤下士，及时而为。

爻位	爻辞	启示
上六	敦临，吉，无咎。	敦厚临近，得计无咎。
六五	知临，大君之宜，吉。	明智临近，大君所宜。
六四	至临，无咎。	亲切临近，没有差错。
六三	甘临，无攸利。既忧之，无咎。	甜言谄媚，临近无益。
九二	咸临，吉，无不利。	感应临近，得计有利。
初九	咸临，贞吉。	感应临近，正而得计。

❖ 卦二十 风地观

一、观卦总说

临卦之后是观卦。《序卦》说："物大然后可观，故受之以观。"东西太小不容易被注意，大了之后所有人都会睁大眼睛看。观卦只有上九、九五是阳爻，代表大，能吸引大家观看。我们常会看到一些牌楼，两根柱子把一块木牌或石牌高高架起，上面有引人注目的花样，那就是观卦的来源。下面四阴爻则代表观看者的心态和收获。所以，观一方面是看人，另一方面是被人看。观摩、观察、参观、瞻仰，都是观卦的用意。此外，观还有静态的意义，便是被当作敬仰、模仿、效法的模范。譬如"道观"的"观"读音如"贯"，是指修炼有成，可为众人典范的圣地。

二、观卦详解

观卦卦辞：观，盥而不荐，有孚颙（yóng）若。

古人祭祀前洗手以示尊敬，称为"盥"，现代的盥洗室便由此得名。"荐"指奉献的祭品。"盥而不荐"表示盥洗后尚未奉献，也就是祭祀刚刚开始，大家的恭敬之心最为纯真。"颙若"是容貌正直。典礼开始，主祭者奉献祭品不免分心，这时必须提高警觉，慎终如始，千万不能始敬终慢。唯有始终保持诚信正直，大家才会望而敬畏，为其诚信所感动。

《彖》曰：大观在上，顺而巽，中正以观天下。观，盥而不荐，有孚颙若，下观而化也。观天之神道而四时不忒，圣人以神道设教，而天下服矣。

《易经》以阳为大。观卦九五、上九两阳合力，构成了宏大的景观，高高在上。九五为卦主，是观瞻的主要对象，象征在上位的大人，其言行受到大众的观瞻，所以"大观在上"。坤为顺，巽为和，自然"顺而巽"。九五居中得正，以中正大道观示天下。这里的"观天下"有两个意思：一是供天下人观赏瞻仰，效仿学习；二是九五也要观察大家的反应，把天下当作一面镜子，自我调整。主祭者诚信正直，在下面观礼的人就会深深受到感应，有所领悟，将其化为习惯，即是"下观而化也"。圣人观察自然运行的神妙规律，体会四季毫无差错的交替，采取"神道设教"的方式，使天下人能服从圣人的教诲，从而遵守自然规律。

"神道设教"不是搞迷信。孔子说"民可使由之，不可使知之"，很多人把这话解释成让老百姓糊里糊涂过日子，不需要跟他们讲太多大道理，其实不是。有些事老百姓一时理解不了，那怎么沟通呢？就是以"神道设教"。举个例子，我们都知道寺庙的中门不能随便开，为什么呢？名义上有许多玄妙的说法，实际上是为了防御。古时候寺庙多在荒郊野外，来了土匪强盗，和尚根本抵御不了。所以，为了安全，中门平常要关，而且还加好几道闩。边门面积小，方便快速关门，有效防御，这就是"神道设教"的方便、安全和有效。

《象》曰：风行地上，观。先王以省方观民设教。

《易经》六十四卦大象条文中称"先王"的，有比、豫、观、噬嗑、复、无妄、涣七卦。观卦的象是"风行地上"。后面这个"观"字是指观察。古代先王观察到"风行地上"的自然现象，便巡察四方各地的风土人情，实施教化。譬如民众有奢侈现象，就以节约、勤俭来施教。倘若已能俭约，便教之以礼。一步一步，向正道迈进，不宜操之过急。

观卦的精髓在于仔细观察、用心观照、观其奥秘。观的目的就是要选定下个阶段的目标，及时行动。但是大部分人的状态其实是心不在焉，看了跟没看一样，越熟悉的东西越觉得没什么稀奇，可好奇的东西又看不懂。很多人去了一次美国，就觉得把美国人了解透了，逢人就讲，这很可怕。而且现在的人还强调要建立自信，看不懂又自信，那就更糟糕。如果自信就是敢于暴露自己的弱点，一个五音不全的人看到麦克风抓起来就唱，还美其名曰"有自信心"，这种自信不要也罢！我们应该把"自信"改成"自性"，诸如成见、主见、偏见，都是自性的障碍。人要排除自性的障碍，而不是盲目建立自信。

将临、遁、观、大壮四卦合起来看

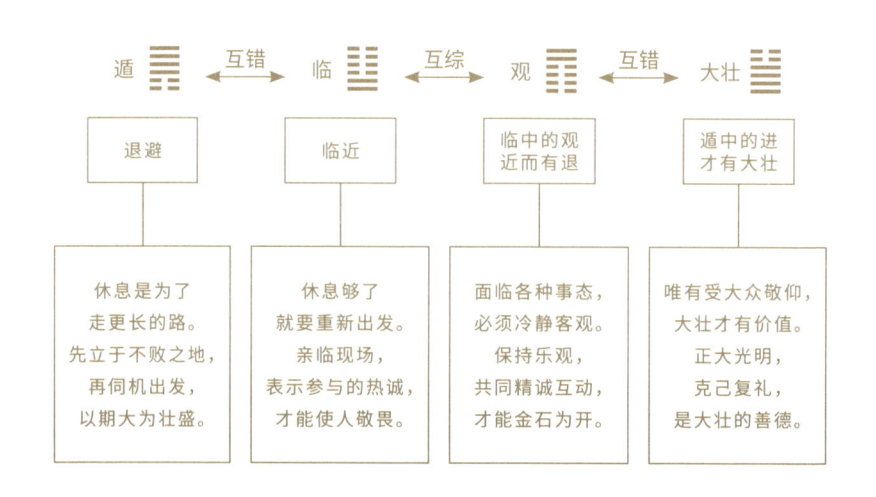

遁 ←互错→ 临 ←互综→ 观 ←互错→ 大壮

退避	临近	临中的观近而有退	遁中的进才有大壮
休息是为了走更长的路。先立于不败之地，再伺机出发，以期大为壮盛。	休息够了就要重新出发。亲临现场，表示参与的热诚，才能使人敬畏。	面临各种事态，必须冷静客观。保持乐观，共同精诚互动，才能金石为开。	唯有受大众敬仰，大壮才有价值。正大光明，克己复礼，是大壮的善德。

三、六爻详解

我们现在随时随地可见观者如堵的现象，"堵"就是很多很多人看。大家都看什么？看热闹而已，看了等于没看。所以，我们真的有必要好好了解一下观卦的六爻，懂得见微知著。看到微小的征兆就考虑将来，才不会措手不及。

初六，童观，小人无咎，君子吝。
《象》曰：初六童观，小人道也。

童观，对小人没什么不好，可对君子就可能造成大遗憾。为什么？因为观卦以九五为卦主，九五是众阴观察、学习、敬仰、效法的对象。初六离九五较远且不当位，象征如孩童般看不清楚也看不懂；又与六四不相应，表示根本也没有用心看，看了等于没看，所以称"童观"。许多人以为这是孩子才有的行为，其实人大半辈子都在"童观"。

"小人"是见识浅薄的无知小民。为什么"无咎"呢？因为这是他们的生存之道（"小人道也"）。小人很重视外表和形式，爱凑热闹，但不关心本质。有的人谋生都来不及，能指望他领悟出什么东西呢？君子一方面要包容谅解，另一方面也要见微知著，明白这种难以沟通的障碍，抱持"履霜坚冰至"的心情，设法加以排解。君子自己固然不能"童观"，但也应该从旁协助，以减少误解。

六二，窥观，利女贞。
《象》曰：窥观女贞，亦可丑也。

六二当位，又是下坤中爻，居中得正，称为柔中。虽与九五相应，可惜和九五之间相隔着六三、六四，很容易产生"窥观"的偏差。"窥"是偷看。古代妇女不方便与男子见面，只能从门缝或孔穴窥看，因而难以看清全貌。对古代女子而言，这是不得已的方式，但现代人倘若以偏隘眼光去看人看事看物，实属不当。

六三，观我生，进退。
《象》曰：观我生，进退，未失道也。

观卦的四阴爻就是站在不同的点，以九五为目标，检查自己的观点合不合适。六三不当位，位于下坤究位，与上巽最为接近，又与上九相应，是一个临界点，有进退失据的忧虑，必须格外小心。六三倘若变成九三，观卦就成为渐卦，象征渐进而不过急，最好"观我生"，也就是观察自己一路走来的生存之道，审度该进还是该退，进退到什么程度，所做的选择务求以合理为度。能够如此，也就不失观道。

六四，观国之光，利用宾于王。
《象》曰：观国之光，尚宾也。

六四表现出以柔承刚的当位精神，处于下坤上巽之间，有两种选择：一为联合四阴向上进逼二阳；二为承顺九五，协助有道君王控制全局。由于不与初六相应，又是四阴中最为接近九五的一爻，六四自然要选择第二种。"观国之光"是看国家盛大的景象。好的领袖要把光泽普遍施与全民，变成国家之光，而不是私人的光。六四极力赞扬这种"观国之光"，而自己也有非常好的表现，很乐意替九五出主意，成为九五君王的贵宾，得到做贡献的机会，这种观非常有价值。

九五，观我生，君子无咎。
《象》曰：观我生，观民也。

九五居中得正，象征刚中的品德修养，足为四阴的表率。倘若能反观自己的生平表现，从四阴的反应充分自省是否切近民意，那就是君子风度，可以无咎。由于下有六四顺承，上有上九观生，都具有与九五共患难的意志，所以不致由观卦变成剥卦，而且更有机会发挥观的功能，让四阴心悦诚服。

> 上九，观其生，君子无咎。
> 《象》曰：观其生，志未平也。

上九阳居阴位，又是全卦极位，按说不可能无咎。但观卦的上九和九五是全卦仅有的阳爻，合为"大观"之象。九五站在自己的立场"观我生"，上九则要站在全体的立场"观其生"，即观九五的表现。上九明白在这样的大环境中，若是不与九五患难与共，就不得平安，只有挺身而出，扮演可靠的顾问角色，共同为观道奋斗，才能无咎。

通过学习观卦，我们可以了解到，一般人读《易经》只求趋吉避凶，那其实也是一种"童观"，只能是"小人无咎"而"君子吝"。如果人生总是不断追求趋吉避凶，那就是贪生怕死，就算每一次凶祸都躲过，又有什么好处？我们应当深一层去理解《易经》，不管做人做事，都要慎始善终，否则就算所有凶险都躲过，也不是真正的善终。

观卦启示

卦名	卦辞	启示
观卦	观，盥而不荐，有孚颙若。	观察民情，创立教化。

爻位	爻辞	启示
上九	观其生，君子无咎。	旁观他人，始为君子。
九五	观我生，君子无咎。	自己反省，始为君子。
六四	观国之光，利用宾于王。	观国之光，以求仕进。
六三	观我生，进退。	自身反省，以凭进退。
六二	窥观，利女贞。	由门偷看，女子正道。
初六	童观，小人无咎，君子吝。	观察幼稚，君子不为。

❖ 卦二一 火雷噬嗑 ䷔

一、噬嗑卦总说

噬是咬住，嗑是咬断。《杂卦》说："噬嗑，食也。"《序卦》说："嗑者，合也。"明白指出嗑就是合，噬嗑是口中咬合食物，与饮食有关。从卦象看，噬嗑卦的重点是九四爻。倘若九四变六四，那就成为颐卦。颐卦初九、上九好像人的嘴唇，二、三、四、五俱为阴爻，有如口中上下两排牙齿，象征大小通吃，大快朵颐。而噬嗑卦的九四，好像两排牙齿中有坚硬食物，必须设法加以排除或咬断。此时主要的诉求当然是志同道合，以求相得无间。可见对人的成长而言，遇到艰难险阻而求其畅通，远较毫无阻挡而畅通，更具有深刻的意义和价值。

二、噬嗑卦详解

噬嗑卦卦辞：噬嗑，亨。利用狱。

元、亨、利、贞四德，噬嗑卦只有亨和利，还特别加上"用狱"的限制条件。牙齿咬物使合，并不需要每次都伤脑筋。实际上食物入口前即应小心，看清楚，闻好气味，需不需要噬嗑，应当心中有数。一放入口中，便知如何因应，所以亨通。这个道理应用在审判刑案上十分适宜，因此噬嗑卦也适用于判决诉讼，叫"利用狱"。

为什么是利用"狱"而不是利用"刑"呢？因为狱是司法，刑是执法。司法比较困难，而执法相对容易。社会一定要有秩序，要安定，因此一定要有司法。可是司法的操作高度困难，因此自古以来大家对司法的印象就是不公正。噬嗑卦就告诉我们，有些纠缠不清的讼案，拖了很久都不能决断，而大众都在关注，司法人员要当断则断，及时合理处置，否则大家就会对法律失去信心，这是非常严重的。

《彖》曰：颐中有物，曰噬嗑。噬嗑而亨，刚柔分，动而明，雷电合而章。柔得中而上行，虽不当位，利用狱也。

颐代表嘴巴。"颐中有物"指口中有物，或有人从中作梗，必须"噬嗑而亨"，也就是必须想办法化解，才能亨通。噬嗑卦三阴三阳，刚柔平均，所以说"刚柔分"。还有一种说法，上卦离是阴卦，下卦震是阳卦，阳刚阴柔，刚柔分明。"动"指雷震，"明"即火的光明，"章"是彰明或彰显，雷电相合，自然产生彰显的效果。老天爷不说话，但它以打雷闪电等自然现象警示人们要时刻反思，想一想现状是如何造成的，以期对过去、未来有一个细致的思考和综合的把握。

六五柔居刚位即"柔得中"，必须体会身居上卦中爻的责任，明白向上行的处境，但也要记住自己"不当位"。虽然你已经当上经理，但也不能跟总经理硬碰。自己有什么意见，可以让科长代为发表；科长不行，再找其他下属陈情。可能大家会想到魏徵，他就是专门给皇帝脸色看的。但魏徵只有一个，他只是在特殊情况下发挥作用。一般人在一般处境中如果像他这么莽撞，早就没命了。"狱"的意思不一定指关进牢狱，而是一般的诉讼。对于诉讼的裁定，过分柔弱等于姑息养奸，过分刚强严苛就是残暴。所以，噬嗑卦不用九五而以六五来担当判决的重任，用意即在求其合理，勿枉勿纵。"利用狱"是指有利于判决诉讼。怎样才能做出公正合理的判决呢？必须"柔得中"而又"上行"，也就是不断追求上进，累积经验，反复实验，还要用心体验。

《象》曰：雷电，噬嗑。先王以明罚敕法。

噬嗑卦上电象征明察，下雷表示刑威。先王由这种景象体悟出"明罚敕法"的道理。"明"为申明，凡有刑罚必申明在先。"敕"即端正，所有法令必须合理，符合公义。既明智立法，又能除暴安良，政通人和的理想当然比较容易实现。这里不用"君子以"而说"先王以"，表示他的位阶很高，这种事不是一般人能做的。老百姓只能平常多摸摸良心，好好反省调整，如此而已。司法、执法、立法，都是王者之事。

三、六爻详解

噬嗑卦要整肃，还兼具教化之意。要使那些违法分子回心转意，社会才能安定和谐，而不是去之而后快。中国人的礼治比起只重视法治的做法更加高明。接下来我们把六爻逐一分析，探讨怎么做才能保证司法的公正。

初九，屦校灭趾，无咎。
《象》曰：屦校灭趾，不行也。

初九象征初犯，阳居阳位表示正直者也可能触犯法律。我们姑且认定其本无恶意，尽量从轻发落。"屦"是鞋子。古代有三种木制刑具：套在颈部的称"枷"，套在手上的叫"梏"，套在足部的名"桎"。三种刑具合称为"校"。给他穿上木制的桎是最轻的处罚，由于看不见脚指头，所以说"灭趾"。木桎坚硬且缺乏弹性，能警示犯法者这条路走不通，务须早日回头是岸，改过自新。倘若受刑人决心永不再犯，当然无咎。

六二，噬肤灭鼻，无咎。
《象》曰：噬肤灭鼻，乘刚也。

六二即使不是再犯或惯犯，起码社会地位比初九高。以阴爻居阴位，又居下震中爻，理应居中得正，现在却也犯了法，岂不是知法犯法？必须从重量刑，以儆效尤，所以改用"灭鼻"的刑罚，把鼻子割掉一部分，让大家都看见。既然不知自爱，不能自重，又何必顾虑他的颜面？倘若施以这样的重罚，能使六二及时悔悟，也是无咎。

六三，噬腊肉，遇毒，小吝，无咎。
《象》曰：遇毒，位不当也。

六三阴居阳位，表示不当位且处事不当。吃腊肉居然会中毒，显然是食量过多或处置不当所致，象征六三至此依然不知悔悟，似乎是恶性严重、嗜毒已深。既然不当位，不如改调其他职务，迁徙至其他区域，并且施以有如中毒般的重刑。虽然产生了不良的影响，有了小吝，但倘若六三能真正悔改，当然也是无咎。还有一层含义，因为惩罚者的出发点是好的，就像当爸爸的没有存心要置儿子于死地一样，所以无咎。但是我们还是要预防它演变成不好的结果，那就不是亨通。今天的恶果是以前的行为造成的，我们要时刻反思，力争使每一处都能够很圆通。

九四，噬干胏（zǐ），得金矢，利艰贞，吉。
《象》曰：利艰贞，吉，未光也。

上卦为离，表示施刑人必须光明正大，绝不营私舞弊、公报私仇，心中（六五）柔软而态度（上九与九四）坚硬。

这里不是无咎，而是吉，表示九四是整个审判过程里最重要的位置，虽然不当位，却有做恶人、扮黑脸的决心。公司里部属犯了错，不能由领导来审判。就像从没有皇帝自己审判大臣的，因为皇帝一言九鼎、说一不二，没有变通余地，只能派其他大臣审理，放在今天就是司法独立。

"干胏"是带骨的肉脯，很不易食用。九四抱持"噬干胏"的心情，以刚直的态度面对不易心悦诚服的受刑人，务求排除万难，克服艰辛，寻求和谐的结果，才能获致吉祥。小象说"吉，未光也"，因为离卦真正发光的是六五。有了六五（领导者）的支持，九四（审判者）才有办法公正审判，否则就很困难。

六五，噬干肉，得黄金，贞厉，无咎。
《象》曰：贞厉无咎，得当也。

六五阴居阳位，又是上离中爻，虽不当位，却能秉持刚柔并济的中道。身为卦主，拥有最后的裁决权，最好抱持吃干肉那样的心情，不缓也不急，内在坚定而外在协调，符合内方外圆的原则，既能保持公正又能防止危险，所以无咎。

上九，何校灭耳，凶。
《象》曰：何校灭耳，聪不明也。

"何"就是负荷，把刑具戴在脖子上，又紧又重，因为上九代表罪孽深重的人。上九是大佬，照理说应该充分支持六五的决定。但是上九位于全卦顶端，又是阳居阴位，难免由于不当位而举措失当。上九与六三是全卦中唯一相应的，象征六三以情相托，上九为其迷惑，而不支持六五。好比人情包袱重压在肩膀上，以致"聪不明也"，做出糊涂事。倘若一而再，再而三，累积多次恶行，当然会招致凶祸，悲惨收场。

噬嗑卦启示

卦名	卦辞	启示
噬嗑卦	噬嗑，亨。利用狱。	明定刑罚，宣布法令。

爻位	爻辞	启示
上九	何校灭耳，凶。	头部刑具，惩治极恶。
六五	噬干肉，得黄金，贞厉，无咎。	惩治罪人，需要中正。
九四	噬干胏，得金矢，利艰贞，吉。	惩治极悍，遇着反击。
六三	噬腊肉，遇毒，小吝，无咎。	惩治强悍，反受其害。
六二	噬肤灭鼻，无咎。	头部刑具，惩治大罪。
初九	屦校灭趾，无咎。	足部刑具，惩治小罪。

卦二二 山火贲

一、贲卦总说

任何一卦所代表的意义都是广泛的。"贲"字上卉下贝，皆指修饰品。所以，贲卦在个人层面可能是化妆修饰，也可能是设法伪装；在社会层面则是各种礼仪、礼节、文明乃至人文精神。两座有很多类似风景的城市，给人的感觉还是不一样，因为它们的人文气息不同。

贲卦与噬嗑卦相综，一体两面。一个罪犯被判刑，是武治，是噬嗑卦。刑满释放前，做一些必要的心理辅导，以期能使他忘掉不堪回首的往事，就是文治——这是贲卦的基本含义。

二、贲卦详解

贲卦卦辞：贲，亨。小利有攸往。

贲卦上艮下离，艮为阳卦，象征强大；离为阴卦，象征弱小。阴阳两卦代表正反两向，一利一害。社会文明越增长，人类本性相对越被淹没。离在内，显示内心光明而亨通；艮在外，则是有所阻碍，所以只有小利而不能大通。无论朝哪个方向修饰，都是如此。

《彖》曰：贲，亨。柔来而文刚，故亨。分刚上而文柔，故小利有攸往。

刚柔交错，天文也；文明以止，人文也。观乎天文，以察时变；观乎人文，以化成天下。

贲卦得以亨通，是因为"柔来而文刚"。从卦变看，贲卦(☲)是损卦(☶)六三与九二交换而成，也是既济卦(☵)上六与九五交换而成。无论如何，都属于柔爻下降，装饰原来的刚爻，刚爻上升，装饰原有的柔爻，刚柔相错互动，所以亨通。日月星辰（刚柔）交互运行，是天该有的"花样"；人也该有人的"花样"，就叫人文。"文明以止"就是"内离外艮"，表示人文修饰应该止于合理的需求，不能过分。

天象的变化最能反映"时"的变化，所以说"观乎天文，以察时变"。人类社会形形色色，各有主张，各有花样，所以要"观乎人文，以化成天下"。谁有能力把各种花样化成一个共同的基础，谁就担负这种责任。世界是多元的，一定要很调和才能和谐。这就是贲卦的启示。

在颐卦的范围内变化

噬嗑	贲	益	损
䷔	䷕	䷩	䷨
口中有硬物 要设法咬断	白色的素底 更容易着色	风起雷鸣 损上益下	沼泥堆积 损下益上

上九固定

初九不动

都有固定的范围，具有局限性

噬嗑卦上离下震,震为阳卦,离属阴卦;贲卦上艮下离,艮为阳卦,离为阴卦,这两卦都是阴阳互动,务求刚柔并济。两卦的上九和初九代表上下嘴唇,其余四爻都是阴多阳少,象征顺服的人居于多数,反对、抗拒或破坏的人居于少数。然而对于这些少数,并不是一句"少数服从多数"便能化解的。噬嗑卦的九四显然是被噬的对象,要把这个妨碍社会安定的因素除掉,有赖于六三和六五的以柔克刚。贲卦的九三同样也是有待六二和六四的协力,才能永贞吉。多数应当照顾少数,而少数则更需要自重。

噬嗑卦与贲卦阴阳均衡

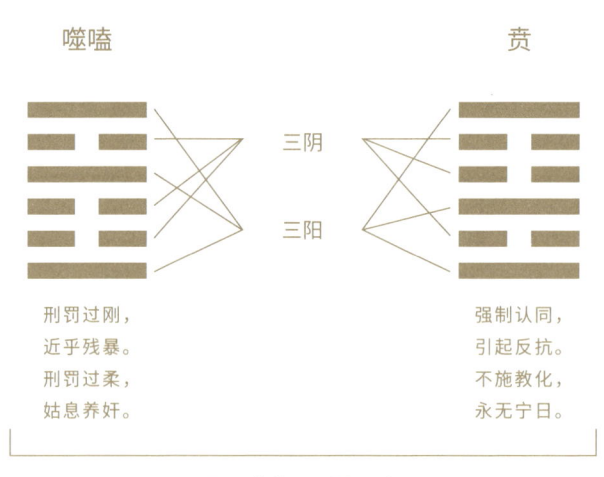

噬嗑 　　　　　　　　　贲

三阴
三阳

刑罚过刚,
近乎残暴。
刑罚过柔,
姑息养奸。

强制认同,
引起反抗。
不施教化,
永无宁日。

阴阳均衡,刚柔互动

《象》曰:山下有火,贲。君子以明庶政,无敢折狱。

贲卦的离火一定是柔火,否则一把刚火会把整座山都烧掉。火势被艮山阻挡,柔火照耀着山上的草木万物,显得华丽而光明。君子由此联想到,光明的政治足以德化人民。每个人都应该担负起一定的责任，使社会政治昌明、文化昌盛。"折狱"就是审判，决定事情的对错。现在很多人都喜欢妄下断言，可是对错通常不容易判断。我们应该慎重，去除文饰，诉诸实情，不要轻易运用权力和经验来处理诉讼，以免出现冤案。

三、六爻详解

初九，贲其趾，舍车而徒。
《象》曰：舍车而徒，义弗乘也。

"贲其趾"并不是现代的涂脚指甲，或者在脚上增加装饰品。"趾"指行为，"贲其趾"便是修治自己的行为。初九有志气，有能力，肯上进，又与六四相应，表示上面也有人有意栽培他。然而毕竟初出茅庐，尚无社会地位，在适当场合可以有适当表现，但是遇到重大事情，最好还是敬谢不敏，推辞为好。这就好像虽然有车可以代步，还是要谦虚谨慎一些，徒步而行为好，即"义弗乘也"。义即合理，初九心中有义，自然可以按部就班，一步步充实实力，做出恰当的选择。

六二，贲其须。
《象》曰：贲其须，与上兴也。

六二阴居阴位，又是下离中爻，既中且正。有了良好的内质，做事情有了一定的经验，当然可以有所文饰。九三、六四、六五、上九看起来和颐卦相似，都呈口形。倘若九三是下颚，六二便是下颚上的胡须，能起到修饰的效果，所以说"贲其须"，表示下颚刚实，胡须才会庄严美好。六二与六五不相应，九三与上九也不相应，所以小象"与上兴也"中的"上"指的是九三而非六五。六二和九三彼此相比相亲，符合异性相吸的定律。

贲卦启示我们：文明不过是外表，如果缺乏良性的人性发扬，文明充其量也只是一大堆好看的形式，难以发挥实质的效用。

九三，贲如濡如，永贞吉。

《象》曰：永贞之吉，终莫之陵也。

"贲如"是装饰一新，"濡如"是润泽的样子。九三阳居阳位，却被六二和六四两阴爻夹在中间。由于六二与六五、九三与上九都不相应，六四虽然与初九相应，却与九三邻近，以至六二、六四都在有意无意间与九三阴阳交错，把九三文饰得十分滋润。九三要想吉祥，必须"永贞"，永远保持合理的态度，永远保持正确的原则。"终莫之陵也"是说，只要九三永贞，就不会侵犯到上面的六四，下面的柔火再怎么猛烈，也不会把上面的山烧掉。这就告诉我们一个道理，用以装饰的东西，最好不要太坚硬，不然将来想要清除、改变都很难。

下离三爻的"贲其趾""贲其须""贲如濡如"，难免都有文（文饰）胜质（实质）的可能，意味着初出茅庐的人重视外在装扮超过了内在涵养。所以,九三小象才用"永贞之吉,终莫之陵也"提醒我们要固守实质。《序卦》说："贲者，饰也。"《杂卦》又说："贲，无色也。"文饰应当以纯朴无色为美。可见贲卦一方面讲求外表的文饰，另一方面也重视实质的朴素。

上艮为山，土石草木都具有朴素的实质。艮有止的含义，表示下离这种文胜质的表象，到了上艮应该逐渐回归合理。

六四，贲如皤如，白马翰如。匪寇，婚媾。

《象》曰：六四当位，疑也。匪寇，婚媾，终无尤也。

六四和初九是唯一相应的。六四欣赏初九的舍车徒步，重质不重文，所以自己也不加文饰，以朴素的样子（"贲如皤如"，"皤"即白），骑着白马快速前行（"白马翰如"），想要和初九会合。但是六四居九三之上，不免引起九三的怀疑，是不是有意乘凌。因而横生阻挡。"寇"跟"婚媾"常用作对比。看到一匹白马飞奔而来，九三心中不免有所疑惧。后来才知道，六四是为了求婚，并不是抢劫，这才顺利放行，使这两个重实质而不求虚荣的同道中人，终能无怨无尤地以白素文饰刚实。

六五，贲于丘园，束帛戋戋。吝，终吉。
《象》曰：六五之吉，有喜也。

"丘园"指农村的田园建设，"束帛"是礼尚往来的财物，"戋戋"表示微小而不丰富。六五是卦主，以柔居中，象征内心仁厚而文饰合理。虽然乍看之下有些小气，显得吝啬，实际上对社会风气大有帮助，至少可以抑制奢侈、虚荣的不良风气，所以最终必能获致吉祥。

小象说："六五之吉，有喜也。"六五柔居刚位，大家本来觉得他会很威严，很不容易亲近，可是现在发现，虽然他身居高位，却依然保持着使人如沐春风的亲和力，所以受到大家的一致爱戴和欢迎。这不是皆大欢喜吗？

上九，白贲，无咎。
《象》曰：白贲，无咎，上得志也。

"白贲"不是空白，而是毫无文饰，一切以真面目呈现。上九居极位，又阳居阴位，很难得无咎。现在由于深明大义，知道贲道的根本主张是返璞归真，经过各种五彩缤纷的考验后，能够还我本色，以纯真无饰的真面目来安然自处，已经了解一切事物不论如何向上发展，到头来都应该回归本性的道理，所以无咎。无咎比喜更进一步，只要这么做，就不会产生不好的后果，也不会留下什么后遗症。

从整个贲卦来看，它给我们的启示是，一个人从开始时的不会打扮，到慢慢学会打扮，到打扮得合乎身份，什么都经历过，一辈子就功德圆满了，即使死去也不会有什么悔恨和遗憾，而是心安理得。

现在很多人说年轻不应该留白，这是完全错误的。年轻不应该空白，但一定要留白。如果一个人处处与别人争强，处处都想超过别人，那么他在哪里都不会受欢迎。人要有谦虚的态度，虚心向他人请教，即使你什么都清楚，也可以适当假装不知道，这样别人才会有兴趣跟你探讨。如果一个人不知天高地厚，认为自己知识广博，经验丰富，好像别人都得捧着他才应当，那就是贲卦到了极致，要开始"剥"了。

贲卦启示

卦名	卦辞	启示
贲卦	贲，亨。小利有攸往。	修明庶政，慎重断狱。

爻位	爻辞	启示
上九	白贲，无咎。	返璞归真，没有差错。
六五	贲于丘园，束帛戋戋。吝，终吉。	礼贤下士，得赠薄礼。
六四	贲如皤如，白马翰如。匪寇，婚媾。	急于嫁娶，文饰人生。
九三	贲如濡如，永贞吉。	文饰润泽，宜永守正。
六二	贲其须。	文饰品德，随贤兴起。
初九	贲其趾，舍车而徒。	必要修饰，以利进行。

❖ 卦二三 山地剥 ䷖

一、剥卦总说

如果说贲卦是化妆，那剥卦就是卸妆。《序卦》说："贲者，饰也。致饰然后亨则尽矣，故受之以剥；剥者，剥也。物不可以终尽剥，穷上反下，故受之以复。"文饰花样多了，似乎十分亨通，既好看又好玩。然而一旦到了极致，所有亨通都将归于穷尽，所以贲卦之后为剥卦。剥是剥落、剥削、压制、侵略的意思。事物也不可能永远剥落殆尽，总还有硕果仅存的希望，剥落至极又将复返而生，所以剥卦之后便是复卦，剥卦与复卦彼此互综。

二、剥卦详解

剥卦卦辞：剥，不利有攸往。

剥卦坤下艮上，象征山在地上。但是仔细观看卦象，艮上虽保留了山的形体，基石泥土却好像在不断剥落。下面五阴爻层层上剥，剥到只剩一个阳爻，整座山只剩一个空壳。在剥卦的大环境中，小人（五阴）道长而君子（一阳）道消，此时君子采取任何行动都是不利的，硬碰硬反而会中了小人圈套，所以卦辞才说不利于前进。

《彖》曰：剥，剥也，柔变刚也。不利有攸往，小人长也。顺而止之，观象也。君子尚消息盈虚，天行也。

"柔变刚"即以柔变刚，阴盛阳衰。可是也要知道，柔会变刚，刚也会变柔。"顺而止之"是观卦象得来的启示。下坤为顺，上艮为止，五阴逼迫最后一阳，那个阳就要顺势而为，不要逆向操作，执意对着干。

君子知道，现在虽然小人当道，但小人里总有头脑冷静的人会提醒同伴：如果把最后一阳逼走，那剥卦就变成坤卦，阴极生阳，一阳来复，到时我们自己也跑不掉。所以，很多时候小人即使得志，也会笼络一些君子作为招牌，这叫作逆取顺守。

上九懂得这个道理，就会"尚消息盈虚"。"尚"是崇尚，"消"是减，"息"是长，"盈"是满，"虚"是空，"消息盈虚"就是自然之道。君子在剥卦的大环境中，要冷静面对，发挥主动性，想办法对付困境，而不是害怕着急，盲目乱动，否则稍有不慎就会加速崩溃，一无所有。《易经》告诉我们，处境越是危险，越要记住四个字：守正防凶。暂时保持静止，待时机转变再做打算，这才是合理的"处剥之道"。

《象》曰：山附于地，剥。上以厚下安宅。

这个"附"字奥妙无穷。"山附于地"，表示基础不稳，随时会崩溃。君子看到这种景象，就要"上以厚下安宅"。这个"上"并不是一般的君子，而是指居上位的君子。有些事百姓自己处理不了，只有地位高、权势大的君子才能思考解决之道，心存宽厚，使老百姓安居乐业。

中国人喜欢讲"世风日下，人心不古"，说这话的人常常感到无可奈何，自己力量太小，没什么良策，还不如得过且过。如果这样，连仅存的硕果可能都会失去。要救自己，唯一的办法就是依靠自己。剥卦一阳在上，只要用心把仅存的一阳保住，它就可以发挥能量，固结人心，厚下安宅。善待这颗优良的种子，人才有希望。

<h2 style="text-align:center">三、六爻详解</h2>

初六，剥床以足，蔑贞凶。

《象》曰：剥床以足，以灭下也。

剥卦的象好比一张床，初六就是床下的四根支柱，是基础。初六阴居刚位，并不当位，象征基础已经剥落，动摇根本。"蔑"有两种意思，一是床脚剥落，迟早要灭掉这张床的功能；二是倘若再持续采取蔑视、轻视的态度，不能见微知著，未雨绸缪，赶快挽救，等凶险到来时注定无能为力。

我们一直强调守正，可是也要知道，守正未必吉。人只要守规矩就好，这话是不对的。守规矩还要适度应变，要看大环境。如果大环境是剥卦，一味守正却不动脑筋做出合理因应，照样会招致凶险。

小象说得很清楚，一件东西从下面烂起来最容易。所谓风气自基础坏，世风自家教坏，就是这个道理。小孩子第一次拿了别人的东西，父母就应该想到"剥床以足"，知道他会由此养成坏习惯。可是父母也不能一下子认定那就是偷，因为小孩子根本还没有偷的观念，或许只是想把喜欢的东西带回家。通常小孩子都很老实，偶尔讲些不实在的话也很自然。父母一定要处剥而不受剥，正确的办法是缓和一下态度，告诉他：没关系，我陪你放回原处。

六二，剥床以辨，蔑贞凶。

《象》曰：剥床以辨，未有与也。

床的支柱木架叫"辨"。初六的床脚已剥，接着当然就是六二的床架剥落。六二阴居柔位，又为下坤中爻，按理居中得正，应该会有良好表现。可惜处于剥落的大环境，六二少了初六的支撑，又与六五不相应，上下都得不到支持，只好接受剥落的凶祸。有时候人们会忍不住抱怨，我这么助人为乐，这么有良心，怎么也遭此大罪？就是因为大环境由剥卦主导，生不逢时，不能全怪自己。

不过，幸好还有个六三。

六三，剥之，无咎。
《象》曰：剥之无咎，失上下也。

六三阴居阳位，又与上九相应——这是很重要的。六三具有身为贼党却不为贼的优势，虽然是众阴的一分子，却并没有行剥之恶。只要能洁身自好，不参与恶行，六三仍然可以无咎。小象"失上下也"是说，六三的上下是六四和六二，都是同党，但是六四和六二不支持六三，六三也不支持别人。比如三国时的徐庶，虽然不得已在曹操手下工作，但终生不为他设一谋；又比如关羽的降汉不降曹，也是六三的表现。

六四，剥床以肤，凶。
《象》曰：剥床以肤，切近灾也。

六四柔居阴位，固然当位，但是居于上艮始位，与初六不能相应，本身已然柔弱，又得不到初六应援，只好和初六一样遭受剥落。下坤为床，上艮便是躺卧在床上的人。人首先剥落的当然是皮肤，所以说"剥床以肤"，这已经是切肤之痛。

小象说"切近灾也"，就算你很伤心，现在也没办法；即使你很害怕，此时也很无奈，想逃也来不及。这是什么原因造成的呢？孔子告诉我们，遇到任何灾难、危险、凶祸，要马上反求诸己：自己为什么会搞到这个地步？千万记住一句话："'懒散'二字，立身之贼也。"人不能安身立命，最根本的原因就是太懒散。

六五，贯鱼，以宫人宠，无不利。
《象》曰：以宫人宠，终无尤也。

六五柔居刚位，并不当位，但是居于上艮中位，有统率五阴的威势，昭示着一个转机。整个剥卦只有六五是"无不利"，凭什么呢？因为他感觉到事态很严重，如果连自己都开始剥，那整个床就败坏到没有任何支撑点了。所以，六五会号召大家：我们要像贯鱼一样串起来，就像奴婢连串地排好队服侍皇上一样。同时，六五还告诉同党：把上九干掉，对自己不利。不如让他像傀儡似的占据那个位置，做一个精神象征，我们还是可以做想做的事。当然也许六五心里是想调整，但不会把话讲得那么清楚。他首先表示跟下面四阴站在同一战线，同时也表达了保留上九的意见，得到了大家的响应。《易经》中阴承阳多半是好现象，剥卦五阴承一阳，整个局面当然会稳定下来。

上九，硕果不食，君子得舆，小人剥庐。
《象》曰：君子得舆，民所载也。小人剥庐，终不可用也。

上九是全卦唯一阳爻，虽然并不当位，却是仅存的硕果，为正道保留了一点元气。《易经》里像上九这样的爻辞不多。如果占到这个爻，就比较伤脑筋。因为如果你过得去这个坎就是君子，过不去就是小人。如果你是君子，安然度过危机，就有车子可以坐（"君子得舆"），老百姓会心甘情愿拥戴你（"民所载也"）。如果你是小人，屋子就会烂到只剩一个屋顶，最后全部垮掉（"小人剥庐"）。

上九告诉我们，一个人就算再饿，也要保存着那个果仁（硕果）。坚守正道，就不会被赶尽杀绝。君子就是凭这种天地良心，保留着萌芽和复苏的希望。

剥卦启示

卦名	卦辞	启示
剥卦	剥，不利有攸往。	对下宽厚，上才安固。

爻位	爻辞	启示
上九	硕果不食，君子得舆，小人剥庐。	一线生机，小人破坏。
六五	贯鱼，以宫人宠，无不利。	率众群小，听命君子。
六四	剥床以肤，凶。	安身之所，有切肤患。
六三	剥之，无咎。	脱离小人，呼应君子。
六二	剥床以辨，蔑贞凶。	安身之所，支干剥落。
初六	剥床以足，蔑贞凶。	安身之所，基层剥落。

卦二四 地雷复

一、复卦总说

复卦代表万物重生的希望,"野火烧不尽,春风吹又生","复"就是恢复、复兴。上天有好生之德,它希望万物都能生生不息。但我们眼下很喜欢说"大地的反扑""大自然给人类颜色看",我非常不赞成。其实上天原本没有这个意思,上天之"复"是复礼而不是复仇,大自然有自我恢复的能力,只是人类太过于肆无忌惮,把它破坏得实在太厉害,我们不应该说它是反扑,因为它始终是怀有好意的。

看复卦的卦形,它恰好把剥卦的局势反转过来,成为"五阴居上,一阳居下"。这一阳有如旭日东升,势必越进而越光明,象征将剥卦的"小人道长,君子道消"变为"君子道长,小人道消"的良好景象。小人重在剥削,一心一意要消灭君子,所以剥卦爻辞十分凶狠。君子重在自我警惕,并不是要打击小人,因此复卦爻辞并不与剥卦针锋相对。

二、复卦详解

复卦卦辞:复,亨。出入无疾,朋来无咎。反复其道,七日来复。利有攸往。

阴阳两气具有不同特性,阴气主闭塞,阳气重开通。初九象征阳气回复,叫作"一阳来复",紧跟着很快就是"三阳开泰",所以亨通。阳气上行为

"出",阴气消退是"入"。出入看似相反,实际是一种行动的两个动作,合乎"一阴一阳之谓道",因此"无疾"。单凭初九,力道不足,必须群阳聚集,才能免祸。"朋来"便是指群阳相继而来,当然无咎。"反复"和"来复"都是回复。"七日"是一个周期,一卦六爻中的每爻代表一日,由剥卦初六到复卦初九,正好历经七个爻位,叫作"七日来复"。复卦是阳气回复正道的良好时机,大家应该及时把握,有所作为,自然无往而不利。

《彖》曰:复,亨。刚反,动而以顺行,是以出入无疾,朋来无咎。反复其道,七日来复,天行也。利有攸往,刚长也。复,其见天地之心乎。

"刚反"就是阳刚回复本位。上坤为顺,下震为动,动在顺下,自然可以顺理而行,一切亨通。这个时候交到的朋友越多就越高兴,因为时机恰当。是不是朋友一来拜访我们就会高兴呢?也不尽然。如果恰巧你正忙得要命,有个朋友来访,你会高兴吗?这时候我们很容易得罪朋友。所以,无论做什么,心中都应该有一阴一阳的思想。正当我们力量微弱,需要帮助的时候;正当我们的资源慢慢地增加,可以跟朋友分享的时候,恰好朋友来访,这叫来得正是时候,当然无咎。

"反复其道"就是一来一往,一往一来,按周期循环往复,这是自然的道理。"七"这个数字对宇宙、人生都具有重大意义。我们每周七日,又常说"六六大顺,逢七就变",可见"七日来复"也是自然反复的道理。

"刚长"是阳刚逐渐增长,君子道长,自然无往而不利。

"复,其见天地之心乎。"这句话很重要。天地有生生不息的善心,天地之心其实是在人的内心,不是在外面。所以,人只要有良心,就能感觉到天地生人实在是很了不起,也就不会有所谓"天地反扑"的观念。

《象》曰：雷在地中，复。先王以至日闭关，商旅不行，后不省方。

复卦下震上坤，象征雷在地中，寓意尚未打响的雷，只是作为一股能量蜷缩在地下。先王仿效这种自然景象，蓄积能量，特别在冬至（"至日"）这天，下令掩闭关隘，暂停经商和旅行活动，各地长官也不能四处巡查（"后不省方"），好让民众充分休息。主政者深知，初九那微弱的一阳需要加倍呵护，要爱护处于最柔弱状态的百姓，才会有来年美好的春天。

从贲卦到剥卦再到复卦

贲

文明发展，
有助于和谐生活。
但是过度发展，
不能适可而止，
势必归于穷尽。
阴盛阳衰，
天道将穷。
人类即将进入黑暗时期，
不进反退。

剥

黑暗时期的特性是：
君子道穷，小人得势。
倘若君子逞一时之勇，
与小人硬碰硬，
君子只有被消灭的可能，
很难与小人对抗。
我们最好研习剥极而复的道理，
讲求处剥之道，
以期早日回复光明。

复

复的契机在于：
君子道长而小人道消。
有如旭日东升，
越是前进，越得光明。
君子不对小人施行报复，
而是把重点放在
健全自身的德业上。
克己复礼，
以求天下归仁。

三、六爻详解

初九，不远复，无祗悔，元吉。
《象》曰：不远之复，以修身也。

初九阳居刚位，又是震动的开始，当位且力量大，又与六四相应，不愧为卦主。刚开始就有回复的意念和行动，或者犯错之后能及时反省，意识到错误，称为"不远复"。这么快就能下定决心采取行动，当然"无祗悔"，就是说日后不会后悔。这种迷途知返、知过必改、时刻反省的心态，是修身的要领。"元"即始，初九一开始便获吉祥，所以说"元吉"。"元"也是大，"元吉"即为大吉。

六二，休复，吉。
《象》曰：休复之吉，以下仁也。

"休"为休息、休养，还有美善的意思。六二柔居阴位，又是下震中爻，既当位又得中。居中位的爻多半会找寻合理的途径解决所面临的问题，六二与六五不相应，因此选择向下亲比初九，不再采取敌对的态度，乐善而宽大，与初九仁心相通，由阴转阳，获得"休复"的吉祥。小人倘能迷途知返，改过向善，君子也应该宽大包容，给予回复正道的机会。毕竟阴阳消长，需要两方面的出入配合，才能产生良好的效果。

在《易经》中，阳代表君子，阴代表小人，可是君子多了，里面难免会出现一两个小人，小人多了，里面难免会出现一两个君子，这才是阴阳互动。复卦五阴爻之中有些也不完全是小人，就像六二。他的位阶虽然比初九高，但是他发现初九合宜的作风会给大家带来新的气象，所以就委屈自己，亲近初九，俯身照顾初九，跟他配合，自然吉祥。复是大情境，每一爻都在不断反省，才叫复。

六三，频复，厉，无咎。
《象》曰：频复之厉，义无咎也。

六三位居下震末端，象征有了过失，迟至第三阶段才悔过求复。柔居阳刚，显得软弱无力，这种情况当然是危厉的。"频"即为颦，是皱眉头。幸好六三心里忧虑焦急："会不会太迟了？是不是不够努力？"有了这种改过的诚心，虽然身处危厉，也能无咎。六三居于群阴之中，与上六不相应，和初九不相比，难免意志不够坚定，有时回复，有时抗拒。好在卦象为复，大环境主张回复，只要调整得宜，合乎义理，仍然可以无咎。

六四，中行独复。
《象》曰：中行独复，以从道也。

在复卦下震中，初九为复的主要动力。六二靠近初九，采取屈己亲仁的心态。六三紧随其后，明白复的方向，不像上六那样迷途却不知返。震中有顺是下震的成果，六四为上坤的开始，也是顺中有震的起端。

六四以柔居阴位，又是五阴中爻，与初九的关系可说是五阴中最为相应的一爻。居中且正即为"中行"；在五阴之中却不与四阴同流，称为"独复"。复卦的大环境是"朋来无咎"，六四"独复"就是"无朋"，不可能吉。但因为六四具有"独复"的志气，能果敢地回复正道，也不会凶。所以，爻辞不言凶咎：路你要自己选，责任也要自己来负。

一个经理听到基层员工有好建议，马上采取。至于能不能得到总经理的支持，不知道；部属会不会支持他，也不知道。这就是"以从道也"，冒着极大的风险，按照自己认为正确的去做，其他的就不必顾忌。

六五，敦复，无悔。
《象》曰：敦复，无悔，中以自考也。

"敦"为敦厚。为什么敦厚会无悔呢？一个公司的老板，当"复"的时机到来时，没有带头让大家快速复兴，因为他很软弱。但是他也很敦厚，心里会想：我虽不能带头，但也不会反对下属做"复"的努力。既然没有尽到责任，当然不会吉；并没有反对甚至阻拦复兴的势力，自然也无悔。

小象"中以自考也"说得很清楚。"中"为合理，"自考"即自我考核检讨。

六五处于上卦之中，自知力量不足，认知也不足，由自己做领导，不知道会产生什么效果，现在遇到"复"的情景，只好观望。但是六五很敦厚，允许大家去回复正道，一点也不去阻挠，这就很了不起。

上六，迷复，凶。有灾眚。用行师，终有大败，以其国君凶。至于十年不克征。
《象》曰：迷复之凶，反君道也。

上六居全卦末端，有两种物极必反的可能性。一是上六和初九相距颇远，不知道一阳来复的势力已经扩展到六五，竟然还执迷不悟，没能及时回复正道；二是上六与六三不相应，认为复兴是件好事，样样都要复兴，结果痴迷于复道。这两种"迷复"都会招来天灾人祸。而且，上六这种行为可能会把六五拖下水（"以其国君凶"）。因为六五不知道要怎么做，如果上六强大到要兴师动众来改变现状，六五受到影响，最后也脱不了干系。"至于十年不克征"的"不克"就是不能，"十年"就是长期。上六这种情形会一直拖到十年都没有办法得到解决。

复卦启示

卦名	卦辞	启示
复卦	复，亨。出入无疾，朋来无咎。反复其道，七日来复。利有攸往。	一阳初复，万物生机。

爻位	爻辞	启示
上六	迷复，凶。有灾眚。用行师，终有大败，以其国君凶。至于十年不克征。	执迷不悟，必有灾祸。
六五	敦复，无悔。	择善固执，没有懊悔。
六四	中行独复。	单独迁善，中正独行。
六三	频复，厉，无咎。	屡过屡改，危而无错。
六二	休复，吉。	向善得计，下附于仁。
初九	不远复，无祗悔，元吉。	有过即改，不致后悔。

❖ 卦二五 天雷无妄 ䷘

一、无妄卦总说

无妄卦的本意是要我们学会避免遭受无妄之灾。怎么做呢？要没有虚妄狡诈，没有妄念、妄行、妄语，最要紧的是修德。人随时会产生各种妄念，所以无妄之路步步维艰，一不小心就出问题。因此，人一定要有敬畏之心，用理智控制情感，不能被情欲、想象、妄念打败。当然，人不能完全达到无妄。退一步讲，人只能用理性来指导感情，让所作所为顺其自然，养成良好的习惯，也就无妄了。

二、无妄卦详解

无妄卦卦辞：无妄，元、亨、利、贞，其匪正有眚，不利有攸往。

"眚"原指眼疾，这里喻为祸患。天祸叫灾，人患叫眚。一个人如果不正，就不利有所往。人免不了会犯无心之过，但无心之过也是错，不知不觉做坏事当然糟糕，更糟糕的是很多人好心做坏事，一出口就惹是非。无坏心尚且如此，只要有一点不正想法，人就离祸患不远了。所以，无妄卦元、亨、利、贞的条件，重点在于正而不邪，也就是至诚。至诚，自然利于往。

《彖》曰：无妄，刚自外来，而为主于内。动而健，刚中而应，大亨以正，天之命也。其匪正有眚，不利有攸往，无妄之往，何之矣？天命不佑，行矣哉？

无妄卦（☳）自讼卦（☴）变来。将讼的初六、九二两爻换位，便成为无妄。无妄卦初九一阳主于内，又有上乾三阳自外来助，所以叫"刚自外来，而为主于内"。乾为健，震为动，即"动而健"。在无妄卦的环境里，动就是不为所动，而且持久，自安于现在的处境，坚持自己的选择，才能不生妄念。

九五与六二居中相应，即"刚中而应"。只要走正道，不盲目乱动，就会亨通，即"大亨以正"，这是"天之命也"，也就是自然的道理。"无妄之往，何之矣"的"之"是到的意思，既然万物都不妄为，一切合理又正常，你还要跑来跑去，能跑到哪里去呢？哪里还有路可走呢？你不顺从天命，老天就不保佑你，当然行不通，即"天命不佑，行矣哉"。

无妄卦告诉我们，每个人的先天和后天条件不一样，生活规划也不同，但都要努力做到无妄。因为无妄代表挚诚、虔诚、守本分、不乱来。别人的事我们不一定清楚，没法判断。我们只要能把握自己、做好自己的事就行。同时无妄卦也警惕我们，小心不要陷入另一个极端。社会有社会的规律，时代有时代的风俗。别人要打破风俗，不断创新，我们偏偏反其道而行之，偏要保守可能过时的东西，也是一种狂妄。

《象》曰：天下雷行，物与无妄。先王以茂对时，育万物。

"天下雷行"最好说成"雷行天下"。"雷"代表君王刚健笃实的盛德，能够威震天下。"与"是皆，"物与无妄"便是万物皆受震慑而不敢妄为。"茂"为盛，"时"即世，"茂时"便是盛世。君王以盛德治理国家，人民上行下效，也就没有妄念妄为，这是"君王无为而天下治"的最佳写照。

《序卦》说："复则不妄矣，故受之以无妄。"一个人真正懂得复卦，就知道克己复礼而天下归仁，大家不会动歪脑筋，所以接着是无妄卦。无妄卦之后是大畜卦，这是一个步步演化渐进的过程。无妄卦正好是培育人才的时候，只有在无妄时把人才培育好，将来到了大畜卦才有人可用。

三、六爻详解

初九，无妄，往吉。
《象》曰：无妄之往，得志也。

初九当位，又是阳刚之爻，象征本乎初衷，合乎天理，内心真诚无妄，一切照规矩办，一步步往前走，当然有所往而吉祥，心想事成。初九爻变即成否卦，表示如果一开始就不当位，真诚无妄变成唯利是图，也就必然否塞不通。身处无妄的大环境，倘若不遵循正当途径行事，必然"不利有攸往"。初九爻实而不虚、实而无妄，所以"往吉"；与九四不相应，表示没有私心，反而成为"往吉"的良好因素。

六二，不耕获，不菑（zī）畬（yú），则利有攸往。
《象》曰：不耕获，未富也。

六二提出了更加具体的办法，教导我们怎么才能无妄。"菑"指开垦不过一年的田地，仍然十分贫瘠；"畬"则是已经耕种多年的良田。六二以柔顺之德上应九五，并不私下与初九交往，象征只问耕耘不问收获（"不耕获"）。先把因做好，不斤斤计较于结果如何，不在开垦贫瘠田地时就盼望马上收获良田。抱持这种不妄求的务实心态，自然有所往而无不利。

现在很多人做事，都要先考虑能得到多少好处，其实这都是空想妄念。盘来算去就一定准吗？就算事前知道结果又有何助益？假定盘算之后觉得无利可图，就不做了吗？因此还是一句话，人最终要尽人事而听天命，义所当为则必为，把结果看作自然演化而来的成果就可以。可是很多人偏偏把这个因果关系搞反，总是单凭结果来断定一个人的努力程度，那是非常不正确的。因此，我们要记住，先耕耘才有收获，一分耕耘未必有一分收获，要以平和的心态接受这个事实。

六三，无妄之灾，或系之牛，行人之得，邑人之灾。
《象》曰：行人得牛，邑人灾也。

六三以阴柔居阳刚的究位，象征时穷势极，常生变乱灾祸，即使无妄也可能遭灾。譬如有人把牛系拴在路边某处，行人经过时把牛牵走据为己有，结果附近的当地人（邑人）却被牛主人怀疑，无辜蒙受不白之冤。可是当地人能埋怨偷牛的"行人"吗？行人会说，白捡的便宜，不偷白不偷。

我们学了《易经》就会明白，其实当地人没什么好冤枉的。如果本地有守望相助的好习惯，当地人就应该有警惕之心，帮人家把牛看好，或者及时制止小偷。可是这些当地人什么也不管，凡事一推，都说是行人偷的，所以永远也不会长进。

六三爻变为同人卦，表示倘若能有同人修养，和谐相处，依理而行，便可以免去无妄之灾。也就是凡事多反求诸己，作为本地人，你应该告诉失主，你太大意，但是我们也不够小心，让我们共同努力把牛找回来，这样大家都会心平气和。推来推去表示每个人都有错，如果有人首先站出来承认，这是我的错，立马就会有人跟他说，不是你的错，是我的。大家都觉得自己有责任，那每个人就都没有责任，事情也会很愉快地解决。

九四，可贞，无咎。
《象》曰：可贞，无咎，固有之也。

一般来讲，下卦讲内在修养，上卦讲外在环境。九四不当位，又与初九不相应，原本可能有咎。可现在正处在无妄的大环境中，只要你很正固，没有妄念，不管当不当位，最终都会无咎，可见一切都是靠自己。

九四居上乾初位，据于六三之上，全力支持九五，不做分外妄想，反而成为可以贞固的良好条件，所以化有咎为无咎。

人的本性就有良好的德行（"固有之也"）。因此要记住，做事但凭良心，一切只问应不应该，而不是自己喜不喜欢。现代人的危机就是只问喜不喜欢，结果逼得自己走投无路，你不让他，他不让你，最终两败俱伤，没有良性解决之道。

九五，无妄之疾，勿药有喜。

《象》曰：无妄之药，不可试也。

九五既当位又居上乾中爻，和六二相应，各种条件都十分良好，为什么还有疾呢？因为在无妄的大环境中，只有阳爻才能行天道，而且必须纯而不杂，才能真正无妄。九五与六二相应，反而影响自己。无妄之疾不是真的生病，而是说即使九五很诚挚，用心纯正，也免不了会有小偏差、小过失。不过这也没关系，你不要着急去跟人家道歉，别人不会怀疑你，你自己很快也会回复正道，这就叫"勿药有喜"。

上九，无妄，行有眚，无攸利。

《象》曰：无妄之行，穷之灾也。

无妄卦辞说"匪正有眚"，不走正道才有灾难，现在已经在行动，可是还有灾祸，所以叫"行有眚"。因为凡事物极必反，一个人沿无妄之道走到穷途末路，最后当然只能是灾难。就像有些人谦虚至极，长此以往，该争取的时候不争，该说的时候不说，可谓无妄至极。可是如此下去，自己还有存在的价值吗？最后还有饭吃吗？所以，无妄也不全然是好。人要谨慎冷静，自行判断无妄到什么地步才合适。人毕竟要生存，要生活，要满足各种正当的欲望，连命都保不住，还怎么无妄？

无妄卦启示

卦名	卦辞	启示
无妄卦	无妄，元、亨、利、贞，其匪正有眚，不利有攸往。	顺合天时，生育万物。

爻位	爻辞	启示
上九	无妄，行有眚，无攸利。	轻举妄动，没有好处。
九五	无妄之疾，勿药有喜。	无妄之疾，勿药自愈。
九四	可贞，无咎。	应当固守，没有差错。
六三	无妄之灾，或系之牛，行人之得，邑人之灾。	意外事件，无妄之灾。
六二	不耕获，不菑畬，则利有攸往。	只顾耕耘，不问收获。
初九	无妄，往吉。	至诚而律，得遂心意。

❖ 卦二六 山天大畜 ䷙

一、大畜卦总说

大畜卦下乾上艮，艮为山为止，乾为天为阳为大，所止者大，所以称为"大畜"。实际上乾是阳卦，艮也是阳卦，山在天上的景象根本不可能出现，只能说山得到天的阳气，贮藏在山谷之中。山中蓄积着大量动植物和矿石，都需要吸收山中大气以充实自身，这种大量蓄积、生生不息的状态便是大畜。

小畜是蓄积财物，大畜是蓄积德行。为什么在卦序中小畜在前而大畜在后？老实讲，一个人如果连饭都吃不饱，是不大可能修养德行的。衣食足然后能知礼仪，这是自然的道理。

二、大畜卦详解

大畜卦卦辞：大畜，利贞，不家食，吉，利涉大川。

所谓"不家食"，即不要让任何有才能的人在家里吃闲饭。如果你没有才能，吃闲饭是没办法；如果你有才能，那就要出来做事。但有一个前提条件，大环境要和谐、安定、有秩序。大环境既然守正，能礼贤下士，让每个人都能找到工作，充分发挥才能，你就应该勇敢站出来，为大众服务，精诚团结，就算有灾难也有办法解除困厄。大家惜缘惜福，自然会有大的发展。在这里，"利涉大川"中的"大川"可以代表国内贸易或国际贸易，也可以代表其他生意，它无所不包。

《彖》曰：大畜，刚健、笃实、辉光，日新其德。刚上而尚贤，能止健，大正也。不家食，吉，养贤也。利涉大川，应乎天也。

"刚健""笃实""辉光"是三样不同的东西。

"刚健"指下乾，表示它的原动力很强健，基础非常稳固。"笃实"指上艮，表示充实而不虚浮，能够适可而止，而非盲目扩张。一个人基础很稳固，又很有冲劲，同时知道适可而止，自然容易获得很大的荣耀和成就，就是"辉光"。

"日新其德"中的"新"不仅有新旧之意，还有改善图新之意。中国人凡讲"新"，一定要跟"旧"连在一起才安全。旧有的东西没抓住，盲目求新求变，到最后变成"四不像"，一定自食其果。创新或许很快，可创新所产生的恶果，要收拾起来却非一日之功。有时候创新的结果并非显而易见，需要时间沉淀，万一几年后其恶劣结果才显现出来，大家只好跟着倒霉。要与时俱进，使旧有之事物不断改善，越来越合理，这才叫德。

上艮为阳卦，"刚上而尚贤"中的"刚上"即指上艮，意思是说，一个人觉得自己很了不起，谁都不放在眼里，那就糟了。"尚贤"是崇尚贤能。一个人既刚上又尚贤，社会才会进步。"止健"是知足守分。"大正"是至大的正道。守分才能大正，走至大的正道（"应乎天也"），才能得到最大的快乐。

《象》曰：天在山中，大畜。君子以多识前言往行，以畜其德。

山和天都是庞然大物，足以包容万事万物。但是跟天比，山毕竟还是微不足道。所以，"天在山中"也可理解为"天好像装在山中"，意在启示我们：你的气量有多大，事业就有多大，一切都取决于你自己。

从小畜到大畜

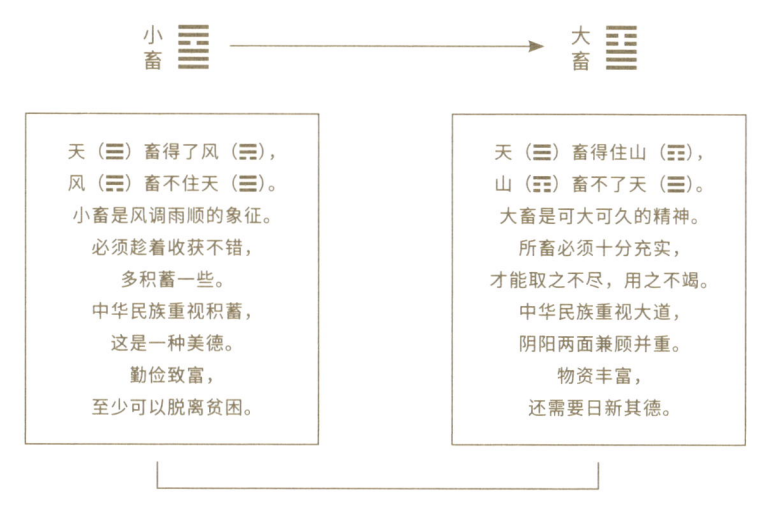

```
小畜 ☰/☴ ──────→ 大畜 ☰/☶
```

小畜：
天（☰）畜得了风（☴），
风（☴）畜不住天（☰）。
小畜是风调雨顺的象征。
必须趁着收获不错，
多积蓄一些。
中华民族重视积蓄，
这是一种美德。
勤俭致富，
至少可以脱离贫困。

大畜：
天（☰）畜得住山（☶），
山（☶）畜不了天（☰）。
大畜是可大可久的精神。
所畜必须十分充实，
才能取之不尽，用之不竭。
中华民族重视大道，
阴阳两面兼顾并重。
物资丰富，
还需要日新其德。

仓廪实而知礼节，衣食足而知荣辱

要增广见识，必须多读历史，即"多识前言往行"。老祖宗的所作所为很值得好好欣赏。记住，是欣赏，不是评鉴。现在的人动不动就评判对错，很不恰当。你自以为比古人强，自以为了不起，其实只是事后诸葛亮，而且以一斑之见评价全豹，难保不失其真。我们读历史，不是为了妄加评论古人言行，不是去记忆死人名字和变迁了几十次的地名，这都是无用之功。读历史是要读出道理。

多识最终会提高品德，就是"以畜其德"。人最要紧的是了解自己。现代人往往心理失衡，肤浅、紧张、忙碌、急功近利，有这四个毛病。很多人整天忙忙碌碌，总是不可开交，不能静下心来思考，最后忙到身体负荷不堪，才叫苦连天。这种修养不够深厚的人，应该多看看大畜卦。

大畜卦给我们四个启示：高、深、远、久。格调高一点，站得高一点，才能看得远；思想要深刻，才能看得久。可长可久才是真正一辈子的快乐，而唯一可长可久的就是道德修养——这是人一生一世最值得努力追求和积蓄的。

从家庭关系看小畜卦和大畜卦

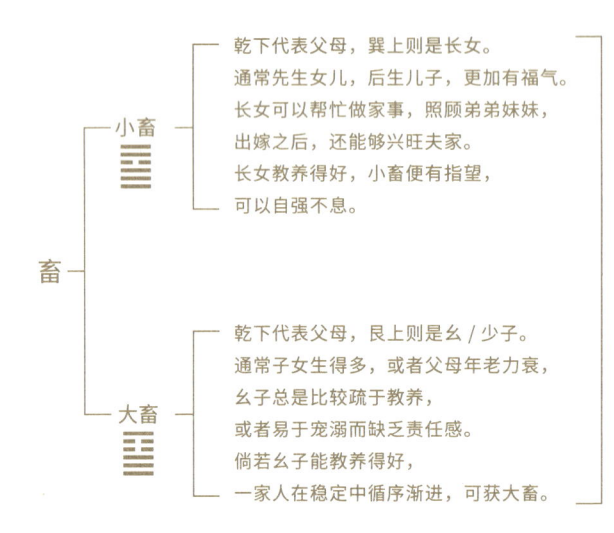

畜
- 小畜
  - 乾下代表父母，巽上则是长女。
  - 通常先生女儿，后生儿子，更加有福气。
  - 长女可以帮忙做家事，照顾弟弟妹妹，出嫁之后，还能够兴旺夫家。
  - 长女教养得好，小畜便有指望，可以自强不息。
- 大畜
  - 乾下代表父母，艮上则是幺/少子。
  - 通常子女生得多，或者父母年老力衰，幺子总是比较疏于教养，或者易于宠溺而缺乏责任感。
  - 倘若幺子能教养得好，一家人在稳定中循序渐进，可获大畜。

把大畜、小畜合起来看。
家庭教育要以品德为优先。
现代人生得少，更要教得好。

三、六爻详解

初九，有厉，利已。
《象》曰：有厉，利已，不犯灾也。

初九是下乾伊始，难免奋勇冒进，招致危险。"有厉"是有危险。初九与六四相应，原本是好事，可以相辅相成，但现在上艮的功能在于止乾，六四位高，又以柔克刚，会对初九造成很大压力。初九最好能吸取"潜龙勿用"的教训，明白自己的刚健还不足以冒险犯难，不如暂时停止，多多充实，以求慎之于始，则可免除危险。

九二，舆说（tuō）輹（fù）。

《象》曰：舆说輹，中无尤也。

九二与六五相应，既不当位，又受六五止息。"舆"是车子。"说"是脱离。"輹"是转轴。车子的转轴脱落，停又停不住，跳车又危险，寓意环境不乐观，九二深陷艰难的处境。幸好九二位居下乾中位，能遵循中道，明白六五具有"黄裳元吉"的德行，却未必是自己所利见的大人，因此审时度势，能进即进，不能进便止。进止合宜，又出于自动自发，因此没有过失。

九三，良马逐，利艰贞。曰闲舆卫，利有攸往。

《象》曰：利有攸往，上合志也。

九三当位，又享有大畜特例，与上九以刚健对刚健，志同道合（"上合志也"），可以像良马那样在草原上快速奔逐（"良马逐"），不像初九受制于六四，九二受制于六五。"利艰贞"是在提醒九三，虽然你位于下乾极位，有经验有能力，可以放手有为，但和上九比较起来，仍然不能大肆施展。"曰闲舆卫"中的"曰"是"叫作"，"闲"是闲悉、熟悉。一个人自以为对处境越熟悉，就越容易生出事端，阴沟里翻船，所以要以"艰难守贞"为宜。九三要常常告诫自己，此时一方面是很好的机会，另一方面又是很大的挑战，只要坚守正道，熟练技艺，不受外界威胁利诱，不断改善缺失，自然"利有攸往"。

六四，童牛之牿（gù），元吉。

《象》曰：六四元吉，有喜也。

六四是大畜卦二阴爻中唯一当位的。由于代表上艮，开始和下乾接触，象征山中充满乾阳，得以生养万物，当然有喜。犹如小牛刚刚接触外界，用横木加在牛角上，以防止向前冲撞。用柔性的诱导代替硬性的限制，当然更为圆满有效，所以元吉。六四承接下乾的努力，用柔性来巩固和充实，符合大畜卦刚健（乾）笃实（艮）的精神。

在公司里，六四就是部门经理。对于新人，经理要给予必要的辅导，花一点时间帮他了解事务，熟悉环境。新员工就像初生牛犊，在其会乱撞时给它适当加一根保护它也保护别人的横木，就能大吉大利。小象"有喜也"是什么喜呢？就是能把人才好好留住。大畜不但要储才，还要储人。

六五，豮（fén）豕之牙，吉。
《象》曰：六五之吉，有庆也。

"豕"是猪。"豮豕"是阉割过的公猪。公猪比较凶猛，会闯祸伤人，阉掉是要它驯服。六五是尊位，有权将公猪阉割。和六四比较起来，六四驯服童牛，用的是柔性手段。六五强制割掉公猪的睾丸，属于刚性手段。六五柔居刚位，还是可以有一番作为。上艮的抑止力量到六五便完成了，因此不得不采取有形的措施。六四无形，六五有形，目的都是唤醒我们，除了物质面之外，还有精神面。人有人性，也免不了有兽性。运用有形和无形的力量，消灭兽性，发扬人性，才会吉祥。

在公司里，六五代表总经理。他知道有些干部，特别是个别班组长，非常莽撞凶猛。虽然他们是好意，但后果非常严重。所以，总经理只能想办法，把其凶猛的本性慢慢除掉。老板和主管一定要有这个意识：越是真正的人才越不好用，但凡大才都很有个性，有才能没个性的人很可怕，这种人将来多半会掉转枪头来对付你。所以，你要了解大才者的个性，要平心静气地接受甚至欣赏。能用难用之人，才能成难成之事。如果部下都很温顺听话，每件事都等待你的命令，你迟早被拖垮。所以，公猪虽然凶猛，我们也不会杀掉它，只要其凶猛个性不会造成难以弥补的灾难，大家就会相处得比较融洽。小象"有庆也"强调，身为领导，能留下真正好的人才，又能防患于未然，当然可喜可贺。

上九，何天之衢，亨。
《象》曰：何天之衢，道大行也。

"何"即是荷，也就是担当。"衢"是四通八达的大路。上九为大畜卦最高位，象征大畜之道到此已告完成。上九这位大佬负荷着保障四通八达的重大责任，每个人在这里都可以走得通，没有人受到压制，没有人受到委屈，每个人也能管好自己，能自重，这样自然很快就能大畜，当然亨通。初九、九二、九三都要受到相当限制，现在上九用不着受限，可以上进、充实、应用了。上九以阳居阴位，又是上艮极位，全卦的顶端能获得这样的辉煌成果，实属少见。

大畜卦启示

卦名	卦辞	启示
大畜卦	大畜，利贞，不家食，吉，利涉大川。	刚健笃实，素养日增。

爻位	爻辞	启示
上九	何天之衢，亨。	青云得志，无往不利。
六五	豶豕之牙，吉。	去势雄猪，易制刚性。
六四	童牛之牿，元吉。	小牛横木，易制刚性。
九三	良马逐，利艰贞。曰闲舆卫，利有攸往。	良马奔逐，不可妄动。
九二	舆说輹。	车脱离，不能前进。
初九	有厉，利已。	进有危险，应该停止。

❖ 卦二七 山雷颐 ☲

一、颐卦总说

颐卦中间的四个阴爻被初九和上九圈了起来，整体看就好像一张嘴在进食。人吃东西时，上颚不动，下腮托着上下牙床一关一开，不停咀嚼，与颐卦下震上艮（下动上止）的卦象完全相符。《序卦》说："物畜然后可养，故受之以颐；颐者，养也。不养则不可动，故受之以大过。"把动物蓄积起来就可以驯养，叫作畜养；人蓄积了财富，就想好好享受一番，保养身体，叫作颐养。所以，大畜卦之后是颐卦。身体缺乏营养就不能行动，品德没有涵养便不足以担当大事，因此颐卦之后是大过卦。

颐养的重点不但在口腹，也在重视德行。无论物质或精神，必先蓄积才能滋长。《杂卦》说："大畜，时也""颐，养正也""大过，颠也"。大畜卦讲求畜聚的时宜；颐卦阐明颐养的正道，即正当的方式、正常的方法、正确的途径；大过卦警示大有所过很可能造成颠覆的危机，必须预先防患。

二、颐卦详解

颐卦卦辞：颐，贞吉。观颐，自求口实。

卦辞开宗明义，颐只有走正道才会吉祥。饮食最容易暴露人的修养，"观颐"就是观察人吃饭的样子，看看是何等人物。"口实"指口中的食物，扩大为生存所需的养分。这个养分有"养人""养己"两方面。凭自身能力获得的食物最甜美,即是"自求口实"。中国人绝不吃嗟来之食,凭才能和劳作得到应有的饮食,吃得自然心安理得。

《彖》曰:颐,贞吉,养正则吉也。观颐,观其所养也。自求口实,观其自养也。天地养万物,圣人养贤以及万民。颐之时大矣哉!

颐养有两层意思,一方面讲口养,另一方面讲深养——养自己的内涵。所以,颐养的"贞吉"有条件,那就是"养正",要遵循正道。"观颐"同样分两方面,一方面是"观其所养",别人会观察你怎么用餐,是只顾自己还是会照顾别人;另一方面是"观其自养",观察自己吃饭的顺序和吃法,到底先吃水果还是先喝汤,都有一套道理,同时要知道"己所不欲,勿施于人",不要勉强别人吃他们不想吃的东西。

接下来的"天地养万物"告诉我们:天地有好生之德,育养万物不求回报;圣人也是如此,要替社会培养贤达,尽其所能帮助百姓。孔子在这里加了句"颐之时大矣哉",意即"颐"的时机非常重要,必须合乎时宜,随时做好合理调整。

一个人先求自己吃饱,然后就要推己及人。很多人认为当老板没什么了不起,其实老板真的很不简单。他除了要养自己,还要照顾很多人,这就是大功劳。老板懂得管理经营,白手起家而成大业,其间经历过多少辛苦,这跟别人一点关系都没有;让自己有饭吃,还提供很多就业机会供养许多人,这才是不可否认的贡献。所以,如果老板要显摆自己,只能讲这点,其他的话都没价值。

《象》曰:山下有雷,颐。君子以慎言语,节饮食。

君子看到山下有雷的自然景象,悟出其中的道理,要慎于言语以养品德,节制饮食以养身体,这是颐养之道的两大要旨。养口体和养心志同等重要,养口体为小,养心志为大。养自己是一家人的生活,养别人则扩展到社会的生存、国民的生计,甚至于全体人类的共存共荣。颐养之道,不但要养,更要重视"育"。用现代话说,颐卦所讲的就是民生问题。

三、六爻详解

初九,舍尔灵龟,观我朵颐,凶。
《象》曰:观我朵颐,亦不足贵也。

颐卦告诉我们,养生只能靠自己,别人帮不上忙。"舍"是舍弃。初九与六四相应,站在六四的立场,初九便是"尔",也就是"你"。有灵性且活得久的龟叫灵龟,它完全靠自己生存,可以跟外界断掉联系,一年都不动。"观"是初九观六四。

初九当位,又是下卦主爻,表示原本有灵龟,很富贵,能自养,现在却把灵龟丢掉,认为自己无能为力,自暴自弃。他看着六四大快朵颐,那么享受,便心生羡慕,求养于六四。知正却不能守,能自养却求养于人,没有自知之明,舍本逐末,所以凶。

初九爻变为剥卦,表示初九必须将思维上的障碍剥除,恢复原有的灵龟智慧,才能免于凶祸。

六二,颠颐,拂经于丘颐,征凶。
《象》曰:六二征凶,行失类也。

六二当位,又居下震中爻,原本得位得中,理应遵循颐养正道,但是与六五不相应,表示六二没能供养六五,反而向下求助初九。"颠颐"指六二颠倒了颐养之道。"拂"是违背,"经"是守则,"丘"是山丘。颐卦四阴爻都阴柔无实，必须依靠上九供养。六二却显得很特殊（"行失类也"），除了上九，还要向初九求食，实在有违常则。六二阴居柔位，并没有多大力量南征北伐，这样上下求食当然"征凶"。六二爻变成损卦，表示六二既不能养口体，又不能养德行，实在有损于颐道。

六三，拂颐，贞凶，十年勿用，无攸利。
《象》曰：十年勿用，道大悖也。

六三不当位，与上九相应，象征不求自养而求养于上，也是违背颐养之道，所以说"拂颐"。六三居下震极位，违背颐道尤为厉害，必须守正才能避凶，因此说"贞凶"。由于六三阴柔不正不中，实际上很难守正，即使历经十年之久，仍将为人所弃而不见用，无所利好像也是自作自受，怨不得人。六三爻变为贲卦，表示在思想及行为上都要不断修饰调整，不往上求上九供养，可免长期受灾。其实，你喜欢吃喝玩乐时，就会编造理由，说没有吃喝玩乐，生意都做不成；可如果你不喜欢吃喝玩乐，也会编一套理论，说只要生意正当、利润合理，不大吃大喝也很好做。可见人是最善于给行为找理由的动物。

六四，颠颐，吉。虎视眈眈，其欲逐逐，无咎。
《象》曰：颠颐之吉，上施光也。

"虎视眈眈"好像很可怕，但其实它是威而不猛的意思，老虎吃饱了才会这样看。"其欲逐逐"是各种不好的习惯逐渐消失。六四虎视眈眈地看着初九，初九就来奉养，六四得到满足，而后"其欲逐逐"。另一种解释是，初九虎视眈眈，六四满足了它的欲望，做得既合理又大方，最后也减少了它的欲望。

"颠颐"是凶才对，为什么六四会吉？因为六四能择贤而养，贤能未必要替自己做事，只要能对社会有贡献就好。六四和初九都是为了大家好，而非求一己私利，所以无咎。小象"上施光也"即六四居上位，却能向下施以光明，这种美德当然无咎。

六五，拂经，居贞吉，不可涉大川。
《象》曰：居贞之吉，顺以从上也。

六五阴居刚位，与六二不相应，就近以阴承阳，向上求养于上九，就易道而言是违背常则的行为。六五居君位，原本有养育万民的责任，现在却反过来求上九供养，当然"拂经"。但是六五能信任上九，表示柔弱的老大坚信忠贤的大佬，即使有违常理，仍是守正的做法，所以"居贞吉"。但在这种情况下，要想大有发展实在十分困难，因此"不可涉大川"。六五爻变为益卦，表示六五"居贞"对己对人都是正面且有所帮助的。

上九，由颐，厉吉。利涉大川。
《象》曰：由颐，厉吉，大有庆也。

上九刚居柔位，得到六五的充分信任，担当了颐养众人的重大任务。"由颐"是由此以成颐养之道。上九先把自己养好，再想办法颐养万民，功劳最大，却也会"厉"。因为树大招风，难免遭人议论猜疑，倘若上九骄纵自大，自然更加危险。

上九若能常存危厉之心，保持高度警觉，一心为公，不求私利，做出大贡献，自然吉祥。到最后大家也会明白，幸好当时你不顾一切诽谤，不顾猜疑，坚持原则，才有这种善果。

颐卦启示

卦名	卦辞	启示
颐卦	颐，贞吉。观颐，自求口实。	谨慎言语，节制饮食。

爻位	爻辞	启示
上九	由颐，厉吉。利涉大川。	由此颐养，宜怀戒惧。
六五	拂经，居贞吉，不可涉大川。	颐养无道，不可冒进。
六四	颠颐，吉。虎视眈眈，其欲逐逐，无咎。	上求下养，措施光明。
六三	拂颐，贞凶，十年勿用，无攸利。	颐养无道，真正失策。
六二	颠颐，拂经于丘颐，征凶。	上求下养，违背常理。
初九	舍尔灵龟，观我朵颐，凶。	能自颐养，不可求人。

❖ 卦二八 泽风大过 ䷛

一、大过卦总说

"过"字有三个意思：一是过错、过失；二是过分、过度；三是经过。大过卦下巽上兑，阳为大，四阳居中，过于强盛，故名"大过"。注意，大过并非大大的"过分"，只是在三阴三阳调和对等的基础上，阳比阴多一点，阴阳失衡，且阳刚过剩。三阳三阴平衡调和，容易协调沟通。四阳两阴就不同，何况大过卦四阳居中团结，势力大到把弱小的阴爻挤到两边，这种情况非常特别。所以，大过卦也用来代表非常时期、非常举动。

二、大过卦详解

大过卦卦辞：大过，栋桡（náo），利有攸往，亨。

"栋桡"是个形象的比喻，有助于我们了解本卦。"栋"即房屋横梁，"桡"是曲折。大过卦四阳居中，好比房屋的栋梁中间过强，缺少阴柔辅助，容易曲折破坏，两边榫头又特别小，承受力有限，就像一个人挑着太重的担子，总有一天会撑不住垮下来。

可是，在这种情况下，卦辞为何还说"利有攸往"？《易经》永远会给我们解决困难的方法，这是它弥足珍贵和具有永恒价值之处。现代人往往误入歧途，认为无论什么问题都可以找专家解决，其实不然。"利有攸往"

告诉我们，你的能力在于提前发现问题，而不是寻得解决问题的方法。我们非常重视能解决问题的人，却不重视发现问题的人，结果就是问题层出不穷。

当你看到房屋横梁弯曲，就要马上想到它两边的榫头可能已经松动，说不定什么时候就会断掉。这是非常时期，必须采取非常行动，及早化解问题，以期防患于未然，从"太过分"变成"太伟大"，这就是"亨"。

《象》曰：大过，大者过也。栋桡，本末弱也。刚过而中，巽而说行。利有攸往，乃亨。大过之时大矣哉！

栋会桡，是因为"本末弱"。"刚过而中"是说中间四阳虽然过分，却也并不是什么大过错，这是学习《易经》该有的觉悟。好会变坏，坏会变好，同样的状况，如果你一直往坏处想，或许就越来越坏；往好处想，可能就越来越好；如果你一直说没办法，可能最后就真的没办法；如果你说幸好幸好，中间这段木头还很结实，只要想办法补救一下两边，最终还会有好的结果。

下巽顺，上兑就愉快，即"巽而说行"。兑是少女，巽是长女，少女爬到长女头上，表示长女修养很好，不会用自己的标准要求不懂事的妹妹，妹妹自然很开心。但这毕竟是非常情况，不能长久，更不会达到真正的喜悦。一个人只知搞怪，一味求新求变，到最后大家都倒霉，那真是犯了大过。所以，"巽而说行"的同时也要守正，不改变基本原则，才能"利有攸往"，满足这些条件，大过才会亨通。

大过是与平常相反的非常（不是反常）。处非常时期，要做非常之人，行非常之事。可是千万要谨慎小心，这些非常举动值不值得做、怎么去做，要依情况而定，即"大过之时"。"时"一定要跟"宜"合起来考虑，那些看起来都很对的道理，只要不合时就不合理，叫作"不切时宜"。就算你做正当的事，也要根据时宜来调整标准，这当然对人的修养有很高的要求。

在大过卦的环境里，你先要了解自己是不是非常人物，现在是不是非常时期，做的是不是非常难得之事。如果是，就去做，不要管别人怎么想；如果不是，还执意做，就是扰乱秩序。

《象》曰：泽灭木，大过。君子以独立不惧，遁世无闷。

风为木，兑为泽，按照常理，泽水应该滋润树木才对（风泽中孚卦）。现在泽水（如洪水、海啸）把树木淹没，称为"泽灭木"，这种并不寻常的现象就是"大过"。君子由此领悟，那些非凡、非常的事业，该由大过常人的君子来完成。君子应该特立独行，毫不畏惧，挺身而出，整治社会乱象，即使很难被人理解，甚至遭人误会，为世俗所弃而隐退，也不会觉得烦闷。

三、六爻详解

初六，藉用白茅，无咎。
《象》曰：藉用白茅，柔在下也。

"藉"是衬垫，"白茅"即洁白柔软的茅草。初六表示大有所过，即做得过分时，必须抱持虔诚的恭敬之心，就好像祭祀时用洁白柔软的茅草做垫子，把礼器放在上面，以防滑动破损。"藉用白茅"象征初六不当位，职位卑微，与九四相应，必须胆大心细，谨慎承助上面四个强大的阳爻，才能无咎。初六爻变即成夬卦，表示大过时期，一开始就应该做出最有力量的决定，保持柔和清白，以"履霜坚冰至"为戒，务求慎始。

九二，枯杨生梯（tí），老夫得其女妻，无不利。
《象》曰：老夫女妻，过以相与也。

"枯杨"指枯槁的杨树，"稊"为嫩芽。九二居巽木中爻，不当位，与九五也不相应，象征距离上泽较远，水分不足，以致杨树枯槁。现在居然生出嫩叶，譬喻九二这位老夫向下求得初六这位少妻（"老夫得其女妻"），也就是过盛的阳刚与阴柔相调剂，因此"无不利"。九二爻变为咸卦，表示过与不及的偏差，可以用合理的感应来加以调和，阴阳相济在大过时期特别重要。

九三，栋桡，凶。
《象》曰：栋桡之凶，不可以有辅也。

九三当位，与上六相应，既处于正位，又能阴阳相济，按理不该凶。但是大过卦重视非常举动，九三一切如常，反而很难应付特殊需求。好比栋梁已弯，甚至有折裂的危险，仍然不敢权宜应变有所作为，此时守正对栋梁起不了作用，当然有凶祸。九三爻变为困卦，表示志在自保，缺乏突破困境的眼光与魄力，把自己困在九五、九四与九二之间，实在不合时宜。

九四，栋隆，吉，有它，吝。
《象》曰：栋隆之吉，不桡乎下也。

九四不当位，在大过的情境中，反而象征其以阳刚之质能够居阴用柔，使向下弯曲的栋梁呈现向上隆起的现象，所以吉祥。但九四和初六相应，倘若心有顾念，反而增添麻烦。有了这样的其他因素，所以有吝，最好及时加以避免才能无咎。九四爻变为井卦，表示九四位居上泽始位，泽水已经过多，不需要再汲取初六的水分。必须设法使井水流通，不要再溢上来。提醒九四，不要和初六多互动，使初六能专心地以阴柔承助四阳。

九五，枯杨生华，老妇得其士夫，无咎无誉。

《象》曰：枯杨生华，何可久也？老妇士夫，亦可丑也。

九五和九二一样，都是时令已过的枯杨。但是九二与初六是老夫少妻，有生机复萌的可能。九五与上六是少夫老妻，呈现枝头开花、生气将尽的景象。九五阳居阳位，是本质刚正的士夫，由于与九二相应，所以与比邻的上六互相调剂。九五尊贵，又笃实中和，因此无咎。但是地位崇高，却不能越分以拯救危难，与老阴相配，也将亏耗元气，因而"无誉"。九五爻变成恒卦，表示必须恒久地处理这样的事宜，才能顺利过关。

上六，过涉灭顶，凶，无咎。

《象》曰：过涉之凶，不可咎也。

上六当位，居上泽极位，象征走入水中，淹没头顶，必然招致凶祸。譬喻凡事不知深浅，掉入陷阱，完全是咎由自取，怨不得他人。但是在大过的情境中，四阳在下刚健强盛，上六孤阴残存，随时都有灭顶的可能。不应该因为害怕有咎，便什么事情都不敢做。上六爻变成姤卦，表示遇到这样的情况，最好想一想"大过之时大矣哉"的道理，这样便能平心静气，应付得宜，反而得以无咎。

把大过卦四个阳爻缩成两个阳爻，大过卦会变成坎卦，与坎卦相错的则是离卦，这两卦正好接在大过卦后面。这表示，大过卦的非常举动有两种后果，要么向上升得到离卦，前景一片光明；要么向下沉沦得到坎卦，前途艰险。任何事，不管当初设计得多好，理由多正当，结果都非人力所能控制。我们能做的，只有"尽人事，听天命"。

大过卦启示

卦名	卦辞	启示
大过卦	大过，栋桡，利有攸往，亨。	特立独行，无所畏惧。

爻位	爻辞	启示
上六	过涉灭顶，凶，无咎。	小人失败，不应怨尤。
九五	枯杨生华，老妇得其士夫，无咎无誉。	老妇少夫，无咎无誉。
九四	栋隆，吉，有它，吝。	有所作为，且要专注。
九三	栋桡，凶。	刚愎失策，不得人助。
九二	枯杨生稊，老夫得其女妻，无不利。	老夫少妻，过而谐和。
初六	藉用白茅，无咎。	在下过软，没有差错。

卦二九 坎为水

一、习坎卦总说

"坎"字拆开,就是欠土。道路欠土,坑坑洼洼,行人随时都有陷落的可能,所以坎就表示陷阱或险难,在自然叫作灾害,在人事叫作困境。凡是陷阱,迟早都会积水,所以坎也代表水。水顺势而流动,利万物而不争,性至柔,因而拥有强大的力量。别人认为危险的地方,它认为很安全;别人斤斤计较之处,它却放得下。中国人的品性就像水一样。

本卦上下都是坎卦,所以有个特殊的卦名,叫"习坎"。习的意思有三:一为重复,表示坎上坎下;二为反复练习,由于险象重重,必须逐一脱离才能真正安全;三是安之若素,不忧不惧,务求因势利导。《序卦》说:"物不可以终过,故受之以坎;坎者,陷也。"人不能不动,可一动就有危险,躲也躲不掉。因此,习坎卦提醒我们,一方面,必须学习与危险共存,最起码拥有自保的能力,免于像大过卦上六那样遭遇"灭顶之灾";另一方面,人不能一天到晚做非常之事,总要恢复正常,步入正轨。懂得从平常入非常,又从非常入平常,变动而不居,人生才会受益,所以大过卦之后是习坎卦。

二、习坎卦详解

习坎卦卦辞:习坎,有孚,维心亨,行有尚。

习坎卦上下爻皆阴，只有中爻阳实。"维心"是心中实在而诚信。大家也许有疑问，屯卦代表险难，习坎卦也代表危险，两者有什么不同？其实，屯卦是自然险难，它不是人为造成的。习坎卦则不同，它的危险有很多人为因素。这就使得一些人产生不恰当的想法，认为诚信善良迟早吃亏，黑心才能生存。如果这样，社会的风俗就败掉了。中国人常讲"外圆内方"，人的外表和行为方法要随环境变化而适时变通，但心里要有中正刚直而不变的原则，心怀诚信，实实在在，熟悉和适应习坎，才会亨通。

危险既然不可避免，人就不能畏缩，而要勇往直前，这样不仅可以战胜困难，还会受人尊敬，即"行有尚"。"尚"是崇尚。很多危险的事，大家原本不敢做，如今见你竟然在做，而且气魄如此宏大，行事如此正当，说不定就会追随你一起奋斗，获得亨通。

《彖》曰：习坎，重险也。水流而不盈，行险而不失其信。维心，亨，乃以刚中也。行有尚，往有功也。天险，不可升也。地险，山川丘陵也。王公设险，以守其国。险之时用大矣哉！

坎为险，上下都是坎险，即"重险"。水虽然流淌不停，但不会满溢，因为"欠土"之地实在太多。水向低处流，人却要往高处走。其实，人不管往上走、往下走还是在平地走，都是行险。因为天有天险，地有地险，人心更险。行险却不失信，始终保持原则，才能"维心，亨"。上下坎的心（阳爻）都在中间，所以能维持足够的稳定（"乃以刚中也"）。你可以勇往直前，得到大家的崇尚，是因为"往有功也"。人要学习水的精神，大家不愿做的事我来做，不愿担的责任我来担，并且不计较吃亏与否，对大家都有益，才能"往有功也"。

"天险"指日月星辰。它们高居天上，非人力所能影响，人只能顺应天时。"地险"指"山川丘陵"。大地高低参差，河水周流不停，生存环境如此复杂，人既然不能逃避，只好面对它、熟悉它，与它共存，精通变化而为己所用，就像王公利用山川形势设险守家，让百姓安居乐业。能认清甚至利用风险来达成目的，实在是了不起的事。以险止险，以险用险，是最大的智慧，所以说"险之时用大矣哉"。

《象》曰：水洊（jiàn）至，习坎。君子以常德行，习教事。

"洊"是一而再，再而三。水不停地流，最后使两侧不平的土地也跟着下陷，这就是习坎的艰难险阻。君子遇到这种情况，要"以常德行，习教事"。"常德"是常保美德。"习教事"是把该做的事原原本本、规规矩矩地做完。该做的不推辞，该坚持的不动摇，这才是君子。

一个人如果不经过事变磨炼，就不可能真正懂得单纯和善良。既然坎险不能避免，又不能盲目冒险，无谓牺牲，那就迫切需要寻找一条适当的出路。所谓最安全的地方最不安全，最危险的地方往往最安全，以险止险，才是习坎卦的真正要领。

三、六爻详解

初六，习坎，入于坎窞（dàn），凶。

《象》曰：习坎入坎，失道凶也。

水底的小穴叫作"坎窞"。表面上水总是很平静，可水底却实在不太平。一个人想习坎，或者游泳，没想到一入水就掉到小穴里，当然是凶。人生在世，难免会犯错，通常还是一错再错。你越想方设法避险，结果越是陷入更加危险的境地；你本想躲开陷阱，结果又掉入其他圈套之中。

很多父母不希望小孩见到世间的丑恶，希望他们单纯幸福，可这不见得是好事。这些孩子将来接触外界，往往无法应付各种挑战，纷纷进入初六的凶境。习坎一定要未雨绸缪，等孩子深陷洞穴再来补救，恐怕已经太迟。

年轻人初入社会，同样要吸取初六的教训，不要总希望在短时间内出人头地，不要锋芒毕露，以免得罪旁人，惹人妒忌，陷入危险的旋涡。

九二，坎有险，求小得。
《象》曰：求小得，未出中也。

此处的"小"指阴爻，即初六和六三。九二上下皆阴，喻示陷入坎险不能自拔，必须求助于初六和六三，虽然看起来很没面子，却得以避免凶险。引申到人事，身处困厄的九二，既不能自暴自弃，也不必着急。应当凡事小心，坚持但不冒进，不断提升自我，此时的小得其实比大得还要可贵。九二不要看不起不如自己的人，有时候从他们身上也可以学到难得的经验，只要不放弃中道，再大的险阻也用不着害怕。

六三，来之坎坎，险且枕，入于坎窞，勿用。
《象》曰：来之坎坎，终无功也。

上是"来"，下是"之"，六三居下坎上爻，头顶还有一个上坎，到处都是危险，进退维谷，无计可施。此刻险象环生，再怎么"用"都没办法，只好"险且枕""勿用"，暂时休息一下，不要施展才能，保持精力，韬光养晦，等待时机，以期寻找脱困方法。

很多人学习到了一定阶段，便认为学有所成，那就是深陷险境而不自知。因为学无止境，过了下坎，上坎才刚要开始。往往到了这个阶段，由于进步缓慢，又遇到困难，以致倦怠松懈。若因此放弃，不进即退，前功尽弃；如果施加压力，又恐怕影响学习兴趣，反而不好。进退两难，不如暂且镇定，适当调节，再做打算。

六四，樽酒，簋（guǐ）贰（èr），用缶（fǒu），纳约自牖（yǒu），终无咎。
《象》曰：樽酒簋贰，刚柔际也。

你以为别人会用一樽之酒招待你，拿二簋之食给你吃。可实际上，别人只会用很粗糙的瓦制器皿（"缶"），装一些简单（"纳约"）食物，从一个小洞口（"牖"即小窗）推出来给你吃，而且动作神态非常不恭。既然如此，为什么"终无咎"？因为身处坎险，再简陋的东西都要接纳，再无理的要求都要忍受，只要不放弃任何希望，就会无咎。

小象的"刚柔"指六四和九五。九五离水面较近，如果能拉六四一把，给你一根绳子，一定要抓住。即使对方没有礼貌，你也不要嫌弃，此时的交往可谓是患难之交。

九五，坎不盈，祗既平，无咎。
《象》曰：坎不盈，中未大也。

九五刚好浮在水面，处于上坎中间，不会灭顶。遭遇险难的人一旦快要脱险，心态就很容易改变。小象"中未大"便是强调，九五刚居中位，品德修养很好，可还不能光大，因为还没有离开水面，还没有脱离坎险。这时千万要记住"不盈"，就是不可自大，保持平衡的心态（"祗既平"），才会无咎。所有的损失已是既成事实，所有的吃亏都不要郁结于心。吃一次亏，上一次当，对自己也有好处，从中吸取教训，以后就能提前防范。

上六，系用徽纆（mò），置于丛棘，三岁不得，凶。
《象》曰：上六失道，凶三岁也。

"系"是绳子，三股绳子叫"徽"，两股绳子叫"纆"。满布荆棘的树林（"丛棘"），是古代牢狱的所在。上六被绳子绑起来，放在丛棘中，三年不得解脱，凶。这是说，上六明明已经脱险，却反用绳子捆住自己，因为无法解除对险境的恐惧，所以什么都不敢再做。所谓"一朝被蛇咬，十年怕井绳"，一个人处险太久，一定会"失道"，完全丧失信心。

所以，上六勉励我们：做人不能逃避险难，处处都是圈套陷阱，根本逃不掉，你怕到不敢走，那就等于坐牢，人生还有什么自由？因此，还是那句话，最危险的地方往往就是最安全的地方。如能步步为营，安步当车，循序渐进，还怕什么坎险呢？

习坎卦启示

卦名	卦辞	启示
习坎卦	习坎，有孚，维心亨，行有尚。	常保素养，熟习教化。

爻位	爻辞	启示
上六	系用徽纆，置于丛棘，三岁不得，凶。	获之大罪，监禁三年。
九五	坎不盈，祇既平，无咎。	坎险未平，不能出险。
六四	樽酒，簋贰，用缶，纳约自牖，终无咎。	重视精神，终可出险。
六三	来之坎坎，险且枕，入于坎窞，勿用。	进退皆险，复依奸人。
九二	坎有险，求小得。	坎陷危险，求稍出险。
初六	习坎，入于坎窞，凶。	在重险中，入于深处。

❖ 卦三十　离为火 ䷝

一、离卦总说

"离"字的含义,一是光明,二为美丽,三是引申为附着与离开。离卦为火,火即光明,上下皆离,通明而美丽。火只有附着于物质才有光明,物质燃尽,火即熄灭。人也一样,必须附着于精神和物质才能生存。离卦在坎卦之后,人跌入陷阱,最希望有根绳子,就算是树枝也不会放过。可是离开陷阱后,就会把树枝丢掉。人渡河需要船,但事后却不会把船带走。因此,附着的东西都是随时可以丢弃的。附着与离开看似矛盾,实则统一。

在人事上,离卦探讨人类文明的发展,旨在期望大家持续光大道德与事业,对社会做出贡献。《系辞下》说:"作结绳而为网罟,以佃以渔,盖取诸离。"伏羲氏编结绳子当作罗网,围猎捕鱼,便是从离的卦象获得灵感。这种网目相连而有物附着的器具,一直持续发展,到现代成为网络,全世界通用。

二、离卦详解

坎为阳卦,离为阴卦。坎水代表智慧,离火代表知识。有知识的人多半阴险,这点从历代史实中可看得清楚。没知识的人反倒不会耍什么心机。智者乐水,水的秉性正大光明,它总是明确告诉你:"我虽然惹人亲近,但也很危险,因为我里面有漩涡。当然,如果你硬要跳进来,出了事那就自作自受。"我们常说"智慧型犯罪",其实不通,真正有智慧的人是不会犯罪的。

离卦卦辞:离,利贞,亨。畜牝牛,吉。

元、亨、利、贞四德,离卦有三,且先利后贞,最后是亨,表示不贞就不会亨。利在这里解释为"适宜"。贞是坚守合理的贞操,即为中道。提醒我们,知识固然重要,但也要想想到底合不合理、对不对,慎重选择才会亨。

坤卦讲牝马,即母马;离卦讲牝牛,即母牛。马跑得快,但负重不如牛,所以牝牛象征忍辱负重。马认主人,牛只认工作,对事不对人。知识分子应该记住:忍辱负重是最起码的修养,不能认主人,否则会害死很多人,是没良心,把该做的事完成,但不要谋求功劳。

学校是用纳税人的钱建成的。一个人越是读名校,越要感谢那些没有考取大学之人,学成后要真正地奉献社会,否则便是有愧于心。可现在很多人却不这么想,以为能考取名校,全因自己聪明,所以低薪水不接受,累工作不想干,那你算什么?人越有知识越需要涵养,涵养都是自己蓄积来的。"畜牝牛"的"畜",就是培养。

《彖》曰:离,丽也。日月丽乎天,百谷草木丽乎土,重明以丽乎正,乃化成天下。柔丽乎中正,故亨。是以畜牝牛,吉也。

"丽"是附丽,日月因为有天空才能东升西降,百谷草木依赖于土地才能生存。这样我们就知道,凡有功劳的人,都是被忽略的,所以一定要忍辱负重。现在的人动不动就讲成就感,想得到重视和表扬,结果连觉都睡不好,简直自寻苦恼。

若要持续光明("重明"),就得附丽在正道上,透过教化来促进天下昌明，即"重明以丽乎正，乃化成天下"。离卦两个阴爻都居中得正，一切合理，所以会亨。"是以畜牝牛，吉也"是说，人家不了解你，你要耐心地证明给他看，而不是看不起他。有母牛一般的德行，你的光明才是吉祥的。

《象》曰：明两作，离。大人以继明照于四方。

"两"和"继"都是连续不断的意思。"明两作"是光明能够持续，黑暗之后一定还有光明，这样人类才有信心。德才兼备的大人由此领悟，要持续不断地为百姓谋取幸福，使德政普照天下。

其实，人心常常为私情所隐蔽。所以，不要小看离卦的两个阴爻，那才是最厉害的。它们都在警告你，只要一有私心，所有光彩很快都会不见。多少人风云际会，如日中天，最终却像黄昏的太阳，一会儿就西沉了。中国人不争一时，只争千秋。

三、六爻详解

初九，履错然，敬之，无咎。
《象》曰：履错之敬，以辟咎也。

走路颠来倒去，就叫"履错"。"辟"是避免，"辟咎"便是避开过错。人开始追求知识，总要不断试错，看上去便是颠来倒去，没有秩序。初九有上进心，没有错，但要一步一步来。"敬"是"看重"。孟子说"敬人者，人恒敬之"，你看得起别人，别人同样看得起你；你看得起知识，知识就会来照顾你。人无知会犯错误，不知不觉地掉入陷阱，当然有咎。但如果初九（没有多少知识的人）能心存敬慎，认真应对每一种危险，虽然有一些过失，大家也会谅解，因而无咎。

六二，黄离，元吉。
《象》曰：黄离，元吉，得中道也。

"黄"是泥土的颜色，即中间色，能够协调其他颜色，意即以中和正直的心态研究学问，当然吉祥。所有的文明、知识都需要品德高尚的人为之托命。没有品德，再光鲜亮丽的学问也没有长久的生命力。可见事情好坏之差，系于人之一念。

在大家包容、谅解、鼓励的善意中，六二自觉责任重大，必须多学习多体会以充实自己，附着中道，凡事力求合理，并且为九三和初九所附着，真正成为离下的灯芯，成为离卦主爻，是光明气象的骨干，十分可贵。

九三，日昃（zè）之离，不鼓缶而歌，则大耋（dié）之嗟，凶。
《象》曰：日昃之离，何可久也？

第三爻开始凶了。"日昃"是太阳已过正南，开始西斜，意味着光明快要消尽，夜晚将要来临。一个人坚守中道，受到大家的欢迎，很容易得意忘形，有如日正当中之后，很快西移。九三不能合群，令年长者叹息：好不容易出现一位好人才，却又要报废了。或者年纪轻轻，便自以为是老大，不自量力，倚老卖老，不知自己不过是离下上爻，还有上离要加以敬重，这样的状态，怎能不凶呢？

九四，突如其来如，焚如，死如，弃如。
《象》曰：突如其来如，无所容也。

九四象征这样一类人：他们进入社会，稍有表现，便自信满满，沉醉于众人口中的成就感，于是和书本断绝关系不再学习，不是推说工作太忙，便是说时间不够或者精力不足。这种以老旧知识应付现实问题的人，必然危险。"如"字接在形容词后,表示某种样子或状况。"突如其来如"是忽然发生了某个状况,就好像被焚毁、被杀死、被抛弃一样。九三光辉不再,被冷落、闲置、架空却不知反省,不求改善,不配合内外环境,近乎刚愎自用,忽然间遇到一个想象不到的状况,便觉得好像无地自容,也不为人所容。

六五,出涕沱若,戚嗟若,吉。
《象》曰:六五之吉,离王公也。

"沱若"是大雨滂沱的样子,"戚"为悲戚,"嗟"是嗟叹。六五虽然不当位,但毕竟是上卦中位,能守正道,最后还是平安无事。但是,六五跟六二不相应,警示六五不能官大压死人,官大不代表学问也大。六五到了这个位置,会受到许多不正当的追捧,迟早会越来越空虚。一个人一天到晚开会,一天到晚有人拜访,一天到晚要给别人办这办那,哪里还有时间充实自己?最后只能空有其名。知识积累如逆水行舟,不进则退,这是显而易见的道理。

六五到了此种地步,真是哭笑不得。可就算流眼泪,别人都不会同情,认为你是装的。但是六五还是吉,因为那个虚名把你保护住了,人家看见你还是恭恭敬敬。因此,你越有知识,地位越高,越要谦虚,越要看重知识,但不要滥用。

上九,王用出征,有嘉折首,获匪其丑,无咎。
《象》曰:王用出征,以正邦也。

六五知道,要用上九来明察邪恶,要把邪恶在有生之年都消除掉,这是知识分子最后的责任。"有嘉"是嘉奖好的,"折首"是去掉不好的。不愿亲附你的人,你要收复他的心,就会无咎,叫作"获匪其丑"。孔明七擒七纵,收获孟获,便是知识分子的风范。一个人到了上九,要学会让别人服其心,不管别人听不听,听不听得懂,赞成不赞成,甚至会不会正面攻击你，你都要无所谓。我们现在需要这样的人，可惜太少，这种人还要有名望，而不仅仅是有知识。小象说："王用出征，以正邦也。"一个人的声望是从带领大家走上正道得来的，而不是让人家盲目崇拜你的欺世盗名得来的。

四、从乾坤到坎离

《易经》以坎、离为界，分上下经。下经由咸、恒开始，到既济、未济，共有三十四卦。提醒我们，人类有良好的感应，可以凭良心来悟天道。只要大家凭良心，时时立公心，并且自己先力行，人类的文明必然光明灿烂，而又正大合理。可惜人类越来越相信口头的沟通，越来越忽视心灵的默契。倡导透明化、公开化，一切说清楚、讲明白，以致沟而不通，反而感情难以恒久。主要原因即在人类具有偏道的倾向，不是偏东就是偏西，摇摆不定。

现代人能动不能静，一心求快速。坎卦在离卦之前，表示上天安排各种艰难险阻，原本是警示人类必须正心、诚意，时刻不离正道，才能够放心地创造文明。人类的创造力、自主性，加上丰富的人情味，使人类时刻不忘理智的重要。以理智指导感情，才能避免感情用事，或偏离中道。不幸的是，大多数人尝到甜头，便得意忘形；而遭遇困苦，立即怨天尤人，不知自我反省。这样便使得人类自作自受，难逃既济、未济循环往复和周而复始的噩运。完全的咎由自取，必须自行承受，或者要妥为调整心态，以求合理因应。

我们从乾、坤、坎、离看出上天有好生之德，提供这样有利生存、孕育、发展的环境。人类天赋的创造性和自主性，已经十分明显。凡人皆知，而且需尽力加以利用。然而潜在的善良德行，却越来越不明显。居然有人怀疑，大胆提问：良心值几个钱？又妄言好心不得好报，气节养不活人。导致社会风气败坏，人人难得安宁。幸好科技再发达，也不能决定人的生死。医药卫生再先进，也只能"医生才，病人福"，谁也不敢保证效果。人人都不了了之，古今中外皆无例外。我们由既济和未济的启示，深入剖析其中的道理。我们应该从"求得好死""不得好死""不以成败论英雄""胜者为王，败者为寇""人算不如天算""人定可以胜天"这些看起来相互矛盾，实际上彼此呼应的谚语中用心领悟，把不了了之当作常态，但以"慎始善终""死得心安理得""但求心无愧怍"来妥善因应，以达成"圆满人生"的共同愿望。对古圣先贤、当代高明贤达提供的非常丰富宝贵的资料和事迹，尤为衷心敬仰，并且万分感激。尚恳各界先进朋友，不吝赐教是幸。

离卦启示

卦名	卦辞	启示
离卦	离，利贞，亨。畜牝牛，吉。	不断明贤，照耀四方。
爻位	爻辞	启示
上九	王用出征，有嘉折首，获匪其丑，无咎。	折取魁首，不究附从。
六五	出涕沱若，戚嗟若，吉。	忧伤嗟叹，知所警惕。
九四	突如其来如，焚如，死如，弃如。	道不光明，不为人容。
九三	日昃之离，不鼓缶而歌，则大耋之嗟，凶。	已过中年，勿嗟老大。
六二	黄离，元吉。	黄色光明，以得中道。
初九	履错然，敬之，无咎。	行履错乱，慎重从事。

❖ 卦三一 泽山咸 ䷞

一、咸卦总说

"咸"的意思，除了能将字形结构拆解成"无心之感"（"感"去掉底下的"心"即为"咸"）外，至少还有"和谐""充满""减损"的意思。咸卦艮下兑上。兑为阴卦，代表少女；艮为阳卦，代表少男。人类的生生不息，全赖男女好合。《杂卦》讲："咸，速也。"感情来得快，去得也快，咸卦告诉我们，不要太冲动，缓慢一点才不会出错。

现在的父母根本不管儿女的婚姻大事，也无从管起，因为他们自己也不懂。他们只知道时代不同了，小孩子成熟得快，于是找一大堆理由来逃避责任，这是教育观念不正确的恶果。任何事都是物极必反，有些人为了标新立异，灌输给我们很多错误观念；我们往往因为信息不足、认识不清，犯了很多错。这时候就要扭转乾坤，恢复正位。下经就是从恢复开始，恢复纯真的感情，恢复我们应有的互动方式。

二、咸卦详解

咸卦卦辞：咸，亨，利贞，取女吉。

人与人总会有感情，男女两情相悦，有所感应，自然亨通。可是，亨通未必会利。"利"为适宜，"利贞"即有条件的利。感应有好有坏，爱错人也是爱情，也会亨通，只是并不适宜。只有正常、正当、合理的感应，才能获得良好的结果。走歪门邪道，最后倒霉的只能是自己。"取"与"娶"相通，"取女"便是"娶女"。男娶女嫁，应该是正大光明的结合，合乎正道才能吉祥。

《彖》曰：咸，感也。柔上而刚下，二气感应以相与，止而说，男下女，是以亨，利贞，取女吉也。天地感而万物化生，圣人感人心而天下和平。观其所感，而天地万物之情可见矣！

感情、感觉、感动、感化，都叫"感"。人跟万事万物都有感应，看到漂亮的椅子会喜欢，看到讨厌的颜色会反感，看见钱会心动，看到人家官做得大也会心动，可见咸卦并不限于男女之情。

兑卦阴柔，艮卦阳刚，当然"柔上而刚下"。

上卦是阴卦，阴气向下，下卦是阳卦，阳气上升，所以叫"二气感应"。"相与"是相亲，爱不爱还不知道，最起码已经很亲近。艮为止，兑为悦，即"止而说"。少男追求少女，要适可而止，不可穷追不舍。你喜欢她是一回事，她喜不喜欢你是另一回事，所以只能表现诚意，当止则止。少男如山一般，笃实谨慎，少女为诚心感动，但嘴上不能答应，而用脸色来回应，这样慢慢地两人就有了感觉。咸是无心之感，乍一听会觉得奇怪：没有心能感受爱情吗？其实这是说，不要用心去计较、衡量利害关系，而要诚心、专心、无杂念。

少男追求少女要谦恭居下，即"男下女"，最起码要认为女生比较尊贵。而少女要保持适当的矜持，虽然心里很热情，表面却要冷一点。这样合理，就会亨通。倘若男上女下，两卦颠倒，那咸卦就变成损卦。"利贞"特别指出"发乎情，止乎礼"的正当婚姻，才能够真正地"取女吉"。这样按部就班，就会走出恒卦。咸、恒两卦相综，提醒我们，谈恋爱时就要想到终生相守，那么双方的态度会完全不同。咸、恒就是从爱情变成婚姻的完整过程。

夫妇关系是五伦之首，是人伦的基础。

自然天地感应以化生万物，人事现象同样要以赤子之心相感应，才能和谐相处。"观其所感，而天地万物之情可见矣"是说，只要用心观察宇宙万象彼此互动的情况，就会知道当中是有真情存在的。从自然之象转到人事，齐家、治国、平天下的道理也就很清楚了。

《象》曰：山上有泽，咸。君子以虚受人。

高山上的泽水没有受到过污染，就像清纯的少女。下面这座山懂得礼节，让水慢慢流下，以示尊重、爱惜之情意。君子由此体会到做人要谦虚才能包容，对于忠告者的好意，要虚心接纳，心怀感谢。"以虚受人"即不妄自尊大。人与人之间倘若格格不入，当然难以和谐相处。必须虚怀若谷，互相接受规劝和协助，形成共识。有如山上有泽，彼此良性感应，充满合理的人情。

三、六爻详解

初六，咸其拇。
《象》曰：咸其拇，志在外也。

咸卦以人身取象，初六居全卦下位，脚指头（"拇"）一动，人就要开始行动了。提醒少男，看到美貌、青春、可爱的少女，不要蠢蠢欲动，最好自我约束，告诉自己，外表不持久，很快会消失，不如看看内涵，再做进一步的表示，以免弄假成真，对双方都造成伤害。由于仅止于少男的心动，尚未采取行动，所以无吉凶可言。

六二，咸其腓（féi），凶，居吉。

《象》曰：虽凶居吉，顺不害也。

小腿（"腓"）一动，身体就会动，可六二这一动是凶，因为它的对象是九五，现在中间却挡着九三。九三本该去找上六，可是看到六二也不错，稍微给一点暗示，六二就动了。这样我们才知道，过去中国人认为老师不可以爱上学生，就是因为师生地位不对等，老师可以用很多堂而皇之的手段操纵学生。六二受九三的影响，急于追求感情，不会有好结果。我们住的地方叫居所，居所不会动来动去。六二守住不动，反而吉祥（"居吉"）。感情这种事情不能急，现在很多人说，我已经到了适婚年龄，不赶快找个对象结婚就晚了，这叫饥不择食，别人会乘虚而入，到最后双方都痛苦。

小象给六二出了一个挽救的方法："顺不害也"。就是说要柔顺，要谨慎，要遵守社会的习俗。

九三，咸其股，执其随，往吝。

《象》曰：咸其股，亦不处也。志在随人，所执下也。

九三是大腿（"股"），大腿本身不会动，而是跟着胫肉动，表示男孩子没有主见，完全听别人的话，意志不坚，爱情不专。这时候不管他去追谁，在别人眼中都是卑鄙的行为，因为他不是出乎真心，只是被人怂恿，受人支配而已。这叫作以心随形，对感情的发展相当不利，所以"往吝"。《易经》的主旨是"形随心"，而不能"心随形"——用理智指导感情，却不能让感情冲昏了头，湮没理智。九三应该知道，上六才是自己的对象，眼睛里不要只有六二和初六。先看看上六如何响应，再决定自己主动到什么地步，只要合理，便能无咎。

九四，贞吉，悔亡。憧憧往来，朋从尔思。
《象》曰：贞吉，悔亡，未感害也。憧憧往来，未光大也。

咸卦上兑象征少女的感情以心为主，只能回应，不宜采取主动。九四上有九五，下有九三，摸不清自己到底喜欢谁，而且不管往哪里走，都被阳爻挡住，上下不通，自然容易心神不定，患得患失，辗转反侧，即"憧憧往来"。"朋从尔思"中的"朋"指初六，"尔"指九四。初六跟九四才是天生的一对，他会慢慢顺从九四的思念，来跟九四会合。九四最好的办法，是保持贞正的操守。缘分没到，要安心等待，不可东张西望，盲目找别人。不乱，悔便自然消失，叫作"悔亡"。

情场失意的人往往老练，没有恋爱经历的人（无心的九四）一旦遇到困难，就会"憧憧往来"，找不到正确的路，即小象"未光大也"。这种人很多，他们只知道要找一个合适的对象，可找谁、怎么找、结果怎样，都不清楚。

九五，咸其脢（méi），无悔。
《象》曰：咸其脢，志末也。

九五与六二相应，两者都居中得正。表示少男、少女已有心心相印的默契。所以，此时少女用背脊（"脢"）来响应，不是冷漠，而是稍有迟钝，目的在于测试少男的真心。倘若反应欠佳，应该合理怀疑对方的真诚。然而，就算少男会错意，也用不着担心，后面还有上六可以挽回，所以无悔。

上六，咸其辅颊舌。
《象》曰：咸其辅颊舌，滕（téng）口说也。

上六是少女表示感情的最后机会，也就是动口。"辅"是口内牙齿旁边的肤肉,"颊"指脸的两旁,"舌"也在口内,这三者相辅为用,都在促使言语畅通。九五咸其脢,使少男却步不前,少女冷静观察,觉得确实是自己心目中的白马王子,不妨以言语相许,自然化解疑虑,实在不得已,也可以献上一吻,以期一吻定江山。

男女感情的最佳状态便是心心相印。咸卦用无心来提醒大家,心的感应最为重要。用心计较对方的外表、财富、家庭背景、学历甚至于八字,还不如无心,以真诚相爱。有心即无心,无心才懂得真正用心。

咸卦启示

卦名	卦辞	启示
咸卦	咸,亨,利贞,取女吉。	人心感应,天下和谐。
爻位	爻辞	启示
上六	咸其辅颊舌。	仅凭口舌,不能感人。
九五	咸其脢,无悔。	志在微末,不能感人。
九四	贞吉,悔亡。憧憧往来,朋从尔思。	心志不定,所感不多。
九三	咸其股,执其随,往吝。	随人而动,所执卑下。
六二	咸其腓,凶,居吉。	感时宜静,不动得计。
初六	咸其拇。	在感之初,不能动人。

❖ 卦三二 雷风恒 ䷟

一、恒卦总说

"恒"是"常久"的同义词，表示持久不变的感情。《杂卦》说："咸，速也。恒，久也。"咸来得快，因为异性相吸是理所当然；恒是持久，需要后天培养。恒卦下巽上震。震为动，表示向外发展；巽为入，表示向内发展。向外发展的震居外卦，向内发展的巽居内卦，各守本位，合乎常则，所以本卦取名为"恒"。震和巽能在这种环境中恒久不变，才是真正经得起考验的感情。

二、恒卦详解

咸卦艮下兑上，代表少男少女；恒卦巽下震上，代表长女长男。咸卦是少男少女相互爱慕，有了感情；恒卦是长女长男结为夫妇，要长相厮守。所以，咸、恒两卦是从恋爱到结婚，再到建立温馨和谐家庭的过程。恒久相处，家庭圆满，是夫妇共同的目标，需要同心协力，各守其分，各尽其力。

没有变化，人会厌倦，一旦厌倦，就不可能恒久。恒卦告诉我们，合理因应，合理调整，在动态中找平衡，随时发现、化解问题，才是致恒之道。变中要有不变，不变中要有变，无论对待婚姻还是为人处世，都是一样的道理。

恒卦卦辞：恒，亨，无咎，利贞，利有攸往。

震动的雷位于流动的风之上，刚柔相应，彼此伴随而不分离，象征男女恋爱成熟，结为夫妇，恒久相随，永结同心。这是人间的美事，当然亨通，没有祸害。只要双方保持合理的贞操，自然无往而不利。元、亨、利、贞四德，恒卦和咸卦一样，都只有亨、利、贞，而没有元始，表示感情并不是先天带来的，而有赖于后天培养。就算真有缘分，也需要自己去认识、寻求和努力。

《彖》曰：恒，久也。刚上而柔下，雷风相与，巽而动，刚柔皆应，恒。恒，亨，无咎，利贞，久于其道也。天地之道，恒久而不已也。利有攸往，终则有始也。日月得天而能久照，四时变化而能久成，圣人久于其道而天下化成。观其所恒，而天地万物之情可见矣！

震刚居上，巽柔居下，即"刚上而柔下"，下柔而有弹性，上刚才能承重。雷与风相辅相成，互助合作，即"雷风相与"。"巽"为顺，"震"为动，"巽而动"表示顺应自然原理而动。初六与九四、九二与六五、九三与上六都相应，即"刚柔皆应"。恒能亨通无咎，在于各自坚守合理的贞操。恒久并非不变，生活方式不可能不变，但原则必须坚持不变，这才是"久于其道"。

天地恒久不变，正由于自然规律永远不变。"利有攸往"的原因，在于循环往返，终而复始，即"终则有始也"。为什么不用"始终"而用"终始"呢？《易经》常讲终始，很少讲始终。因为始只有一次，结婚典礼上的承诺，有多少人还会记得？我们比较了解的是终。日月顺天道恒久照耀，四季依规律生长万物，圣人从中深深领悟，想教化天下，就要不折不挠，苦口婆心，持之以恒。盛世要靠大家来维持，否则很快会由盛而衰。观察天地拥有的恒久性情，就更应该明白为人做事、对待婚姻所应秉持的态度。

《象》曰：雷风，恒。君子以立不易方。

雷鸣风至，君子看到这种景象，明白要"立不易方"。"立"为树立，"不易"即不变，"方"是方针道理，也就是持经达变，有所变有所不变。

现在离婚率节节高升，家庭破裂的情况非常严重。怎么挽救？就是夫妇都要懂得致恒之道。很多人把相敬如宾解释成彼此客气，其实不对。相敬是彼此关心，如宾是真正把对方当作重要的客人。现在的人能动不能静，既无智慧又怨天尤人，往深层看就是私心太重，个人主义高涨。很多女生动不动问男生，你爱我吗？那他一定被迫说爱。又问，会爱多久？他一定说爱到海枯石烂……这永远不是事实，人心善变，谁都控制不了自己的心思，更何况是别人。

三、六爻详解

初六，浚恒，贞凶，无攸利。
《象》曰：浚恒之凶，始求深也。

恒卦上震代表丈夫，下巽代表妻子。夫上妻下，是主伴关系，而非男尊女卑。初六是为妻之道的开始。"浚"是深，"浚恒"是深深地希望恒久。那为什么贞凶？因为"始求深也"。一开始就要求感情深刻，期待太高将来就会失望。骤雨不终朝，来去皆快，爱情和婚姻尤其如此。一个人自认为这段婚姻可以白头偕老，反而事与愿违，贞而不变则凶，一点好处都没有。恒要靠双方共同培养，而且需要一个过程来渐渐磨合。一定要记住，恋爱是非常时期，婚后是平常时期，我们要提高警觉，适当调整变化。

九二，悔亡。
《象》曰：九二悔亡，能久中也。

有后悔之事，但有办法让悔消失，叫作"悔亡"。九二之"悔"是因为不当位，但又居下卦中爻，能守中道，也就是守恒道，持经达变，所以"悔亡"。九二跟六五相应，如果认为经过九三、九四才能跟六五相应太麻烦，不如就近跟初六互动，那就会悔。但是九二没有，它还是按照规矩跟六五相应，守正道，自然"悔亡"。

引申到婚姻家庭，妻子（九二）柔中带刚，必要时为了保持贞操，不惜以身相殉，抱持从一而终的决心，展现忠贞的精神，当然"悔亡"。过去的社会环境只求妻子坚守贞操，现代人则更进一步，要求夫妻双方都坚守贞操，那就更加没有什么好后悔的了！

九三，不恒其德，或承之羞，贞吝。

《象》曰：不恒其德，无所容也。

不永守真正的美德，便可能遭遇羞辱。九三是下巽上爻，刚强过头，失去了巽的柔顺美德，岂不成了悍妇？倘若丈夫也柔得过分，变成懦弱，对妻子有什么好处？九三原本当位，却因居于巽卦上位，象征丧失原有的正德，所以说"不恒其德"。蒙受羞辱，并不是由于外来因素，全由自己进退失据、有所偏差所致，不能再找理由搪塞，及早改变自己的态度，才是最好的补救之道。

如果九三守正道，快速跟上六相应，也不对。因为九三小象说"无所容也"。只要一个人不按部就班，很急速地去恋爱、结婚，就是不好。急速就是过刚，过刚就表示急躁。认为既然是姻缘，就要自己把握，就要求快，这样子谁也无法包容，最后会使自己没有容身之地。

九四，田无禽。

《象》曰：久非其位，安得禽也？

上卦震进入为夫之道。九四和初六一样不当位，但相应，象征夫妻双方都需要提高警觉，先做好分内工作，再要求对方。

丈夫的首要任务是维持家计，"田无禽"表示丈夫外出打猎，一无所获。出去上班，找不到工作，无论做什么都一事无成，生活没有着落，还有什么可说的呢？人有情，生活的负担却无情，爱情和面包必须兼顾并重。九四告诉我们，丈夫不尽责任，天天游手好闲，还想夫妻守恒，根本不可能。

六五，恒其德，贞。妇人吉，夫子凶。
《象》曰：妇人贞吉，从一而终也。夫子制义，从妇凶也。

六五柔居刚位，长期保持美好的品德，好不好呢？爻辞说，妇人这样是好，先生这样就是凶。

妇人要想在家安定过日子，"从一而终"，必须有本事把先生牢牢抓住，不让他变心。那怎么办呢？就要用比较温柔的方式对待他。过去常说妇女要懂得烹调，先生老在外面吃，久了会腻，而且应酬多，难免会有意外。妇女要学会控制先生的肚子，让他觉得还是家里的饭菜好，慢慢就会把应酬辞掉，准时回家。现在可以理解为，妻子要有良好的态度、平和的心情，让先生回家后感觉很温暖，就可以从一而终。

为什么先生凶？因为男人如果也学太太这样去服侍长官，那完全是小人。用妇人的做法来窃取权位，不是大丈夫所为。男人在外，不管跟任何人相处，都必须有阳刚之气，否则迟早变奴才。

上六，振恒，凶。
《象》曰：振恒在上，大无功也。

上六虽然当位而不失信，但由于位居上震顶端，表示震的力量已快散尽，有过分柔弱而守不住恒德的可能，所以凶险。小象说"大无功也"，上六虽然高高在上，但一点效果也没有。因为动需要有力，阴柔在上，只会越来越没力气。

上六告诉我们，恒也不可能长久，再怎么努力维持的婚姻和家庭，都难保不会有重大变故。最常见的情况是，看似婚姻恒久，家庭富有，子女很有成就，老夫老妻也从不吵架，其实里面却有很大的问题，就是夫妻之间已经没有话讲，变化越来越小，恒常越来越多，那不就是凶了吗？

恒卦启示

卦名	卦辞	启示
恒卦	恒，亨，无咎，利贞，利有攸往。	立身处世，不改常道。

爻位	爻辞	启示
上六	振恒，凶。	在上位者，莫动失恒。
六五	恒其德，贞。妇人吉，夫子凶。	长守柔顺，只宜女人。
九四	田无禽。	职位不当，徒劳无功。
九三	不恒其德，或承之羞，贞吝。	变节受辱，令人惋惜。
九二	悔亡。	常守中道，没有懊悔。
初六	浚恒，贞凶，无攸利。	凡事起始，莫求常道。

❖ 卦三三 天山遁 ䷠

一、遁卦总说

"遁"是退避、逃避、退隐、退休。

天地是恒久的，人和物是短暂的，总会慢慢退去。但是，退不是消极避祸，而是积极应对，就像人要退休，企业要转型。退休不是放弃，而是要考虑如何安排接班人才能生生不息。企业也要根据外部环境的变化，适当调整原有的体制和运行模式，以配合时世的需要。人生有进退是常态，但不管遇到什么变化，都要培养浩然之气，上台时受人欢迎，下台后全身而退，就算其他人都有长进，而自己却在退步，但只要尽了心，也心安理得。

二、遁卦详解

遁卦卦辞：遁，亨，小利贞。

在十二消息卦中，遁是农历六月，正当天气炎热的时候。实际上从五月姤卦开始，阴气已在增长，阳气逐渐消退。阴长阳消的遁卦之所以亨，是因为寒暑更替本是自然现象，对万物生长有利。

"小"指初六和六二。阴气上增，有利于小人。君子不愿迎合世俗，乐于退隐山林，合乎乾卦文言"遁世无闷"，可说是好事一桩。而对小人来说，既然君子把表现的机会让给他，有了这样一个发挥的舞台，就要正正经经地表演。小人只有守正,才能"小利贞"。

《彖》曰:遁,亨,遁而亨也。刚当位而应,与时行也。小利贞,浸而长也。遁之时义大矣哉!

遁卦四阳在上、二阴居下,以四位君子对付两个小人,理当游刃有余,为何还要退避?这是因为所占地盘不同。艮在内,乾在外,小人在朝,君子在野。小人掌握实权,喜欢为所欲为,君子有心无力,又必须为所应为。在这种情况下,先行退隐以远祸方为良策。何况退隐只是为了等待时机,并非永久,所以亨通。忍得一时忿,终身无恼闷。忍辱负重是君子所当为,忍的功夫在遁卦情况下,还要加上不露声色,才算得上高明。

六二明明是小人,九五为什么要跟他相应("刚当位而应")?因为六二的出现,九五也有责任。"浸"是逐渐,"小利贞"指阴气增长,但不见得全然不利,因为阴气是逐渐增长的。此时邪正尚未显著,九五还是要跟六二合理互动,既不能把六二当朋友,也不能把六二当敌人。君子最好见微知著,该做的事不能只顾逃避而完全放弃,该跑时也必须及时退隐,不能犹豫不定。"与时行也"就是顺应时世来做合理的调整。

《象》曰:天下有山,遁。君子以远小人,不恶而严。

为什么说"天下有山",而不说"山上有天"呢?这就是本末轻重的不同。遁卦以天为本,山越高,天越远。我们好不容易登上高山,才发现天依然高高在上。

小人得势时,君子如果同流合污,或者疾恶如仇,岂不也成了小人?君子要向天学习,内心不苟同,外表要庄重,仿效天不与山相接,却不厌恶山的高,即为"远小人"。君子反躬自省,以期再接再厉;暂时保存实力,等待时机重振雄风。同时,君子也希望小人能凭良心做事,知道适可而止，这样君子也能发挥自己的影响力，就算把舞台让给小人，其实也无所谓。

三、六爻详解

初六，遁尾，厉，勿用有攸往。
《象》曰：遁尾之厉，不往，何灾也？

"尾"是在后面。遁的时候你跟在最后面，自然有危险。如果某个行业不行了，大家都想改行，改得越早、时机越好的人越容易成功。那为什么又说"勿用有攸往"呢？就是告诉我们，既然已经跑在最后面，那不如干脆不跑，说不定反而有转机。生逢乱世，大家都在逃命，但是又能逃到哪里去呢？于是很多人就藏身市井，等战乱过去再出来。这当然不是消极，而是守时待命。

举个例子，现在还有几个人用纸雨伞？那是不是这个行业就没有了？也不是。那些守在这个行业里做了一辈子纸伞的人，现在把它变成了装饰品，反而卖得更贵，这就是"勿用有攸往"。

六二，执之用黄牛之革，莫之胜说。
《象》曰：执用黄牛，固志也。

"执"是绑。"革"是皮。"说"通脱。黄牛皮牢、柔、韧、弹，不易折断。六二知道，就整体而言，九五还是很重要的，于是坚定地跟随九五，他怎么做，自己就怎么做，好像两个人被黄牛皮牢牢绑在一起，谁都没办法脱离，自然会变好。所以，不要认定六二永远是小人，要给他机会，让他有成为君子的可能性，这才是君子风度。

九三，系遁，有疾厉。畜臣妾，吉。
《象》曰：系遁之厉，有疾惫也。畜臣妾，吉，不可大事也。

"系遁"是受到牵制、心有所系的逃避。九三以阳居阳位，又是下艮极位，刚健得正，却被初六、六二两阴爻所拖累，在应当退避时迟疑不决。好比得了严重的疾病，疲惫不堪。倘若将两个阴爻看作妻小，在退隐逃避时，所依恋的不是小人，也不是名位利禄，而是自己的妻小，只图居家求安，那就没有什么危害，反而吉祥。

九四，好遁，君子吉，小人否。
《象》曰：君子好遁，小人否也。

九四不当位，象征该退；与初六相应，表示仍有所好；以阳刚居阴位，所以有坚定的决断力。"好遁"有两个意思：一是喜欢遁，了解转型之必要和时机；二是舍得丢掉本来很喜欢的名位利禄，决然隐退，与九三"系遁"刚好相反。君子"好遁"，所以吉祥；小人仍然心有所好，难以断然割舍，自然"否"。

"否"在此有否定之意，小人否定"好遁"的价值，因此不吉而否。遁卦正当阴气增长之际，阳气适时消退，是顺应自然的"好遁"。阴气应该增长，阳气当然也不能随便退避，以免造成气候异常，对万物的生长反而不利。"君子吉""小人否"象征各有不同的心境，而我们是站在君子的立场来看待遁道的。

九五，嘉遁，贞吉。
《象》曰：嘉遁，贞吉，以正志也。

"嘉"是比好更好、更美、更善。"嘉遁"虽然不算尽善尽美，但最起码已经很漂亮。九五居中得正，与六二刚柔相应，又是君位，本没有退避的必要。可是现在遵循"遁之时义大矣哉"的启示，秉持刚中的品德修养，当避则避，该退就退，功成名就，万民敬仰，所以可喜可贺。

既然我们要做的事还有人能继续做下去，何必非要自己做到底？人要工作，也要休息，到了年龄就该退休。很多人看不开，非要死死抓住权力和事业，交给别人总是不放心，最后把公司拖垮，这就是不懂得"嘉遁"。

不过，和上九相比，九五仍不能完全摆脱世俗的迎新送旧，所以必须保持贞正，以免退休后继续有所作为，违反"适时、适事、适度"的原则。

上九，肥遁，无不利。

《象》曰：肥遁，无不利，无所疑也。

上九已经摆脱世俗羁绊，遁得悠然自得，了无牵挂，退休多时仍然饶有余裕，所以称"肥遁"，这是遁的最佳境界。物质上的"肥"止于小康即可，精神上的"肥"才值得大家欣赏敬仰。人生有进有退，但要退得肥美，实在不易。退得肥美还要无不利，才是上上之策；倘若退得肥美，却被人抓住把柄，灾祸不断，那就是肥而不美，大大不利！小象"无所疑"一方面指别人不怀疑上九，另一方面是指上九心里也没有顾虑。

遁卦上卦中，好遁不如嘉遁，嘉遁不如肥遁，就是要我们知道，上台容易下台难。上台靠机会，初六也好，六二也罢，只要有人提拔，马上就会得到提升。可是下台就要靠智慧，很多人当上了总经理，却下不了台，不是被押去坐牢，就是被人家索命，就算跑到国外，也可能被引渡回国。所以，在基层要一步一步来，才能走正道；在高层要做好退的准备，才能有好结局。遁道就是全身而退之道，这是非常不容易的事。

遁卦启示

卦名	卦辞	启示
遁卦	遁，亨，小利贞。	远避小人，随机行止。
爻位	爻辞	启示
上九	肥遁，无不利。	宽裕的遁，没有不利。
九五	嘉遁，贞吉。	美好的遁，心志正当。
九四	好遁，君子吉，小人否。	弃爱而遁，富有机智。
九三	系遁，有疾厉。畜臣妾，吉。	恋旧不遁，将有危害。
六二	执之用黄牛之革，莫之胜说。	坚持退避，不能改变。
初六	遁尾，厉，勿用有攸往。	遁应机先，不然莫遁。

❖ 卦三四 雷天大壮 ䷡

一、大壮卦总说

本卦下乾上震,阳为大,四阳向上,气势壮盛,故取名"大壮"。大壮卦与遁卦彼此互综。《序卦》说:"遁者,退也。物不可以终遁,故受之以大壮。"我们常说维持现状就是落伍,可见退避和调整是必要的,该逃就要逃,该调就得调。可是任何事都只应把握住合适的机会,做阶段性的合理调整,一天到晚变来变去,就说明根本不成熟。

大壮,意为强壮、雄健、大大地强盛。要想壮得持久扎实,就要知道谦虚谨慎,守持正道,适可而止。如果觉得形势大好,便肆无忌惮,盲目乱动,只会让好局面毁于一旦。

二、大壮卦详解

大壮卦卦辞:大壮,利贞。

卦辞"利贞"之前故意省略了一个"大"字,应该是"大利贞"。因为当一个人声势浩大的时候,一定会犯两个毛病,第一是狂妄自大,第二是轻视别人。个人不谦虚,团体不知改进,只有死路一条。所以,"大"字不是漏掉,而是非省不可。

卦辞提醒我们,不能有大的观念。一个人太壮,就是阳亢。身体好的人不见得长寿，因为他总觉得自己很壮，感觉不到累，也不知道休息，身体可能一下子便崩溃。千万要记住"利贞"，守持正道才能保持壮大的势头。

《彖》曰：大壮，大者壮也。刚以动，故壮。大壮利贞，大者正也。正大而天地之情可见矣！

大壮卦卦主是九四，负责管理所有的阳刚力量，非常不易。下乾上震均是阳刚，上下皆动，自然高度危险。强盛的国家往往会有很多问题。外人认为，既然肥肉这么多，干吗不趁机抢一块？里面的人也是一样，结果外忧内患。

"大者正也"，正就是大，不正就不会大。正是恰如其分，正当合理，可是一个人大壮之时偏偏难正，不壮时反而易正，因为没别的办法，势力这么小，讲话没人听，不正又能怎样？有权有势的人容易唱高调，讲话乱七八糟，难保公正，后果很糟糕。"正大"是天地间万事万物的共同准则，能秉持"正大"，也就能够明白天地的性情。

《象》曰：雷在天上，大壮。君子以非礼弗履。

震雷响于天上，声威壮大，这就是大壮的景象。民间传说，雷是主持正义的，所谓"天怒人怨"，天的怒便以震雷的巨大声响呈现于世。君子看到雷在天上，务必谨记"非礼弗履"，做什么事，哪怕力度再足，实力再强，把握再大，也要想想是否合理，不合理就不要做，这样才会有比较好的远景。

三、六爻详解

谁都希望过上大壮这种日子，可是身处大壮，每个阶段又必须小心翼翼，严防非礼，稍有差错，就会害人害己。

初九，壮于趾，征凶，有孚。
《象》曰：壮于趾，其孚穷也。

"趾"即小趾。连小趾都充满壮盛的气势，动起来自然比别人快，可为什么"征凶"呢？这就是说，在大壮的情况下，时机大好，求上进没有错，可如果本身条件不够，猛冲出去当然凶险。"有孚"在这里释为"必然如此"。年轻人初出茅庐，最忌讳自负、逞强、锋芒毕露。初九地位卑下，不自量力，必然凶祸临头。

在中国，一个人再能干，只要得不到上面提拔就会很辛苦。初九的前途完全看卦主九四赏不赏识，所以一定要看九四喜欢什么样的人。九四本身阳居阴位，刚中有柔，不喜欢过刚。初九如果不能适当自控，任何事答应得快，完成得更快，那便和九四的作风不相容，当然凶。

九二，贞吉。
《象》曰：九二贞吉，以中也。

九二居中得正，虽然失位，却获得"刚而能柔"的优势。能够居中履谦，上与六五相应，象征行为合乎贞正，六五才敢全力支持，所以"贞吉"。大壮时最怕过刚害上或过柔误事，九二既中又正，不必再有其他条件，就可以贞吉。

九三，小人用壮，君子用罔，贞厉。羝羊触藩，羸其角。
《象》曰：小人用壮，君子罔也。

"用壮"是滥用、妄动。"罔"是网，也解释为"亡"，假借为"无"。"羝羊"是公羊。"藩"是篱笆。"羸其角"是公羊撞到篱笆，角被缠住，动弹不得。

九三比较麻烦，阳居阳位，而且来到乾卦阳极的位置，强壮过盛，精力无处发泄，这时就能分出小人跟君子。情势大好时，小人会用壮，仿佛凶狠的公羊，使劲往篱笆（九四）上冲，最后"羸其角"。而君子则会把九四看成一面虚拟的网，告诫自己不要被套牢，凡事走正道，不要依仗人多势众，蛮横而不顾虑一切。中国人都同情弱者，最讨厌得理不饶人。如果你盛气凌人，那对方就变成弱者，会得到很多人的同情，力道逐渐增强，你反而会遇到麻烦——何况这种劣势还是你自己造成的。

九四，贞吉，悔亡。藩决不羸，壮于大舆之輹。
《象》曰：藩决不羸，尚往也。

通常一阳在二阴之下，受二阴强力压迫，已在其内形成一股巨大能量，足以发生巨大响声和震动。大壮卦四阳处二阴之下，所产生的响声和震动当然十分强盛。

九四首当其冲，成为大壮卦的卦主。阳居阴位，刚而能柔，虽不当位，跟初九也不相应，可是它知道自己处在这种状态之下，应该壮而能谦，不可逞强自负，所以"悔亡"。九四为四阳首脑，知道六五并不会加以阻挡，所以带头上进，相当于自己冲开藩篱，好比一辆大车（"大舆"）长驱直入。"輹"是大车下面车轴中央的横木，把车和轮连接起来，才能畅行无碍。"尚往"是可以上行。九四失位却能成卦主，完全是坚持正道的效果。

六五，丧羊于易，无悔。
《象》曰：丧羊于易，位不当也。

大壮卦每两爻并在一起，有大兑之象。兑为羊，"丧羊"可以说是丧失阳的特性。六五君位，原本应是九五的位置，六五以柔居阳位，象征失去阳的气势，反而能将壮大的力量交给九二。柔中与刚中相应，六五和九二都有所得，补救了失位的弱点，所以"无悔"。六五平时舍得照顾九二，双方做出了合理的交易，"丧羊（阳）"时，能得到九二及时的应援，因而"无悔"。

中国人常常怀疑"无能居高位"的人，要知道这一定有他特别的道理。六五这样的人能爬这么高，其实不简单。第一，他的度量一定很大；第二，他善于以柔克刚；第三，他能顾全大局。"丧羊于易"中的"易"是平易和气。六五不能跟四阳敌对，要欣赏部属的表现，而不是非要自己做不可。很多领导喜欢把所有事往自己的肩上扛，结果照顾不周，反而做不好。再说，把所有责任都往自己身上扛，让部属怎么办？他们做什么呢？正因为六五懂得这些，所以无悔。这是孔子跟老子非常赞美的，叫作"无为而治"。我们从大壮卦可以看出，部属越能干，时机越好时，领导真的要懂得无为之道。老实讲，当一切不好的时候，领导才要身先士卒。

上六，羝羊触藩，不能退，不能遂，无攸利，艰则吉。
《象》曰：不能退，不能遂，不详也。艰则吉，咎不长也。

"不能遂"意即不能如愿前进。既不能退，又不能进，当然不祥（"详"即祥）。上六柔居阴位，原无不当。但是来到大壮极位，象征盛极转衰，倘若不能量力而为，势必进退两难。上六与九三相应，遭遇艰难时，自然会向九三求援。但是有九四这一道藩篱在，无论九三上进还是上六下行，都会受阻。即使上六勉强冲破藩篱，毕竟不如九三那样健壮。九三只是"羸其角"，上六却连身体都深陷其中，所以"无攸利"。

但是爻辞也提醒我们"艰则吉"。上六知道自己处在大壮的尽头，慢慢就要变成局外人。人到了某个阶段，就要明白每个人最后都一样。既然年纪大了，赶不上好时机，又何必拼命？不如守艰，随遇而安，提前知道这一点，心态一变，就会吉祥。

大壮卦启示

卦名	卦辞	启示
大壮卦	大壮，利贞。	健壮正直，不践非礼。

爻位	爻辞	启示
上六	羝羊触藩，不能退，不能遂，无攸利，艰则吉。	旺盛躁进，不能进退。
六五	丧羊于易，无悔。	对于刚者，宜制以柔。
九四	贞吉，悔亡。藩决不羸，壮于大舆之輹。	正固得计，前途无阻。
九三	小人用壮，君子用罔，贞厉。羝羊触藩，羸其角。	小人逞强，受制于人。
九二	贞吉。	正固得计，以守中道。
初九	壮于趾，征凶，有孚。	旺盛之初，行动莫猛。

❖ 卦三五 火地晋 ䷢

一、晋卦总说

我们都希望大壮的时代能持久，可是《序卦》讲得明白："物不可以终壮，故受之以晋；晋者，进也。"没有哪个事物能永远大壮，那怎么办？只有不断精进，以求延长壮盛，所以接下来是晋卦。"晋"就是"进"，人要自求进步，活到老学到老，而且有所为有所不为，要好好做事，但不能做乱七八糟的无用之事。很多事能不能做成，就看是否能把握好这一点。

晋卦代表一种开明的大环境。孔子说："邦有道，贫且贱焉，耻也。"在混乱的时代，我们提倡袖手旁观，反对助纣为虐。但在"晋"这种大有可为的时代，如果你还在睡大觉，还在贫穷，那就是可耻。

二、晋卦详解

晋卦卦辞：晋，康侯用锡马蕃庶，昼日三接。

"康侯"旧指能安定国家的公侯（现代学者据考古发现推断为周武王之弟康叔封），依附在天子左右，有功于国，因而获得名分。"用"即于是，"锡"是赏赐的"赐"，"蕃庶"表示众多。封侯之后，天子还赏赐了众多马匹。"昼日三接"是指短短一个白天接见三次。为什么不说"一日"而说"昼日"呢？就是告诉我们，晚上要好好休息。不像现在，领导白天多次找部属，晚上还发消息，并规定二十四小时不能关机，这就违反了爱护、关心部属的好意。

《彖》曰：晋，进也。明出地上，顺而丽乎大明，柔进而上行。是以康侯用锡马蕃庶，昼日三接也。

彖辞提供了一个长进的过程，人要长进，一定要按这个步骤来。"明出地上"是光明（上离）普照大地（下坤），大家心情很好，很方便出外工作。日出既为大明，下坤不但顺应，还要附丽在大明之下，即"顺而丽乎大明"。阴柔的六五（卦主）能升至君位（柔进而上行），表示他不简单，具备高明配天的德行，也能够礼贤下士，经常赏赐、接见有功之人，这才有如此成就，成为明君。在晋的时代，由于领导贤明，干部可以适时展现才能，力求上进。

《象》曰：明出地上，晋。君子以自昭明德。

君子看到"明出地上"的良好景象，领悟要加强自我修炼，显现光明的盛德。我们不是太阳，不能照耀所有人，不能让每个人都满意，唯一的办法就是没有私心，光明磊落。"自昭明德"便是六五要表现高明的品德，照亮自己，至于别人怎样看，那是别人的事，自己心安理得就好，这是做人的根本。有才能的人士受到六五的感召，自然敢于有所作为，坚持正道，以期被六五赏识，获得展现的机会。推广到一般人，大家都自昭明德，人类社会就能充满"德本财末"的风气，好人得以出头，奸佞不敢妄动，那才是光明晋道。

离代表南方，在晋卦的大环境下，君子真的可以南面而听天下，无为而无不为，君明臣贤，皆大欢喜。

三、六爻详解

初六，晋如摧如，贞吉。罔孚，裕无咎。
《象》曰：晋如摧如，独行正也。裕无咎，未受命也。

初六不当位，屡次求进取，却屡次遭受摧抑。初本是阳位，有上进的力道，初六阴柔主静，代表涉世未深，经验不足，受一些挫折也是好的。只要意志坚贞，走正道而上进，不存心投机取巧，自然吉祥。"罔孚"指初六尚属新人，信用并未建立，九四虽然与他相应，但不方便大力支持。"裕无咎"指还没有正式受命，反而进退自如，拥有更大的余裕。倘若利用这段时间扩大胸襟、增强实力、提高勇气、迈开大步，就没有动辄得咎的顾虑。但是，如果自怨自艾，抱怨人微言轻，得不到应有的重视，又轻率自负地乱出主意，引起反感和指责，那就是邪而不正，路越走越窄，就不可能"裕无咎"。

六二，晋如愁如，贞吉。受兹介福，于其王母。
《象》曰：受兹介福，以中正也。

六二当位，又是下坤中爻，象征择善固执，又知进退，那为什么"愁如"呢？因为六二与六五并不相应，似乎处境还不如初六，不免感叹，有志进取却不能施展抱负。世间事往往就是这样无奈，想做事时得不到位置，获得位置后又使不上力。

这种情况看起来的确很不顺，但为什么初六和六二都是"贞吉"？这就要看"王母"，也就是六五的了。阴代表女性，六三为母，六五为祖母，所以称"王母"。六五虽与六二不相应，却由于贤明有道，发现六二和自己同声相应、同气相求，自然会在适当的机会，给予上进的位置，让六二展其长才。"受"是接受，"兹"即此，"介福"便是大福。六二能接受这样的大福，完全出于"既中又正"的缘故，可见在晋的时代，好人是不会被埋没的。

六三，众允，悔亡。
《象》曰：众允之志，上行也。

下坤以柔顺为主，六三柔居刚位，又是下坤上爻，可以说顺之又顺。"众"指初六和六二，"允"是信从。六三是六二和初六的领导，虽然不当位，却与上九相应，而且邻近上离，光明在望，表示他能以柔顺的修养率领众人上附于大明君王（六五），当然不会有悔恨。倘若六三率众倒行逆施，违背明君贤臣的道理，那就要悔而有憾。

九四，晋如鼫（shí）鼠，贞厉。
《象》曰：鼫鼠贞厉，位不当也。

在烈日当空的时候，大家最好在家稍事休息，等待风和日丽的良辰美景，再出外施展抱负。晋卦离在上，象征风和日丽，大地一片光明；坤在下，表示大家要顺应当前的情境，及时展现才能。所以，晋卦四阴二阳，阴爻的爻辞以顺为主，合乎晋道，大多吉祥。九四和上九这两个阳爻，都含有危厉的警语，提醒大家"邦有道，明君自昭明德"，若是还在抱怨或发混账气，就是跟自己过不去。这时应该好好发挥坤卦"利牝马之贞"的精神，才是正道。

晋卦由坤卦演变而来，以顺为主。九四和上九两阳爻，刚而有危厉，要特别小心。九四阳居阴位，并不当位，虽与初六相应，却也显得柔弱无力，好像鼫鼠那样，有理想而缺乏实力，样样都想做，却没一件能做好。自认为与六五接近，反而被明君看出真面目，怎么能不贞厉？这里的"贞"代表九四不自量力，仍坚持上进，以致招来危厉。九四爻变成剥卦，显然有剥落的警示，必须慎为预防。

六五，悔亡，失得勿恤，往吉，无不利。

《象》曰：失得勿恤，往有庆也。

六五正是大家热切期盼的明君。人类历史治少乱多，好不容易有幸生逢国泰民安的太平盛世，只要有良好品德和真才实学，当然有机会施展才能。晋卦卦主为六五，以阴居阳位，显然不当位，又与六二不相应，按理说并不可取，为什么在晋卦里反而可以充分发挥呢？

这是因为，六五虽不当位，却居上离中爻，与下坤的初六、六二、六三志同道合，失位的悔吝全都因而消亡。以柔居刚位，象征不自用，也就是无为。君王不自用，方可礼贤下士，提供众人施展才能的空间。换句话说，不自用才能发挥众人的大用。领导自认无知，自然激发众人的有知；领导肯展现无能，众人才敢于表现有能。领导自昭明德，群臣才肯各展长才，不必顾虑自己的得失，当然没有忧虑，所以说"失得勿恤"。"勿恤"即不需要顾虑，自然有干部会去承担责任。

六五"往吉，无不利"的前提是必须做到"悔亡"。时刻要以"自昭明德"为戒，处处把握"克己复礼"的原则，远小人而亲君子，不自用又能适才适用，知人善任。

上九，晋其角，维用伐邑，厉吉，无咎。贞吝。

《象》曰：维用伐邑，道未光也。

晋卦的初六、六二、六三、九四，是有志之士求取上进的过程，六五和上九则指明君的用人之道。六五以德服人，令大家心悦诚服，吉无不利。上九过刚，以阳刚居晋卦极位，当然十分危险。贤明的六五尝到"近悦远来"的好滋味，一步一步钻入牛角尖，认为自己可以为所欲为，结果引起诸侯的怀疑，不再心悦诚服。"晋其角"表示晋道已到尽头，没有其他方法，只好动用杀戮，以威势来逼迫。因为杀戮不好听，所以改用"伐邑"。"伐"

是整饬治理,"邑"是贵族的封地,"维用伐邑"表示只有讨伐才能整治。上九与六三相应,又以刚乘六五的柔,并非完全不可救治。只要一看到内乱的危厉,便赶快觉悟悔改,仍然有吉顺的可能,得以无咎。倘若"贞"(坚持)而不知悔改,那就会"悔吝"。非用伐邑不可之时,就算成功,也会留下晋道不够广大的遗憾。

晋卦启示

卦名	卦辞	启示
晋卦	晋,康侯用锡马蕃庶,昼日三接。	柔顺上进,光明素养。
爻位	爻辞	启示
上九	晋其角,维用伐邑,厉吉,无咎。贞吝。	晋至极点,只能小用。
六五	悔亡,失得勿恤,往吉,无不利。	不顾得失,晋升就好。
九四	晋如鼫鼠,贞厉。	才德不称,晋而危险。
六三	众允,悔亡。	为众信孚,始得晋升。
六二	晋如愁如,贞吉。受兹介福,于其王母。	晋而忧虑,乃获大福。
初六	晋如摧如,贞吉。罔孚,裕无咎。	晋而抑退,宽容处之。

❖ 卦三六 地火明夷 ䷣

一、明夷卦总说

明夷卦与晋卦互综，晋卦是"明出地上"，明夷卦则是"明入地中"。《杂卦》说："明夷，诛也。"诛和夷都是伤害。光明淹没在地中，暗无天日，显然是受到伤害，所以称"明夷"。《序卦》说："进必有所伤，故受之以明夷；夷者，伤也。"一个人太认真工作，太过花费精力，阳气就会很快衰竭。凡是急切地前进，一定会受到阻挡；凡是要大放光明的，一定会被埋没，这就叫伤。

明夷卦最重要的启示就是：休息是为了走更远的路。晚上好好休息，第二天才有精力做事。人要在绝望中产生希望，要在黑暗中储存实力，等到时机成熟再大放光芒，这才叫天道好还。

二、明夷卦详解

明夷卦卦辞：明夷，利艰贞。

黑暗时代，明德遭受毁谤，好人反而吃亏，应该奋勇发挥艰苦忠贞的精神，共同扶持正义，所以说"利艰贞"。我们首先要保护自己，不做无谓的牺牲。这并不是消极，而是等待天亮。现在没有能力去搞革命，还不如隐藏起来保存实力，等到机会来临，再求拨开云雾见青天。

《象》曰：明入地中，明夷。内文明而外柔顺，以蒙大难，文王以之。利艰贞，晦其明也。内难而能正其志，箕子以之。

下离在内为明，上坤在外为顺，即"内文明而外柔顺"。蒙受重大灾难时，最好采取这种内涵文明的品德修养，又能表现出柔顺的态度。明夷卦以"明入地中"的卦象，指出乱世君臣的大义，并用周文王和箕子的历史事实来说明。当年周文王遭商纣王迫害，便是这样安然度过的。"晦其明也"是把聪明才智隐藏起来，也就是装糊涂，这是明夷卦的重点。虽然内心痛苦，依然要坚持忠正的意志。在这方面，商纣王的叔叔箕子堪称代表，当纣王暴虐无道时，箕子屡谏不听，于是披头散发，假装发狂而遭受囚禁，直到武王灭纣才获释放。他看到纣王昏庸残暴，很是气愤，可也知道如果反抗一定没命，如果同流合污，那就不是利艰贞，成了小人。无奈之下，只好披发装疯，被纣王关起来，直到武王革命成功以后，才被放出来，对国家有所贡献，这就叫守正避祸。

《象》曰：明入地中，明夷。君子以莅众，用晦而明。

"莅"是临，"莅众"即为治民。治理民众要"用晦而明"，政府越精明，百姓越痛苦，法律严明过度就是苛政，什么都要管，老百姓还怎么生活呢？官员以朴实的心态治民，百姓也会用朴实的行动来呼应，这才是德政。

人永远有黑暗的一面，我们最怕别人揭开自己的秘密，跟哪壶不开提哪壶的人在一起，就是暗无天日。所以，明夷卦告诉我们，待人处世要多留一点余地，有时候明知如此，也假装不知道，毕竟谁都会犯错，只要知错能改，装作没看到也就行了。

三、六爻详解

初九，明夷于飞，垂其翼。君子于行，三日不食，有攸往，主人有言。
《象》曰：君子于行，义不食也。

明夷卦的卦主不在六五而是上六。因为上六居明夷的极位，象征黑暗到了极点。初九以刚健居阳位，和上六相距最为遥远，人微言轻，却已经知所警觉。《说卦》以离为雉，所以用飞鸟来比拟。明明是飞鸟，却不敢高飞，唯恐越高越黑暗，不如赶快垂下翅膀避难。君子既然要远避中伤陷害，即使三天都来不及吃饭也是合宜（"义不食也"）。接待君子的主人看到这种仓促逃走的现象，难免有一些闲言闲语，但这是出于好意，不用理会便是。

六二，明夷，夷于左股，用拯马壮，吉。
《象》曰：六二之吉，顺以则也。

六二阴居柔位，又是下离中位，影响力很大，受到各方面的关注，想逃也逃不掉。幸好是下离主爻，明于事理，又智慧足以防身，所以只伤及左股，行动稍有不便。离卦中爻变阴为阳，即成乾卦。《说卦》以乾为良马，象征六二左股虽然受伤，却可以用健壮的马来代步，借以获得拯救而脱险，所以吉祥。

六二能负伤逃离险境，主要是柔顺的态度，既顺乎情理又合乎自然法则，不逞一时之勇，也不盲目追求短暂的痛快，能韬光养晦，自有光明前程。

九三，明夷于南狩，得其大首，不可疾贞。
《象》曰：南狩之志，乃大得也。

冬季打猎称为"狩"。离为南方，代表甲胄、兵戈，所以"明夷于南狩"是利用南征的机会吊民伐罪。九三位于下离上位，也就是阳刚到极点，不能忍受当前的困境，必须发动南狩，为民除害。九三与上六相应，上六便是明夷首恶。灭掉上六，即为"得其大首"。"疾"为急，"贞"是纠正，九三和上六有六四和六五相隔，代表越境远征，不要纠正过激。小象的"大得"是说，九三并非贪图一时的功利，而是抱持了改变风气的大志，以刚居阳位，发挥了很大的功能。

六四，入于左腹，获明夷之心，于出门庭。
《象》曰：入于左腹，获心意也。

《说卦》说"坤为腹"。六四当位，居上坤初位，有入于柔软的左腹的象征。坤为大地，六四陷入黑暗的程度尚浅，还没有暗无天日。明夷卦六二、九三、六四为坎即心。明夷伤害光明，暗指商纣王暴虐无道。"获明夷之心"指微子（箕子的胞兄）明白纣王的心意，决定逃出门庭。

六四只要心中有数，明白当下的处境，自行设法脱离黑暗，也就有机会心安意满。易理指出：不到最后关头，不必做无谓的牺牲。凡事适可而止，明夷卦六爻各有可与不可的限制，尽人事以听天命，才是各安其分。

六五，箕子之明夷，利贞。
《象》曰：箕子之贞，明不可息也。

前文说过，箕子的守正避祸是身处黑暗时代"利艰贞"的典范。明夷卦以上六为卦主，是君位（纣王），六五则是臣位（箕子）。由于六五并不当位，因而这里特别提出"利贞"，即是对贞正人士的警诫。倘若看到黑暗就害怕，找借口变节或轻言牺牲，那就不利贞。守正明德的心意，断然不可有所偏失，才称得上是君子固穷。

上六，不明晦，初登于天，后入于地。

《象》曰：初登于天，照四国也。后入于地，失则也。

"不明晦"即不明而晦，上六居明夷极位，象征黑暗至极的暴君。商纣王的初期有如登上了天，能够逞于一时，但终必坠入地中，一败涂地。他自己不遵法则，丧尽民心，可说是自作自受。

明夷卦初九"垂其翼"，六二"用拯马壮"，六四"于出门庭"，都指出要委曲求全，设法明哲保身，不做无谓的牺牲；六五"利贞"，凸显自正然后可以正人的最高原则；九三"南狩"指出应该伸张正义时理该奋不顾身；上六"不明晦"给了我们最大的信心，代表光明终将消除黑暗。

明夷卦之后是家人卦，提示我们，受伤的人回家才是安全的道路。平日家人相处和谐，有温暖的感觉，即使社会黑暗，也能构筑出一股坚强的支撑力量。

明夷卦启示

卦名	卦辞	启示
明夷卦	明夷，利艰贞。	暗藏明哲，愈能彰明。

爻位	爻辞	启示
上六	不明晦，初登于天，后入于地。	初登高位，终陷黑暗。
六五	箕子之明夷，利贞。	处置伤明，应该守正。
六四	入于左腹，获明夷之心，于出门庭。	知伤明哲，远去避之。
九三	明夷于南狩，得其大首，不可疾贞。	征伐除害，莫急纠正。
六二	明夷，夷于左股，用拯马壮，吉。	受伤不重，宜速离去。
初九	明夷于飞，垂其翼。君子于行，三日不食，有攸往，主人有言。	受人伤害，未展长才。

❖ 卦三七 风火家人

一、家人卦总说

家人卦是下经第七卦，与第八卦睽卦互综。《序卦》说："伤于外者必反于家，故受之以家人。家道穷必乖，故受之以睽。"这个"伤"就是明夷。人在外面，不管心地多光明，做事多正直，难免受到误会、扭曲、打击。这时如果有一个温暖的家，我们就不会轻易蛮干。凡是家庭比较温暖的人，在外面受点气都是无所谓的。

中国人之所以老关起门来，在家互相安慰，就是为了平息心中那一股按捺不住的怨气。不受怨气的伤害，才有办法保存实力，待好时机出现再去有所发挥。

二、家人卦详解

家人卦卦辞：家人，利女贞。

明夷卦之后是家人卦，就是要我们重视家庭伦理，加强妇女的地位和责任。"家人"，即一家人。从家道根本来说，家道兴衰的主要责任在于主妇。主妇贤惠，家里什么事都处理得好；反之，不但家里不安，而且可能搞得邻里受害。中国人有句话叫"妻贤夫祸少"，便是此意。卦辞"利女贞"便是在加强妇女的责任，而不是看扁女人。把家里这么重要的事交给女性，怎么会是重男轻女？

《彖》曰：家人，女正位乎内，男正位乎外。男女正，天地之大义也。家人有严君焉，父母之谓也。父父子子，兄兄弟弟，夫夫妇妇，而家道正。正家而天下定矣。

彖辞直接告诉我们家人的相处之道：九五刚中居外，六二柔中居内，男主外，女主内，夫妻各得正位。先生外出打拼，主妇在内融洽，都是为了这个家，夫妻有共识也有共同目标，所以"男女正"代表了"天地之大义也"。天高地卑，是位置不同，责任不同而已，每个人都有"份儿"，但不能以此划分高低。

古人言简意赅，但内容丰富。我们看古人讲到天，就要知道这话里也包括了地；看到"严君"，就该想到是既包括父亲也包括母亲。家里有个威严的家长，好像国君一样；还有一个慈母，好像皇后一样。父亲固然要严格，但母亲也不能放纵孩子。若是父子、兄弟、夫妇都能善尽责任，家道也就端正了，天下也就安定了。

《象》曰：风自火出，家人。君子以言有物而行有恒。

家人卦下离上巽，离火居内，火性向上燃烧；巽风从外向内吹，风越动则火越旺，上下互动，风助火炽，火旺风生，象征风火一家，志同道合，有如一家人的互相依存。君子看到这种自然景象，领悟出"言有物"（所说的都是事实，不能凭空捏造或言不及义）而"行有恒"（行为端正并且恒久不变）的道理，以此作为齐家的基本原则。家有家风，必须从日常居家小事做起。齐家以修身为本，修身以言行为先，言行的基本原则便是诚信。小孩子从小就会模仿父母，把父母当榜样。尤其在家里，妈妈就是子女最好的榜样，卦辞特别讲"利女贞"，就是强调家道的根本在于母教。

三、六爻详解

六十四卦中只有谦卦六爻皆吉。家人卦的六爻也是吉利的,但家里真的一点祸患都没有吗?未必。家人卦是在鼓励我们,要明白"家由德化"。家人相处,不是立几个法,严刑拷打,甚至关禁闭就可以的。家人只能靠品德来感化。只有家风忠厚才能够积善,用对待坏人的方式对待家人,那就没有亲情了。

初九,闲有家,悔亡。
《象》曰:闲有家,志未变也。

"闲"即防范。家有家法,用法度来防止不正常言行,是一家人必须共同遵守的法则。初九当位,与六四相应,象征男儿志在四方,不必长期困守在家里。但是成家之始,应该先把家安好,才能外出。这时候明立家规,使男女有别、长幼有序,及早重视家庭伦理,严防邪僻的产生,才能防患于未然,做到"悔亡"。初九爻变即成渐卦,象征家人都能循序渐进地成长,家庭才得以安康。

六二,无攸遂,在中馈,贞吉。
《象》曰:六二之吉,顺以巽也。

"无攸遂"便是无所成。六二当位居中,与九五相应,象征妇人顺应丈夫。在家主理膳食称为"在中馈",妇德重在温柔,做得一手好饭菜,一方面维护家人健康,另一方面也掌握丈夫的胃,使他喜欢在家用餐,多与家人共食。

小象说"顺以巽也",主妇要有柔性谦逊的美德,让一家人相处愉快,是最大的功劳,最了不起的地方。现在的人很奇怪,一天到晚讲成功男人的背后一定有个贤惠的女人,可又觉得妇女在家所做的事没价值,这不是自相矛盾吗？家人卦告诉我们，家务也是人生事务的一种，是与事业同等重要的大事。主妇在外虽无成就，但只要守持贞正，主持好家务，仍可吉祥。"中馈"与"野馈"相对，主内与主外都有贡献。

九三，家人嗃（hè）嗃，悔厉吉。妇子嘻嘻，终吝。
《象》曰：家人嗃嗃，未失也。妇子嘻嘻，失家节也。

"嗃嗃"是严厉，"嘻嘻"为笑乐无节。两者原本都是形容声音，后来才产生文义。九三当位，但居下离究位，过刚不中，象征治家过分严厉，难免伤及骨肉感情，但是家道却因此获得齐肃，所以最终仍是吉顺。倘若治家过于宽松，妇人和子女成天笑乐无节，导致家道松散放恣，最终必然招致羞吝。九三爻变成益卦，表示盛衰消长的关键全系于这一爻。九三与上九不相应，必须各自严守本分，不宜放松。

三多凶，启示我们：一家之长治家，宁可过严也不宜放纵。因为过严未失治家之道，但放纵却可能导致废家规、乱伦理、生闲邪的后果，终致难保其家。

六四，富家，大吉。
《象》曰：富家，大吉，顺在位也。

家人卦下离三爻：初能闲家，养德防范；二主中馈，守持贞正；三位于外，治家严厉，持家致富。六四则代表家中的老祖母，由于巽顺有德，能统摄下面三爻，一家人共同支持九五全心主外。九五当位，又六四顺承，即"顺在位也"。六四能与初九相应，表示既能承上又能接下。依《易经》通例，原本"四多惧"，现在却由于六四以柔顺之德处柔顺之位，所以能收到"富家，大吉"的效果。对家道来说，父慈、子孝、兄友、弟恭、夫义、妇听，都是"顺在位也"的具体表现。为妻之道，由六二（媳妇）主中馈，到六四（老祖母）富家，已经顺利完成任务。

九五，王假有家，勿恤，吉。
《象》曰：王假有家，交相爱也。

男人经常要出外谋生，和家人相处的时间，远不如女人那么长久。因此，父亲扮演黑脸，母亲扮演白脸，父严母慈，是自然形成的分工方式。"假"读作"格"，意思是感化，君王能以治家之道感化全国人民。九五是尊位，以阳居阴，对君王来说，便是近有六四近臣的支持，远得六二大臣的响应。君王把治家的正道扩展到全国，使百姓能够相爱，全国一片和谐，那就是王道政治，无须忧虑（"勿恤"），自然吉顺。若以家庭来说，"王假有家"可解释为九五身负家长之责，必须靠感化才能使家庭幸福。

上九，有孚威如，终吉。
《象》曰：威如之吉，反身之谓也。

"威"是威严，"如"是好像。从初九"闲有家"到上九"威如"，有始有终，都要维持相当的尊严。小孩子心中没有一点畏惧，迟早有一天会天不怕地不怕。"畏"不是害怕，而是敬畏。要让小孩一生一世都觉得不能对不起父母，到老也不能让父母蒙羞，这就叫"威如"，好像父母的威严还在，所以"终吉"。

小象"反身之谓也"是要你回过头来检讨，看看自己是否做到了"言有物而行有恒"。上九在全卦极位，照理很可怕。可是如果能"反身"，还是会吉祥。一家之主不患没有威严，而患自己的威严能否让家人心悦诚服，所以"有孚"摆在"威如"之前。

孟子说："身不行道，不行于妻子。"自己都不能按道理去做，怎么有资格要求妻儿？可是大多数人都无法维持到最后，子女长大了，各有各的想法，自己也老了，又不当家，还管那么多干什么？于是，辛辛苦苦建立起来的家很快就四分五裂。要知道，一个家庭维持起来很难，分崩离析却只在旦夕之间。这是事实，我们要怎么应对呢？这就要看接下来的睽卦。

家人卦启示

卦名	卦辞	启示
家人卦	家人，利女贞。	言语据实，行为有法。

爻位	爻辞	启示
上九	有孚威如，终吉。	诚信威严，时常反省。
九五	王假有家，勿恤，吉。	王道感化，家有幸福。
六四	富家，大吉。	使家富裕，以女柔顺。
九三	家人嗃嗃，悔厉吉。妇子嘻嘻，终吝。	治家严厉，优于散漫。
六二	无攸遂，在中馈，贞吉。	无所专成，只主中馈。
初九	闲有家，悔亡。	防闲于治，没有懊悔。

❖ 卦三八 火泽睽 ䷥

一、睽卦总说

睽是两目相背，也就是不相同、不相交、不一致，甚至背道而驰。这就表示原先彼此曾有过共同原则和目标，但是当目标达成，团结的力量就会减弱，彼此反而会更加注重利益分配，私心大于聚合心，便进入睽的情形。《杂卦》说："睽，外也。家人，内也。"可见家人卦与睽卦正好相对，一内一外。

中国人常说"你把我当成外人"，就是表明彼此已经不和，甚至在重大问题上不能同心。你心中没我，我心中没你，就叫外人。《序卦》说："家道穷必乖，故受之以睽；睽者，乖也。"一家人本该和乐美满，相亲相爱，可是很多家庭就算没有外部冲击，时间一久也会从内部烂起。这一个"穷"字，说明这个家已经走投无路。所谓"众目睽睽"，就是惊讶地睁大眼睛。每个人都瞪大眼睛，那这个家就要散架了。

既然家庭注定分久必合，合久必分，我们是不是坦然接受，顺其自然就可以呢？《易经》的本意绝非如此。它提倡人要顺应自然，同时也要有所作为。所以，睽卦的重点是四个字："化睽为合"。家庭出现裂隙，就要赶紧检讨成因，寻求化解之道，重新聚合起来。

二、睽卦详解

睽卦卦辞:睽,小事吉。

卦辞只说"小事吉",那"大事"自然就不吉。所谓大事就是兴师动众,小事便是穿衣饮食。一家人意见有分歧,要理智对待:这种小事,好好商量,不要动气。睽卦上下都是阴卦,阴为小,小即是柔。如果大家的心越来越疏远,那最好设法用"柔"的方式来解决。假如以刚烈手段压迫不同意见,使所有人臣服于自己,一定不吉。

《彖》曰:睽,火动而上,泽动而下。二女同居,其志不同行。说而丽乎明,柔进而上行,得中而应乎刚,是以小事吉。天地睽而其事同也,男女睽而其志通也,万物睽而其事类也。睽之时用大矣哉!

睽卦下兑上离,火性上升,泽水下流,完全背道而驰,各自分离。离是中女,兑为少女,上下两卦的关系是姐妹,而非妻妾。下泽为悦,上离为明,心地光明才会愉快,现在两女虽然同居,志趣并不相同,心已经背离,自然不会愉快。我们常用"情同姐妹"来形容女孩的亲密关系,可就算如此,两姐妹的感情也常随各自出嫁而慢慢疏远,最后形同陌路。

"柔进而上行"指六五。六五有两个优点:一是温柔;二是协调力强。他不会以刚强的方式处事,而是善用柔和手段调和矛盾,很了不起(对应卦辞"小事吉")。六五不当位,可是居中,与九二相应,所以说"得中而应乎刚",这就是很好的现象。

天地看起来乖背,但是生成万物的事理相同;男女看起来乖违,但是交感求合的心志基本相通;万物看起来各不相同,实际上生成化育的规律极为类似。所以结论才说"睽之时用大矣哉",在什么时候就要做什么事。在睽的时代,要想真正有一番作为,就必须求同存异,用柔的方法从共同之处入手，使大家重新聚合在一起。

《象》曰：上火下泽，睽。君子以同而异。

君子看到上火下泽这种自然现象，就要领悟天下不可能一同，只能大同而小异。大家之所以不喜欢霸道的国家，就因为它搞单边主义：只有自己是对，其他人都是错，自己的那一套政治制度，全天下都得跟着学习，否则就不是"正道"。

"以同而异"就是求同存异。事物虽然睽，但必有共同之处，叫作交集。两个人再怎么疏离，只要想办法使他们有第一次接触，就有可能深交。人类要在政治上求同存异的确非常困难，但是在吃饭穿衣这些小事上，完全可以各取所需。可见，我们无论做什么，都要从容易、简易的方面着手，把难谈的事放在一边，用柔和手法徐徐地转移化解问题，才是化睽为合的合理方法。

三、六爻详解

睽卦比较特殊，从初九到六五都是无咎，上九是吉祥。这就告诉我们：看到睽象，如果放任不管，那就是凶；人总是会觉得大家聚在一起不容易，因为一点小误会就散伙，实在不值。抱持了这样一种遇合的心态，睽卦的六个爻才会比较好。

初九，悔亡。丧马勿逐，自复。见恶人，无咎。
《象》曰：见恶人，以辟咎也。

睽卦三至五爻互坎，象征性情焦急的马和偷盗活动，所以初九以"丧马""恶人"来做比喻。丢掉一匹马，不要去追，它会自己回来；就算看到偷马的恶人，也不要凶狠地指责他，这样就会无咎。初九位卑无权，与九四又不相应，根本没有能力消灭恶人，必须采取谦逊的态度来面对，才能自保而无咎。"辟"通"避"，"辟咎"即避免差错。初九"明哲保身"，符合乾卦初九"潜龙勿用"的原则，千万不能大意。

九二，遇主于巷，无咎。
《象》曰：遇主于巷，未失道也。

睽卦以六五为卦主。九二在小巷碰到了主人，也就是六五。九二和六五都不当位，但又居中而不失道，表示彼此皆自觉而力求谦逊合理。在背离的情形下，二者本不能见面，可现在反而相遇在小巷，这种意外得来的机会应该好好珍惜。有时候冤家路窄反而是好事。路这么窄，吵架不是办法，逃避也非良策，不如抓住机会，委曲求全，化解误会。中国人常说"度尽劫波兄弟在，相逢一笑泯恩仇"，睽卦就是要化睽为合。九二遇六五，符合彖辞"说而丽乎明"的道理，所以无咎。

六三，见舆曳，其牛掣，其人天且劓，无初有终。
《象》曰：见舆曳，位不当也。无初有终，遇刚也。

"曳"是拖住，"掣"是牵制，"天"是刺额，"劓"是割掉鼻子。六三不当位，在睽的大环境中不得其位，有如车子被拖曳，拉车的牛也被人在前面牵掣。牛不能前进，好比人的额头和鼻子受伤。九二与六三相比但不相亲，专门在后面搞破坏。九四与初九相应，但挡住了六三的去路。

不过，六三虽然失位受挫，却仍然志在上九（"遇刚也"）。上九位高而刚健，有能力支持六三"无初有终"。"刚"即为正，前后的势力终究无法阻挡六三与上九遇合。在睽的时代，坚强的意志和刚健的力量必须密切配合，才有战胜邪恶的可能。六三爻变即为大有卦，象征只要坚定果决，终有化睽为合的希望。

九四，睽孤，遇元夫，交孚，厉无咎。
《象》曰：交孚无咎，志行也。

九四与初九不相应，又身处六三、六五两阴之间，就算想有所作为，也是不可能，自然孤单。"睽孤"表示乖离而孤立。"元"是大，"夫"是人，"元夫"即大人，指初九。初九丢了马匹，又遇恶人，处境糟糕，而九四既不当位又孤单，二者同病相怜，虽然并不相应，却能惺惺相惜，结成君子之交。"交孚"是信赖对方。原本刚对刚、硬碰硬很危险，但是等到彼此互相了解，联合起来战胜孤单，有了力量，危险自然解除，所以说"厉无咎"。

六五，悔亡。厥宗噬肤，往何咎？
《象》曰：厥宗噬肤，往有庆也。

六五不当位，原本有悔，但因为下有九二刚健相应，所以"悔亡"。"厥"是其，指九二。"宗"即宗庙。六五向宗庙推荐贤良的九二，便是"厥宗"。"肤"指六三以阴乘凌九二，难免有妄据九二为己有的企图，成为六五和九二之间的阻碍。"噬"是噬嗑的意思，便是九二至上九所形成的噬嗑之象。六五和九二之间有六三作梗，必须像咬食皮肤那样排除遇合的障碍。倘若如此，双方的交往自然无咎。六五是上离中爻，象征光明，以柔居阳位，表示宽柔关怀，能放手让九二表现。九二上行与六五相遇合，不但得以大展宏图，而且还能造福社会，果然是"往有庆也"。

上九，睽孤，见豕负涂，载鬼一车。先张之弧，后说之弧。匪寇，婚媾，往遇雨则吉。
《象》曰：遇雨之吉，群疑亡也。

六五聚拢了所有力量，搞得上九既孤单又疑虑。"豕"是猪，"负涂"是背上有污泥。六三位于下泽极位，与上九一低一高，上下睽违，以致上九看六三，有如看到一头满身沾满污泥的猪，又好似一辆载满鬼怪的车，丝毫不感到亲切。"弧"是弓，"说"通"脱"。也就是说，上九把亲爱的家人看成敌寇，起初还想张弓射杀，好在仔细一看才知是亲人，这才脱去弓弦。"见豕负涂，载鬼一车"其实都是虚妄幻象，并非真有其事。等上九头脑清醒了，所有疑惑也就尽数消亡，犹如雨过天晴般，自然能与六三真诚相应，即"往遇雨则吉"。

上九最初很危险，但最终功劳很大，所以其余五爻是无咎，只有上九是吉。可是猜忌是难免的，并非一朝一夕就能化解。尤其中国人高度警觉，怀疑之心根深蒂固。为什么会这样？为什么我们做什么都觉得寸步难行？这就要看接下来的蹇卦。

睽卦启示

卦名	卦辞	启示
睽卦	睽，小事吉。	大同之中，应有小异。

爻位	爻辞	启示
上九	睽孤，见豕负涂，载鬼一车。先张之弧，后说之弧。匪寇，婚媾，往遇雨则吉。	乖离孤立，释疑则可。
六五	悔亡。厥宗噬肤，往何咎？	深入易合，不睽有庆。
九四	睽孤，遇元夫，交孚，厉无咎。	乖离孤立，相待以诚。
六三	见舆曳，其牛掣，其人天且劓，无初有终。	初虽无得，终将有成。
九二	遇主于巷，无咎。	遇主于巷，未失其道。
初九	悔亡。丧马勿逐，自复。见恶人，无咎。	既见乖离，勿急求合。

❖ 卦三九 水山蹇 ䷦

一、蹇卦总说

蹇卦上坎下艮，意思是行走险难。人的一生总会碰到"高山恶水"之象，前有水，后有山，这样一条路走起来，就好像"蜀道之难，难于上青天"。《杂卦》说："蹇，难也。"《序卦》说："睽者，乖也。乖必有难，故受之以蹇。"一旦内部出现分歧，人心乖离，就会面临重重危险，甚至陷入绝境。蹇卦所揭示的，正是人要怎样面对艰难、通过险阻的道理。

二、蹇卦详解

蹇卦卦辞：蹇，利西南，不利东北。利见大人，贞吉。

蹇卦二至六爻都当位，如果初六爻变为初九，蹇卦就变为既济卦。也就是说，蹇卦是不利于行，但并非不要走。哪怕前有强敌，后有追兵，也要勇敢去闯。既然不能放弃，就必须选择有利方向前行。如果能把第一关走好，后面的路自然顺畅。所谓万事开头难，慎始才能善终。

卦辞说"利西南，不利东北"，因为西南是坤卦，代表平坦大路；东北是艮卦，山路难行。既然找到一条平坦的路，是不是就可以放心大胆地走了呢？也不行，要"利见大人"，才能贞吉。"大人"是九五。这种险难并非一般人所能安然度过的，需要依靠贤明的领导。九五作为领袖，能够随时指以正确的方向,"贞吉"就是贞正,同时永恒不变。

《象》曰:蹇,难也,险在前也。见险而能止,知矣哉!蹇利西南,往得中也。不利东北,其道穷也。利见大人,往有功也。当位贞吉,以正邦也。蹇之时用大矣哉!

《易经》区分了几种险难:屯卦象征始生之难,困卦难在道穷力竭,蹇卦则指当前的险阻,一定要分清楚。山在后水在前,即"险在前也"。

遭遇坎险,当然要遇难而知勇,但必要时也得见险而止,这才是明智的抉择,万不可不自量力,盲目冒险犯难。"利西南"是因为"往得中也",方向明确,走得合理,就能得中。"不利东北"是因为"其道穷也",既然受到外力威胁干扰,若想畅行无阻,就该采取和平的方式,绝不能以暴制暴,否则或许也能突破难关,最终却还是行不通。九五懂得以德化险,值得大家的信赖依靠,六爻当位贞吉(初六见险而止,也可说是当位),自然能治理好邦国。

六十四卦中,称赞"时""时义""时用"为"大矣哉"的共有十二卦,其中称"时用大矣哉"的有坎、睽和蹇三卦。一般人遇蹇,当然是困难重重、忧心忡忡,可是对君子而言,却是其发挥高度智慧,处蹇而用蹇,开发再生的良机,所以说"蹇之时用大矣哉"。

智慧不会随时而改变,以合适的人,用合适的方法,在合适的地方,就可以化解蹇险。一个腿脚不好的人,若能走上平坦的大路,也不见得会落人之后。

《象》曰:山上有水,蹇。君子以反身修德。

古人观法取象于天地,山上之水必有出路,只是人一时还搞不清楚,所以需要探索和发现。君子看到这种自然景象,体悟出身处高山恶水的险境，不妨暂且安静下来，反省自己的不周之处，弥补修正后再出发。水是险难的象征，也是生命的源泉。对于水，我们应设法疏导，而不是强行堵塞。人的一生不是艰就是难，于不通处求通，在险难中化险为夷，人生才能丰富。

蹇卦的宗旨就在于，世上没有解决不了的问题，只有不敢直面问题的人。

三、六爻详解

初六，往蹇，来誉。

《象》曰：往蹇，来誉，宜待也。

"往"是进，"来"是退。"往蹇"提醒我们：身处蹇境，冒险前进必定艰难。"誉"即获得美誉。初六不当位，与六四不相应，处下艮始爻，是险阻的开始，也是见险能止的时机。这时若能够懂得适时退转，寻求妥当对策，以免徒遭蹇难，当然可以获得美誉。退转的目的，在于谋求脱险之道，务须待时而动，才能完成任务。

六二，王臣蹇蹇，匪躬之故。

《象》曰：王臣蹇蹇，终无尤也。

"王"指九五，"臣"分两种，六二是大臣，六四是近臣。六二与九五相应，又皆当位，象征君臣公正无私，不畏艰难。既然如此，为何"蹇蹇"？因为六二本就柔弱，九五又被阴爻围绕，更何况二、三、四爻互坎代表险难不易突破，忠心耿耿的六二想要去拯救、协助九五，真可谓任重而道远。"匪"即非，"躬"指自身，"匪躬"便是不为自身。这种蹇蹇的险境并非自身的问题，而是大环境所致，六二只要尽力而为，最后也能没有怨尤，即"终无尤也"。

这种君臣处境，让我们想到《三国演义》。九五是阿斗，六二便是诸葛亮。阿斗软弱，又没有主见，诸葛亮只能鞠躬尽瘁，死而后已。诸葛亮一生最伟大之处在于明知不可为而为之。刘备意气用事，蜀国进退维谷，诸葛亮也只能尽力而为。他心中没有怨尤，最终也死而无憾。

九三，往蹇，来反。
《象》曰：往蹇，来反，内喜之也。

九三也非常危险。它处在互坎中位，再向前一步又是上坎，可见与坎险紧密相连，一动就会遇险。既然如此，不如退回来（"来"即退回），先把内部安置好，再重新出发。九三是下艮卦主，初、二两阴爻不能自立于蹇境，必须依赖于九三为其做主。九三及时回归原点，不轻易涉险犯难，初六与六二心生喜慰，即"内喜之也"。九三爻变为比卦，象征向下亲比，仍需九五的大德指引，以德化险，远比任何力量都更为强大可靠。蹇卦四阴二阳，阴爻需要阳爻来支撑，因此九三和九五特别坚定。

六四，往蹇，来连。
《象》曰：往蹇，来连，当位实也。

六四当位却柔弱无能，居上坎初位，表示险难已在眼前，与初六并不相应，难于往就，所以"往蹇"。"连"是接连，"来连"即往来都很困难，可见六四的处境很糟糕：若往后退，九三本就自顾不暇，何况还得照顾初六和六二，根本顾不上六四；若要前进，却有九五阻隔，实在是两难。

小象"当位实也"是说，六四与九三一样当位为实，所以就算以阴柔乘阳刚也不失其正。六四爻变为咸卦，象征人、事、物的互动良好，令人心生感动。世上没有不能解决的问题，只有不肯解决问题的人。六四应在往来（九五和九三）之间有所抉择，经过一番利害权衡，六四觉得还是选择与九三亲比更加实在。

九五，大蹇，朋来。
《象》曰：大蹇，朋来，以中节也。

九五居中得正，又是卦主，自然是"大人"。可是能力大者责任重，蹇卦所有的险难也都集于九五一身，这便是"大蹇"。但凡遭遇危机，团队成员的态度缓急一定各不相同，有的开始扯皮，有的不肯尽力，有的只想逃跑。这时候就需要九五来唤醒大家——蹇卦全靠九五的表现。九五要有计划、有远景、有手段，要有带大家走出困境的勇气和意志，要让大家觉得跟着自己走才有希望，这就是典型的大人。

九五在大蹇之中，还能坚守中道，不失节度，足以感动群贤。"朋来"指其余五爻皆当位得正，象征正人君子朋聚而来，共济时艰。大家已从各方面准备停当，就等领导人一声令下，把所有力量爆发出来。

九五爻变为谦卦，象征九五谦下而不与邻争功，即使发动征伐也将无所不利。全卦只有九五与六二的爻辞没有"往来"，表示他们丝毫不为蹇难所动摇。

上六，往蹇，来硕。吉，利见大人。
《象》曰：往蹇，来硕，志在内也。利见大人，以从贵也。

"硕"是硕大。"来硕"会吉，是因为"利见大人"。上六原本身处蹇难之外，可是看到九五身负时艰，很受感动，愿意回过头全心全意帮助他。上六自身阴柔，但与九三相应，所以可以联合九三共助九五渡过难关。九三和九五是蹇卦仅有的两阳爻，最有力量。小象"志在内也"即指上六最主要的任务是促进内部沟通，建立共识，集中力量。九五是君位，上六从九五，就是"从贵"。上六身处蹇难之外，能够反身帮助九五，不是为私利，而是为公，九五若不接受他的帮助，那谁还会帮助九五呢？

上六以柔道慎处于蹇难之终，爻变即成渐卦，象征必须依据当时快慢缓急，循序渐进，以求尽量减少后遗症。

蹇卦启示

卦名	卦辞	启示
蹇卦	蹇，利西南，不利东北。利见大人，贞吉。	见险能止，反省修德。
爻位	爻辞	启示
上六	往蹇，来硕。吉，利见大人。	进有险难，应求贤才。
九五	大蹇，朋来。	非常险难，应得友助。
六四	往蹇，来连。	进有险难，联合共济。
九三	往蹇，来反。	进有险难，归来避之。
六二	王臣蹇蹇，匪躬之故。	赴王之难，不顾自身。
初六	往蹇，来誉。	进有险难，退有美誉。

❖ 卦四十 雷水解 ䷧

一、解卦总说

天上雷声滚滚，雨水降到地面，这就是雷雨大作；雨后的空气很清新，人也很舒畅，这就是解卦。《序卦》说："物不可以终难，故受之以解；解者，缓也。"上天用艰难来磨炼人的意志，并非真的要和人过不去，所以艰难过后一定要让人得到缓解，给人无限希望，再去解决后面的困难。一松一紧，就是人生。

解卦是蹇卦的综卦，表示一体两面。蹇卦为险难，解卦是解除险难的原则和途径。蹇后有解，解后可能复蹇，二者是一种循环，两卦相综，非常有道理。

二、解卦详解

解卦卦辞：解，利西南。无所往，其来复吉。有攸往，夙吉。

"利西南"指险难在东北，而西南很平静。"来复"是回归原处。既然西南无险可救，又何必前往呢（"无所往"）？不如回来修治内部，把自己的事做好，才会吉祥。平常无难，救难大队长也要认真整理装备，培训人员，做好避险教育。"有攸往"和"无所往"相对，"夙"是早或速。若是西南真有险需救，一定要越早越快去救，才能吉祥。

《彖》曰：解，险以动，动而免乎险，解。解，利西南，往得众也。其来复吉，乃得中也。有攸往，夙吉，往有功也。天地解而雷雨作，雷雨作而百果草木皆甲坼。解之时大矣哉！

解卦坎下震上，下险上动。"险以动，动而免乎险"表示身处险境，只有用动的力量来化解。动得合适，化险为夷；动得不合适，可能更险，这就是解卦。西南之民如果有难，当然要去救，这样就能获得众人的响应，即"往得众也"。险难既经解除，就该恢复秩序，各归原位，这才合乎中道。倘若余险未息，有待支持，便要及早决定，及时施援，才能有功而吉祥。

种子的皮壳叫作"甲"，"坼"是裂开。天地之气倘若开散交感而和畅，便会解除封闭，兴起雷雨，各种果子草木得以萌芽生长。象辞有讲"时义"的，有讲"时用"的，这里只讲一个"时"字，因为这个"时"需要自己去找，你要知道什么时候有用，什么时候没用，而且一定要及时，千万不可耽误时机。

《象》曰：雷雨作，解。君子以赦过宥罪。

雷雨交作，严寒消解，君子看到这种景象，悟出一个道理，叫作"赦过宥罪"。"赦"是赦免，"宥"是宽恕。君子应在适当的时机赦免过失，原谅那些无法谅解的过错，希望犯错之人能够重新改过，现代法律里的特赦便是此意。天下没有终难之理，有人欠你钱，但他实在还不了，那也就算了，这也是解。

现在我们已把解卦的所有情况看清楚了。

蹇卦是救自己，解卦是救别人。如果某地有灾要救援，越早越好，不要错过黄金时间，而且救完之后要及时离开。如果别人不需要救援，也不要去制造祸端。因为解是要化解问题、化解灾难，而不是制造麻烦。解救灾难需要注意三点：一是方向要对；二是要搞清楚拯救的对象和次序；三是要赦过宥罪。

《易经》所说的是几千年前的事，为什么能预测到现在的事？其实，它不是预测，而是已经涵盖了这么多的内容。所以，我们才敢讲，人类再怎么发展，永远在八八六十四卦之内，这不是夸口，而是事实。

三、六爻详解

解卦能够完成任务，有两个要素。第一，九四和九二同心协力，目标一致，使阳脱离阴的束缚，发挥它的实力；第二，六五跟九二密切配合。一般来讲，九五跟六二更顺当一点，可是解卦是非常状况、特殊时期，所以六五跟九二也是位正相应，可以解难而吉。

初六，无咎。
《象》曰：刚柔之际，义无咎也。

初六爻辞只有"无咎"两个字，告诉我们解卦以无咎为目标，不求有功，但求无过。"际"是相接，"义"是合理。初六柔居刚位，九四刚居柔位，两爻都不当位，却能阴阳相应，刚柔相接而得其宜，因而无咎。

初六爻变成归妹，象征内心的缓和与纾解，有了明确的目标可以依循，好比女子有了归宿，知道今后如何安身立命。险难发生时，难以预测的变量不免会使人惊慌失措。然而解救工作一旦展开，大家便会心知肚明，今后的唯一途径就是由乱入治。

九二，田获三狐，得黄矢，贞吉。
《象》曰：九二贞吉，得中道也。

"田获"是为民除害，而非打猎休闲。"狐"指邪媚、狡猾的野兽，"三狐"

代指初六、六三、上六这些包围在六五身边的小人。解卦二阳四阴,九二与六五相应,象征获得六五君王的信任,突破重重阻碍去猎捕三狐,也就是"清君侧"。"黄"为中色,"矢"即直物,所以"黄矢"就是六五。九二虽不当位,却居下坎中爻,在两阴之间,刚正中直,所以贞吉。九二爻变为豫卦,表示九二不当位,原本失正,但由于刚直合理,毫不犹豫,因而贞吉。

> 六三,负且乘,致寇至,贞吝。
> 《象》曰:负且乘,亦可丑也。自我致戎,又谁咎也?

"负"是背负重物,象征负荷过重。六三阴柔不当位,居下坎上爻,有如小人窃居高位,承九四而乘九二,对上面全力巴结,奉承献媚,对底下又傲慢打压。下卦为坎为盗。《系辞上》记载,孔子认为身负重物原是小人所为,现在隐患尚未完全解除,小人不仅趁火打劫,还乘坐君子的交通工具招摇过市,自然会引得盗贼前来夺取。这是六三自作自受的恶果,就算所为得正,只要招致盗贼,也就免不了鄙吝。六三爻变为恒卦,表示不能以恒常心行事,才会有这样的后果,自身失德,自作自受,怨天尤人也没有用。

> 九四,解而拇,朋至斯孚。
> 《象》曰:解而拇,未当位也。

"而"是"你",即九四。"拇"为足大趾,即初六。九四象征君子,初六代表小人,彼此阴阳相应,却因皆不当位而不能成为同志。"解"有切断之意,爻辞提示九四必须切断和初六的关系,朋友才会到来,并且获得大家的信任。"斯孚"是以诚信相交。

九四与六三刚柔相接,与九二同类为朋,与初六刚柔相应,表示自己能够以诚信与下卦诸位朋友共事；同时又能接受六五的乘凌，全力支持六五，完成解道的使命。可惜九四阳居阴位，并不当位，这才以足大趾来譬喻，不免有一些惋惜。解救世难必须团结奋斗，就算不当位，有一些差错也不必计较。各人尽心尽力，除恶务尽，才是首要的共识。

六五，君子维有解，吉。有孚于小人。
《象》曰：君子有解，小人退也。

六五阴居阳位，所以称君子而不称王。解卦二阳四阴，六五和上六、六三、初六诸阴爻互相维系，关系密切。但是六五柔中，能秉持中道，又与九二相应，受九四的震动，因而得以和上六、六三、初六脱钩，象征及时解脱，所以吉祥。"有孚于小人"对应大象所说的"赦过宥罪"，六五以诚信感化小人，小人必将退走。

六五爻变成困卦，象征原本受到维系的困苦，由于秉持正道而得以脱困。六五的"君子维有解"是以小人远退来印证的，否则也很难解脱。倘若君子真的去邪勿疑，那么连小人也会相信君子有这样的决断，进而不存心求幸进，自然也就退避。"有孚于小人"用意即在断绝小人攀龙附凤的依附、维系之心。

上六，公用射隼于高墉之上，获之，无不利。
《象》曰：公用射隼，以解悖也。

"公"指六五，"隼"是阴狠的鹰类，一种比狐狸还凶猛的恶鸟，也就是剩余的败类，即六三。六三见上面的人被自己的马屁拍得舒舒服服，下面的人又被自己压制得抬不起头来，开始趾高气扬，野心外泄，成了恶鸟。如此一来，六五做得再好也难保无咎。

"墉"是城墙，"高墉之上"为高墙之上。上六和六三同属阴爻，表示曾经都是小人。但上六与六三并不相应，象征在看到整个环境的改变之后，上六明白只有好好表现，才能洗刷以前的罪恶，得到别人的宽宥，于是主动改变，助六五除掉高墙之上的六三，自然无不利。

上六的做法有利于整个解卦情景的舒缓以及接下来的重建工作，所以小象说"解悖也"。"悖"就是悖逆、不正之道。解卦至此，彻底解除了悖逆与祸乱，整个任务在上六手里便告完成，解道已成。

解卦启示

卦名	卦辞	启示
解卦	解，利西南。无所往，其来复吉。有攸往，夙吉。	赦免过失，宽宥罪恶。

爻位	爻辞	启示
上六	公用射隼于高墉之上，获之，无不利。	位高无权，打击小人。
六五	君子维有解，吉。有孚于小人。	君子能解，小人信赖。
九四	解而拇，朋至斯孚。	解除小人，君子自至。
六三	负且乘，致寇至，贞吝。	重用小人，招致失败。
九二	田获三狐，得黄矢，贞吉。	利用君子，克制小人。
初六	无咎。	解决于初，没有差错。

❖ 卦四一 山泽损 ䷨

一、损卦总说

《序卦》说:"缓必有所失,故受之以损。"一个人自以为问题都解决了,可以松懈下来时,恰恰最危险,一定要提高警惕,所以解卦之后是损卦。

下经将损、益两卦列为第四十一和第四十二卦,与上经第十一、十二的泰、否两卦前后呼应。损卦兑下艮上,由泰卦九三和上六互换而来,阳刚为实,阴柔为虚,以在下的九三换在上的上六,象征损阳刚之实以益阴柔之虚,称为损下益上。益卦刚好相反,由否卦的九四与初六互换而来,以阳实的九四换阴虚的初六,称为损上益下。不论损下益上还是损上益下,有损必有益,而且要先损才能有益。要看得远,看得广大,才能明白损益相对相应的循环规律。损卦的错卦是咸卦,益卦的错卦是恒卦。从泰否到损益,再从损益到咸恒,这样一路变化,可知六十四卦牵一发而动全身。

二、损卦详解

损卦卦辞:损,有孚,元吉,无咎,可贞,利有攸往。曷之用?二簋可用享。

损卦上卦代表政府,下卦代表百姓。受到减损,必须诚信("有孚"),才会大吉("元吉")。百姓向政府缴税就是"损",政府因此而受益,叫作损下益上。好不好呢?没什么不好("无咎")。大凡事物要获益,必先在某方面有舍,就算偷鸡还得舍得一把米。先损后益是必然规律,去做就对了("利有攸往")。但若要"无咎",还得"可贞",即合理而不过分,否则逼得百姓叫苦连天,长此以往对政府也是不利。

"曷之用"意即收来的税到底做什么用。百姓有纳税的义务,也有监督政府施政的权利。"二簋可用享"中的"享"是祭祀,政府主持的祭祀可以搞得很铺张,叫作"八簋",也可以搞得很简单,叫作"二簋"。也就是说,政府施政要凭良心,需节用而爱民。

《彖》曰:损,损下益上,其道上行。损而有孚,元吉,无咎,可贞,利有攸往。曷之用?二簋可用享。二簋应有时,损刚益柔有时,损益盈虚,与时偕行。

损的目的不在损己益人,而在损自己的有余以益他人的不足。下卦的

由泰到损,由否到益

损益互综，损咸互错，益恒互错

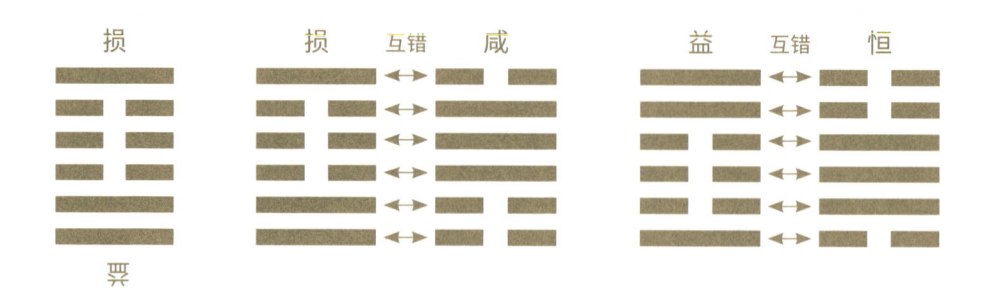

刚实补益上卦的柔虚，便是"其道上行"。"二簋应有时"是说就算政府很有诚信，节用爱民，也不能常常搞祭祀，要明白当用不损、当损不用的道理。"损益盈虚，与时偕行"是象辞的结论，很简单，警示国家税收制度要随时机、环境的变化而做合理改动。

《象》曰：山下有泽，损。君子以惩忿窒欲。

损卦卦象是山下有深泽恶水，泽水自损，把水与沙石冲向山体，长此以往就会把山掏空，最终山崩地坏。所以，损之深层含义在于，一个人即使愿意自损，等到损无可损时，一样要受害；假如别人愿意损己以奉，那我们也一定要冷静对待。君子看到这种自然现象，就要想到"惩忿窒欲"。"惩忿"是不要一天到晚发牢骚。"窒欲"是不要有太多的欲望，舍得放弃不良习惯，远离各种诱惑，割掉不正常的关系，就是损卦的用意。

人常犯两种错：一为意气用事，二是欲望无穷。现代人欲望过剩，过分强调速度，往往呼吁"快、快、快"，更兼热衷于求新求变，自觉很高明，也十分得意，却不知早已种下祸根，迟早要自作自受。能够立竿见影的事大多是近利，而近利往往带来防不胜防的远害，多少人吃这种亏，上这种当，只是不说出来，等到损害显现，那些乱变的人已经远走高飞，受害者求偿无门，惨不堪言。

当损的时候，我们一定要把握三个要领：第一，要休损。用不着粉饰排场，打肿脸充胖子。中国人常说礼轻情谊重，损是诚心诚意的表现，受礼之人也要合理接纳。"礼"后常加一个"节"字，意即礼尚往来要合理节制。第二，损是逆休。谁愿意损呢？钱放在自己口袋里最踏实。"逆休"是说人生不如意事十常八九，有时候越舍不得越要舍得，破财是不可避免的，当然也绝非都是坏事。第三，节省也是一种损。可花可不花的，如果节省下来，一样是好事情。所以，损卦是修德之卦、修己之卦。克己益人，低调行事，很了不起。

三、六爻详解

损卦六爻，三阳三阴，只有初九和六四当位。不过当位也未必会好，因为从初九到六五都是损象，反而上九不损，是真正的受益者，这也符合物极必反的道理，损无可损之时，必然得益，正所谓"损极必益"。

初九，已事遄（chuán）往，无咎，酌损之。
《象》曰：已事遄往，尚合志也。

上艮象征止，"已"是停止，"事"指初九，"遄"为迅速，"已事遄往"便是初九暂时放下自己的事，赶快去帮助六四。损的主旨在损下益上，初九是减损的开始，必须在损所当损的合理范围内去增益六四。"遄往"表示态度要积极。"酌损"是提醒初九斟酌自己的能力，不要因助人而过分损己，最好先看看六四是不是贪得无厌，再反过来衡量自己的减损程度。

初九损刚实而益六四，合乎"与时偕行"的道理，所以无咎。

九二，利贞。征凶，弗损益之。

《象》曰：九二利贞，中以为志也。

九二居下卦之中却不当位，象征身为减损的主导者，自身并非真的"有余"，倘若急于损己而益上，如地方政府为了讨好上级，把所有税收全部上缴，必然后患无穷。从卦象看，初九损己而益六四，已经变为初六；倘若九二再损己而益六五，变成六二，那么损卦就变为剥卦，十分危险。因此，小象才说"中以为志也"，九二最好秉持"不损己而能益人"的准则，以合理为愿望，善尽中坚的责任。

六三，三人行，则损一人；一人行，则得其友。

《象》曰：一人行，三则疑也。

泰卦下卦是三阳爻，即为"三人行"。泰卦九三变为损卦六三，就是"损一人"。六三独阴可与上九相应，意味着得到了朋友，所以说"一人行，则得其友"。小象中间省略了"得其友"三个字，应该是"一人行，必得其友，三则疑也"。初九和六四、九二和六五、六三和上九都是阴阳正应，下卦三爻象征三人，损减六三一人去应上九最为合适，其余两爻或酌损，或弗（不）损，各制其宜。倘若下卦三人都损，损卦变剥卦，后果非常可怕。

六四，损其疾，使遄有喜，无咎。

《象》曰：损其疾，亦可喜也。

上卦三爻是受益者。初九主动来帮助六四，补充六四的缺陷和不足，六四当然喜悦。但是喜悦归喜悦，六四应该注意到自己处在艮卦最下，要适度控制情绪才能无咎。如果六四觉得初九很热心，开始需索无度，把初九的钱财败光，岂不是更加糟糕？唯有不贪，才能无咎。

六五，或益之十朋之龟，弗克违，元吉。

《象》曰：六五元吉，自上佑也。

"或"是有人，"益之十朋之龟"代表有人送给六五价值昂贵的东西。六五身处损卦的尊位，要明白损己之尊而益下的道理，让别人有施以援手的机会。很多父母习惯拒绝儿女孝敬的钱财和礼物，结果让子女连表示孝心的机会都没有。这样的父母心里只有自己，不会站在子女的立场着想。"弗克违"便是警示我们，身为六五，面对下面的帮助，不必推辞也不能推辞，这样对大家都好。高而能下，给别人一些表现的机会，也是一种修养，但要记住不能主动向下索取，更不能抱怨。有这种觉悟的人，才是真正的有智慧。

上九，弗损益之，无咎，贞吉。利有攸往，得臣无家。

《象》曰：弗损益之，大得志也。

上九已经退休，没有收入，要坦然接受别人的帮助，只要守正，就会无咎，做什么都有利。不过，因为上九不当位，所以还有偏离正道的可能，比如父母看到子女孝顺，很可能就贪得无厌，如此不贞自然不吉。

上九与六三相应，虽都不当位，却正好配成一对。六三是全损，上九是丝毫不损，也没有损的必要，所以是"得臣无家"。一个老人有好几个儿子，在儿子家轮流住，小家成了大家，就是无家。人能自损，就容易得到大家的心；能损小家，就能得到大家的温暖；没有小家的观念，所有人都会欢迎他。现在的人没有大家庭概念，老夫老妻把儿女看作贼，提防他们啃老，长此以往，一辈子的努力也就付之东流。

无家也就是化家为国，为天下者不顾家，小象说"大得志也"，就是指上九会很风光地完成一生的志愿。一个人可以什么都没有，但是绝不能没有高尚的品德修养。所以，损卦之损，无非是损失物质，而非损失品德，损物质而增益品德，才是正道。

损卦启示		
卦名	卦辞	启示
损卦	损，有孚，元吉，无咎，可贞，利有攸往。曷之用？二簋可用享。	惩戒愤怒，窒塞意欲。
爻位	爻辞	启示
上九	弗损益之，无咎，贞吉。利有攸往，得臣无家。	不损自己，却利他人。
六五	或益之十朋之龟，弗克违，元吉。	无心益人，确是得计。
六四	损其疾，使遄有喜，无咎。	速损其疾，可喜可庆。
六三	三人行，则损一人；一人行，则得其友。	损应损除，益应益缺。
九二	利贞。征凶，弗损益之。	守正不损，有益于人。
初九	已事遄往，无咎，酌损之。	停止己事，速去益人。

❖ 卦四二 风雷益 ䷩

一、益卦总说

益卦是自损的结果。《序卦》说："损而不已必益。"就好像否极泰来，损无可损时便会增益。现代人习惯储蓄，平时节俭度日，减损欲望，到应急时自会受益。很多父母再艰苦也要培养子女，争取上好大学，这样的自损到最后也会获益。

益卦是用来兴利的，百姓损己而增益政府，政府施行对人民有利的政策，一定受大家的欢迎。从卦象看，益卦是损上而益下，可实际上只有基础安定厚实，上层建筑才会稳固，益卦实在是上下互惠的好事。若要稳固基础，每个人就必须老老实实、规规矩矩地做好本分工作，不要管上级如何，也不必计较他人如何，但求对得起良心。

平日多做善事，广结善缘，一旦有事，大家必然争相出力，热心帮忙。人性的伟大，并不限于成就自己，更在于成人及成物，成全别人完成兴利的大业，往往比独力完成小事更加有益。成物的范围很广，修身、齐家、治国、平天下，都是目标。

二、益卦详解

益卦卦辞：益，利有攸往，利涉大川。

在上的人要照顾在下的人，必然要有所往。政府行仁政，建立完善的生活保障体系，自会受人民拥戴。一旦有外敌来犯或遭遇重大灾难，百姓自会主动响应和拥护政府，巩固领导中心，当然是"利涉大川"。

看到损，最好想办法增益

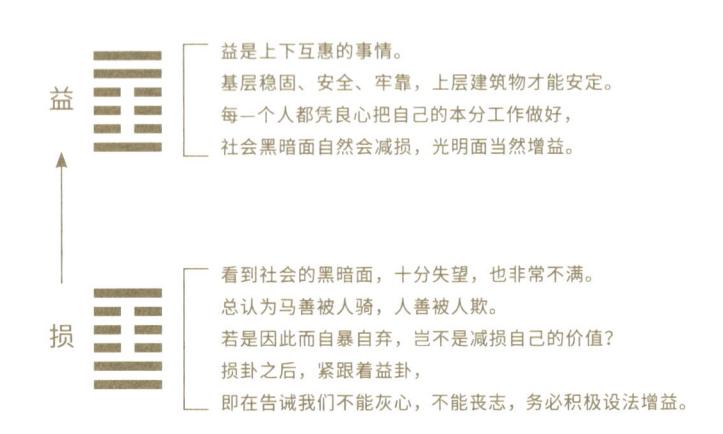

益
- 益是上下互惠的事情。
- 基层稳固、安全、牢靠，上层建筑物才能安定。
- 每一个人都凭良心把自己的本分工作做好，
- 社会黑暗面自然会减损，光明面当然增益。

损
- 看到社会的黑暗面，十分失望，也非常不满。
- 总认为马善被人骑，人善被人欺。
- 若是因此而自暴自弃，岂不是减损自己的价值？
- 损卦之后，紧跟着益卦，
- 即在告诫我们不能灰心，不能丧志，务必积极设法增益。

《彖》曰：益，损上益下，民说无疆。自上下下，其道大光。利有攸往，中正有庆。利涉大川，木道乃行。益动而巽，日进无疆。天施地生，其益无方。凡益之道，与时偕行。

执政者是"上"，百姓是"下"，"自上下下"意即执政者施益于百姓，"其道大光"指德行泽及全民，百姓的喜悦自然无穷尽，也就是"民说无疆"。

九五是上卦中爻，能守正道，又与六二相应，表示自己的想法能得到六二的忠实执行，彼此心情舒畅，没有怨气，每一天都是好日子，即"中正有庆"。"木道"是船，政府得到百姓（水）的拥护，就好像船行于水中般顺利。风是顺，雷是动，下面震动，上面谦逊，遵循这样的精神行事，就能"日进无疆",进步而没有极限。所谓"天施地生,其益无方",指的是上天阳光普照,大地万物生长,都没有固定方向,政府也应该对百姓一视同仁,不能偏爱一隅。

益道与损道一样要"与时偕行"。政府要清楚百姓的需要和大环境的情况,合理调整增益;小到家庭也是一样,两代人之间也应明白怎样彼此增益。

先从不做损人不利己的事情开始

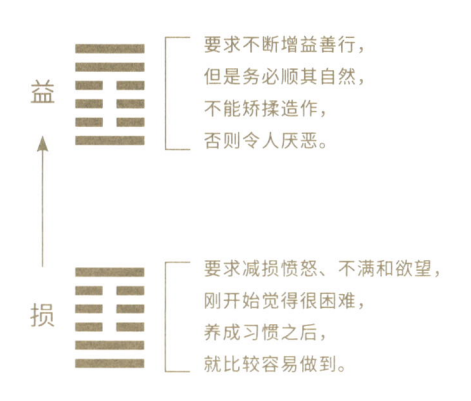

益 —— 要求不断增益善行,但是务必顺其自然,不能矫揉造作,否则令人厌恶。

损 —— 要求减损愤怒、不满和欲望,刚开始觉得很困难,养成习惯之后,就比较容易做到。

《象》曰:风雷,益。君子以见善则迁,有过则改。

风吹得猛烈时,就好像在怒吼,雷声响得剧烈时,风好像也跟着加快,风雷彼此相得益彰,我们常说雷厉风行,意思就是办事严格认真,迅速且彻底。君子看到这种自然现象,领悟到应该"见善则迁,有过则改"。"迁"不是搬家,而是向往。孟母三迁,就是向往好的地方,常带着小孩去学习。人难免有过失,发现了要马上改,就好像风雷一样迅速彻底。

《系辞下》说:"履,德之基也。谦,德之柄也。复,德之本也。恒,德之固也。损，德之修也。益，德之裕也。困，德之辨也。井，德之地也。巽，德之制也。"把履、谦、复、恒、损、益、困、井、巽这九个卦当作解忧防患的重点。履卦是建立道德的初基，谦卦是修德的关键，复卦为道德的根本，恒卦是巩固道德的保证，损卦为修养品德的途径，益卦是扩充道德的历程，困卦为分辨道德的考验，井卦是推行道德的处所，而巽卦则为运用道德以求制宜。孔子为了加强大家的忧患意识，特别提出这九德，主要内容即在进德修业。重视修身，用心裕德，有什么忧患不能去除的？如若再从相关方面加以补强，自然可以解忧防患。

孔子提出的九德

效法天德，培养高尚品德，以回馈天下

履	谦	复	恒	损	益	困	井	巽
德之基也	德之柄也	德之本也	德之固也	德之修也	德之裕也	德之辨也	德之地也	德之制也

三、六爻详解

初九，利用为大作，元吉，无咎。
《象》曰：元吉，无咎，下不厚事也。

下卦三爻都是受益者，而上卦三爻则是益人者。益卦初爻原为初六，与否卦九四互换才成为初九，可以说是最先的受益者，秉持损上益下的精神，应该大有作为，才能"元吉，无咎"。"利用"是善用增益的功能。初九阳居阳位，当位而刚健，又有六四的相应支持，自然应当抓住机会好好表现，建立大功劳。不过小象也提醒说"下不厚事也"，初九原本位卑力弱，不适宜担当厚重的任务，一定要先施益于人，且不能偷谋私利，否则一定出事。

六二，或益之十朋之龟，弗克违，永贞吉。王用享于帝，吉。
《象》曰：或益之，自外来也。

一个人年轻得益，是好还是坏，要看自己怎么拿捏。六二爻辞与损卦六五相似，同样是会收到价值连城的财物而不必推辞。但是，损卦六五是君位，得道多助自然元吉；益卦六二却是臣位，虽然谦虚中正，广获贤人协助，但是更应谨守本分，以免引起上级怀疑。六二必须永远保持合理的操守，不可贪得无厌、野心膨胀，这样才能吉祥，即"永贞吉"。"王用享于帝"是强调，连天子都要去祭拜天帝，何况六二这么小小的官？所以一定要坚持"永贞吉"。《易经》考虑得多么仔细，同样，有人送你珍贵财物，你一定要考虑自己的身份、地位、立场，要让上面知道，你始终对他忠心耿耿。

六三，益之用凶事，无咎。有孚中行，告公用圭。
《象》曰：益用凶事，固有之也。

六三居下震极位，震动到极点，象征自作主张，行为壮烈。这样的性格，只有用在处理和克服重大的凶事方面，才能无咎。"告公"是报告三公，"用圭"代表诚信。六三应当诚信而行中道，事后按礼制向上级禀告，说明自己这些专横独断和鲁莽行为是不得已而为之，并无不良企图，以求得谅解。若是只为贪图权益，擅自做主，必然有咎。小象"固有之也"强调，事情本该如此，非常时期当用非常方法，但凶事过后也须恢复正常，不可再妄为。

六四，中行，告公从，利用为依迁国。
《象》曰：告公从，以益志也。

六四多惧，所以必须对上柔顺而对下谦虚，取得上下双方面的信任，才能够益人。六三和六四爻辞都有"中行"，因为牵涉权益损受，所以必须重视中道而行。"告公从"是向公众报告。六四是益人者的带动者，自身当位，以谦虚对应初九，以柔顺承助九五，承上启下，恰到好处，合乎中道。"为依"是依附，"迁国"指迁都。六四深得九五赏识，又能施益公众，所以就算是迁都这样的大事，只要有利于人民，也是可以提议和主持的。

九五，有孚惠心，勿问元吉。有孚惠我德。
《象》曰：有孚惠心，勿问之矣。惠我德，大得志也。

九五是君位，为施益的主体。"惠心"是施惠于民的心愿。"勿问元吉"指不做民意调查便有把握元吉。施益之人要想做到"勿问元吉"，最好的办法即为"有孚惠我德"。"惠"是感激，"我德"是九五的大德。人民感激政府的德政，政府多听人民的声音，多为人民服务，在精神上主张平等，在物质上倡导合理的不平等，这才合乎公正。

上九，莫益之，或击之，立心勿恒，凶。
《象》曰：莫益之，偏辞也。或击之，自外来也。

损上益下到了尽头，往往变成损人利己。上九不当位而又阳实刚健，象征政府大佬知进不知退，贪得无厌，居心不善，不愿施益，引起了百姓的不满和拒绝帮助（"莫益之，偏辞也"），甚而还会遭到大家的攻击（"或击之"）。九五"有孚惠心"，看到上九这样贪得无厌，不能不加以规劝，希望上九迁善改过，若是劝告不成，也只好出手打击了（"自外来也"）。

上九舍不得自损，反而损人利己。换句话说，人求益之心是不会停的，得了别人的帮助，还想对方接着帮，从别人那里借了钱，还想对方接着借，那最后一定是凶，可见任何事都要适可而止。

益卦启示

卦名	卦辞	启示
益卦	益，利有攸往，利涉大川。	见善则迁，有过则改。
爻位	爻辞	启示
上九	莫益之，或击之，立心勿恒，凶。	不增益之，存心不常。
九五	有孚惠心，勿问元吉。有孚惠我德。	施惠于人，感激我德。
六四	中行，告公从，利用为依迁国。	中庸行为，公众从之。
六三	益之用凶事，无咎。有孚中行，告公用圭。	患难临之，有益于身。
六二	或益之十朋之龟，弗克违，永贞吉。王用享于帝，吉。	无心益人，大为得计。
初九	利用为大作，元吉，无咎。	利用益道，大有作为。

卦四三 泽天夬

一、夬卦总说

"夬"就是决,即决断、解决。"决"字偏旁是水,除掉堵塞物,水才能流通。《序卦》说:"益而不已必决,故受之以夬;夬者,决也。"增益不止,过于满盈,必然要有个决断,所以夬卦讲的就是决断的道理、裁决的方法。

夬卦与剥卦相错。《杂卦》说:"夬,决也,刚决柔也,君子道长,小人道忧也。"夬卦象征众君子决小人(上六),而剥卦是众小人剥君子(上九)。身处剥卦,我们充满了期待,希望一阳来复,重现生机和光明。身处夬卦,我们反而要特别谨慎小心,五阳决一阴实在不简单。夬卦要决去小人,以变成乾卦那样的纯正无邪,可是君子的势力越大,心越容易不齐,越容易滋生内乱,这就叫各怀鬼胎。一旦夬卦变乾卦,过不了多久,乾卦初九又会变成初六,便是姤卦。

二、夬卦详解

夬卦卦辞:夬,扬于王庭,孚号有厉。告自邑,不利即戎,利有攸往。

"扬"为公布,"号"为公开告诫,"有厉"此处意指以儆效尤。在王庭上(也就是公众场所而非私下)公布邪恶分子(上六)的罪行,宣扬这个人应该被杀的理由,诚信地告诫大家,倘若不清除邪恶会很危险,这就有了正当性。

"告自邑"是告知同志们，这是我们的内政，不可借助外力来解决。"不利即戎"指不宜立即动武，谨慎妥当处置才最为有利。

一群君子面对一个小人，往往会把所有责任推给那个小人。可实际上我们应该想一想，为什么事情会这样？如果他不是小人，我们说不定也会变成小人。所以，我们要把他作为一面镜子，懂得自律，这就是"孚号有厉"的真正用意。我们以诚信来号召大家，一方面防止上六做最后的反扑，另一方面更是要告诉所有人：你们现在是君子，要严格要求自己，不要变成小人。

夬卦五阳要决一阴，居然还要大费周章，其用意就在于启发我们，就算形势很好，也要十分慎重。做事之前，先布好局、造好势，决断之后还要懂得摆平。任何事，到底要不要做，起初要多听意见，好好研究。我们往往太过一厢情愿，盲目乐观，认为事情必然会怎样，结果本来一点小事，最终酿成大问题。越是大事、急事越要缓办，夬卦的目的并不在于消灭一个小人，而是要维护正气。这就好像天上的水汽好不容易聚集成云雨，要降到地面上来，肯定希望得到比较好的效果，急风暴雨是没有用的，这就是夬卦的道理。

《彖》曰：夬，决也，刚决柔也。健而说，决而和。扬于王庭，柔乘五刚也。孚号有厉，其危乃光也。告自邑，不利即戎，所尚乃穷也。利有攸往，刚长乃终也。

五阳决一阴，即"刚决柔也"。下乾为健，上兑为悦，即"健而说"。除恶既要毫不手软，也要做到皆大欢喜，让大家（包括小人）都能心服口服，否则就是添乱。上六一阴乘凌于五阳之上，这个劣行必须"扬于王庭"。"光"为光大，一方面使大众明白除恶的决心，另一方面也令尚未犯罪的小人知所警惕。"尚"即遵从。"所尚乃穷也"是说用莽撞的方法解决小人，不是夬卦的精神，而是穷途末路。即使最后不得已破釜沉舟，还是要先以让小人知错，迫其主动隐退为上策。如果他实在没有这种觉悟，我们再来公开审判。"利有攸往"是因为"刚长乃终也"。下面五阳齐心协力，除掉上六，夬卦变乾卦，刚长才算完成。

《象》曰：泽上于天，夬。君子以施禄及下，居德则忌。

泽中的水汽蒸发上升到天空，普降甘霖，施惠众生。君子看到这样的景象，领悟"施禄及下，居德则忌"的道理。君子要跟底下的人分享自己的福禄，倘若只知独享富贵，把上六的财富据为己有,岂不成了第二个上六？所以，历史上有作为的人物在平乱之后，首先要做的就是开仓放粮和大赦天下，以表明这么做是为公而非谋私。

三、六爻详解

初九，壮于前趾，往不胜为咎。
《象》曰：不胜而往，咎也。

初九当位，有决断小人的强烈意愿，但是位于下乾初位，势不强、力不足，犹如前脚趾般，无法决定能否采取行动。此时想起乾卦初九的"潜龙勿用"，最好先衡量自己的实力如何，有没有"往而胜"的把握。倘若不能胜，不如暂时按兵不动，努力充实，免造后患。强行前往，难免有咎。

九二，惕号，莫夜有戎，勿恤。
《象》曰：有戎勿恤，得中道也。

九二以阳刚居下乾中位，自知不当位，所以能够知所警惕，发挥刚柔得宜的中道精神，哪怕是暮夜也不敢放松，懂得适时宣布戒严令，即使有兵戎来袭，也不必忧惧。九二不像初九那样有勇无谋，过于急躁，自然能获得九五的赏识，因此不必忧虑上级的怀疑，也无须担心外来的袭击。

九三，壮于頄（kuí），有凶。君子夬夬独行，遇雨若濡，有愠，无咎。
《象》曰：君子夬夬，终无咎也。

"頄"是脸上的颧骨，"壮"是帮助。颧骨高的人往往喜怒形于色，把心里的想法全都展露出来，一定会凶。夬卦五阳中只有九三与上六相应，表示九三是上六的死党，以君子而助小人，也是凶事。"君子夬夬"便是在鼓励九三，既然你是君子，就要行君子之事，以前不清楚上六的真面目，会跟他结为同党，如今情况变化，应当果断改邪归正，不拘泥于私情。"遇雨若濡，有愠，无咎"是说九三如能改正，就好像独行在外淋了雨，虽然会有一点不愉快，终究还是没有祸患。这也正是"扬于王庭"的意思，夬卦的目标只有上六，其他人只要能改正，那就既往不咎。

九四，臀无肤，其行次且，牵羊悔亡，闻言不信。
《象》曰：其行次且，位不当也。闻言不信，聪不明也。

下卦是大家整合起来，目标一致，力量集中，周密计划。上卦一定要有很好的效果，让众人心悦诚服，才是圆满，否则后患无穷。

九四不当位，进入上兑，可说是刚健不足、和悦有余，既缺乏勇气与上六拼斗，又好像臀部受伤、皮肤还没有长好那样，欲行又止，犹豫不定，软弱无力。"次且"就是行动趑趄。九五是牵羊人，九四如能像乾卦九四一样"或跃在渊"，听从牵羊人的带领，找到正确方向，便可免于悔恨。若是听到劝告而不信，便会耽误大事，令人惋惜。就好比干部的意见太多，核心团队不够坚强，无法同心协力开创未来，难免有悔。

九五，苋陆夬夬，中行无咎。
《象》曰：中行无咎，中未光也。

九五是卦主，最接近上六，但也被上六所乘凌。"苋陆"是很柔脆的草，譬喻上六的阴柔。"夬夬"是决而又决，表示上六犹如嫩叶，九五一出手便能轻易摘折。然而这样随时都可以做到的事，有时反而会因为没有及时去做而贻误时机。上六虽然柔弱，却身居高位，九五必须抱持决而又决的坚定意志，在四阳的推动下行中道，做到真正的无私为公，才能无咎。倘若同情上六的处境，产生亲昵、姑息的心态，或者存心利用，有心拖延，那便必然有咎。

上六，无号，终有凶。
《象》曰：无号之凶，终不可长也。

上六在夬卦终位，表示小人到了穷极的地步，党羽已被除尽，只剩下恶贯满盈的首领，即使到处哀号求情，也没人敢声援，自然理无幸免。小象"终不可长也"是说，就算号啕大哭，也不可能拖延灭亡的时间，这就是当决则决。

人最怕的就是三个字，叫作"犯众怒"。以前五个阳爻还有些犹豫不定，各怀鬼胎，不能够集中意志，现在慢慢调整，达成共识，集中力量，上六再无幸免。但是话讲回来，就算上六变成上九，局面也不会持久。太平盛世必出小人，风可以吹掉脏东西，也可以吹来脏东西，你不想碰到的偏偏会碰到，想碰到的又偏偏碰不到，这就是接下来姤卦所讲的不期而遇。

夬卦启示

卦名	卦辞	启示
夬卦	夬，扬于王庭，孚号有厉。告自邑，不利即戎，利有攸往。	施禄及下，莫以为善。

爻位	爻辞	启示
上六	无号，终有凶。	无处呼号，终必失策。
九五	苋陆夬夬，中行无咎。	尽去小人，行为中正。
九四	臀无肤，其行次且，牵羊悔亡，闻言不信。	行而又止，共进无悔。
九三	壮于頄，有凶。君子夬夬独行，遇雨若濡，有愠，无咎。	坚决独往，受害遭怨。
九二	惕号，莫夜有戎，勿恤。	警惕呼号，有备无患。
初九	壮于前趾，往不胜为咎。	轻举妄动，往而不胜。

❖ 卦四四 天风姤 ☰

一、姤卦总说

在十二消息卦中，夬卦为三月卦，乾卦是四月卦，纯阳不可持久，大约一个月时间，到了农历五月，端午节前后，一阴由下而起来会众阳，便是姤卦。

姤与"逅"相通，有相遇、遭遇、碰到之意。《杂卦》说："姤，遇也，柔遇刚也。"我们今天出门，谁知道会碰到什么样的人呢。碰到好人算走运，碰到坏人往往躲也躲不掉。偏偏喜欢见的人见不到，不喜欢的人反而跟在后边，这就叫不期而遇。"柔遇刚也"是女遇男，原本很正常而且很必要，关键在于怎么遇。姤卦上乾下巽，乾为阳为男，巽为阴为女，女下于男，即女追男，这是不好的，因为女追男隔层纱，男追女隔重山。我们一再认为，男女教育要有些不同。现在男女同校，同样的教材、进度、老师、教法，把所有道理都搞乱了。过去常说男孩子要穷教，才能不折不挠；女孩子要富教，才能品格高贵。

二、姤卦详解

姤卦卦辞：姤，女壮，勿用取女。

男女遇合才能生生不息，但是不合礼法的男女行为只会徒生祸害。卦辞明白指出，姤的主旨在男女遇合，卦象一阴在下而遇五阳，就是一个女人交上了五个男朋友，实在是"壮"到了极点，说得难听一点，就是人尽可夫。"取"是娶，这样的女子当然不能是男子婚娶的对象，即"勿用取女"。"壮"也可以解释为过分大胆外向，甚至于过分自信，娶到这样的妻子，家庭能否幸福可想而知。现代社会离婚率节节升高，恐怕要好好研讨姤卦，以资预防警惕。

《彖》曰：姤，遇也，柔遇刚也。勿用取女，不可与长也。天地相遇，品物咸章也。刚遇中正，天下大行也。姤之时义大矣哉！

一阴遇五阳就是"柔遇刚也"。"勿用取女"是因为"不可与长也"，男子不能跟这样的女子长相厮守。"品物"即物类。天地相遇，万物才能生长发展。刚正的丈夫一定要遇到贤惠的妇女才能谈论婚嫁；仁德的君王还要有贤能的团队来配合，政令才可以大行于天下。"姤之时义大矣哉"是告诉我们，很多意思在彖辞里还没有说完。比如说社会风气，看到新鲜的风气（一阴显现），倘若不分好坏全盘接受，后果往往很严重。所以，姤卦认为遇合之时要有长久的打算，要看得远一点。

《象》曰：天下有风，姤。后以施命诰四方。

天在上，风在下，风对万物一视同仁，天下万物无不与之相遇，因此卦名为"姤"。在古代，有关男女遇合的事宜，最适合发言的当然是母仪天下的皇后，因此大象不说君子或者王。"施命"是发布命令，"诰"即传告。我们常说移风易俗，便是借由风行草偃的势力来进行。《易经》透过天下有风的象，阐明男女遇合的必要性和妥当性，实在是用心良苦。

姤卦真正的用意，要从大象来体会。它告诉我们要善于用遇，要从正面找到正当的机会，而不是怕机会。很多人因为怕机会，不敢尝试，结果错失了所有机会。所以，读《易经》不要轻易说某个卦不好。当然，也不能说有机会就抓，若是正好掉进别人的陷阱，岂不更糟糕？

姤卦本是不争的卦，的确很可怕，但大象的"天下有风"也恰恰告诉我们，社会风气的好坏与每个人都有关系，每个人都有责任去宣扬好的文化。

由姤变剥只在转瞬之间

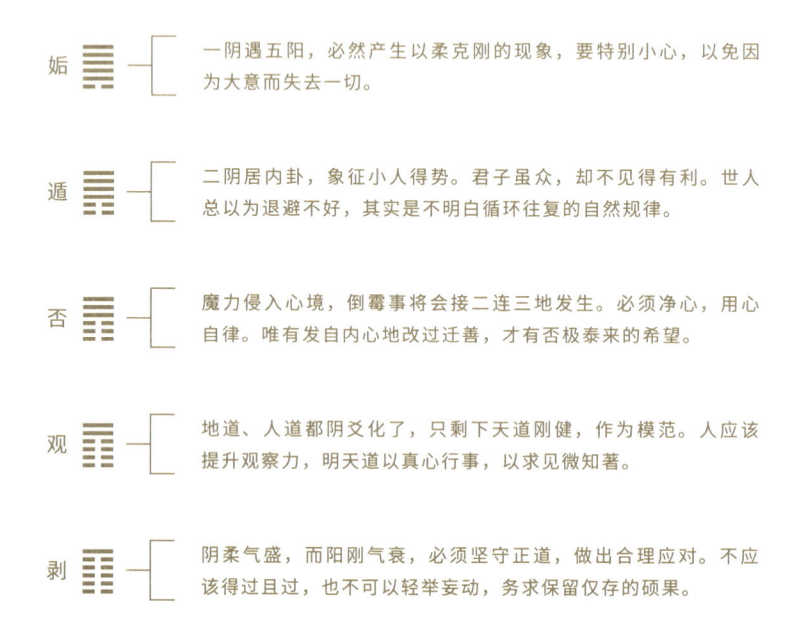

姤 —— 一阴遇五阳，必然产生以柔克刚的现象，要特别小心，以免因为大意而失去一切。

遁 —— 二阴居内卦，象征小人得势。君子虽众，却不见得有利。世人总以为退避不好，其实是不明白循环往复的自然规律。

否 —— 魔力侵入心境，倒霉事将会接二连三地发生。必须净心，用心自律。唯有发自内心地改过迁善，才有否极泰来的希望。

观 —— 地道、人道都阴爻化了，只剩下天道刚健，作为模范。人应该提升观察力，明天道以真心行事，以求见微知著。

剥 —— 阴柔气盛，而阳刚气衰，必须坚守正道，做出合理应对。不应该得过且过，也不可以轻举妄动，务求保留仅存的硕果。

三、六爻详解

初六，系于金柅，贞吉。有攸往，见凶，羸豕孚蹢躅（zhí zhú）。

《象》曰：系于金柅，柔道牵也。

初六一方面跟九二亲比，另一方面又跟九四相应，本来应该很清楚自己的对象是九四，可偏偏又跟九二常常见面，日久生情，造成很多问题。

初六柔居阳位，难免有上进的意向。"系于金柅"是用一端包有铁杆的绳索套住家畜，象征把小女孩保护在安全范围之内，以免乱跑。初六是相遇的开始，阴阳相遇要慎重，所以说"有攸往，见凶"。"羸豕孚"是指轻浮躁动又卑贱好淫的瘦弱母猪，"蹢躅"是不安于位，以此来譬喻初六，强调一个女子遭遇五阳这么多的男人，最好能保持相当程度的矜持，给大家端正、有教养的印象，倘若轻浮躁动，挑逗众男性，被认定是交际花，遭人轻视，那就难免招致凶祸。

小象"柔道牵也"中的"牵"是引进，只有九四来引进，初六才可以上行。这句话有两种解释，一是九四来追初六，初六要慎重考虑；第二种很糟糕，是说如果不把初六好好拴紧，六二就来了，再不控制好，六三也来了，姤卦变否卦，后悔晚矣。因此，初六的关键在于两个字："止邪"。

九二，包有鱼，无咎，不利宾。
《象》曰：包有鱼，义不及宾也。

"包"是厨房，"鱼"指初六，"宾"指九四，厨房出现一条鱼，象征初六偷偷投入九二的怀抱。九二本无此意，也没有威胁利诱初六，所以自己无咎，但对九四非常不利。我们一直反对师生恋，就因为老师是九二，而初六是学生。学生没见过世面，听老师的课，认为老师了不起，产生爱慕之情，但老师要自知自控，如果两人不相配，不要耽误人家。

"包"也可解释为拥有。九二把不晓得哪里来的鱼据为己有，这叫作艳遇。是好是坏呢？最起码"不利宾"，伤害原来的鱼主人，也就是小象说的"义不及宾也"，贻害了其他阳爻，就是对他人不义。

九三，臀无肤，其行次且，厉，无大咎。
《象》曰：其行次且，行未牵也。

姤卦与夬卦相综，姤的九三即夬的九四，因此都用臀部做譬喻。九三过刚而不中，下无所遇，上无相应，就好比臀部受伤，皮肤还没有长好，欲行又止，坐不得安。像初六这样看见男人就追求的女人，实则也不宜长久相处，九三不与其亲比，虽然有被追求的危险，却由于"行未牵"，即并未发生实际的牵制行为，因此没有大差错。遇见不正当的女性，不被她看中，真是幸运。幸亏九三臀部受伤未愈，行动不便，免于自招祸害。

九四，包无鱼，起凶。
《象》曰：无鱼之凶，远民也。

九四与初六本可成为一对佳偶，偏偏初六亲比九二，九二又将其据为己有，导致本该"包有鱼"的九四成了"包无鱼"，不过这也不是九二的错，而是九四没有尽责。

九四刚居阴位，阳刚失正，难免与九二发生争执，以致造成凶险。其实事已至此，不如自我反省，之所以会"包无鱼"，是否因为自己"远民也"，和初六相隔很远，本该及早提高警觉，却照顾不及。既然想通了，还怪九二干什么呢？自己不过少了一条鱼，只要初六跟九二能够长期相守，那也无所谓。

九五，以杞包瓜，含章，有陨自天。
《象》曰：九五含章，中正也。有陨自天，志不舍命也。

九五刚居阳位，既中又正，是姤卦卦主，有如高大的杞木，能够荫庇全局，又好比宽大的杞叶，足以包容整体（"包瓜"）。虽然与初六并不相应，对于初六的所作所为却也能加以包容。这种内在的美德（含章之美）好像陨石自天降落一般自然，因为姤道的主旨即在适当地、合理地包容各种遇合，既然有些坏东西已经进来了，就要把它们包挡在一个地方，想办法慢慢改善，而不能让它们蔓延开来。

上九，姤其角，吝，无咎。

《象》曰：姤其角，上穷吝也。

上九与初六相距最远，就好像动物的角长在身体顶端，钻入了死角一般，相遇的机会已经很少。在上位的人一定要放下身段，委屈自己，迁就别人。如果高高在上不理人，别人找上门也不见，怎么遇合呢？一个人拖到三十到三十五岁就很难找到对象，因为这人要么太过内向，要么工作太忙，很难一时调整过来，当然有吝。可上九为什么又无咎呢？这是说上九不要再去勾引初六，要了解并且认同自己的处境，不再怨天尤人，如此便不会引出问题。

看完姤卦六爻，现在我们可以得到一个整体印象。婚姻是讲缘分的，有机会一定不要放弃，没缘分也不要盲目争取，碰到好人是幸运，碰不到也没办法，这叫可遇而不可求。既然遇到了，就要求两人合得好；既然没遇到，独身也没有什么不好。

姤卦启示

卦名	卦辞	启示
姤卦	姤，女壮，勿用取女。	施行命令，诰戒四方。

爻位	爻辞	启示
上九	姤其角，吝，无咎。	在上而刚，难与人合。
九五	以杞包瓜，含章，有陨自天。	包容下属，下施美德。
九四	包无鱼，起凶。	未容下属，独立失策。
九三	臀无肤，其行次且，厉，无大咎。	行路难进，无所遇合。
九二	包有鱼，无咎，不利宾。	阻止小人，莫害来宾。
初六	系于金柅，贞吉。有攸往，见凶，羸豕孚蹢躅。	小人初长，应加阻止。

卦四五 泽地萃

一、萃卦总说

"萃"的意思为会聚。萃卦下坤上兑,泽居地上,水有所归汇,象征会聚的情境。《序卦》说:"姤者,遇也。物相遇而后聚,故受之以萃。"人与人有机会相遇,称为"姤",这时彼此互不了解,不宜贸然有所承诺,最好能多加观察,以诚相待。如能志同道合而会聚一处,即为萃卦,全卦揭示事物彼此会聚的道理,尤其重视人与人在政治关系中的会聚。帝王、领袖一方面要延揽良才,要以正当方式聚集人才,使其成为事业骨干,另一方面也要防止叛乱,如何在两难之间合理兼顾并重,才是遇而能合、合而能久的重要课题。

二、萃卦详解

人就是矛盾而无奈的,一个人时孤单寂寞,想做事也没帮手,可许多人聚在一起又很伤脑筋,大家七嘴八舌,一大堆问题。很多老总说自己身边有一帮精英,其实是自欺,如果一位将军手下个个是大将,那他还能管得了谁呢?所以,学习萃卦就该了解,聚有聚的苦,散有散的悲,这也是"一阴一阳之谓道"。

萃卦卦辞：萃，亨。王假有庙，利见大人，亨，利贞。用大牲吉，利有攸往。

萃卦的亨是有条件的，不可能所有会聚都亨。"王假有庙"是说，君王能够保有宗庙，才表示站得稳。中国人不会消灭别的种族，但历史上每次改朝换代，都要毁掉前朝宗庙。"大人"特指德才兼备的帝王。在萃卦中，九五要特别小心，领导那么多人才非常困难，只有长期坚持走正道才会亨通。帝王倘若有资源有财力，一定不能小气，要用丰盛的祭品（"大牲"）来祭天地祖宗，那些对老天都很小气的领袖又怎会照顾别人呢？

《彖》曰：萃，聚也。顺以说，刚中而应，故聚也。王假有庙，致孝享也。利见大人，亨，聚以正也。用大牲吉，利有攸往，顺天命也。观其所聚，而天地万物之情可见矣！

下坤上兑，柔顺而喜悦，九五跟六二相应，底下人很顺从，决策者很喜悦，人才自然会聚。君王祭祀祖先，意在促使大家不忘根本。庙会祭祀时，国人会集，见到德才兼备又走正道的君王，上下欢聚，当然亨通。"利有攸往"是因为"顺天命也"。"顺"即不违，也就是遵循天命，将天意与人事合一。我们只要看一个老板所带的人，就知道这个老板怎么样；看一伙人是什么水平，就知道事情的结果会怎样。推而广之，天下万事万物的情况都瞒不过高明的人，萃卦的厉害就在这里，这就是"观其所聚，而天地万物之情可见矣"。

《象》曰：泽上于地，萃。君子以除戎器，戒不虞。

泽水汇集在大地之上，若是泛滥成灾，便是大害，正如众人聚集，日久必生乱，要么派系内斗，要么叛变动乱，又或者外人乘机挑衅。君子看到这种自然现象，体悟到要"除戎器，戒不虞"。"戎器"是兵器，今天叫军备,"除"是治理。"除戎器"是为了"戒不虞",也就是以防不测。全世界的兵法都以战为主,讲求战胜,可是我们的《孙子兵法》认为,只要不败就好,这种思想跟萃卦大有关系。

三、六爻详解

大家在解析卦的时候,要先看卦形,也就是阴阳爻的分配,再看各爻是否相应,最后看爻际的关系。搞清楚这些,大概就能参透卦意了。

所谓老板,就是萃集人才之人,萃卦四个阴爻都要找好老板,也就是九四和九五。六爻之中,六二得天独厚,与九五相应,可六二也不能不顾一切去投奔九五,因为他上下都是阴爻,一定要考虑到爻际关系。六二要考虑到,难道初六和六三就不想投奔九五吗?如果大家都去,让九五怎么办?再者,同性相斥,自己这样做很可能引起初六与六三的排斥。

再看初六与六三。初六与九四相应,大可放心地去等。但初六有本事等吗?没有,因为他不当位,本身有问题,就算上面有人想提拔也很难落实。六三更是麻烦,自己邻近九四,下面两个阴爻一定有意见,会扯后腿,何况九四要提拔的人才根本就是初六。

初六,有孚不终,乃乱乃萃,若号,一握为笑,勿恤,往无咎。
《象》曰:乃乱乃萃,其志乱也。

初六一开始信心满满,以为一定可以找个好老板,可慢慢开始怀疑自己的人脉是不是不太广,背景是不是不太好……渐渐迷乱起来。"乃乱乃萃"中的第一个"乃"是"于是乎",第二个"乃"指初六。"乱乃萃"是说初六心急,既迷茫又慌乱,饥不择食,找错了会集的地方。"若号"是号啕大哭。不过,初六很快又笑了("一握为笑"),他明白其实自己不必忧虑("勿恤"),也不要想太多,只要前往与九四会聚,必然无咎。很多人不了解职场，就是会这样病急乱投医，想先随便找一个工作再说，结果自然是不好的。凡事按部就班，稳定情绪，坚定决心，这是初六给我们的启示。

六二，引吉，无咎。孚乃利用禴（yuè）。
《象》曰：引吉无咎，中未变也。

六二当位居中，又与九五相应，条件良好且能守正，表示不必奔走钻营，讨好奉承，只需耐心等待，九五自会主动前来牵引，那时再出动自然吉祥。在萃道中，大家忙于会聚，六二这种态度反而无咎。"禴"为夏祭，由于尚未秋收，祭品通常比较单薄。"孚乃利用禴"表示祭品虽薄，虔诚祝祷也可保无咎。六二爻变为困卦，象征农村尚未收获，更须虔诚守中。

六三，萃如嗟如，无攸利，往无咎，小吝。
《象》曰：往无咎，上巽也。

六三不当位，居下坤究位，象征瞎投乱撞，先要与六二会聚，但六二已受九五牵引，想要和九四亲比，九四却已和初六相应。"萃如嗟如"指本来有会聚的意思，却因投聚无门而嗟叹。六三爻变为咸卦，象征原本能与上六相应，却由于失位而不能如愿，所以"无攸利"。但上六也因无所应而悲伤，只要六三决心前往相聚，上六为兑卦之主，必定欣然接受，因此"往无咎"，只是有几分羞愧而已。

九四，大吉，无咎。
《象》曰：大吉，无咎，位不当也。

九四不当位，却拥有六三、六二、初六的聚合，倘若谨守近臣之道，当然大吉，若是不能率群阴以顺九五，那便不可能无咎。大吉的先决条件在于善尽职守,有始有终,警示自己不当君位,千万不可因下坤的归顺而妄自称大。九四爻变为比卦,象征上比九五,下比三阴,无所不周,才能大吉。

九五,萃有位,无咎。匪孚,元永贞,悔亡。
《象》曰:萃有位,志未光也。

九五当位居中,又是至尊,是有德有位的萃卦卦主,成为聚众的感召中心。但是九四近臣据有三阴群众,致使九五有德有位,也只能空有号召团结的名分,所以说"无咎"。"匪"为非,"孚"即诚信,九五为什么得不到人民的信服呢?因为下坤三阴有九四相隔,难以通达诚信的心意。"元"是众善之长,"永"为久,"贞"即贞正。"元永贞"是说九五既有阳刚尊长的美德,只要永久保持正固,便可避免"匪孚"的祸咎,而得以无悔。

上六,赍(jī)咨涕洟,无咎。
《象》曰:赍咨涕洟,未安上也。

"赍"是抱持,"咨"为嗟叹,"涕洟"是眼泪鼻涕都流出来了。上六为何如此痛苦?有两个原因。第一,上六在九五之上,阴乘阳,柔乘刚,最不利。第二,下卦三阴很团结(指利害关系),上六完全被摒弃在外。既如此又为何无咎呢?因为上六知道自我检讨,不责怪别人,能够接受六三的投靠。上六最大的目标就是稳住六三这样的人,以此帮助九五稳定天下,自然无咎。

小象说,上六的"赍咨涕洟"是由于"未安上也"。上六爻变为否卦,象征要安分守己,以"赍咨涕洟"来博得大家的同情与宽恕,萃聚之事让底下人去表现就好了,不必非得插上一脚。倘若硬要强出头,一定孤立无援,自寻麻烦。

分析完萃卦,我们应该有一个想法:任何事都是积小成大。心可以大,但不要幻想一步登天,天底下没有这样的好事。凡事要慢慢来,从小事做起,积小成大才是真的大。如果觉得现在时机好,就赶快扩张,很可能会因此而倒闭,这样的事我们见过太多了。

萃卦启示

卦名	卦辞	启示
萃卦	萃,亨。王假有庙,利见大人,亨,利贞。用大牲吉,利有攸往。	发现有才,示以诚敬。

爻位	爻辞	启示
上六	赍咨涕洟,无咎。	求聚不能,痛悔无咎。
九五	萃有位,无咎。匪孚,元永贞,悔亡。	不恃权位,要有诚信。
九四	大吉,无咎。	居位不当,大吉无咎。
六三	萃如嗟如,无攸利,往无咎,小吝。	无人与聚,嗟叹无益。
六二	引吉,无咎。孚乃利用禴。	诚心聚集,不在形式。
初六	有孚不终,乃乱乃萃,若号,一握为笑,勿恤,往无咎。	诚信无终,聚集紊乱。

❖ 卦四六 地风升 ䷭

一、升卦总说

升卦与萃卦相综，讲的是上升或前进时应该如何发展的道理，代表了人类自强不息的动力。《序卦》说："聚而上者谓之升。"既然来到升卦，六爻便只能向上，不能向下，必须统一目标，同心协力，不可自乱阵脚。人要往上走，才能被人看得起。升官发财、步步高升是很多人的愿望，很多人据此骂一些中国人势利，但这样有什么不好呢？在形势大好，普遍上升的情况下，只有你在拖拖拉拉，不升反降，别人怎么会看得起你？

当然，升也分实升和虚升。升官加薪到头来往往是虚升，提高品德才是永无止境的实升。孔子说"君子固穷"，意即人在穷困时依然可以提升品德。有时候穷日子也可以很愉快，富有了反而容易身败名裂。一个人求升心急，看到机会不管怎样都要把握，自然容易被利用，后果可想而知。

二、升卦详解

升卦卦辞：升，元亨。用见大人，勿恤。南征吉。

升卦下巽上坤。坤卦柔顺而阳性上升，所以巽卦的两个阳爻得以团结向上，如入无人之境。巽为风又为木，树木自地下生长，节节向上，表示基础良好，根部稳固，从一开始便能亨通，即"元亨"。

坤卦包容，巽卦谦逊，一个人态度不错，机会又好，当然升得很快，可是这时千万要记住"用见大人"。"用"是宜，升卦九二不当尊位，最好能够得到大人（六五）的赏识、包容和支持，长保刚中美德，才能无忧（"勿恤"）。许多人不这样想，起初还记得上面有人提携自己，可慢慢就觉得自己实力很足了，前进又没有阻碍，便把六五忘掉了，殊不知这就好像风筝断了线，飘浮在空中，不知所终。

离是南方卦，象征光明，"南征吉"警示我们，虽然现在形势一片大好，却也不能更改朝向正大光明的初衷，很多人走着走着忘了初衷，终有一日后悔晚矣。

《彖》曰：柔以时升，巽而顺，刚中而应，是以大亨。用见大人，勿恤，有庆也。南征吉，志行也。

下巽上坤都是阴卦，具有阴柔的属性。"时"指适时。"柔以时升"说明六五以阴柔而居尊位，为升卦卦主，符合"时"的需要，卑己而顺人，又有九二刚中相应，可柔可刚，各适其宜，所以大为亨通。九五为刚明之位，升卦六五却有机会升进尊位，显然在升进过程中获得了大德人士的引进，不需忧虑。"南征吉，志行也"意即目标正大光明，上升的志向得以施行，证明这是"巽而顺"的大好美景。

《象》曰：地中生木，升。君子以顺德，积小以高大。

树木必须顺着自身特性，随时节逐渐生长，才能成为栋梁。君子看到"地中生木"这种现象，就要领悟"顺德"的道理。在恶劣环境下成长的树木，为了适应环境，必须不断调整，虽然长得缓慢，但很结实，活得也长久，这就是顺德之道。我们的目的不在于成长，而在于修德。经历过各种环境，能屈能伸，这样的君子还有什么可忧虑的呢？

真正的上升有三个要点。第一，诚信务实，该进就不要退，不该进就不要想尽办法求快，绝不偷懒也绝不勉强，尽人事听天命，才能无怨无悔。第二，积小成大，做大事先从小事开始，积小善而成大善，由小功而成大功。第三，适可而止，要始终保持上升的心态，又懂得量力而为，明知自己能搬三十公斤重的东西，就不要去搬六十公斤的，否则有好心也没有好结果。

三、六爻详解

任何事的虚实、正反、高低都要因时调整，升卦也一样。凡升得快的，往往掉得也快，因为根基不稳，这时候再回头练基本功，往往时不我待，来不及了。既然如此，为什么不在慢慢上升时，先把基本功充实起来呢？要做到这样也并非易事，关键还是"时"。我们一定要注意，自己在什么处境、什么阶段、什么职位，应该把握哪些要点，这就叫升道。仔细分析升卦六爻，才知道时的影响力有多大。

初六，允升，大吉。
《象》曰：允升大吉，上合志也。

初六是基层员工，九二便是顶头上司（基层主管）。"允"为诚信。初六不当位，卑微乏力，又与六四不相应，显然得不到六四提携，所以只能跟顶头上司（九二）处好关系，真诚地追随九二才有机会升进。

基层员工跟顶头上司有三种关系。第一种，基层员工把功劳表现给老板看，最后成功取代顶头上司。这种做法只能用一次，否则以后谁看到你都怕，反而没有前途。第二种，基层员工把功劳都归自己，最后跟顶头上司平起平坐。这当然也不好，因为最起码你还要让老上司三分，那这种平起平坐就是假的。第三种，基层员工把所有功劳都给了顶头上司，没有一点保留，有能力也不让老板看到，最终帮助上司升迁。九二升官以后的第一件事，当然是把初六提拔上来，他很清楚自己根本没有那么能干，都是初六的功劳。所以，"允升"就是要把顶头上司捧上去，九二升得越快，对初六越好。

小象"上合志也"指初六与九二要心志相合，不能讨好、奉承、谄媚，必须合理顺从，而非盲从，这才是"允升"。

九二，孚乃利用禴，无咎。
《象》曰：九二之孚，有喜也。

升卦九二与萃卦六二爻辞基本相同，意即只要心怀诚信，便不必介意祭品的薄重。九二不当位，但能以刚中与六五柔中相应，说明只要坚守诚信，志在大业，便会得到六五的信任和支持，也能收获初六的加倍协助，地位非常稳固。九二爻变为谦卦，表示九二要注意消除六五的猜疑，谨慎小心，才能无咎。

九三，升虚邑。
《象》曰：升虚邑，无所疑也。

九三当位，与上六相应，又能得到上卦三阴的协助，表示上升之路无人相争，即"无所疑也"。"虚邑"表示无人之地，也就是虚空寂静的郊野，九三受到上级虚邑相迎，只要坚持正道升进，必将畅通无阻。初六大吉，九二无咎，到了九三为什么不说吉而只说"无所疑"呢？这是因为虚邑可能是化外之地，一旦进入，才发觉原来很不容易治理，这时候功过祸福完全要看个人的作为，当然难断吉凶。这就提醒我们：升进得过分顺利，往往容易沾沾自喜，忘了自己是谁，进而呈现出各种毛病，这时一定要反问自己，事情为什么会这么顺？

六四，王用亨于岐山，吉，无咎。
《象》曰：王用亨于岐山，顺事也。

六四不但吉，而且无咎，这很厉害。王指周文王，那时候叫西伯，他居然可以在岐山祭祀，而不怕被人栽赃说有叛变之心，可见西伯在冒险，而且很有把握。因为他已经做到了几件事。第一，尽量想办法顺着纣王，希望他改善，照顾天下百姓，可纣王没有做到。第二，西伯受手下和其他诸侯的拥戴，完全是义不容辞，在这种情况下还不做，岂不是放弃了升的好机会？可见当时文王的所作所为非常难得。小象说"顺事也"，就是我们常讲的顺其自然，而非听其自然。

六四爻变为恒卦，象征顺事的恒心与毅力是吉而无咎的必要条件。西伯的升进同样是秉持诚信，由渐进升，终于天下归心。

六五，贞吉，升阶。
《象》曰：贞吉，升阶，大得志也。

六五下应九二，又居上坤中位，秉持正当升道，即使不当位，也能稳居尊位。六五爻变成井卦，表示六五若是信心不足，君位可能因此动摇。六五可能会怀疑九二和六四，九二本该归心于自己，怎么跑去追捧六四？如果过年时同事不到老板家拜年，反到部门经理家拜年，那部门经理要怎么当？老板又会怎么想呢？

"贞吉"即指六五与九二的关系必须坚固才能吉祥。六五知错能改，知人善任，用人不疑，方能招揽贤良。升卦六爻中以六五爻辞"升阶"最为吉利，可见升进之道有赖于领导者的开明与信任。

上六，冥升，利于不息之贞。
《象》曰：冥升在上，消不富也。

"冥"是暗昧,"冥升"即昏暗的升进。上六以阴柔之质居阴柔之位,当然暗昧,又居全卦顶端,象征升到极端,自然要明白"不息之贞"的道理,懂得适可而止,倘若仍然要求升进,结果必然是下降。上六要明白,人的一生,除了提升伦理道德,其余都不过是手段,算不上目的,只有德业可以终生不息,事业最好要告一段落,以便合理安排接班人。上六爻变为蛊卦,象征冥升的结果很可能是腐化败坏。《系辞上》说"富有之谓大业",小象"消不富"便是说上六若要坚持冥升,注定大业难保,到头来还是一场空。

升卦启示

卦名	卦辞	启示
升卦	升,元亨。用见大人,勿恤。南征吉。	因时上进,有贤应援。
爻位	爻辞	启示
上六	冥升,利于不息之贞。	昏冥上进,宜正不息。
六五	贞吉,升阶。	逐步上进,得行其志。
六四	王用亨于岐山,吉,无咎。	柔顺从事,上进享受。
九三	升虚邑。	上进无阻,无所疑惧。
九二	孚乃利用禴,无咎。	极为诚信,应援上进。
初六	允升,大吉。	得当地升,合于上志。

❖ 卦四七 泽水困 ䷮

一、困卦总说

木在五行中代表发散的气,"困"字中间是木,象征气流被四面八方封闭阻碍,自然是困。困卦坎下兑上,象征水在泽下,也就是泽中无水,以致干涸受困。困卦三阴三阳,上(上六)、下(初六)、内(初六和六三)、外(上六)都是阴爻,将二、四、五三阳爻团团围困,象征无论职位高低、财富多寡、处境顺逆,只要是君子,都免不了遭受小人的威胁利诱和干扰。

一家始终发展得很好的公司,一定会碰到困境。道理很简单,销路越好,资金周转越难;产品越好,同行越是穷追不舍。尤其是电影,只要有市场,盗版一定猖獗。这些都是困。不过,阳中有阴,阴中有阳,才能互相消长,生生不息,君子若无小人包围和干扰,又如何知晓自己是真君子?承受不了小人的威胁利诱,君子和小人又有什么不同呢?孔子说困卦是"德之辨也",正是此意。

《序卦》说:"升而不已必困。"过度衰弱或过度富强都可能导致困境,家家有本难念的经,我们必须及时反省,用心破解,才能突破困境。然而突破之后,若是稍有得意忘形,又将会掉入另一种困境,不得不多加注意。

二、困卦详解

困卦卦辞：困，亨，贞，大人吉，无咎。有言不信。

困为什么会亨？因为被困的是阳爻（大人）而非阴爻（小人），是大人吉而小人凶。君子忧道不忧贫，伟大人物能处困境而怡然自得，坦然面对，自然亨通；如果愁眉苦脸，怨天尤人，自暴自弃或者不择手段，那便是小人。可见困卦对小人来讲是坏事，对大人来讲其实是好事。"有言不信"是说，身处困境最好保持沉默，就算你多说话人家也不会相信，只能用德行来让人家判断你到底是大人还是小人。

《彖》曰：困，刚掩也。险以说，困而不失其所，亨，其唯君子乎？贞，大人吉，以刚中也。有言不信，尚口乃穷也。

"掩"是遮挡、围困，"刚掩也"即三阳为三阴所困，另外下坎为阳，上兑为阴，也是阳为阴所掩之象。坎险而兑悦，"险以说"象征经历险境才会看到光明。"困而不失其所"是脱困之道，身处困境而不失泰然之心，当然很难，可也只有这样才会亨通，能做到的人自然便是值得尊敬的君子。九五当位居中，叫作"刚中"，九二虽不当位，但也居中，表示君子自有化解困境的方法，我们不必过于担心。

徒凭口舌并不能化解穷困，崇尚言辞也不能让人信服。一个人讲了半天却没人听时，会不会觉得言辞没有用？我们现在动不动就说要多沟通，其实很奇怪，该说话时一句不可少，不该说时一句也不可多。

《象》曰：泽无水，困。君子以致命遂志。

水本来蓄积于泽中，泽有水才能利众生，现在泽中干涸，当然穷困。

君子由此觉悟到"致命遂志"的重要性。"致命"指舍弃生命,"遂志"即成就自己的大志。君子倘若志在行道济世,不论环境如何恶劣,外界诱惑和压力怎样强大,都应该坚持杀身成仁、舍生取义、全力以赴的精神。当然,一个人若是志愿很小,根本也不会有什么困境。正因为孔子是"大人",志向很大,所以才不断遭遇困境。

三、六爻详解

初六,臀困于株木,入于幽谷,三岁不觌(dí)。
《象》曰:入于幽谷,幽不明也。

臀部是身体躯干的最下方,株木是树干被砍后遗留下的树桩,凹凸不平,既坐不安稳,又牢不可拔。初六不用趾而用臀来形容,是坐困愁城的象征。

初六柔弱,看不清大环境,盲目去围困刚健的九二,这种不自量力的蠢动,徒然使自己受困,坐立不安,难以忍受,犹如身在幽暗不明的山谷,根本摸不清方向,很可能长久不见天日,即"三岁不觌"。"三岁"指长时间,"觌"即是见。

九二,困于酒食,朱绂(fú)方来,利用享祀。征凶,无咎。
《象》曰:困于酒食,中有庆也。

九二不当位,但有居中的品德,成为困卦的大人,志在弘道,并不在意物质生活的奢侈、华丽与虚荣。"朱绂"指古代公卿所穿的红官服。九二不受酒食与高官的诱惑,坚守弘道的意志,反把所获的酒食用来祭祀,祝祷民生亨泰。九二与九五并不相应,表示凡事宜缓不宜急,倘若急于征进,必惹凶祸,明白自身困在坎险之中,便可无咎。

六三，困于石，据于蒺藜，入于其宫，不见其妻，凶。
《象》曰：据于蒺藜，乘刚也。入于其宫，不见其妻，不祥也。

整个困卦最倒霉、最困厄的就是六三。六三既不当位也不中正，象征才德不足，陷入进退两难的困境：想要上进，前面却有九四、九五阻挡，犹如大石一般坚不可通；想要后退，又要以阴乘阳，面对刚直中正的九二大人，这情形就仿佛手攀脚踏在多刺的荆棘中，鲜血淋漓，进退失据，当然凶险。六三与上六同阴而不相应，所以用"入于其宫，不见其妻"来形容。《系辞下》说："非所困而困焉，名必辱。非所据而据焉，身必危。既辱且危，死期将至，妻其可得见邪？"六三名声受损辱，可以说死期已近，就算见到妻子，又有何用？

九四，来徐徐，困于金车，吝，有终。
《象》曰：来徐徐，志在下也。虽不当位，有与也。

"来"指九四向下，"徐徐"是审慎缓慢、量力而为之意。九四进入兑困，下有初六相应，又有六三承助，得以向下协助初六脱离困境。但他们中间还有一个居中得正的九二，犹如金车一般挡住去路，九四要看清下面的坎险，必须审慎缓慢而行，如此虽然稍有遗憾，终究还是能达成救援初六的心愿，得到初六的谅解，彼此配合，即"有终"。这就告诉我们，君子要脱困，不能只顾自己，也要帮助小人，化解他们心中的疑虑，给他们希望，一起脱困。

九五，劓刖（yuè），困于赤绂，乃徐有说，利用祭祀。
《象》曰：劓刖，志未得也。乃徐有说，以中直也。利用祭祀，受福也。

一般来说，二、五爻阴阳相应才能吉利，但在小畜卦和困卦，阳爻被阴爻克制，反而更显得九二和九五志同道合。"劓"指割鼻，"刖"为砍足，都是残酷刑罚。依《说卦》，坎为血卦，兑为毁折，象征上下不安。九五为上六、六三所包围，犹如被上六削鼻，被六三砍足，仅靠自己不可能脱困，只有"利用祭祀"，依靠九二的援手。凡祭祀都代表诚恳，九二会不会伸出援手，那就要看九五有没有诚意。九二爻辞里也有"利用亨祀"，其用意就在于九二跟九五要彼此诚心诚意，不可存心不良，虚与委蛇，更不能离心离德，这样才有办法徐徐脱困。

上六，困于葛藟（lěi），于臲卼（niè wù），曰动悔有悔，征吉。
《象》曰：困于葛藟，未当也。动悔有悔，吉行也。

"葛藟"是攀附缠绕的蔓生植物，被它缠绕的植物迟早会枯死。上六阴柔，居于全卦上位，象征穷困到极点的小人，好比被葛藟缠绕难以挣脱。"臲卼"即动摇不定的险状，上六一方面乘凌九五，承受九四、九五的冲击，动辄得咎，另一方面与六三又不相应，坐立不安，动辄有悔。不过，倘若对于自己的处境知所悔悟，抱持"征"的态度，也就是以退为进，便有可能脱困。手段不正当，势必越陷越深，唯有适时悔改，才能化凶为吉。

《序卦》说："升而不已必困，故受之以困。困乎上者必反下，故受之以井。"人们倘若不知节制，欲望和需求势必不断上升而趋于困厄，在上的困厄必然反归于下，所以困卦之后接井卦。困、井两卦互综，困时要变，但脱困之后不能一直变，一定要想办法安定下来，培养品德，懂得会通，这就是井。所以，孔子说："井，德之地也。"

困卦启示

卦名	卦辞	启示
困卦	困，亨，贞，大人吉，无咎。有言不信。	处险而悦，守正寡言。

爻位	爻辞	启示
上六	困于葛藟，于臲卼，曰动悔有悔，征吉。	困于纠缠，动而有悔。
九五	劓刖，困于赤绂，乃徐有说，利用祭祀。	困于禄位，以诚脱离。
九四	来徐徐，困于金车，吝，有终。	困于富贵，终能有为。
六三	困于石，据于蒺藜，入于其宫，不见其妻，凶。	外有困难，内失其妻。
九二	困于酒食，朱绂方来，利用享祀。征凶，无咎。	酒食不足，待机而动。
初六	臀困于株木，入于幽谷，三岁不觌。	困处黑暗，不求人知。

❖ 卦四八 水风井

一、井卦总说

"井"本意是水井,引申为井然有序、有条有理、四面通达。这当然是理想的状况,事实上做不到。有井就有困,现在井井有条,就要预防未来可能的困,井时想到困,困时想到井,这也是互为综卦所产生的提示。

水井的主要功能不在蓄水,而是供人汲水,所以篆书的"井"字中间多了一点,写成"丼"。人们掘井取水,自然会在井边生活,因此要了解一个地方的人品德修养如何,只要看那里井的好坏整洁程度就可以。《序卦》说:"困乎上者必反下,故受之以井。"这里的上下指的是内外,在外面遭遇困难,我们一定会向家里或者团体寻求脱困的方法。人能动来动去,井却是固定不动的,中国人常讲以不变应万变,其实跟井有很大关系。我们天天都在喝水,从这里面可以学到很多东西,请大家花一点时间,仔细体会。

二、井卦详解

井卦卦辞:井,改邑不改井,无丧无得,往来井井。汔至亦未繘(jú)井,羸其瓶,凶。

人们聚居的地方称为"邑",它可以依据实情变动,有的居民会搬走,有的人会搬进来,怎么变都可以,可是井始终还是那一口,只要里面还有水,便始终屹立不动,这就叫"改邑不改井"。"无丧无得"是说井的功能,汲之不竭,注之不盈,既不会缺水,也不会满溢。"往来井井"是从井中汲取干净的水供应来来往往的人,也是强调井的以不变应万变。

《彖》曰:巽乎水而上水,井。井养而不穷也。改邑不改井,乃以刚中也。汔至亦未繘井,未有功也。羸其瓶,是以凶也。

井卦巽下坎上,巽为木为入,坎为水,往水下投入一个木桶,把水吊上来供人食用,这是井的特性。井水能养人,使人不致因无水而穷困,即"井养而不穷也"。九二和九五阳刚居中,彼此虽不相应,却能密切配合,互不干扰,产生很好的效果。井卦三阴三阳,三阴包围三阳,能够让三阳不妄动,坚持"改邑不改井"的原则,以守静致通。

"汔"代指汲水用的桶,"繘"为桶上的绳索,"汔至亦未繘井"意思是桶已经提到了井口,但还没有出来,所以是"未有功也"。一件事做了百分之九十九,只要最后那百分之一没有做好,就是前功尽弃、徒劳无功。

"羸其瓶"是把汲水的桶或瓦瓶撞破了,水流光了,白忙一场。换句话说,不管出于什么原因,只要让汲水的工具丧失了功能,那么井也就失去了功能。

《象》曰:木上有水,井。君子以劳民劝相。

君子看到人用木桶汲取井水这种情景,体会出井水养人,人也应该自养的道理,做到"劳民劝相"。既然是君子,必须为人民操劳,替百姓着想,谁叫君子能干、聪明,能把事情看得更清楚呢。"劝相"即劝人民互相帮忙。既然我们定居在这个地方,就不要让它毁于一旦,这种秩序要靠大家共同来维护。

大家应该静下心来好好想一想:如果这是你自己的井,你有几个原则?如果这是家族的井,你们有几个原则?如果这是整个社区的井,大家又有几个原则？古代有井田制，土地一分为九，八家各分一块，收成归自己，再共同出一份力把剩下那块公田种好，收成交给政府。不幸的是，那八家私有田地的收成往往很好，而当中那块公地的收成往往很差，这就是人性。我们不要求一个人公而忘私，但最起码要公私并济。

历代很多地方官，闲来无事，就跑到井边，只要有小孩来，他便主动告诉他们这个水桶怎么用，怎么拉才省力，怎么提才不会把水溢出来，这就是非常好的井道。如果大家都能这样做，慢慢推广出去，整个社区的道德都会因这口井而提升，也就合乎了孔子所期望的"井，德之地也"。

升卦、困卦、井卦的关系

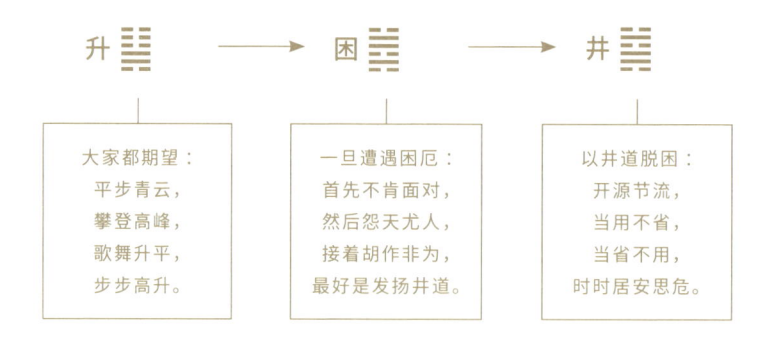

升 ⟶ 困 ⟶ 井

| 大家都期望：
平步青云，
攀登高峰，
歌舞升平，
步步高升。 | 一旦遭遇困厄：
首先不肯面对，
然后怨天尤人，
接着胡作非为，
最好是发扬井道。 | 以井道脱困：
开源节流，
当用不省，
当省不用，
时时居安思危。 |

三、六爻详解

井卦很有趣，上六反而元吉，非常难得。这也告诉我们，水汲到一半没有用，汲到井口也没有用，只有安全地汲出来，倒进自己的桶里，保持整洁适度，平稳地提回家，井道才算完成。

初六，井泥不食，旧井无禽。

《象》曰：井泥不食，下也。旧井无禽，时舍也。

初六阴居阳位，并不当位，与六四也不相应，象征井底。当汲水汲出井底的泥沙时，我们就知道这口井的水源已经枯竭了，汲上来的水泥浔不净，不能饮用。大家不再来这里汲水，慢慢地井边也干了，连鸟也不会来啄饮了，这口井便成了废井。

初六告诉我们，社会上有些人，不但弱，而且还没有人愿意帮助他，只好被时代所抛弃。小象"旧井无禽，时舍也"便是强调，一个人如果不能与时俱进，跟不上时代的步伐，最后只有自认倒霉。

九二，井谷射鲋，瓮敝漏。

《象》曰：井谷射鲋，无与也。

九二刚中，与九五不相应，只好下乘初六，象征水不能上进，只好就下而旁流，有如山谷中的泉水，只能养小鱼，并无大用。"射"为射出的弓矢或弹丸，"鲋"是鱼名。"井谷"指井中出水的水眼，既然不能向上，只能由旁边下注，就好像底下有破洞的瓦瓮，哪里能够盛得住水？

九二与九五不相应，象征贤明人士得不到领导的赏识，当然难以产生影响力，发挥不了作用。按理九二是一口好井，却遭受压制，只能当隐士，可见好井也有失去效用的可能，各种情况都需要良好的配套措施。

九三，井渫（xiè）不食，为我心恻。可用汲，王明并受其福。

《象》曰：井渫不食，行恻也。求王明，受福也。

"渫"是去除秽浊，"井渫"意为把井整治好了，"不食"是无法食用。九三当位，又与上六相应，原本会得到上六的助力，可上六自身很柔弱，象征提水的设备不足，无法汲取九三之水，行人经过此地，也只好望井兴叹。可用而不能用，显然是人为的失误，令人痛心。倘若政治清明，百姓安居乐业，必然井下井上兼顾并重，不论是本地居民还是远来行人，都能饮用自如，齐受福益。

六四，井甃（zhòu），无咎。
《象》曰：井甃，无咎，修井也。

井卦三阴三阳，三阴为井，三阳为水，阴静阳动。初六井已见底，九二活泉外漏，都是人为的缺失。六四这口井位于九三和九五之间，当位却柔弱无力，象征泉水强而井壁弱，自然承受不了冲击，有所损坏。"甃"是修治井壁，比起九三期待"王明"，六四能够自行修治，保持清洁，自然无咎。六四与九五、九三构成离卦，最好发挥离明的功能，一同襄助九五。

六四已经来到上卦，如果还没有得到九五的赏识，一定要多加反省，充实自我，保持灵活的适应能力，不能急躁抱怨，也不能到处顶撞发脾气，以免不合时宜，惨遭淘汰。可见修井其实就是修身以待时，一个人命再好，时未到也发挥不出来。这不是看破，而是看开。《易经》只叫我们看开，从来没有叫我们看破。

九五，井冽，寒泉食。
《象》曰：寒泉之食，中正也。

"寒泉"是"井冽"的一种形容，说明水已经清澈可饮。九五阳刚，居中得正，乃是一股受人欢迎的寒泉，象征一位大家深切盼望的贤明领导，可以刚毅合理地普遍施惠于人民。

小象强调"中正"，意即九五用人要谨慎，尤其态度要客观公正，不能偏于一方，否则便是助长派系斗争，最后吃亏的一定是自己。

上六，井收，勿幕。有孚，元吉。

《象》曰：元吉在上，大成也。

通常物极必反，可井卦上六是个例外，井水养人的大功至此才算告成，着实令人欣喜。"井收"是各种相关配套设备均已安置妥当，随时可以收绳索向上提水。"幕"是在井口加盖，往来提水的人很多，但大家都能同心维护井水的洁净，不向井里投弃废物，自然不必在井口加盖，称为"勿幕"。到了上六，这口井不但活水通源，不会盈满，也不会枯竭，所以说"有孚"。卦爻至上位而大功告成，当然元吉，可见《易经》的原则并非固定不变，而是能适时合理应变。

井卦的"井"也含有围的意思，把水源围起来，防止外界污染，也不致因外泄而浪费。汲水相当于突围，九五不算完成汲水的动作，上六才是真正的尊位，完成了汲水的功能。九二提示野有遗贤，九五说明应当促使贤人为全民造福，唯有上六真正为人民服务，才算是大成。九二和九五合力促成上六的"有孚，元吉"，彼此虽不能相应，但能合力与上六相应，效果也十分良好。

井卦启示

卦名	卦辞	启示
井卦	井，改邑不改井，无丧无得，往来井井。汔至亦未繘井，羸其瓶，凶。	绳入于水，引其向上。

爻位	爻辞	启示
上六	井收，勿幕。有孚，元吉。	井已完成，公用无私。
九五	井洌，寒泉食。	井水澄清，冷泉可食。
六四	井甃，无咎。	用砖砌井，井已修治。
九三	井渫不食，为我心恻。可用汲，王明并受其福。	井除污秽，尚未食用。
九二	井谷射鲋，瓮敝漏。	井孔泄水，如器破漏。
初六	井泥不食，旧井无禽。	底泥莫食，废井无禽。

❖ 卦四九 泽火革

一、革卦总说

革有改变、革新、改正、改造、洗心革面等意思。《序卦》说："井道不可不革，故受之以革。"水井养人，可是时间一久，难免污浊损坏，人事也是一样，年久日深，事情演变得越来越差，人会越走越歪，偏离正道，这时候便需要适时加以清理变革，所以井卦之后是革卦。《杂卦》说："革，去故也。鼎，取新也。"连起来便是革故鼎新。懂得历史的人都知道，中华民族每次都是统一（破坏）得差不多了，便安定下来赶快建设，这也是革卦之后为鼎卦的原因。

新可以取代旧，但一定要保证新比旧更好，这才符合革卦的要求。就个人而言，新衣服、新鞋子、新房子哪怕换得不好，顶多损失一些金钱和时间，或者心里不愉快，如此而已。可是，国家政治要革新，关乎国计民生，情况便截然不同，这便叫非常之举。个人不过是革金钱的命，而组织是革落后的和自己的命，可见需要非常慎重，所以古人说"利不百，不变法"。历代变法往往以失败告终，就是因为没有遵循革卦的精神行事。

二、革卦详解

革卦卦辞：革，巳日乃孚，元亨利贞，悔亡。

巳日居十二地支（子、丑、寅、卯、辰、巳、午、未、申、酉、戌、亥）第六位，处于离火位置，即将由下离进入上兑。有一种解释认为，这象征人心思变，时机成熟，革命便可以获得人民响应。其实这种说法太天真，无论历史还是现实都很难找到佐证。老实讲，革命一定要先破坏后建设，一个革命者没有建设成果，别人只看到他在破坏，又怎会轻易支持响应他？将心比心，如果我们是既得利益者，在旧社会有很大权势，享受了很多特权，会觉得革命好吗？所以，"巳日乃孚"更恰当的解释是：要等到改革成果显现，才能使人信服。革命这种事，只有快成功或者已经成功，大家能看到成果，才会慢慢相信，所以古人常说"成者为王，败者为寇"。

"元亨利贞"是必要条件，革命之初，大家都不满意，甚至有点愤怒，慢慢发现革命者的动机纯正，方法有效，方式合宜，成果也不错，原来的那些怨气才会消失。

《彖》曰：革，水火相息，二女同居，其志不相得，曰革。巳日乃孚，革而信也。文明以说，大亨以正。革而当，其悔乃亡。天地革而四时成，汤武革命，顺乎天而应乎人，革之时大矣哉！

泽中有火，水火相聚，水旺则火灭，火旺则水蒸发，可见泽火有互相毁灭的危机，好比二女（离为中女，兑为少女）志向不合，彼此怨恨，不能同居，迟早要有所变革。下离为文明，上兑为喜悦，具有文明美德，又能使大家喜悦，自然大为亨通而走上正道。只要变革得当，悔恨必将消亡。天地阴阳变化而成春、夏、秋、冬四季，商汤放逐夏桀于南巢，武王伐纣于牧野，都是上顺天意，下合民心，合乎时机，所以彖辞总结说"革之时大矣哉"。这个"时"不仅决定该不该革命，要花多长时间，成果怎么样，还决定革命以后是不是常常又闹革命。我们不仅要考虑现在，还要考虑未来的长长久久。

《象》曰：泽中有火，革。君子以治历明时。

离为火为日，兑为水为泽，泽火两性相违互消，并不相容。君子由此觉察天地阴阳的变化、气候寒暑的推移，明白要修治历法，制定一年四季、二十四节气、七十二候等周期，使天下百姓遵循改变的秩序，明白交互变化的生生不息。中国人做任何事都要讲究天人合一，历法就是天时，至于我们要怎样做，它都尊重我们，但要记住一点：自作自受。

三、六爻详解

革命要从"不可以有为"开始，而非从"有为"开始。怎样才算是真正的革命者呢？就是可以不革命时就不要革命，先从不革命的途径来努力。孙中山先生就是这样，他的做法是先上《万言书》，想尽办法，最后得不到回应，一看时机成熟了，自己也有很好的计划，才开始行动。

初九，巩用黄牛之革。
《象》曰：巩用黄牛，不可以有为也。

初九相当于革命的先驱者，虽然当位，却被六二乘凌，与九四也不相应。六二相当于保皇党，阴爻为坤为牛，所以六二就仿佛是坚厚的黄牛皮，将初九牢牢包住，反革命的旧势力这么大，时机尚未成熟，不可轻举妄动。初九爻变为咸卦，表示革命之初必须提出正当理由感召群众，也就是先做好宣传工作，团结人心。

六二，巳日乃革之，征吉，无咎。
《象》曰：巳日革之，行有嘉也。

六二当位，与九五相应。二为臣，五为君，君有变革之意，臣前往响应，君臣合志，大有可为，所向皆吉。六二柔弱，缺乏自革的勇气，所以要等时机成熟才能无咎。六二爻变为夬卦，表示以下伐上，必须顺天应人，方可无咎。初九发难于前，六二正当有为之时，唯恐坐失良机，因而特别以"征吉"加以勉励。

九三，征凶，贞厉。革言三就，有孚。

《象》曰：革言三就，又何之矣。

九三当位，处下离极端，这把火已经烧得很旺，象征革命者的刚健果决。上兑是下离变革的对象，可是要注意，兑为顺，上兑三爻并非跟九三敌对，相反它们都抱持着悦顺的态度迎接九三。九三若是抱有敌意，或者急于求成，只有"征凶"。从事革命的人一定要有伟大的抱负、崇高的理想和宁死不放弃的决心，可是也不能因此而急躁冒进，有时候身先士卒，反而坏了大事。

不过，变革之际，倘若怕生波折，墨守成规，又必然积弊难除，十分危厉。所以，九三最好能够再三沟通，听取各方有关变革的意见（"革言"），达成共识，自然"有孚"。从卦象看，九三爻变为随卦，随卦六三、九四、九五是一个反过来的兑卦，而九四、九五、上六也是兑卦，兑为口舌，正反皆为兑，表示多多讨论，博采众议。

"革言三就"还有一种说法，即不要抱持一次便能成功的期待，很多人都以为这次革命一定石破天惊，其实结果往往跟预期相差甚远，这么想是草率也是天真。要做好长期准备，明白凡是变革一定曲折的道理，反反复复，才有可能成功。个人也要谨记，革命非到最后时刻，绝对不要轻言牺牲。

九四，悔亡，有孚改命，吉。

《象》曰：改命之吉，信志也。

九四不当位，与初九不相应，又处在离兑交界，正是水火相消、不得不变之际，倘若还走寻常道路，反而有悔。九四靠近九五，无逼主之嫌，可以得到九五的信任，若是能够顺天应人，心怀诚意，采取适当的方式调整应对，就算是要改变命运，也能获得吉祥，做到"悔亡"。

九五，大人虎变，未占有孚。
《象》曰：大人虎变，其文炳也。

从前做大事都要占卜，周文王起兵时占卜，结果显示时未到，不吉利，可姜太公却说，我们要自己打出一条生路来。孔子自己占卜，准确率最多只有七成，可见占卜的准确率有限。道理其实很简单，占卜完了，事情没变就正确，事情变了就不正确，事情随时在变化，占卜自然有时候准有时候不准。

九五当位居中，是革卦卦主，自然是当政者，也就是大人。领导革命非大人不足以成事，当政者有足够的威信，若是下定决心革新，自己一出面，整个局面都会改变。九五刚直中正，具有猛虎般的尊严威势，提出的变革方向和政令，犹如虎身的斑纹，让大家既看得明白，也喜悦在心里，所以不必占问就知道会取信于民。

九五与六二相应，政令公开，六二很受鼓舞。可是六二还是要选择观望一段时间再做行动，因为说不定政令明天又改了，自己走得太快，很容易成了马前卒，白白牺牲。所以，九五跟六二要相互了解、相互体谅，九五要给下面的人一些时间，做到"巳日乃革之"。

上六，君子豹变，小人革面，征凶，居贞吉。
《象》曰：君子豹变，其文蔚也。小人革面，顺以从君也。

九五已经"虎变"，各方人士纷纷热心欢迎，到了上六，象征革命大功告成。龙虎是神物，用以譬喻大人；豹非神物，只能譬喻君子；至于一般民众，革除旧习，迎接新制，那是"小人革面"。君子协助变革，有如豹从猛虎；小人迎合变革，未必表里一致。在这种情况下，情势虽然大好，仍然潜藏着无比的危机，稍有不慎，旧势力便会卷土重来。"征凶"警示上六，要赶快偃武修文，与民休息，不要再征伐了！大人居中守正，才能确保吉祥，所以说"居贞吉"。上六爻变为同人卦，象征要感谢君子的协助，接受小人的迎合与拥护。

革卦启示

卦名	卦辞	启示
革卦	革，巳日乃孚，元亨利贞，悔亡。	革新改造，顺天应人。

爻位	爻辞	启示
上六	君子豹变，小人革面，征凶，居贞吉。	继革失策，宜居常态。
九五	大人虎变，未占有孚。	大人改革，令人信服。
九四	悔亡，有孚改命，吉。	改革天命，得计无悔。
九三	征凶，贞厉。革言三就，有孚。	广求意见，审慎改革。
六二	巳日乃革之，征吉，无咎。	立信以后，始可改革。
初九	巩用黄牛之革。	改变之初，不可妄动。

❖ 卦五十 火风鼎 ䷱

一、鼎卦总说

鼎有三足两耳，大小不一，是上古常见的器具，往往用于烹饪或祭祀，后来发展为权力的象征，从夏经商到周，都把鼎当作传国之宝，用意在人存政举，国运昌隆。《序卦》说："革物者莫若鼎，故受之以鼎。"食物要经过一番加工才能食用，这就是变革。在上古，要变革食物，只有鼎最方便、有效、安全，所以革卦之后接鼎卦。革卦与鼎卦互综，表示革故和鼎新原本就是一体两面，革故是手段，鼎新是目的。鼎卦以烹饪之道，寓意革命者要及时做好民生工作，获得大众的信任；对于个人，则要端正稳重，言行发自内心，真实自然，才能获得他人的信任。

二、鼎卦详解

鼎卦卦辞：鼎，元吉，亨。

鼎并非专为君王所用，而是全民都可以使用的吉物，所以说"元吉"。因为合乎天人之道，当然亨通，后来用作重要器具，仍有大通的效用。也可以这样理解，卦辞的"元吉"是讲人民的幸福，后面的"亨"是讲领导者的政令要通达。如果搞了半天，外面的人根本不知道领导者在干什么，也无法响应，那革命还是没有成功。

《彖》曰：鼎，象也。以木巽火，亨饪也。圣人亨以享上帝，而大亨以养圣贤。巽而耳目聪明，柔进而上行，得中而应乎刚，是以元亨。

"鼎，象也"说明"鼎"这个卦名取自鼎卦六爻的全象。依卦象看：初六犹如鼎的三足；九二、九三、九四互卦为乾，象征鼎腹，是烹饪食物的容器；六五为鼎的两耳；上九即为鼎盖，也叫鼎铉。下巽为木，上离为火，木上燃烧着火，也就是烹饪的场景。

"圣人亨以享上帝"中的"上帝"代表天，也就是自然。观天象是圣人的责任，圣人用祭天来说明自己只是体会了上天的意思，把上天的道理讲给百姓听，告诉大家会发生什么事，要怎样做才好应对。"大亨"即"大烹"，指丰盛的食物。君王用大烹来供养圣贤，也就是尊敬圣贤，如此圣贤才愿意施展抱负。刘备三顾茅庐便是最佳例证。

"巽而耳目聪明"中的"巽"指六五君王。革命成功之后，君王要订立一个长期发展的制度，要能够分辨圣贤与小人，即"耳目聪明"。六五跟九二相应，但最好不要向下去找九二，以免忽略了重要的上九（国之大佬）。六五要"柔进而上行"，去跟上九亲比，而不要老看着底下，这是鼎卦的特别之处。六五是柔，上九是刚，即"得中而应乎刚"。好不容易革命成功，对于社会上有声望的人，就要尊敬，请他们从旁协助，以便尽快安定社会。很多领导者没有读懂鼎卦，才会一直跟下面的人互动，而不理睬那些前朝遗老，结果造成很大的麻烦。

《象》曰：木上有火，鼎。君子以正位凝命。

古代燧人氏钻木取火，应该是鼎卦的原意，后来有了烹调的鼎，才称为火风鼎。因为木和火都容易看到，风的变化比较难知，所以不称木火而明指火风，意在提醒大家：饮食会影响风气。君子因此悟出"正位凝命"的道理，模拟鼎庄严端重的形状，各自正守本位，并且凝固使命，尽心尽力地完成任务。

三、六爻详解

初六，鼎颠趾，利出否。得妾以其子，无咎。
《象》曰：鼎颠趾，未悖也。利出否，以从贵也。

初六为鼎足（"趾"），阴居阳位，位置颠倒，即"鼎颠趾"或"覆鼎"。鼎整个翻了过来，看上去不好，却能"利出否"，方便倒出鼎内的脏物，除旧布新。"得妾以其子"是一个比喻，小妾身份地位不如正妻，但若能生下一个儿子，将来继承正位，便是因贱而致贵，所以无咎。妾比喻旧臣，子比喻贤能，一朝天子一朝臣，革命成功当然要处置亡国旧臣，可是对于贤能的旧臣仍然要重用，不可猜忌其出身不正。所以，初六讲的就是因祸致福、因败致功的道理。

九二，鼎有实，我仇有疾，不我能即，吉。
《象》曰：鼎有实，慎所之也。我仇有疾，终无尤也。

九二居下巽中位，以阳居阴，反而刚柔兼备，实而不虚，所以说"鼎有实"。九二虽与六五相应，却因为六五柔弱无力，两者刚柔互失其位，外柔（六五）内刚（九二），好像体弱有疾病。"不我能即"就是"不能即我"，"即"指加害。九二阳刚充实，不会受到伤害，所以吉祥。

小象说"鼎有实"，指必须谨慎规范自己的行为。"所之"即所行。九二不迁就初六，仍与六五交往，才叫"有实"。只要不与六五过多接触，即使"我仇有疾"，也会"终无尤也"。

九三，鼎耳革，其行塞。雉膏不食，方雨亏悔，终吉。
《象》曰：鼎耳革，失其义也。

鼎足能支持鼎身，但不能行动，要把杠穿进鼎耳，才能把鼎扛走。就全卦来看，六五是鼎耳，但若只看下巽，初六为鼎足，九二为鼎腹，九三为鼎耳。九三阳居阳位，阳实而不空，杠穿不进鼎耳（"鼎耳革"），无法扛鼎而行（"其行塞"），大家吃不到鼎中美味（"雉膏"），不免感到悔恨。小象"失其义也"指出，正是由于九三的自满，认为不必有鼎耳，才使鼎失去了功效。

九三爻变为未济卦，象征供食的效果难以发挥，未济卦下卦为坎，有"方雨"之象。"亏"是不足，"方雨"是要下雨但还没下。九三与上离相接，离火越来越旺，必须降雨来把燥性减少一点，九三只要能耐心等待下雨，最终还是会吉顺的。

九四，鼎折足，覆公𫠜（sù），其形渥，凶。
《象》曰：覆公𫠜，信如何也？

鼎卦爻辞以吉美居多，只有九四言凶，值得警惕。九四爻变为蛊卦，易于产生负面的思想和行为，必须严于防患。

九四与初六相应，初六有"颠趾"，九四有"折足"。九三、九四、六五互兑，兑为毁折，也就是"折足"。阳爻为实，九四居鼎腹最高位，象征鼎中盛满食物，鼎足一折，势必倾覆，不但把供给王公食用的美膳（"公𫠜"）倾覆在地，还使鼎身肮脏不堪。"其形渥"中的"形"指鼎外（鼎身），"渥"为沾濡的状态，象征贪多反受其累，以致折断鼎足，当然凶险。

九四上承六五，下应初六，又不当位，表示革新之后的工作分量过重，自己力不胜任，咎由自取。民生失其所养，就算革命成功，也无法得到大家的拥护，可见革命之后必定要以安民为首务。

六五，鼎黄耳金铉，利贞。
《象》曰：鼎黄耳，中以为实也。

六五虚爻处九二、九三、九四鼎腹之上，象征鼎耳。鼎能够有所作用，鼎耳居于关键地位，所以六五为卦主。"黄"为中间颜色，譬喻六五的柔中。"金"为刚坚之物，譬喻六五与九二柔刚相应，"铉"是举鼎的器具，也就是鼎杠，"金铉"即为上九。六五亲比上九，犹如"黄耳"比"金铉"。六五为君，虚怀执中，大公无私，可是以阴居阳，恐怕德行不够贞固，所以爻辞提示要"利贞"。

上九，鼎玉铉，大吉，无不利。
《象》曰：玉铉在上，刚柔节也。

上九不当位，怎么会大吉而无不利呢？因为上九居鼎卦终位，象征革故鼎新的艰巨事业已大致完成。阳居阴位，表示以温润的性质来调和阳刚的鼎杠。从卦象看，六五是鼎耳，站在六五的立场，要把上九看成是阳刚的"金铉"，不过站在上九的立场，却以温润的"玉铉"自居，六五与上九刚柔调节，当然大吉而无不利。

国之大佬本该被革命成功的人抛弃，现在革命者却来请大佬帮忙，那大佬就应该安分一点，不要过分耀武扬威，明白自己的价值，好好配合现任领导，稳定政基，再慢慢调整内部矛盾，培养接班人。一个政权如果连续几届领导都很不稳定，是很危险的。

鼎卦与需卦同样是饮食之道，重点却各有不同。需卦象征云在天上而未下雨，时机尚未成熟，只能安于饮食宴乐的日常生活，养志蓄力，以待变化；鼎卦则重在养士尊贤，使人尽其才，为社会做出贡献，可见鼎新不难，难在得人。

鼎卦启示

卦名	卦辞	启示
鼎卦	鼎,元吉,亨。	端正安重,凝固使命。

爻位	爻辞	启示
上九	鼎玉铉,大吉,无不利。	玉的杠具,刚柔调济。
六五	鼎黄耳金铉,利贞。	鼎内美食,发挥功用。
九四	鼎折足,覆公𫗧,其形渥,凶。	鼎足折殿,倾覆公食。
九三	鼎耳革,其行塞。雉膏不食,方雨亏悔,终吉。	鼎耳革除,功用丧失。
九二	鼎有实,我仇有疾,不我能即,吉。	腹中有实,慎重处理。
初六	鼎颠趾,利出否。得妾以其子,无咎。	鼎足倾倒,利除腐物。

❖ 卦五一 震为雷 ䷲

一、震卦总说

"震"的原意为动,之所以不叫动卦而叫震卦,是因为一般所说的动,指的是行动、感动、运动,都不足以表示天翻地覆的震动。震卦上下都是震,可是却有分别,上震叫作天雷,下震叫作地震,即天雷地震。天雷是看不见的,只能听到声音;地震则是实实在在可以感受到的,是有形的。

《序卦》说:"主器者莫若长子,故受之以震。"革命成功之后就要选定继承人,古代是嫡长子继承制,震卦代表长子,所以接在鼎卦之后。天雷地震用于人事,天雷便叫作天威,天威动于上;地震便叫作人心,人心惧于下。如此,人就不敢不修身,继承人的大任才有所托付,培养出来的太子才可以真正让人放心。

二、震卦详解

震卦卦辞:震,亨。震来虩虩(xì),笑言哑哑。震惊百里,不丧匕鬯(chàng)。

上震下震,万物通畅,因而亨通。"虩虩"是恐惧状,"哑哑"为笑语声,天翻地覆的震动使大家心生恐惧,难免慌张失措,震动过后,发现原本懒惰的人变得勤奋,松懈的人变得庄重,于是由惊转喜,反而笑语不断。

人没有碰到惊天动地的大事不会清醒，只会从早到晚忙于赚钱，震卦便是给我们一个余地和机会，去考虑什么叫人生，什么是生活。

震卦代表长子，国之长子就是太子。既然当了太子，就要修德。地震来了，别人恐惧，太子不能恐惧，更不能跑在大家前面；地震过了，太子不能第一个喝酒欢呼，不然就会失去大家的敬重。古代公侯的管辖地不过百里，"震惊百里"便是已经影响到全国。"匕鬯"是宗庙祭祀的器具。"不丧匕鬯"指太子要临危不乱，保住宗庙，使大家在惊吓之余还能过上正常的生活。所以，震卦是太子之位，"震来虩虩，笑言哑哑"是太子之德，"震惊百里，不丧匕鬯"是太子之才。太子只是恰巧生在帝王家，恰巧又是长子，日后能否亨通，关键还要看能否德才兼备。

《彖》曰：震，亨。震来虩虩，恐致福也。笑言哑哑，后有则也。震惊百里，惊远而惧迩也。出可以守宗庙社稷，以为祭主也。

"恐"是恐惧，"致福"是转祸为福，恐惧能带来福分，是因为事先做好了准备，有惊无险。"后有则也"是说记住了教训，才会遵循规矩，不敢违反法则，偷工减料。"迩"跟"远"是相对的。闪电过后紧接着雷声，表示雷很近，很有威慑力；如果半天还没听到雷声，表示雷距离很远，也能带来惊动。所以，"震惊百里"强调全面提高警觉，此时就算发生了最令人惊惧的事故，譬如国王驾崩，太子也要出来继承大位，守住宗庙社稷。

《象》曰：洊雷，震。君子以恐惧修省。

"洊雷"是两震相重叠的意思。两三个雷打下来，谁都不敢乱动了。君子看到这种自然现象，领悟"恐惧修省"的道理，不断自我反省，修身勉行，不可稍微取得成绩便沾沾自喜。人有恐惧是好事。任何一卦，只要走正道，用得正当，就会带来正面效果，反之只能自作自受。

三、六爻详解

初九，震来虩虩，后笑言哑哑，吉。
《象》曰：震来虩虩，恐致福也。笑言哑哑，后有则也。

震卦四阴二阳，可见二阳中必有一个是卦主。初九当位，而九四不当位，所以卦主是初九。初九阳刚而居下位，能够戒惧小心，慎守其始，事先做好预防措施，明白如今的震动利于日后的发展，将会带来福分，笑语有声，相当从容，所以吉祥。初九爻变为豫卦，象征不但未受到惊吓，反而很安乐。春雷一动，万物苏醒，初九要想向上突破阴爻的重重阻碍，必须先做好万全的准备，使损失减到最低，这便是良好的效果。

六二，震来厉，亿丧贝，跻于九陵，勿逐，七日得。
《象》曰：震来厉，乘刚也。

六二在初九之上，初九震动，来势甚厉，"亿"为感叹词，也可作"臆"字解释，意为"料想到"。"丧贝"指地震猛烈，平常视作宝贝的物品全给震坏了。"跻"是登上，"九陵"指高峰，六二、六三、九四互艮为山，六二亲比初九，所以称为"九陵"。"跻于九陵"便是明知"丧贝"，还是要逃往高山避难，只要平安无事，七日之内自然失而复得。爻位从二向上推，经三、四、五、上、初又回到六二，刚好是七位，象征七日来复。六二爻变为归妹卦，象征顺其自然，回家后一切恢复正常，应该可以失而复得。

六三，震苏苏，震行无眚。
《象》曰：震苏苏，位不当也。

六三不中不正，所以"震苏苏"。"苏苏"是恐惧不安或者精神涣散的样子。

乾坤为父母，震为长子，六三"位不当也"，不能担当大任（震卦只有卦主初九才能承担太子重任）。不过，天下事有弊必有利，六三距初九较远，所受震动相对较弱，虽然恐惧不安，终归有震无灾，没有重大的损害，也就是"震行无眚"，可见震动也未必会造成伤亡。

下震三爻主要提醒大家防患于未然，时时做好防震的万全准备。震动来时，应戒慎恐惧，减少灾害。反省自己，持续改善，才是防震之道。上震三爻强调警惕而不怯懦才是处震之道，必须勇敢面对震动，不能逃避。人生免不了震动，而且经常出其不意，始料未及，可见处震之道是人人必修的重要课题。

九四，震遂泥。

《象》曰：震遂泥，未光也。

"遂"是"陷"，引申为一败涂地。九四一阳居上下两阴之间，虽然刚健却不当位，犹如陷入泥淖无法自拔，难以奋发图强。九四和初九同样具有长子身份，却不能成为卦主，因为初九当位，下无牵累，只要奋力向上，便能被推选为太子，而九四上下都受牵制，可以说色厉而内荏，难免临危惊恐，甚至于贪生怕死，一败涂地。

小象的"未光也"是一种激励，表示九四如果有心光大事业，必须自我反省，学习处震之道，即使临危受命，也应该保持阳刚的本性，绝不逃避。只要九四爻变为六四，震卦变复卦，就能恢复刚健的力量，以柔克刚。

六五，震往来厉，亿无丧，有事。

《象》曰：震往来厉，危行也。其事在中，大无丧也。

"往"是向上，"来"是向下。六五不当位，与六二不相应，上与上六同性相斥，下遇九四是阴乘阳，上往下来都不利，所以说"往来厉"。震动之时,六五上下往来都有危险,幸好以柔居中,能知危险而谨守中道,因此"无丧",也就是万无一失。既然万无一失,为什么"有事"呢?古人说"有事"是指祭祀,这有两种解释:一种是说万幸无所损失,应该祭祀,谢天谢地,感谢祖先保佑;另一种说法是由于无所损失,得以长久施行祭祀。

六五虽然往来都有厉,但必须记住"危机即是转机"的原则,只要秉持中道,就能把握"上也不是,下也不是;去也不安,来也不安"的两难机会,好好表现一番。小象说"其事在中",便是指在中道范围内,要多多用心,倘若审度得宜,必能无所丧失地完成大事。和六二相比,六五经历了恐震、惧震的教育,已经能成熟而勇敢地面对往来皆厉的局面,当然也有勇气和能力放手一试。六五爻变为随卦,提醒我们要诚信守正,随时而动,随机应变,择善而从,在临危处困的随顺下,必能无所丧失,不致失职误事。

上六,震索索,视矍矍(jué),征凶。震不于其躬,于其邻,无咎。婚媾有言。

《象》曰:震索索,中未得也。虽凶无咎,畏邻戒也。

六三居下震上位,所以"震苏苏"。上六居上震上位,也是全卦极位,当然"震索索"。"索索"是畏惧难行,萎缩不能动,比"苏苏"还要恐惧不安。"矍矍"原指老年人双眼炯炯有神,在这里却是指目光不安,不知如何是好。"征凶"是前行必有凶险。"躬"指自身,也就是上六。上震以九四为主,即震央所在,九四发出的震动,首先波及六五,对上六来说,自然是震"于其邻"而非"于其躬"。

上六吸取六五的应对经验,临事而惧,好谋以成,至少可以无咎。"有言"指难听的闲言闲语,意思是上六并未获得中道的要领,只是从六五的凶祸惊惧中吸取教训而无咎,难免落人口实,引起争议,就算是他的亲戚,也不免会说一些闲话。也就是说,处震之道最好从小开始学习,随着年龄增长,越来越熟悉,自然会减少很多风险。我们不应该把别人当作白老鼠,让他去冒险，自己隔岸观火，吸取教训，减少祸患。这种落井下石的行径，终究还是会招致他人的不满和议论纷纷。

震卦启示

卦名	卦辞	启示
震卦	震，亨。震来虩虩，笑言哑哑。震惊百里，不丧匕鬯。	恐惧警惕，始能安闲。

爻位	爻辞	启示
上六	震索索，视矍矍，征凶。震不于其躬，于其邻，无咎。婚媾有言。	震惧不安，应早警惕。
六五	震往来厉，亿无丧，有事。	往来危险，不丧其事。
九四	震遂泥。	不能振奋，未能光大。
六三	震苏苏，震行无眚。	震止又起，其行无害。
六二	震来厉，亿丧贝，跻于九陵，勿逐，七日得。	震撼严重，避不顾失。
初九	震来虩虩，后笑言哑哑，吉。	先有警惕，后能从容。

❖ 卦五二 艮为山 ䷳

一、艮卦总说

天底下没有一样东西是不停地动的。老子说:"飘风不终朝,骤雨不终日。"狂风骤雨,来得越猛,去得越快,不管怎么动,都会慢慢停下来。所以,《序卦》说:"物不可以终动,止之,故受之以艮。"我们不能把"艮"简单地解释成停止,最好去想象风雨中的宁静,那才是艮的真正境界。外面世界无时无刻不在变动,什么时候我们的心不动了,才会无比宁静。

艮卦上艮下艮,也就是山外有山。人生相当于登山,爬到山顶也不能停止,更不该骄傲自满,休息一下,再登下一山,不是存心征服,而是锻炼自我,活到老学到老,至死方休。艮卦告诉我们,不必为功名利禄而苦恼,不必为子孙幸福而担忧,应该为人生的目标奋斗不懈,而人生的目标又必须光明正大。

二、艮卦详解

艮卦以人体器官部位取象,初爻为趾,六二为腓(小腿),九三为心,六四为身,六五为口,上九为脑(艮震互综,震卦初九便是艮卦上九)。下艮以九三为主,所以重在修心,启示我们要分辨可欲和不可欲,可欲则追求,不可欲便止,凡事只问应不应该,不问喜不喜欢。下艮的止欲功夫是奠定修行的基础,要想做个有价值的人,就该持续提升自我,向上艮迈进。上艮以上九为主，一个人唯有脑筋清楚，才有修治好自己的可能。嘴里说着"上天保佑"，心里想着"自己必须尽力"，这才合乎"自天佑之，吉无不利"的道理。

上艮重脑，下艮重心

修行　上艮（脑）　随心所欲，不逾矩。
　　　　　　　　　当行则行，不当即止。

止欲　下艮（心）　分清楚可欲与不可欲，
　　　　　　　　　可欲则欲，不可即止。

艮卦卦辞：艮，艮其背，不获其身，行其庭，不见其人，无咎。

艮为山，犹如人的背脊。九三最为凶险，上有六四、六五压着，下有初六、六二困着，前不见人，后不见身。我们看见一个人的背，就看不见他的面，也看不见他的身。众人行走在一个庭院，彼此距离很近，却互相背对背，看不见对方。为什么"不见其人"反而无咎呢？因为我们全身都有欲念，只有背部可以真正做到"眼不见为净"，不为欲望所役使。能够背对欲望，不为欲望驱使而劳神耗力，当然无咎。艮是抑止，人要不受欲望所惑，最好的办法便是不看它，背对它。

艮兑互错，一体两面

```
      艮                    兑
上九 ▬▬▬▬▬          ▬▬ ▬▬ 上六
六五 ▬▬ ▬▬          ▬▬▬▬▬ 九五
六四 ▬▬ ▬▬          ▬▬▬▬▬ 九四
九三 ▬▬▬▬▬          ▬▬ ▬▬ 六三
六二 ▬▬ ▬▬          ▬▬▬▬▬ 九二
初六 ▬▬ ▬▬          ▬▬▬▬▬ 初九
      修身                  悦乐
```

《彖》曰：艮，止也。时止则止，时行则行。动静不失其时，其道光明。艮其止，止其所也。上下敌应，不相与也。是以不获其身，行其庭，不见其人，无咎也。

《说文解字》指出，"艮"是狠的意思，可见要止欲并不简单，必须狠心才能奏效。"时止则止，时行则行"，说明艮卦只是止其所当止，当行还是要行，否则岂非坐以待毙？但当止还是要止，就非狠心不可。能够动静咸宜，恰到好处，当然要配合时机，这样的艮道才算广大明敞。卦中六爻，初与四、二与五、三与上都是同性而不相应，难以配合，必须狠心背对背，互不见面，才能自我制止而无咎。

狠的度在哪里，怎样才合理？我们在"艮"字上面加一点——就是要凭良心，看各人的状况，找出合理点。狠有合理也有不合理，合理的称为果断，是负责任、尽本分；不合理的便是不负责任，狠心抛弃，狼心狗肺，没有人性。

《象》曰：兼山，艮。君子以思不出其位。

"兼"是"重"的意思，两艮相重，即为兼山。山上有山，合起来看便是一个"出"字。君子看到兼山之象，可领悟"思不出其位"的道理。天生我材必有用，人活于世，必然会有适合自己的位置，君子最好能止欲修行，做好自己的角色。

孔子说："吾十有五而志于学，三十而立，四十而不惑，五十而知天命，六十而耳顺，七十而从心所欲，不逾矩。"这是对艮卦最好的说明。十五到四十岁为下艮修心阶段，对可欲和不可欲自有判断的尺度。到了四十岁，对于拿捏的分寸有相当的信心，不致为各种言论迷惑，就可以进一步探究性与天命，由下学而上达。活到五十岁，回头看看人生，应该会有"过去一切都是巧妙的安排，就是要把自己造就成今天这般模样"的感受。对于毁誉，最好不置可否，淡然处之。我们这一生本就是要过和别人不一样的日子，别人不是我，当然不会明白我的人生目标。到六七十岁，可以对别人的观感抱持无可无不可的态度，只要自己能够把握不逾矩（不逾越自然规律的尺度），便可以随心所欲，安足自在。

三、六爻详解

初六，艮其趾，无咎，利永贞。
《象》曰：艮其趾，未失正也。

初六相当于人体的最下方，也就是脚趾。背对背时，往往由于好奇，想偷看对方，一旦脚趾不能保持正位，稍为一转，就难免会受到诱惑，控制不了言行。"艮其趾"便是控制脚趾，不要乱动，可求无咎。初六阴居阳位，显然柔弱而难以长守正道，所以爻辞特别提醒要"利永贞"，长久保持合理的操守方为有利。就个人来说，一言一行务求慎始，这是修身的良好基础；就组织来看，基层员工务必规规矩矩做事，实实在在做人，一切依工作规范，遵守规定，必然受欢迎而无咎。慎始是良好习惯，永久保持非常有利。

六二，艮其腓，不拯其随，其心不快。

《象》曰：不拯其随，未退听也。

六二既中且正，可惜与六五不相应，又要上承九三的旨意。现在抑制了小腿的行动，显然不得以追随九三以致心中不畅快。小腿要不要动？从个人来看，小腿一动，全身势必都跟着动起来，最好以合理为标准，该动则动，不该便不动，所以，听从良心的指示最为妥当；就组织而言，基层主管必须遵循上级指示，应该变动的合理加以改变，否则一切都应依照规定。遵守规矩才是长治久安的正道。

九三，艮其限，列其夤（yín），厉薰心。

《象》曰：艮其限，危薰心也。

九三能不能凭良心，是为人处世的关键。若能体谅六二的居中守正，退而听从六二的劝阻，就不致其心不快了。初六和六二两爻都在提醒我们要动静不失其时。

九三阳刚当位，位居下艮究位，象征限止本身也有其限度，并非想限便限，要止就止。倘若抑止不当，也会招致众叛亲离的不良后果。"艮其限"的"限"指腰部，介于上身下体之间，正好是九三的位置。管得太严，相当于腰束得太紧，有如背脊裂开，如火熏心那样难受。就个人而言，修心十分重要，做好心理建设，认定自己的合理限度，自然乐于承受抑止，而不觉得痛苦难受；对组织来说，中坚干部必须收心，化私欲为公心，多为大家设想，少为自己盘算，掌握合理的度，才能有效地承上启下。

六四，艮其身，无咎。

《象》曰：艮其身，止诸躬也。

六四象征人的上身，当位得正，表示能够止其所当止。由于上身控制得宜，并不妄动，所以无咎。

卦辞明明说"艮其背，不获其身"才合乎艮道要求，为什么六四爻辞却说"艮其身，无咎"呢？因为"身"泛指身体上的许多器官，倘若这些器官都能够接受九三凭良心的指引，动静咸宜而获得心安，这时"艮其身"就表示行动合理，当然无咎。

"艮其身"表示身体休止，不妄动，此时心神宁静，安分守己。"止诸躬"也可说成只能独善其身，因为六四柔顺，不足以影响九三的阳刚。换句话说，九三的心能不能安，身体是管不住的。六四居九三之上，有阴乘阳的劣势，虽然无咎，却仅能自我节制，不能影响九三。六四的最大功劳在反躬自省，建立自己的合理行为规范，若能由外而内，就能对六五带来正面助益。

六五，艮其辅，言有序，悔亡。
《象》曰：艮其辅，以中正也。

六五居上艮之中，虽不当位，却能修口德，保持中道而不偏执。"辅"即颚，指说话的器官。把嘴巴管好，说话有条理又不乱言，自然没有悔恨。就个人来说，多说妥当话，当然受欢迎，不能讨好别人，而应该彼此尊重；从组织来看，六五是尊位，身为领导人，当然要慎言，祸从口出，地位越高，越是受到大家的注意，更不能掉以轻心。

上九，敦艮，吉。
《象》曰：敦艮之吉，以厚终也。

上九来到艮卦极位，按理说，管制到了极点，物极必反，不能再管了。因为脑筋清楚，自然能随时以敦厚、稳重、笃实的态度，把亢进的欲望在不知不觉中消除掉。艮卦六爻只有上九可获吉祥，表示即使随心所欲，也可以不逾规矩了。敦艮的境界就个人来说，是脑筋清楚不糊涂，就算装糊涂也十分难能可贵；依组织而言，全员在六五柔性的领导下，上九可以高枕无忧，用不着担心了。

艮卦启示

卦名	卦辞	启示
艮卦	艮，艮其背，不获其身，行其庭，不见其人，无咎。	止中有动，动静合时。

爻位	爻辞	启示
上九	敦艮，吉。	笃实于止，敦厚而终。
六五	艮其辅，言有序，悔亡。	谨慎言语，出言有序。
六四	艮其身，无咎。	休止其身，独善其身。
九三	艮其限，列其夤，厉熏心。	不当地止，必神不安。
六二	艮其腓，不拯其随，其心不快。	不能救上，当止则止。
初六	艮其趾，无咎，利永贞。	止动于初，宜永守正。

❖ 卦五三 风山渐 ䷴

一、渐卦总说

渐卦揭示了社会进化和事物发展必须顺乎自然、循序渐进的道理。事缓则圆，采取自然孕育的方式水到渠成，总比违反规律、急功冒进来得安全有效。对比渐卦和否卦，否卦上下阴阳不交，所以否塞不通；渐卦下卦一阴上交，上卦一阳下交，上下逐渐相交相入，可知渐是用来消否的，借着刚柔相交，逐渐化凶为吉。

渐卦上巽下艮，下艮为少男，上巽为长女。《杂卦》说："渐，女归待男行也。"卦辞说："女归吉。"看似在谈论婚嫁，实际上长女配少男，是枯杨生华的可丑现象，不符合古代的伦理要求。渐卦的用意，是以女子出嫁应该等待男子礼备之后再行动，来比喻渐进的义理，与婚姻无关。急事尚需缓办，何况喜事、大事、好事？所以兴奋之余，仍须保持理智。

大象虽然说"山上有木"，但全卦只有六四爻辞与木稍有牵涉，其余都和山、木无关。因为渐卦是以水的由浅而深、水面的由近及远，来倡导"行之以渐"的道理。六爻都以鸿雁为主，表示渐进是连贯的。初六在岸边，六二进入岸边的磐石，九三进入陆地，六四飞上树枝，九五飞到山岗，上九回到陆地，所有行动都在形容鸿雁的逐渐改变。不过，即使过程变来变去，鸿雁作为主体却是不变的。

二、渐卦详解

渐卦卦辞：渐，女归吉，利贞。

"归"便是女出嫁，从认识、交往到婚配，若是有一个渐进的过程，通常会比较妥当而吉顺。无论如何，保持贞正的操守，对男女双方都有利。有渐变就有突变，现代人求新求变，又喜欢加快速度，崇尚一见钟情或闪婚，实在应该用心细读渐卦的启示。

《彖》曰：渐之进也，女归吉也。进得位，往有功也。进以正，可以正邦也。其位刚得中也。止而巽，动不穷也。

"渐之进也"即渐进。"进得位"指渐卦自二至五爻都得其正位，象征按部就班，循序渐进，所以往而皆有功。一切遵循正道而行，可以安邦定国。"其位刚得中也"指九五刚正居中。渐卦下艮上巽，艮为止，巽为入，表示行动不但要深入，而且还要适可而止，才可得以动而不至穷困，"吉，利贞"由此而来。

《象》曰：山上有木，渐。君子以居贤德善俗。

艮为山，巽为木，所以说"山上有木"。山势由低逐渐升高，山上的树木也是由小逐渐长大，君子从中体会到，贤良品德和善良风俗都是逐渐孕育而成的，因此君子的责任即在增进自己的贤良善德，躬亲实践，发挥良好的参考力，使大众乐于仿效，蔚为良好风气。山上有木必待逐渐茂盛，社会进化也应该逐渐演变。

三、六爻详解

初六，鸿渐于干，小子厉，有言，无咎。
《象》曰：小子之厉，义无咎也。

"鸿"即鸿雁，飞行时排列有序，而且寒来暑往，与四季的渐进密切配合。渐卦六爻都以鸿雁做譬喻，十分有趣。初六不当位，与六四也不相应。"干"指湖边低下的旱地，鸿雁常常渐集于此。初六位卑未安，犹如孩童在湖边嬉戏，未免危厉。这里引申为鸿雁飞到水岸边，遭到一些年少无知的孩子戏弄追赶，很可能发生危厉。幸好鸿雁十分可爱，很招人喜欢，有人提出劝告，不要干扰鸿雁，所以无咎。初六爻变为家人卦，象征鸿雁与人产生一家人的感觉，使得初六的危厉在合情合理的情况下得以化解而无咎。也可以引申为初出茅庐的年轻人，常被旧人嫉妒、毁谤，难免危厉。虽然与六四不相应，表示乏人照顾，但只要立身以正，不犯理背义，逐渐融入社会人群，自然也就无咎了。

六二，鸿渐于磐，饮食衎衎（kàn），吉。
《象》曰：饮食衎衎，不素饱也。

鸿雁从水边渐进到岸边的磐石上。《说卦》指出，"艮为黔喙之属"，"黔"为黑，"喙"即鸟嘴，黑嘴的鸟在这里栖息。六二当位，又与九五相应，表示可以脱离小子的干扰，获得安乐。"衎衎"指和乐。饮食和乐，象征食物丰足，不需要竞争，可以放心地呼群共食，和乐吉祥。

小象"不素饱"即不纯然为了求饱，而且还能够安然渐进。六二爻变为巽卦，表示无位无援的初六小子，已经脱离遭忌不安的危厉，获得稳如磐石的禄位。"不素饱"也可解释为不白吃公粮，也就是不会无功受禄，所以乐在工作，也愿意上承九五，提供合理的支持。由刚入社会，有很多不适应的地方，到逐渐了解适应，融入其中，自然"饮食衎衎"，能与大家和乐相处，自己也得以心安。

九三，鸿渐于陆，夫征不复，妇孕不育，凶。利御寇。
《象》曰：夫征不复，离群丑也。妇孕不育，失其道也。利用御寇，顺相保也。

由岸边的磐石再进一步，到了陆地。"夫"指阳，便是九三。"征"为行，即外出。陆地离水边较远，理应适可而止。初六、六二为柔，较能渐进而合乎艮的要求。但是九三以刚居阳，又居六四之下，难以静止，反而急求上往而偏离渐道。好比丈夫外出不再返回，或者妇人不孕不育，夫不成夫，妇不成妇，当然凶险。这种违背渐道的表现，只有在抵御寇盗时才有，倘若用同样的精神来克制自己的私心和偏见，也就有利而无害。鸿雁重视群体行动，初六、六二都不急进，只有九三脱离雁群而急进，又一去不复返，是离叛群类的可丑行为。好比妇人孕而不育，同样不合渐道。九三、六四当位亲比，最好相互保护，各自克制。九三爻变为观卦，象征不但要做给自己看，也应该做给别人看。

六四，鸿渐于木，或得其桷（jué），无咎。
《象》曰：或得其桷，顺以巽也。

鸿雁来到陆地，由于六四已经脱离下艮进入上巽，巽为木，因此飞到小山的树林上。"桷"指平展的树枝。其他鸟禽可以依靠脚爪抓握树枝，安稳地栖息在树上，但是鸿雁和鸭子一样，仅有足掌而无爪，不能抓握树枝，倘若不是平展的枝干，鸿雁是无法站稳的。幸好六四当位，尚能得到平展可栖之处，所以无咎。六四居巽的下位，虽然以阴柔乘九三刚健之上，还是能够保持卑巽的态度善待九三，使得九三也不致为难六四，因而得以平安无事。六四爻变为遁卦，表示倘若不能卑巽，那就要准备逃走了。六四能否无咎，要看能不能"得其桷"，所以不言"吉"，只能说是"无咎"。九三、六四、九五互为离卦，看来平安的概率相当大。

九五，鸿渐于陵，妇三岁不孕，终莫之胜，吉。
《象》曰：终莫之胜，吉，得所愿也。

高地称为"陵"，鸿雁一路由水边飞过来，已经到了最高的境地，引申为"飞龙在天"，登上君位，无可再升。此时必须寻求贤士辅佐，以求增进政治效益，明君贤臣，相得益彰。但是这种遇合至为难得，好比恩爱夫妻往往聚少离多，以致三年都没有怀孕。九五当位，与六二相应，这一对明君贤臣，当中隔着九三、六四二爻，所以用"三岁"来表示时间久长。二、五当位，各得其正，心心相印，默契良好，即使再怎样拉开距离，也如夫妇般恩爱，绝无离异之心，因而说"终莫之胜"，最终能达成愿望，吉顺。

九五爻变为艮卦，象征上下同心协力，邪恶的阻力必将停息，也就是明君求贤臣，终必如愿以偿。

上九，鸿渐于陆，其羽可用为仪，吉。
《象》曰：其羽可用为仪，吉，不可乱也。

鸿雁由岸边到磐石，又飞上陆地，到山上的树林，而九五已经是最高的陵，再往前走，应该是向下了。九三为陆，上九也是陆，符合渐卦谦卑、知止的道理。"羽"指羽毛，"仪"为风范。鸿雁的羽毛可以用来作为礼仪的装饰，正如同高明贤士的美德能够当作大众的典范。上九为渐卦终位，并不当位，象征志不在上而在下，引申为明哲贤士深知功成身退的艺术。"天道忌满，人道忌全"，这种美德值得后人学习，所以说"其羽可用为仪"。"不可乱也"指不以禄利来惑乱这种止足的心志，上九才能吉祥。上九爻变为蹇卦，表示倘若不能止足，就会渐行渐远，终至寸步难行而招致凶祸，那就不吉反而有凶了！

渐卦启示

卦名	卦辞	启示
渐卦	渐，女归吉，利贞。	止顺自然，行不穷困。
爻位	爻辞	启示
上九	鸿渐于陆，其羽可用为仪，吉。	贤人高洁，言行可法。
九五	鸿渐于陵，妇三岁不孕，终莫之胜，吉。	怀才不遇，终能有成。
六四	鸿渐于木，或得其桷，无咎。	不安于树，或安于架。
九三	鸿渐于陆，夫征不复，妇孕不育，凶。利御寇。	夫征不复，妇孕不育。
六二	鸿渐于磐，饮食衎衎，吉。	饮食和乐，不尸其位。
初六	鸿渐于干，小子厉，有言，无咎。	少年初进，受责无咎。

❖ 卦五四 雷泽归妹 ䷵

一、归妹卦总说

归妹卦和渐卦既相综又相错，可见关系至为密切。"归"是嫁，"妹"是少女。《杂卦》说："归妹，女之终也。未济，男之穷也。"二者正好相对。"终"指女子最后的归宿，"穷"指事不能成或未成，是男人的困穷。女子到了适婚年龄，自然以出嫁为宜，但是归妹情况颇为特殊，是"妹随姐嫁"。

在六十四卦中，咸卦是少男追求少女，男女相悦，日久生情；恒卦上震为长男而下巽为长女，表示婚前婚后应该互相配合，以求白首偕老。归妹卦下兑为少女，上震为长男，老夫配少妻，并非婚姻正道，因此有人也将归妹解释为由兄长主持妹妹的婚礼。实际上，古代帝王纳有众多妃嫔，意在多子多孙，永保代代相传。按古礼，王侯丧妻，并不再娶，而以妾补正，所以春秋时代诸侯嫁女，往往以妹随嫁。

睽卦有"二女同居，其志不同行"的警示，可见后妃之间的明争暗斗不可避免，因此姐妹同嫁君王，也有借重亲情来减少后宫相残的用意。由此引申出兄弟姐妹是否要共同追随一位领导，彼此应当如何相处的道理。按说兄妹手足若能同处一地，彼此有所照应，当然会有好处。可是凡事有利就有弊，必须先以"征凶，无攸利"为戒，集思广益，好好商量。一旦下定决心，就应该共同遵守归妹之道，把长幼有序的规矩以及慎选对象的法则切记心头，宁可迟些时日，也要有所等待而后行，才能"永终知敝"。

二、归妹卦详解

归妹卦卦辞：归妹，征凶，无攸利。

姐妹共事一夫，犹如兄弟共同追随一位领导，倘若彼此争宠互斗，必招凶祸，所以有凶无利。

《彖》曰：归妹，天地之大义也。天地不交，而万物不兴。归妹，人之终始也。说以动，所归妹也。征凶，位不当也。无攸利，柔乘刚也。

男女婚配和天地二气相交同等重要，倘若"天地不交"，则"万物不兴"。"终始"是人生的结束与开始，人类能够生生不息，全赖女子出嫁、男子娶妻。下兑上震，象征喜悦地随行，妹随姐出嫁，或是弟随兄任职，都应该同心协力，才能以随行为喜悦，倘若彼此争宠斗狠，那就"征凶"而无所利。"征"即进而争斗，"位"指妹或弟的地位不应与姐或兄并列。六三乘初九与九二、六五乘九四，都是柔乘刚。二、三、四、五爻都失位，所以"位不当"。以妹欺姐，以弟斗兄，为人所共恶，当然不利。

《象》曰：泽上有雷，归妹。君子以永终知敝。

下兑为泽，上震即雷。泽可以储水，倘若久旱不雨，泽无水便困了。我们常说"雷雨大作"，便是雷催雨降，泽水充足。妹随姐出嫁，呈现出姐姐的动带来妹妹的希望，十分符合"泽上有雷"的象征。君子从这种自然景象体会到永远保持男婚女嫁的制度，才能承前代的终而接后代的始，并且明白附带而来的弊病，谨慎予以化解。兑为口舌，为妾，为毁折。所以，卦辞直接道出："征凶，无攸利。"无论行止，都应该特别小心谨慎。

三、六爻详解

初九，归妹以娣（dì），跛能履，征吉。
《象》曰：归妹以娣，以恒也。跛能履吉，相承也。

"娣"是妹妹，相当于妾，相比作为正妻的姐姐，自然卑下。初九当位，有娣之象。"跛"是不良于行，譬喻妾伴妻有如跛者一般步履倾斜，倘若稳步向前，不妄作主张，仍能吉顺。妹随姐或者弟伴兄，都属于以幼从长的关系，由于长幼有序，依次而行，虽然有些跛足，仍能步履安然。初九爻变为解卦，表示适时缓和负面情绪，重视长幼伦理，顺序承接，自然可以解除彼此之间的紧张关系，化危为安，这是归妹之道的首要准则。

九二，眇能视，利幽人之贞。
《象》曰：利幽人之贞，未变常也。

"眇"指瞎了一只眼，"眇能视"是勉强看得见。九二与初九都是娣，初九爻辞有"归妹以娣"字句，这里省略不重复。初九得位，与九四不相应，所以"跛能履"。九二失位，但与六五相应，因此说"眇能视"，都是偏而不正，用以形容妾的身份。初九以顺承姐意为吉，九二指嫁后应以幽静恬淡自居，守持贞正才有利。小象"未变常也"指九二具有刚中的气质，虽不当位，应该也不致失常，所以能"利幽人之贞"。九二爻变为震卦，表示倘若不能谨守幽静的贞德，可能引发大震动，造成凶祸。

六三，归妹以须，反归以娣。
《象》曰：归妹以须，未当也。

六三失正乘刚，象征妹妹有取代姐姐的歹念。以阴居阳，表示有改变妾的身份，成为正妻的想法。"须"是等待，等待上六的支持。但是六三与上六不相应，表示六三阴柔无才德，只知以美色讨丈夫喜欢，根本是不守本分的贱女，怎么能有这样的邪念呢？六三原本是娣，仅能反归现有的位置。六三爻变为大壮卦，象征人道既正，天道也大，并不容许六三这种不能自止的行为。

小象"未当也"的意思是六三不当位，不安于本分，以妾犯妻，实在不妥当。姐妹共事一夫，妹有意与姐争夺正位；兄弟共事一主，弟存心取代兄的位置，都是"未当也"。家庭伦理丧失，怎能使人安心信任？对自家兄弟、姐妹尚且如此，一旦动起歹念，丈夫、上司怎么承受得了？爻辞不言"凶"，自己应该心中有数。

九四，归妹愆（qiān）期，迟归有时。
《象》曰：愆期之志，有待而行也。

六五是卦主，九四居六五之下，为六五之妹，也就是随姐出嫁的妹。九四不当位，又与初九不相应，显然失去随姐出嫁的意愿，因此"愆期"，即到了婚期却不肯随行。"迟归"便是晚嫁，等待良时。六五柔弱，妹恐随嫁之后，自己的刚强个性难以配合，不如提出待时而嫁的要求，表示不随姐出嫁，以免增加姐的累赘。九四处于上震初位，为上卦主爻，是否归妹，这时候必须有所决定。九四爻变为临卦，表示已到临场，应该及时表态，避免"至于八月有凶"，嫁过去之后再生波折。可见要不要随姐出嫁，将来后果如何，都应该预为思虑。实际上是要明白卦辞提示的"征凶，无攸利"，再做出明确的决定。

六五，帝乙归妹，其君之袂（mèi），不如其娣之袂良。月几望，吉。
《象》曰：帝乙归妹，不如其娣之袂良也。其位在中，以贵行也。

古例，天子、诸侯都以嫡长子为接班人，所以娶妻时当然也要选嫡长女。帝乙是商代的天子，六五指他的嫡长女，九四为随嫁的妹。"其君"指六五，"袂"是衣袖，"不如其娣之袂良"表示姐姐的才气比不上妹妹，九四"愆期之志，有待而行"的原因即在于此。但九四的期待如将近十五的月亮，快圆满而尚未圆满，因此说"月几望"，"几"为将近，"望"是满月。

六五不当位，却与九二相应，具有居中得位的贵气，也就是德行，所以宁可选六五为元妃，也不能满足九四的愿望，如此方为吉顺。六五爻变为兑卦，表示品德重于能力，使人心悦诚服，谦能受益，而有才气的人却经常会因为骄傲自大而狂妄误事。

上六，女承筐无实，士刲（kuī）羊无血，无攸利。
《象》曰：上六无实，承虚筐也。

归妹的正道以承顺为吉。上六居于六五之上，象征妾妹争宠，把正姐当作空筐而无所承顺。这种有名无实的归妹，好比男士宰刲羊只，宰的是见不到血的死羊。抱持不诚实的心态，供奉缺乏诚信的祭品，就算形式上有归妹的表示，也是虚情假意，终究不会有好结果。上为终位，与六三不相应，象征归妹终于无成。上六阴爻，中空无实，显然所奉持的不过是一个空无所盛的虚筐，毫无诚意。上六爻变为睽卦，象征姐妹"二女同居，其志不同行"。遇小事尚能勉强凑合，遇大事那就不吉！归妹卦上震形如虚筐，果然到头来一场空。像这样的归妹，还不如一开始就不必勉强，因为卦辞已经明示"凶，无攸利"，何苦呢！

归妹卦启示

卦名	卦辞	启示
归妹卦	归妹，征凶，无攸利。	天地大义，人道开始。

爻位	爻辞	启示
上六	女承筐无实，士刲羊无血，无攸利。	出嫁未成，无何利益。
六五	帝乙归妹，其君之袂，不如其娣之袂良。月几望，吉。	帝乙嫁女，不重衣饰。
九四	归妹愆期，迟归有时。	出嫁过时，晚嫁待时。
六三	归妹以须，反归以娣。	反回妾身，等待出嫁。
九二	眇能视，利幽人之贞。	地位不正，德美有为。
初九	归妹以娣，跛能履，征吉。	随姊出嫁，委屈相从。

❖ 卦五五 雷火丰 ䷶

一、丰卦总说

丰卦与归妹卦都是三阳三阴之卦，上卦同样是雷（震），差别在于下卦一为电（离）一为泽（兑）。归妹卦九二和六三互换位置便成为丰卦。归妹卦讲少女出嫁，不宜急就强求，顺其自然比较好，倘能永守夫妇之道，彼此合作无间，促成家庭的丰沛盛大，所以《序卦》说："得其所归者必大，故受之以丰；丰者，大也。"

丰卦不是一般的大，而是非常大，既包括了物质方面的丰盛，也包括了精神方面的丰沛，唯有兼顾物质和精神，才有长保亨通的可能。《说卦》指出："离为火，为日，为电。""震为雷，为决躁。"雷电皆至，显然丰沛而盛大。离为明，震为动，明与动相资以守中，才能保持丰盛。倘若"不明而动"或者"动而不明"，那就不合于丰道。

丰卦一反《易经》常态，九三与上六相应，由于彼此相去甚远，差距太大，反而难以互相协助，十分不利；初九与九四、六二与六五皆不相应，却因为势均力敌，旗鼓相当，反而能够密切配合而吉利。

二、丰卦详解

丰卦卦辞：丰，亨，王假之，勿忧，宜日中。

"王"指君王，"假"为至，也就是到达，"王假之"即君王行德政，知人善任，好不容易达到丰盛的局面，接着便会开始忧虑，是否能长久持盈保泰。"勿忧"是君子要设法让自己没有这种忧虑，使万民得以共享。"宜日中"是像太阳那样，位居中天，保持丰大的状态。

《彖》曰：丰，大也。明以动，故丰。王假之，尚大也。勿忧，宜日中，宜照天下也。日中则昃，月盈则食。天地盈虚，与时消息，而况于人乎？况于鬼神乎？

离为明，震为动，即"明以动"，光明又活跃，因而丰大。君王能达到如此境界，是由于崇尚品德与才能并重，以德本财末来知人善任，使大家不用忧虑。但是，日中不可能永恒，很快就会西斜，天地的盈满与亏虚必然会随着一定的时宜而交替，消亡与生息互为循环，又何况是人？又何况是鬼神呢？卦辞虽然说"亨""勿忧"，实际上潜藏着"盛极必衰"的忧患与危机。

《象》曰：雷电皆至，丰。君子以折狱致刑。

雷电皆至，威明俱足，令人心生畏惧。君子看到这种自然景象，便仿效雷的威势以"折狱"，也就是决断审理案件；模拟电的光明以"致刑"，也就是动用刑罚。明断案件，意在减少冤狱委屈；严厉用刑，意在惩恶，减少强暴霸凌。为求维持丰盛的美景，保障社会的安宁，君子必须折狱用刑。

三、六爻详解

初九，遇其配主，虽旬无咎，往有尚。

《象》曰：虽旬无咎，过旬灾也。

初九与九四不相应，但在雷电皆至的情境中，初九为下电始位，九四是上雷始位，两者阳刚健壮，正好互相配合。"遇其配主"是初九当位，刚要发出电光，就遇到九四配主的大力配合，因而雷电皆至，声势壮大。"旬"指十日，数起于一而终于十，旬为满数，"过旬"便是过量。"虽旬无咎"强调保持在十日之内，不致过分盈满，就没有祸害。"尚"是嘉尚，"往"即行为。按《易经》通例，初九与九四不相应，应该会有缺失，现在雷电皆至，彼此互相配合，可以无咎，获得大家的嘉尚，但时间不能过久，否则大家无法承受，就会成为灾难，所以说"过旬灾也"。

六二，丰其蔀（bù），日中见斗，往得疑疾，有孚发若，吉。
《象》曰：有孚发若，信以发志也。

"蔀"指太阳为乌云所蔽。"斗"即北斗星。六二和六五不相应，但分居下离和上震中位，势均力敌。初九与九四可动，而六二和六五却不宜动，这是什么道理？因为六二得中，稍微一动，便过中而受到乌云的遮蔽，以致日中而昏，暗到看得见北斗星。譬如贤士正当事业丰盛之时，遭受阻碍与打击，此时倘若还要向上与六五配合，非但不能有所成就，反而容易引起六五猜疑，招惹忧患。幸好六二当位，又居中得正，凭借诚信，谨守中道不轻举妄动，终可逐渐获得六五的谅解。六五同意动时才动，否则就不动，这才吉祥。"信以发志"即是将内心的诚信发挥出来，消除疑惑。

九三，丰其沛，日中见沫，折其右肱（gōng），无咎。
《象》曰：丰其沛，不可大事也。折其右肱，终不可用也。

"沛"指太阳被云层掩蔽不明的状态。九三当位，为下离上爻，原本光明，但与上六相应，好比被乌云掩盖，反而不明，所以"丰其沛"。"沫"

是小星，九三和上六一刚一柔，力量不均，越动就越不平衡，好比日已过午，太阳刚刚西斜，整个天空乌云蔽日，更加黑暗，以致连北斗星后面的小星都能看见。此时应该格外小心，不宜轻举妄动，否则可能折断右臂，即受到伤害。譬喻贤明之士处在黑暗时代，不知明哲保身，还想大放光明，右臂伤了，还舞动左臂奋勇向前，最终毫无成果。既然环境不允许做大事，不如暂时退隐，明哲保身以免过咎。断了右臂的人至少要保护左臂的安全，九三为上六所掩蔽，相当于断了右臂，必须小心防范，免得左臂也受伤。

九四，丰其蔀，日中见斗，遇其夷主，吉。

《象》曰：丰其蔀，位不当也。日中见斗，幽不明也。遇其夷主，吉行也。

九四和六二同样"丰其蔀"，但是六二与六五互助，九四却与初九难以协力，这是什么道理？因为九四阳居阴位，又被六五阴爻所乘，好比自身原本就不明，又位于上震主爻，更加不明。一方面位不当，另一方面幽暗而不明，自然是"丰其蔀，日中见斗"。"夷"是均等的意思，"夷主"指初九。初九是下离初爻，九四为上震初爻。初九始明而九四始动，互助配合，因此称为初九遇其配主九四。现在九四与初九相遇，由于九四不当位，倘若能争取主动，以均等的态度与初九夷主共商丰道大计，也可以获得吉祥。《易经》通例，凡事只要配合得宜，便可以化凶为吉。九四位不当而"幽不明也"，若能主动以吉道行之，仍然会有吉象。九四为上震卦主，应该要有这样的认识和动力，主动积极与初九互动。

六五，来章，有庆誉，吉。

《象》曰：六五之吉，有庆也。

六五与六二两柔相遇，保持均衡，又都在中位，六二之明还需要六五的动来协助，必须"信以发志"，等候六五之动，才能吉祥。不过，六五虽然居中却不当位，可见不能动而无明，不可轻举妄动，必须主动向下与六二（相当于坤卦六二"不习，无不利"的诚信美德）商量，彰显六二的光明，即"来章"。实际上丰道最可贵的，即为大家心中庆幸而且口中赞誉不绝。六五带动上震，六二又以明火相配合，自然有庆誉而吉祥。倘若发展到这样均富的地步，就该持丰保泰，致力于品德修养的精进，促使社会和谐，彼此互助，提高防范意识，重视下一代的教育。

上六，丰其屋，蔀其家，窥其户，阒其无人，三岁不觌，凶。
《象》曰：丰其屋，天际翔也。窥其户，阒其无人，自藏也。

"丰其屋"是居住的房屋大而美，却"蔀其家"，为茅草所掩蔽，弄得家不像家。上六当位，与九三一柔一刚，相应却不能平衡，就丰道来说，象征贫富不均，不平衡就不能保持丰盛，贫富差距太大，社会很难安宁。"窥其户"是从门外窥看屋内，竟然寂静无人。即使窥看了三年之久，依然一无所见，象征富有人家盖了很大的房舍，却没想到屋大招风，一场风灾吹得屋漏门破窗碎，茅草塞得屋内昏暗，主人不得不弃屋离去。"三"为多，指经历很长的时间还回不来，这种丰极而毁的情形当然是凶祸。"天际翔"形容主人像飞鸟一样远走他乡。上六阴柔，表示将自己深藏起来，并不是别人掩蔽了上六，而是上六自作聪明，不该动而乱动，以致自作自受，自毁光明前程。

丰卦启示

卦名	卦辞	启示
丰卦	丰，亨，王假之，勿忧，宜日中。	照察实情，用刑惩恶。

爻位	爻辞	启示
上六	丰其屋，蔀其家，窥其户，阒其无人，三岁不觌，凶。	盛大屋舍，障蔽家庭。
六五	来章，有庆誉，吉。	招来贤才，助其盛大。
九四	丰其蔀，日中见斗，遇其夷主，吉。	盛大障蔽，遇着平手。
九三	丰其沛，日中见沫，折其右肱，无咎。	盛大障蔽，掩蔽刚明。
六二	丰其蔀，日中见斗，往得疑疾，有孚发若，吉。	盛大障蔽，不宜求丰。
初九	遇其配主，虽旬无咎，往有尚。	遇着配主，初丰可嘉。

❖ 卦五六 火山旅 ☲☶

一、旅卦总说

"旅"意为行旅，以及寄居在外的旅人。古代商人为了互通有无，经常往返各地，称为"行商"。倘若结队而行，即为"商旅"。现代则有各种旅行团，到处观光，是重要的休闲活动。

旅卦与丰卦互综。丰的尽头是有屋却难以安居，只好弃家出走，到处旅行。而旅的尽头则是重新恢复早已失掉的丰，避免成为颠沛流离的流浪汉。旅行在外，应该坚守正道，柔顺因应，既不可过卑而自取其辱，也不宜过亢而遭人妒忌，更不能把旅行当成享受，以致流连忘返，失去重建丰道的志气。所以，旅卦只能小亨，不能大亨，到处旅行，固然可以增广见闻，但是滚动的石头不生苔，长久如此，似乎连根基都扎不稳。

旅卦卦象山上有火，下艮譬喻不动的旅舍，上离的火势由一处烧到另一处，譬喻过了一站又一站，只停留几天便离开的旅客。

二、旅卦详解

旅卦卦辞：旅，小亨，旅贞吉。

因为匆匆而过，或为求职，或为避难，终究是漂泊不定，无法安居，所以难有大成，只能小亨。旅行在外，必须坚守贞正，随时注意周遭环境的变化，多加小心，避免造成失误，才能吉祥。

《彖》曰：旅，小亨。柔得中乎外，而顺乎刚，止而丽乎明，是以小亨，旅贞吉也。旅之时义大矣哉！

从卦象看，上离在外，下艮在内，显示旅客在外而不能久留，只能稍有亨通。六五阴柔居外离中位，夹在上九和九四两刚之中，表示旅客要入境随俗，以免无处容身。下艮为止，上离为丽为明，表示旅人最好止绝妄念，明察事理，处处谨慎，顺乎人情，自然会有小亨。旅途艰困，各地风俗习惯各不相同，如何合理因应，随遇而安，对旅人来说格外重要，所以说旅的时义非常重大。

《象》曰：山上有火，旅。君子以明慎用刑，而不留狱。

旅卦山上有火，山静而火动，好比旅人在日落后投宿休憩，翌日清晨再度踏上旅途。君子看到这种景象，明白在审理刑案时，要如山一般稳重谨慎，直到不得已时才会将犯人送入牢狱。山上的火随草木而行，并不停留，君子也不宜拖延断案、积留不决，使犯人久留狱中。

三、六爻详解

初六，旅琐琐，斯其所取灾。
《象》曰：旅琐琐，志穷灾也。

"琐琐"是指斤斤计较某些细小琐碎的事，缺乏远大的抱负。初六不当位，又是下艮初位，表示初次离家，缺乏行旅的经验，只身在外，人地生疏，心中惶恐不安，不知如何是好，因而处处显得人穷志短，斤斤计较，不够大方。"斯"是这的意思，初六过于柔弱，这样的旅人经常会招致灾祸。初六与九四相应，为什么得不到资助呢？因为九四是上离初位，离为火，火性向上，很难向下照顾初六。初次出门旅行的人，最好明白自己的处境，既不可浪费，以免旅费不足，也不能过分吝啬，否则更加寸步难行。

六二，旅即次，怀其资，得童仆贞。
《象》曰：得童仆贞，终无尤也。

"次"指旅舍，"即次"便是就居旅舍。六二当位，与六五不相应，象征旅客暂住旅舍，无法获得家的温暖。倘若要求小亨，必须身怀相当的旅费，最好还要有人陪同。但即使怀有资财，拥有童仆相助，自己也应该守正。六二以柔居下艮中位，上承九三，犹如怀有资财；下有初六比邻，如果给初六一些资助，也能获得初六的代劳。"怀其资"指存有足够的旅费，不必像初六那样斤斤计较；"得童仆"则是在衣食住宿都获得相当程度的满足后，才能拥有舒适的旅程。旅途中能够"怀其资""得童仆"，便应当知足。自己待人和善，凡事力求合理，自然没有怨尤。在这种情况下，如果依然不知足，还有所奢求，那就不可能无尤了。

九三，旅焚其次，丧其童仆，贞厉。
《象》曰：旅焚其次，亦以伤矣。以旅与下，其义丧也。

"焚"指烧毁，"次"是旅舍。九三当位，以阳刚居下艮极位，并不得中，与上九又不相应，好比行旅途中行为过亢，不以现况为满足，桀骜不驯。此外，还下据六二与初六，把他们当作童仆使唤。如此刚亢的态度，导致住宿的房舍被烧毁，所使唤的童仆也逃走了，显然有违旅的正道，必须自反自律，及时守正，防止危险，所以说"贞厉"。失正道就不能随遇而安，旅舍被毁，令人悲伤；在旅途中对待童仆过分苛刻，当然会落得童仆各自逃走的下场。九三毁舍丧仆，难免危厉，必须及时守正才能挽回。

初六为了生活，在旅途中不免要做一些琐事以求糊口。六二有资财也有童仆，应该知足。可是九三却不知自制，居然毁舍丧仆，象征物质生活满足之后，又向名利方面动脑筋，弄得当地人不满，联手给予打击，甚至还可能客死他乡。九三最好能记取乾卦九三"终日乾乾，夕惕若厉"的教训，在旅途中尤其要明白人地生疏的处境，才能常保无咎。

九四，旅于处，得其资斧，我心不快。
《象》曰：旅于处，未得位也。得其资斧，心未快也。

"处"指暂时栖息的地方，比"次"还差一些。九四是上离的开始，以阳居阴，处位不当。上离代表旅人，九四刚明，却与初六相应，与六五亲近，表示九四柔而谦下，又能亲上，谨守旅道，因而获得资助，可以支应旅途所需。既然如此，为什么九四还会觉得"我心不快"呢？因为"处"毕竟不如"次"，有如得到了一块荆棘丛生的土地，还得自己用刀斧去披荆斩棘，努力开拓，才能勉强安身，当然不愉快。我们用"资斧"作为旅费的代名词，表示只能找初六这样简陋的旅舍，自己要付出很多劳力，更谈不上高枕无忧，所以"心未快也"。年纪大的人最好不要自助旅行，去住那种自助式旅舍，与年轻人一起和时间赛跑。如此一来，怎么可能会感到愉快呢？

六五，射雉，一矢亡，终以誉命。
《象》曰：终以誉命，上逮也。

六五柔居刚位，上被上九所据，象征丧失自由；下乘九四阳刚，好比失去安全。幸好六五居上离中位，能够秉持中道，承顺上九，亲比九四，疏解了上下的威胁，获得旅途的平安。"雉"指山鸡，羽毛光彩鲜明。六五待人和气，行事合理，就算射山鸡时并不顺利，失去了一支箭，最后仍然得到荣誉。古人获封官吏，有时会以山鸡当作礼物，献给君王以谢恩，象征立身处世光明磊落。"逮"是及的意思，"上"指上九，六五顺承上九，表示旅行毕竟不如安居，偶一为之，能够获得某些乐趣；若是长期奔波，当然不得安宁。六五适可而止，及时终结旅的生活，虽然射不到山鸡，失去了一支箭，但以正待时，终能获得有自知之明的美誉。离明的美德在于普照大地，把旅行的宝贵经验传承给后人，而不是不顾自己的财力、体力，仍然执意四处奔波，劳师动众，以致永无安宁之日。

上九，鸟焚其巢，旅人先笑后号咷，丧牛于易，凶。

《象》曰：以旅在上，其义焚也。丧牛于易，终莫之闻也。

上九以阳刚居旅卦极位，又是上离上爻，违反了旅道以贞为吉的原则。"鸟焚其巢"象征离火烧毁了居处。上九旅人原本高高在上，得意扬扬，骄傲自大，现在旅舍被烧毁，无处可安身，怎能不号啕大哭呢？"易"指场，也就是田畔。牛为柔顺的动物，在田畔丢失了牛，表示上九旅人丧失了旅道应有的柔顺德行，终究招致凶险。"莫之闻也"是说，对牛来说只是找不到它了，对旅人来说那就是在外遭殃，终归无人闻知，更加悲惨！旅卦的主旨在于阐述求取安定的原则。旅途象征不安定，在旅的状态下，很容易遭遇不正常情况，必须自己坚守正道，处处求取合理，并且谦虚待人，不斤斤计较，才能转危为安。倘若有恃无恐，得意忘形，恐怕将难逃凶险的命运。旅道走到上九，显然是奔波久了，想要伏下来休息，所以紧接着下一卦便是巽卦。

旅卦启示

卦名	卦辞	启示
旅卦	旅，小亨，旅贞吉。	柔和守中，有所不为。

爻位	爻辞	启示
上九	鸟焚其巢，旅人先笑后号咷，丧牛于易，凶。	栖身无处，先乐后悲。
六五	射雉，一矢亡，终以誉命。	猎取荣誉，终必获得。
九四	旅于处，得其资斧，我心不快。	虽得资斧，心不快乐。
九三	旅焚其次，丧其童仆，贞厉。	焚毁馆舍，用人不忠。
六二	旅即次，怀其资，得童仆贞。	就舍藏财，用人忠诚。
初六	旅琐琐，斯其所取灾。	琐细卑鄙，贼役取害。

❖ 卦五七 巽为风 ䷸

一、巽卦总说

"巽"是风，又代表谦顺，巽卦所讲的便是为人处世应当谦顺的道理。有人喜欢硬碰硬，结果两败俱伤。自古英雄难过美人关，柔能克刚，风的力量实在不能忽视。

风无孔而不入，有时想挡都挡不住。可是，风并没有罪，反而是人要负起完全的责任。所谓见风使舵、见机行事，必须在动机纯正、随机应变而非投机取巧的前提下，这样才会合乎巽道。同样有孔便钻，也要看出发点正不正当，正就可取，不正便不可取。

上巽下巽称为重巽，象征一个组织要上下一心，最要紧的是上要正，下才能顺。风气的改变实际上是由一两个人所主导的，也就是由上巽主导，特别是九五，必须率先表现出良好的风范，礼贤下士，谦逊待人，这样才会产生重大的影响。上若失正，下便可能吹起不同方向的风，如此一来唱反调也是合理，在上位者必须自我反省。

二、巽卦详解

巽卦卦辞：巽，小亨，利有攸往，利见大人。

"巽"为谦顺，犹如卦象的一阴伏于两阳之下，为什么只能小亨呢？因为事事顺人，固然可以与世无争，却往往成不了大事。像风那样无孔不入，实际上未必能产生大作用。由此可见，处巽之道并不是一味谦顺，而是应该谦顺时才谦顺，不应该谦顺时就不一定要谦顺。以谦顺的态度做好充分的准备，等待时机合适，便要有所作为，这不但有利于向前发展，而且有利于接受大人的领导，或者也可让自己为社会公益做出良好贡献，表现出大人的气象，那就大大亨通。

《彖》曰：重巽以申命，刚巽乎中正而志行。柔皆顺乎刚，是以小亨，利有攸往，利见大人。

"申命"是三令五申，反复申达命令。重重的风连续吹拂，便是"重巽以申命"。阳刚而具有谦顺且中正的美德，其意志才能得以顺利实行。初六和六四为卦主，能顺从九二和九五的阳刚，即"柔皆顺乎刚"，所以能获得小亨。象征顺风而行，有所前往必将有利，谒见大人或获得大人指点时，也都十分有利。

《象》曰：随风，巽。君子以申命行事。

"随风"是上风下风相随吹拂的意思，上风指九五所树立的风范，下风即九二所形塑的风俗。风范影响风俗，风俗反映风范，所以说"随风"。君子看到这种情况三令五申，一方面用以申达命令，另一方面也用来移风易俗，使社会风气日趋善良，民间风俗日益端正。

三、六爻详解

初六，进退，利武人之贞。

《象》曰：进退，志疑也。利武人之贞，志治也。

初六柔居刚位，上与六四不相应，象征位卑而才弱，遇事犹豫不决，有进退两难的感觉。这种窘境主要来自意志疑惧萎缩，不能果决。如果武士有这样的心态，那就不够勇猛，不像习武之人。"利武人之贞"的意思是在初六这种情况下，最好效法武士勇敢无畏、意志坚定、做事果决的精神，才不致误事。若初六变为初九，巽卦便成为小畜卦，对于柔弱无依、进退两难者有很大帮助，由意志疑惧萎缩修治转变为意志坚强果决，当然十分有利。谦顺是良好的修养，但是处于卑下的地位，反而应该勇武一些，果敢地做出进退有据的合理表现，才不致犹豫不决而错失良机。

九二，巽在床下，用史巫纷若，吉，无咎。
《象》曰：纷若之吉，得中也。

古代的床有上下之分，倘若以初六阴爻的两段象征床的两根支柱，九二即为下床，九三便是上床。"床下"指下床，九二谨守中道，与初六亲比。"用"为效法，"史"为史官，"巫"即卜巫之人，"纷若"是众多而杂乱的意思。九二对待初六，犹如史官或卜筮的人，提出很多意见供初六参考，使原本意志不坚、柔弱无依的初六获得适当的指引，所以吉而无咎。为什么意见众多杂乱还能吉祥呢？主要是由于九二能够谦顺而不失中道，在柔顺中仍然发挥了阳刚的力量。

初六柔顺，要学会刚健一些；九二刚健，应该柔顺待人。进者退之，而退者进之，合乎中道。

九三，频巽，吝。
《象》曰：频巽之吝，志穷也。

九三来到下巽极位，又有六四凌乘于上，只好勉为其难地谦顺，并不是诚心改过。"频"是不乐的样子，兼有屡次的意思，频频不乐，委屈谦顺，当然有过失。九三阳刚而处下巽极位，心志已经困穷，因而憾惜。

下巽三爻是风俗的塑造者。初六是领头羊，若能效法武士精神，挑战风俗，便可使意志获得合理修治。九二是领导者，代表民间领袖，也是风俗的主导，刚中谦顺，不失中和的美德，一方面给初六提供很多参考意见，另一方面使九三由志穷而志伸，改变口头认错却不真心改过的不良习惯，同心协力，移风易俗。九二能实行上下配合的良好措施，有这样的优良风范，初六自然能进退有据，九三也能从困吝中挣脱。下巽的和风又为上巽提供了稳定发展的基础，使九五更能展现大人的风范，发挥更为合理而充实的九五之吉，促使处巽之道更趋合理。

六四，悔亡，田获三品。
《象》曰：田获三品，有功也。

六四当位，上有九五既中且正的风范，下有九二主导的移风易俗的核心团队，只要自己愿意充当薪木，供上下重阳燃烧发出光明，自然悔亡。何况九五和九二这两位风范和风俗的主导人士都能够秉持中道，当然有功而获得奖赏。四爻原本多惧，但由于九五的贤明领导，变得有功无悔。

九五，贞吉，悔亡，无不利，无初有终。先庚三日，后庚三日，吉。
《象》曰：九五之吉，位正中也。

九五既中且正，是全卦的灵魂人物。巽道能不能得其正，就看卦主是否坚持合理的贞操。巽道的要旨在正，不正的巽必然有悔。九五刚而能巽，也就是能以阳刚性气合理实践巽道，当然悔亡，无往而不利。

古人用天干地支循环相配以纪年，十天干即甲、乙、丙、丁、戊、己、庚、辛、壬、癸，十二地支为子、丑、寅、卯、辰、巳、午、未、申、酉、戌、亥。十天干和十二地支配成六十组，称为六十年一甲子，每六十年一循环，又重新开始。

庚在十天干中排序第七，过了半数，象征可以变革。庚与"更"同音，含有变更、更改的意思。"先庚三日"指庚前面的第三位，便为丁，即是再三叮咛；"后庚三日"指庚后面的第三位，即是癸，意思为揣测、揆度。九五是申命行事的主体，事先不厌其烦地再三叮咛，事后认真揣测、揆度大众的反应，就算刚开始难以为人接受，终究也将得以实行，所以说"无初有终"。也可以说凡是新命令，在发布的前三天就应先放出风声，使大众有所反应而加以解说；发布三天后再开始实行，使大众有充分准备的时间。九五既刚正又谦顺，和九三的频巽志穷当然大不相同。九五内刚外柔，意志十分坚定，态度又很谦逊，位居中正，坚守中道，吉无不利。

上九，巽在床下，丧其资斧，贞凶。
《象》曰：巽在床下，上穷也。丧其资斧，正乎凶也。

九二和上九同样是"巽在床下"，为什么九二吉无咎，上九贞凶？因为九二是移风易俗的主导者，对于九五所展现的风范，当然应该格外尊重推崇，自己睡下床，把上床留给九五，以示谦顺。上九是大佬，理应保持巽的正道，配合九五的风范，现在却过分谦顺，自己睡在下床，相当于丧失了所有资助决断的斧头（指决断的工具），不得其正，非但无益，反而受其害，必须及时守正，以免凶险。上九阳居阴位，又在全卦极端，象征居上而偏离中道，有过巽的遗憾。爻辞说"贞凶"，最好提高警觉。

上巽的主旨在以九五的风范为主体，做到《论语·颜渊》所说的"君子之德，风；小人之德，草；草上之风，必偃"。九五代表君子之德，主要在展现风范；下巽三爻为草，以九二为中心，承受上巽风范，顺风而倒，趁着风力移风易俗。由此可见，九五的作为才是巽卦的主导力量。

巽卦启示

卦名	卦辞	启示
巽卦	巽，小亨，利有攸往，利见大人。	上下卑顺，贯彻命令。

爻位	爻辞	启示
上九	巽在床下，丧其资斧，贞凶。	过分卑顺，丧失果断。
九五	贞吉，悔亡，无不利，无初有终。先庚三日，后庚三日，吉。	一再叮咛，并加检讨。
六四	悔亡，田获三品。	猎获高禄，懊悔消失。
九三	频巽，吝。	屡次卑顺，令人惋惜。
九二	巽在床下，用史巫纷若，吉，无咎。	过分卑顺，不如守中。
初六	进退，利武人之贞。	犹豫不决，要果断正。

❖ 卦五八 兑为泽 ䷹

一、兑卦总说

兑为泽,两泽相连,内外相通,交通便利,自然令人心生喜悦。卦名为"兑"而不用"说"或"悦",去掉言字旁和心字旁,提醒我们兑卦一方面说明了和悦相处的道理,另一方面也提出了和而不同的主张,反对以言语谄媚他人或有心曲意逢迎他人。

悦而不媚,以正当手段讨好他人,才是喜悦之道。自己有原则称为内刚,对人和气称为外柔,对事坚持原则,待人和蔼可亲,自然亨通,倘能刚柔并济,走上和悦正道,自然有利于处理正事。我们最好慎防把自己的喜悦建立在他人的痛苦之上,凡事顺乎天理,应乎人情,先天下之忧而忧,后天下之乐而乐,必能得人心而昌隆;反过来,只顾私利,只重私欲,便是短暂而不实际的快乐,很快就会变成不快乐,继而转为痛苦。

二、兑卦详解

兑卦卦辞:兑,亨,利贞。

就兑卦来说,元、亨、利、贞四德属于三显一隐,也就是元为隐,而亨、利、贞为显。元是兑的动机,所以隐而不现。兑卦上下和悦,当然亨通,但是能不能守持贞正以获得正利,要看一开始的动机(元)是不是真诚,可见兑卦的终极意义在于动机纯正。

要知道，有三种事可以取悦别人：第一种叫巧言，遇到很会讲话的人要多加提防；第二种叫令色，遇到很会打扮的人要注意其用心，君子往往自认为修养很好不会上当，其实越是一本正经的人越容易出问题；第三种是美景，很多人去度假，流连忘返，结果耽误正事。

卦辞的亨，只是一时亨通。想想看，多少喜欢登山的人最后死于山路，多少喜欢泛舟的人最后死于水中。艺高人胆大，越熟悉越无所谓，也越容易肆无忌惮，结果出了大事，这就是《易经》的道理。

艮由震来，兑由巽来

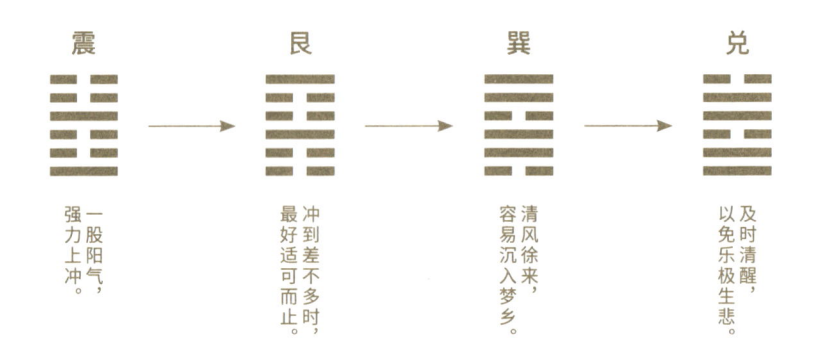

震	艮	巽	兑
一股阳气，强力上冲。	冲到差不多时，最好适可而止。	清风徐来，容易沉入梦乡。	以免乐极生悲。及时清醒，

《彖》曰：兑，说也。刚中而柔外，说以利贞，是以顺乎天而应乎人。说以先民，民忘其劳。说以犯难，民忘其死。说之大，民劝矣哉！

兑代表喜悦，但必须顺天应人。兑卦九二、九五都是刚居中位，六三、上六都是阴柔在外，意为坚守合理的贞正，自然能顺天道而应合人情。"先民"即先于民,使人民先喜悦,人民就会忘掉劳苦;使人民喜悦地冒险犯难,人民也会忘记死亡的恐惧。喜悦的道理十分重大,人民可以从兑卦中获得很多劝勉!

《象》曰:丽泽,兑。君子以朋友讲习。

兑卦内外两泽相连,互相附丽,所以称为"丽泽"。君子观赏这种附丽相通的自然景象,可引申为人类社会中的以文会友。彼此聚集一堂,交换心得,相互勉励,当然内心喜悦。"讲习"就是互相讨论学问,养成习惯,在日常生活中努力实践。倘若各怀鬼胎,暗中争权夺利,存心打压对方,那就不悦了。

巽卦跟兑卦都不是君子之道,而是切肤小人之道,只能齐家,无法治国。家里重亲情,父子有说有笑是亲情的表现,可是在机关团体里面,一定不能随便嘻嘻哈哈。所以,兑卦跟巽卦在家里很管用,在外面就应该特别小心,处理事情,特别是公事,不能感情用事,不能情绪化,不能任意而为,否则迟早出问题。尤其那些有权有势的人,他们自认为掌握了生杀大权,想怎样就怎样,表面上似乎没什么人敢反对,但实际上他们已经给这个团体埋下严重的祸根。

三、六爻详解

初九,和兑,吉。
《象》曰:和兑之吉,行未疑也。

"和"即和平,全卦四阳只有初九不与阴爻相连,显得和而不同,有君子之风,所以吉。初九阳居阳位,上有九二刚中,又不妨碍六三的柔顺,象征言行举止并未引起猜疑,表现出"发而中节"的和悦,刚健却能随和,因而吉祥。与人相处，首先必须抱持和而不同的心态，不勉强自己和别人完全相同，也不强求他人与自己完全一样。据此求同存异，互相包容，自然不致引起怀疑而误以为有什么不良企图。说话时不存心讨好对方，也不表示自己高人一等，应该是和悦的基本条件。说妥当话，遵守礼节，大家不猜疑，自然和谐。

九二，孚兑，吉，悔亡。
《象》曰：孚兑之吉，信志也。

九二并不当位，原该有悔，却因为刚中得正，诚信和悦，所以吉而悔亡。小象的"信志"是心志诚信。九二孚兑能够"吉"而"悔亡"，原因即在心志诚信。心怀诚信而又和悦待人，是持久可靠的吉祥。九二上有六三，象征有阴邪小人相邻为伍，但能不为所媚，即使偶有悔恨，也会很快消亡。九二倘若爻变成六二，兑卦变成随卦，很容易舍九五而随初九，失去九五的呼应，象征三心二意，患得患失，反而令人惑而有悔。

初九的和兑必须经得起时间考验，才能进一步成为孚兑，换来以心交心的情谊。

六三，来兑，凶。
《象》曰：来兑之凶，位不当也。

六三不当位，又居下兑上位，依据三多凶、四多惧的惯例，自然凶险。"来兑"就是曲意取悦于人。六三与上六不相应，所以取悦初九和九二，不过初九和兑，九二孚兑，都不受其影响，反而六三会由于心不正而招致凶险。三是阳位，是君子的位置，六代表阴柔小人，以六居三，象征小人占了君子的位置。小人能占有君子的位置，通常是通过曲意取悦、存心讨好等邪媚的方式来获得。可即使能欺蒙一时，时间一久也必为大家所唾弃，所以凶险。不择手段的结果必然丧失信用，就算想要改变，也很不容易重新获得大家的信任。最好的方式是六三变成九三，使兑卦变为夬卦，勇敢果决地除去邪媚，绝不曲意取悦他人。

九四，商兑未宁，介疾有喜。
《象》曰：九四之喜，有庆也。

"商"是思量，看到六三的来兑凶险，九四心生恐惧，犹豫要不要戒除来兑的不当手段。"未宁"是心神不宁，犹豫不定，当然未宁。"介"为隔绝，"疾"是疾患。九四为上兑的开始，阳居阴位，象征阳刚失正，又与初九不相应，幸好上承九五，获得有力的支撑，终能戒绝六三的邪佞，获得相当的喜庆，所以说"介疾有喜"。能够在上兑一开始就重建诚信，隔绝不正当的来兑，当然值得庆贺。九四阳刚，却由于居阴爻而采取柔顺的态度，象征其具有六四的心态，可促使兑卦变成节卦，知所节制，有利于上兑的发展。动机纯正，诚信为本，秉持和而不同的柔顺，是九四位于兑上和兑下之间，能够在邪正的分野中拨乱反正的有利条件。

九五，孚于剥，有厉。
《象》曰：孚于剥，位正当也。

"剥"是小人道长、君子道消，对君子非常不利。"有厉"表示有危险。九五居中得正，但与九二不相应，加之上六的谄媚取悦，当然有厉。其实我们最好认清，上六不过是引兑，并非真正剥削九五的小人，反而应该留意九二受不了六三的来兑，以致变节而产生巨大的剥削力量。小象只说"位正当"，没有清晰指出"行不当"，是尊重九五，给予正面的肯定，爻辞已有"剥"和"厉"的警示，点到为止。

九五的主要修养应该是《论语·子路》所言："君子易事而难说也。说之不以道，不说也；及其使人也，器之。"在九五手下做事不难，却不容易讨好，如果不用正当方法与之相处，九五是不会喜欢的。九五用人做事，必定量才而用，具有这样的素养，应该可以有厉而无咎。若九五变为六五，则成为归妹卦，表示应以坚持正道，顺其自然为宜。

上六，引兑。

《象》曰：上六，引兑，未光也。

"引兑"是引诱他人相与欣悦。上六当位，物极必反，有向下引诱九五相与欣悦的可能。自己欣悦是一种享受，但别人有别人的处境，未必和我们相同，引诱别人相与欣悦，即使没有不良企图，至少也会影响别人的正常生活。倘若居心不良，使别人荒废正事，甚至养成坏习惯，那就罪加一等。爻辞只说"引兑"，并未评论吉凶，是因为引诱是一回事，受到引诱的人如何回应则是另一回事，不能混为一谈。小象指出，引兑的行为并非光明正大，但也没有加上任何断语，同样是尊重各人的自作自受，不可能同等看待。

还有一种说法是上六德高望重，九五基于大众的利益，主动前来牵引，使上六由原本的"未光"形成引兑的正大光明。譬如周文王亲访姜太公于渭水，刘备三顾茅庐，都是九五善于牵引所造成的悦乐。姜太公和孔明都是难得的奇才，若非诚意相邀，绝不肯轻易任职，这样的以礼相邀，当然不可能居心不良。上六变成上九，兑卦成履卦，显示出由于九五的履行实践，以正大光明的态度引兑，使原本并未显现光辉的上六得以大放异彩。同样是引兑，可以把人引入邪道，也可以使人大放光明。所以，上六爻辞并无吉凶断语。

兑卦启示

卦名	卦辞	启示
兑卦	兑，亨，利贞。	和悦亨通，忘劳忘死。

爻位	爻辞	启示
上六	引兑。	牵引以悦，有失光明。
九五	孚于剥，有厉。	任令剥蚀，危险正着。
九四	商兑未宁，介疾有喜。	考虑所悦，应恶阴邪。
六三	来兑，凶。	就人求悦，居位不当。
九二	孚兑，吉，悔亡。	以信而悦，志存诚信。
初九	和兑，吉。	以和而悦，行为无疑。

卦五九 风水涣

一、涣卦总说

"涣"字由水和奂组成,奂是多,水流没有固定的方向,但一多便会四处流散,所以心情好时涣代表心旷神怡,心情不好时涣就代表令人烦恼。合起来看,意为当人心情舒畅时,最容易荒废正事。《序卦》说:"兑者,说也。说而后散之,故受之以涣;涣者,离也。物不可以终离,故受之以节。"人心喜悦,经过一段时间就会涣散,所以兑卦之后是涣卦。涣卦的错卦为丰卦,综卦是节卦,前面是兑卦,彼此关系密切,可以一并研究,获得更丰富的信息。

二、涣卦详解

我们常说"生于忧患,死于安乐",社会一片喜乐,精神就会涣散,这时候最要紧的便是加强沟通,唤醒大众同舟共济的精神,以期能安度危难。所以,涣道的要旨在于挽救败坏的社会风气。而要化解风险,重新聚合民心,最需要一位抱有济世胸怀、有能力且坚持守中要旨的大人领袖,发挥"济涣"的功能。不过,守中不易,必须十分谨慎。

爻辞之中只有初六没有"涣"字,表示其警觉性很高,能够及时挽救。即使初六软弱无能,只要上下一心,仍可吉祥。自二至上爻都提及"涣"字,表示初六倘若挽救不成,大家就要勇敢面对涣散的状态,逐步聚合。因为"济涣"的过程必须合乎仁义，并不能采取残暴和杀害的手段。

> 涣卦卦辞：涣，亨。王假有庙，利涉大川，利贞。

"涣"有流散、化解之意。流散的功能在于使原本不流动的流动，化解的作用在于散而不断。凡事当散即散，应聚便聚，在聚散的变化中，涣的道理值得深思。由不通而通，所以亨。"王"指君王，"假"为至，君子看到民心涣散，便亲自到宗庙祈求神灵保佑。"大川"即险难，"利涉大川"便是以至诚之心感动百姓，带领大家安度涣散所带来的险难。处于涣散时期，最好保持合理情操，逐渐聚合民心，所以说"利贞"。

涣卦的涣散与聚合相对应。卦辞以君王亲临宗庙祭祀譬喻神灵保佑，以涉越大川象征人心聚合，可见虽然事物的形态涣散，但在精神方面仍有聚合的意愿，否则"哀莫大于心死"，不但形态涣散，连心态也显得绝望，那就难以"济涣"了。涣卦三阴三阳，刚柔相比或相应，象征涣而不断，也就是形散而心尚未乱，所以还有"济涣"的可能。

艮后为渐，兑后为涣

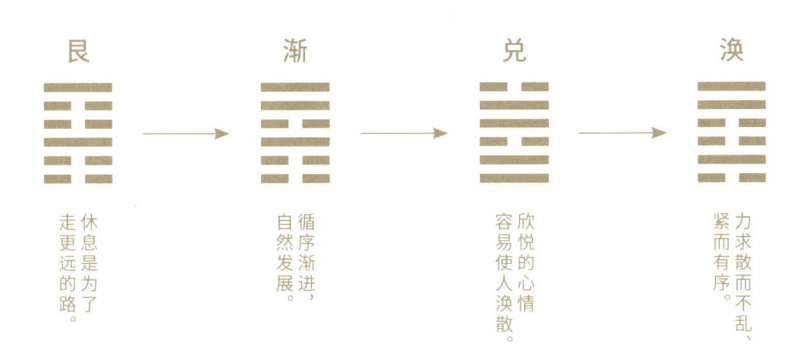

艮	渐	兑	涣
休息是为了走更远的路。	循序渐进，自然发展。	欣悦的心情容易使人涣散。	力求散而不乱、紧而有序。

《彖》曰：涣，亨。刚来而不穷，柔得位乎外而上同。王假有庙，王乃在中也。利涉大川，乘木有功也。

涣散怎么可能亨通呢？这里提供了三个信息：第一个是"刚来而不穷，柔得位乎外而上同"。"刚"指九二，阳居中位，与初六、六三互动，使水得以流动而不穷困；"柔"即六四，柔居阴位，居于外卦，上承九五，与之同心。第二个是"王假有庙，王乃在中也"。"王"指九五，以刚明居中履正，通过诚敬的庙祭来感召涣散的民心，"在中"是九五居上巽中位，用正道来聚合民众。第三个是"利涉大川，乘木有功也"。下坎为水，上巽为木，好比木船行于水上，当然有利于度过险难。三者俱备，涣散自然得以亨通。

《象》曰：风行水上，涣。先王以享于帝立庙。

坎为水，巽为风，所以有"风行水上"的象。水被风吹，势必流动四散。坎代表冬季水结成冰，巽象征春天到来，和风吹开冻结的水面，冰雪化解，水恢复流动。风行水上，有化聚为散的作用，表示当散即散，聚散合理，就不是坏事。先王从中体会到，当民心涣散之际，要通过祭享天帝、建立宗庙来表示自己化解险难的诚意，以期聚合民心。

三、六爻详解

初六，用拯马壮，吉。
《象》曰：初六之吉，顺也。

初六象征险难初期，自身力弱，不足以承担济涣重任。何况初六与六四不相应，上巽为木，涉川需要木舟，初六缺乏木舟的应援，只好转向九二求救。九二阳刚守中，有如壮马，可以协助，但是九二与九五也不相应，好在六四能就近与九五相联,使得九二专心协助初六,获得吉祥。象辞的"柔得位乎外而上同"便是六四上顺九五,使九二不受牵制,促成初六在初期就能治涣有功。但这并不完全是初六和九二的功劳,必须归功于六四的上顺九五,所以说"初六之吉,顺也"。六四和九五同心协力,风力够强,足以收拾离散的局面,而九二犹如壮马,能够全力资助初六,所以吉祥。

九二,涣奔其机,悔亡。
《象》曰:涣奔其机,得愿也。

九二不当位,象征离散奔逃,所以"涣奔"。九二与九五并不相应,因此奔逃时不向上而向下。"机"指几案,古人席地而坐,以几案作为倚凭,显得很安闲,不当位又不相应的悔恨因而消亡。为什么涣散之时还能这样呢?因为"涣奔"的时候要求安全,哪里安全,哪里就是大家"涣奔"的目的地。正好初六柔弱,又向九二求救,九二既然以初六为倚凭,安全的愿望达成了,当然能够定下心来,全力协助初六治涣。初六与九二相比,一阴一阳,同难相济,而又同心协力。倘若高层人士(六四与九五)也能如此,则涣散可以复聚,九二自然"悔亡",而初六也能吉祥。

六三,涣其躬,无悔。
《象》曰:涣其躬,志在外也。

"躬"指六三。来到第三爻,人心涣散更为严重。六三不当位,又是下坎极位,险象环生,要拯救自己的涣散自然十分困难。幸好六三与上九相应,又是全卦唯一相应的爻位,因此无悔,能以忘我的精神向外"济涣"。六三与上九相应,显示"涣其躬"必须有坚强的意志,所以"志在外也",由内及外,可以脱离坎险而就顺风,虽然不能济天下的涣散,但至少可以先拯救自己的险难。《易经》中六三相应上九很少会有好结果,但涣卦却是例外。

六四，涣其群，元吉。涣有丘，匪夷所思。
《象》曰：涣其群，元吉，光大也。

进入上巽顺境，形势好转，人心由涣散转向聚合，此时九五登高一呼，应该可以"济涣"了。"匪"即非，"夷"为常，"匪夷所思"就是出乎常人的思虑。"涣有丘"是使涣散聚合得犹如山丘，能够如此，当然是匪夷所思。六四与初六不相应，象征公而忘私，为了效忠阳刚得中的九五，肩负起"济涣"的重责大任，主动为九五分忧分劳，以正道聚合离散的群众，所以说"涣其群"。促成群众大团结，聚合得犹如山丘一样坚牢，这是平常人难以想象的效果，当然大吉大利。

六四当位，是上巽始爻，象征"济涣"已经脱离险境，走向顺利。不与初六相应，表示无私心，不搞派系关系。上承九五，是主动顺应领导者。这些情况都证明六四的光明正大，所以小象说："元吉，光大也。"

九五，涣汗其大号，涣，王居无咎。
《象》曰：王居无咎，正位也。

九五为君王，六四是大臣，初至四爻都扮演"拯涣"的干部，大家获得九五的信任，才能完成"济涣"的任务。九五阳刚居中，能秉持正道而行，与九二不相应，表示不树立私人势力，凡事公诚以对，把涣散的状态视同自己的病痛。"汗"在人体内是病，"涣汗"便是发汗。经由六四以及其余干部的同心协力，君王就像出了一身大汗那样，病情好转许多。"大号"也可以看作登高一呼，发出重大的聚合号令。"居"指积蓄，君王把积聚的财物广散各方，聚合人心，当然可以无咎。九五之所以能如此，是由于正居君王的尊位，所以小象说"正位也"。君王言而有信，又能信任群臣，号令如汗出而不反，才能消除病痛，恢复健康。排除私利，为公众造福，即是"正位"的表现。

上九，涣其血，去逖出，无咎。
《象》曰：涣其血，远害也。

上九象征涣散已极，转为聚合，天下归于一统，当然无咎。"血"譬喻伤害，"涣其血"便是消解伤害。上九阳居阴位，距下坎最远，有才能消解伤害，又欣逢散极重聚之时，果然"去逖出"。"逖"与惕相通，这里的"去逖出"和小畜卦六四爻辞的"血去惕出"有着相同的用意，都是指从血泊中离开，从忧惧中脱出。九五是老大，上九是大佬，通常老大能处理的事，用不着劳驾大佬，所以上九有才无位，自然"涣其血，去逖出"。上九与六三相应，在涣散的情境中原本有害，但六三志在以忘我的精神"济涣"，上九则是"不在其位，不谋其政"，与六三志趣相合，并无违背九五的意思，所以能远害。

涣卦到上巽似乎诸事顺利：六四承九五，同心协力得元吉；九五出汗去疾得无咎；上九能远害无咎。三爻都呈现由涣散转为聚合的良好景象，物极必反，涣散在涣卦反倒成了好事一桩。涣极必聚，当然需要大家齐心奋斗。

涣卦启示

卦名	卦辞	启示
涣卦	涣，亨。王假有庙，利涉大川，利贞。	同舟共济，克服困难。
爻位	爻辞	启示
上九	涣其血，去逖出，无咎。	避祸出走，出于警惕。
九五	涣汗其大号，涣，王居无咎。	除民疾苦，散与财货。
六四	涣其群，元吉。涣有丘，匪夷所思。	散去私党，得大团结。
六三	涣其躬，无悔。	不顾自己，有志于外。
九二	涣奔其机，悔亡。	涣散之时，急就所安。
初六	用拯马壮，吉。	拯救涣散，宜用贤才。

❖ 卦六十 水泽节 ䷻

一、节卦总说

"节"意为节制或约束,正如《杂卦》所说:"节,止也。"不过,"节"的意思比"止"更宽广,所以卦名不用"止"而用"节"。《说卦》指出:"说万物者,莫说乎泽;润万物者,莫润乎水。"万物之中,泽最令人欣悦,水最为湿润,节卦下泽上水,象征水入泽中,太少就会见底,太多便会溢出,必须维持适量的度,才能供大家使用。我们常说的分寸,实际上就是度,任何事要掌握分寸,把握好度,当然很不容易。

节卦三阳三阴,以人体取象。初九是踝关节,九二是膝关节,二者坚硬,身体才能直立;六三是髋关节,六四是腰关节,髋要松,腰要软;九五是脊椎,人的背脊最为坚硬,所以是阳;上六是脖子,脖子一定要软,否则就是跟自己过不去。初九、九二过刚,有六三、六四加以节制,九五为阳,有上六加以约束。三阴三阳,一方面调和,另一方面节制,刚柔分明,不会过分,也不会不及,所以能安然亨通。

二、节卦详解

节卦卦辞:节,亨。苦节不可贞。

"苦节"是节制、约束得很痛苦,那些强人所难的节制并不合乎人性的要求，当然辛苦。事物还没有发展到极端，节制起来比较容易，也更轻松愉快。一旦过犹不及，越来越过分，真要节制起来，也就越来越痛苦，所以说"苦节不可贞"。过于固执，不近情理地强制约束，并不是贞正的措施，最好能够预先加以避免。再者，"苦节不可贞"也提示我们，不能把它当作正常的现象。如果偶尔情况特殊，实在没办法，大家辛苦一下，勉强还是可以忍耐的，倘若长久像苦行僧一样生活，便是过分。

《彖》曰：节，亨，刚柔分而刚得中。苦节不可贞，其道穷也。说以行险，当位以节，中正以通。天地节而四时成，节以制度，不伤财，不害民。

节卦为什么亨通呢？因为全卦三刚三柔各占其半，刚柔均衡分配，并不过分集中，而且九五主爻以刚居中，下兑九二也是刚中，卦形良好。节卦下兑上坎，行险还能欣悦，正是因为适当加以节制，居中守正，得以畅通。

老实讲，没有一种节制是没有险阻的。一个人轻松日子过久了，要他收敛一点，他就感到很不舒服。好像小孩子，放了暑假，到处去玩，非常高兴，一想到暑假结束要上学，很不开心，这就是从涣卦进入节卦的表现。因此，做父母的在小孩放长假的最后一两天帮他收心，告诉他一年到头都放假是不行的，慢慢地小孩也会有这样的心理准备。

天地有一定的节制，因而四季分明，任何团体也都应该通过典章制度做出合理的约束，务求不伤害财政收入，也不妨害人民生活。由此我们想到，政府做任何事，都要让老百姓有个准备，这样大家才会以欣悦的心情来接受政策的改变与调整。

《象》曰：泽上有水，节。君子以制数度，议德行。

我们看到泽上有水时，应该依据"一阴一阳之谓道"的精神，想象万一泽中无水时应当怎么办。于是便及时警醒自己，泽上有水时应该节约，不可浪费。但是节的用意并不是只节不用，而是当用则用，当省即省，进者退之，退者进之，进退合宜，动态均衡。君子领悟出这番道理后，应采取制度与德行兼顾并重的方式，加以节制。"数"是礼数，"度"为法度，"制数度"便是制定礼数法度，以供大众遵循。为求表里一致，免于虚伪造作，还要评议道德行为，树立做人做事的规范。双管齐下，言行并重。

三、六爻详解

初九，不出户庭，无咎。
《象》曰：不出户庭，知通塞也。

"户庭"便是门户之内的庭院，初九当位，与六四相应，有向外的动力，但是乾卦初九爻辞提示"潜龙勿用"，所以应该自我节制，哪怕是家中的内院也不要轻易出入。初九处于下泽底层，上有九二阻挡，能够明白路途畅通则行、阻塞便止的道理，因此无咎。"不出户庭"也象征闭口不言，年轻人初出茅庐，最好谨言慎行，因为人心叵测，往往祸从口出。初九与六四相应，好比外人常常来试探消息，小象"知通塞"便是指应说的才说，不该说的不能说，慎言守秘，才不致惹祸。

九二，不出门庭，凶。
《象》曰：不出门庭，凶，失时极也。

门庭和户庭不同，前者是外院，后者是内院。通常围绕房屋的庭院称为内院，比户庭更接近外面的即为外院。九二本来阳刚居中，应该走出外院，却因为不当位又无上应，所以不知时机已和初九不同，仍然盲目加以节制，结果错失良机而凶险。初九在泽底，不宜宣泄；九二水已适中，应该流出的水便要适时流出，以免积水过多，反而影响水流畅通。小象中的

"极"指极点，失去时机到了极点，当然凶。九二得中，应该明白初九路塞、九二路通的道理，随机应变，走出跟初九不同的路径来。

六三，不节若，则嗟若，无咎。
《象》曰：不节之嗟，又谁咎也。

"不节若"形容不知节制，"则嗟若"表示还知道自己犯错而嗟叹悔改。六三不当位，又居下兑上位，以柔处刚，既失位又不居中，身为下兑主爻却不知节制，怎能负起调节的责任呢？六三乘凌在九二、初九两阳之上，象征骄纵而不能自制。泽水已满，却依然不能起调节的作用，这时候责怪任何人都是没有用的。小象特别用"又谁咎也"来解释六三的无咎，告诉我们：身负调节重任的人，倘若不能自制，相当于正人却不能自正，免不了会惹来祸端，就算自己嗟叹悔改也于事无补。初九无咎是由于"知通塞"，六三无咎实际上是自怨自艾，没有办法把责任推给别人。换句话说，正人者必先自正。

六四，安节，亨。
《象》曰：安节之亨，承上道也。

下兑三爻是主持节制的，都是节的关键，而上坎是被节制的，爻辞主要在反映被节制时的态度依时位而有所不同。

"安节"指安然奉行，诚心接受节制。六四当位，倘若爻变为九四，节卦就成为兑卦，象征六四心悦诚服地顺承九五的意旨（"承上道也"），所以亨通。就上卦来看，坎为水，六四是泽上之水，不泛不滥，能安然受节制。六四与初九相应，表示"不出户庭"才是六四应当做的。但是，六四的止而不出，并不是完全不动，否则成为死水又怎能安然？六四应当明白，九五动则自己动，九五停则自己也停，这才合乎自然规律。

九五，甘节，吉。往有尚。

《象》曰：甘节之吉，居位中也。

九五当位居中，下乘六四、六三两阴，是节卦的卦主。象辞的"刚柔分而刚得中"便是指九五和九二。能够"不出门庭"的九二，由于不当位，难免丧失良好机会而招致凶险；九五当位，守正行事，恰到好处地节制，自然吉祥。坚持不伤财、不害民的正道，就不致过分而觉得困苦，这就是"甘节"。"有尚"便是九五因此而受到大家普遍的尊尚。九五爻变成临卦，那就是"知临"。反过来，临卦六五爻变为节卦，便是"甘节"。知临与甘节关系密切，值得深入探讨。

上六，苦节，贞凶，悔亡。

《象》曰：苦节，贞凶，其道穷也。

上六居坎险极位，表示危险极了。节制过分令人痛苦，痛苦到再也不能忍受时，自然容易铤而走险。"贞凶"意在强调，若是不能及时改变，一味坚持"苦节"，就会招来凶祸。上六当位，象征苦节若是施与他人，大多凶而且悔；但若是施与自己，也就是自我节制，出乎自主自愿，就算稍微过分，也不觉得苦，或者也可苦中作乐，乐在其中，这样一来也就没什么好后悔的，所以说"悔亡"。节制合理与否，各人感受并不相同，宽以待人，严以律己，才是良好有效的方式。

节卦启示

卦名	卦辞	启示
节卦	节,亨。苦节不可贞。	沉着应对,能得畅通。

爻位	爻辞	启示
上六	苦节,贞凶,悔亡。	过度节制,正也失策。
九五	甘节,吉。往有尚。	过度节制,居中而正。
六四	安节,亨。	安然节制,以承上道。
六三	不节若,则嗟若,无咎。	不加节制,则有伤叹。
九二	不出门庭,凶。	不出门庭,丧失时机。
初九	不出户庭,无咎。	不出户庭,知所行止。

❖ 卦六一 风泽中孚 ䷼

一、中孚卦总说

"中孚"是心怀诚信之意。卦象上下四爻为阳，三四爻为阴，外刚内柔，与果核十分相像，果仁包在坚壳之中，虽然尚未显现生机，却使人相信其必有传承的生机，所以"孚"字的要旨即在于信。《中庸》中的"诚"也指坚定的信心，后世将"诚""信"二字连用，正符合本意。"孚"字上"爪"下"子"，为禽类孵卵之象。动物孵化幼子，必须以爪推动卵，使其每一部分都获得相同的温暖，一旦幼子破壳而出，即是信的成果。

《序卦》说："节而信之，故受之以中孚。"不论立法或是自我约束，都必须诚信待人，所以节卦之后是中孚卦，警示我们要在涣和节的过与不及之间取得合理的平衡点：既不流散，也不苦节，即为中孚。《杂卦》把小过卦和中孚卦列在一起说："小过，过也。中孚，信也。"小过是小有过度，而中孚是心中诚信，也同样含有不能过度之意。

二、中孚卦详解

中孚卦卦辞：中孚，豚鱼吉，利涉大川，利贞。

九五、九二阳实居中，表示诚实于内心。"豚"即小猪，"鱼"指小鱼，连小猪、小鱼都能感觉到诚信，可见已无所不至，当然吉祥，去任何地方都能通达。但是凶邪歪道之处最好不要去，所以说"利贞"。

《彖》曰：中孚，柔在内而刚得中。说而巽，孚，乃化邦也。豚鱼吉，信及豚鱼也。利涉大川，乘木舟虚也。中孚以利贞，乃应乎天也。

"柔在内"指六三、六四两阴居内，"刚得中"是九二、九五分居上下卦中位。下兑为悦，上巽为顺，柔在内虚怀若谷，自然令人喜悦。孚道的作用在化民成俗，所以刚得合理才能奏效。"豚鱼"代表基层民众，连基层民众都能感受到这种至诚，普天之下也就没有感化不了的人了。"木、舟、虚"都指船，由于合乎天道，坚守贞正，所以能畅行无阻。这启示我们：以诚信教化人民，才是最佳途径。

《象》曰：泽上有风，中孚。君子以议狱缓死。

风吹泽面，均匀周到，水波起伏，出于自然，完全没有人为的成分，这种状况才叫中孚。君子看到这种景象，悟出一个道理，到现在还有用，叫作"议狱缓死"。"缓死"不是废除死刑，现在很多人主张废除死刑，其实欠妥当。我们可以不执行死刑，但不能废除死刑。因为只要明令废除死刑，就会有很多人以身犯险，这是在制度上自找麻烦。很多人认为自己是凭良心，为大家着想，讲一堆大道理，实际上他是不了解人性。人性一定要适当地压制，人欲无穷，没有节制，后果不堪设想。所以，我们不必废除死刑，但可以不马上执行死刑，缓一缓，就说明可能还有变动。"议狱"是审议。审判犯人的时候，一般先判他不死，实在没办法只好判死刑，但不要马上执行，否则冤死了人，再也无法挽回。

中孚卦的错卦是小过卦，可见若是一味坚持真诚，以致不敢逾越尺度，往往会导致自缚手足。但求不做不错，反而难见真诚。

三、六爻详解

初九，虞吉，有他不燕。
《象》曰：初九虞吉，志未变也。

初九当位，与六四相应，是立信的开始。"虞"便是测度或忧虑，先用心考虑诚信的价值，避免掉入利害的陷阱，再审慎抉择合理的度，思虑立信的后果如何，即为"虞吉"。否则初出茅庐，样样诚信，最后必然受害甚深，导致对诚信丧失信心；反而容易遭受大环境的影响，变得比其他人更不诚信。"有他"表示有其他想法，意为不能专心审度立信的合理与否。"燕"为安，"不燕"即不安。为了自己的诚信，反而害了他人，或被他人所利用，当然不安。

初九爻变成涣卦，象征没有把握的立信颇有风险，必须坚定意志，合乎"履信思乎顺"的原则。倘若动机不纯正，为了其他原因而立信，那就不安。换句话说，不正当的立信，后果终归要由自己来承担。

九二，鸣鹤在阴，其子和之。我有好爵，吾与尔靡之。
《象》曰：其子和之，中心愿也。

九二阳实居中，但为六三、六四所乘，好比鹤鸣于阴僻之处。初九居始位，有童稚之象，又在九二之下，所以称为"子"。下卦为兑，形如酒器，因此说"我有好爵"，可以盛好酒与初九共享快乐。九二和初九的共鸣出自内心的愿望，并不掺杂任何利害关系，也没有丝毫虚伪，这样的诚信最可贵。

六三，得敌，或鼓或罢，或泣或歌。
《象》曰：或鼓或罢，位不当也。

六三不当位，象征变质而不诚信，与上九相应，表示有志上行，却被六四阻挡。六四当位而上承九五，深受九五信任，六三把六四当作阻碍自己前进的敌人，鸣鼓而攻之却不敌，样子很狼狈，又害怕六四趁势追击，不禁悲泣。幸好六四履正守顺，并不计较，六三这才又兴高采烈地唱起歌来。六三这样喜怒无常，完全是因为自己处位不当，表现失常。上九有虚张声势的倾向，六三不能用心判断，受到迷惑，也是自作自受。

六四，月几望，马匹亡，无咎。
《象》曰：马匹亡，绝类上也。

十五满月叫作"望"。"月几望"即快到十五的月亮，似满未满。物极必反，月满蔽日，臣盛震主，六四当位，与初九相应，以近臣身份顺承九五君王，与六三同僚相亲比，得到上下欢迎，犹如将满的月，叫九五怎么能安心？最好的方式是一心顺承九五，拒绝与初九相应。"马"指初九，"匹"即相应、相配，"亡"是消亡。借着原本相应却有意不接近的表现，六四将自己"功献给九五，劳自己担负"的心意展现给九五，减少九五的疑惧。而且，这种做法绝不能说说就算，或者转瞬便忘，一定要确实践履，时时保持，才能无咎。

九五，有孚挛如，无咎。
《象》曰：有孚挛如，位正当也。

"挛如"指手指伸张不开的样子。九五君位，所有目光都集中在他身上，必须时时刻刻永葆诚信，好比十根手指紧握，绝不放松。九五居中得正，以孚众望，但与九二不相应，表示诚信仍未完全获得伸张，倘若因此而放弃诚信，认为做到这样的地步，依然有人不能全信，备受委屈而沮丧失志，那就不免有咎。九五爻变成损卦，表示九五当位，应该可以"惩忿窒欲"，自我克制而无咎。所以，小象说"位正当也"，下面省略掉的"无咎"才是重点所在。九五一阳而下率两阴，犹如绳索相连而不离，应该可以集中孚于一身，当能无咎。

上九，翰音登于天，贞凶。
《象》曰：翰音登于天，何可长也？

"翰音"指飞鸟的鸣声，上九居九五之上，好比飞鸟的鸣声上达于天。上九象征时已穷，用"翰音登于天"来形容其以无为有，虚诚以求名。倘若仍坚持不改变，必有凶祸。上九爻变为节卦，表示上九最好自知节制，自反于初爻，然后乘位依时而行，挽回实质的中孚。倘若不知节制，势必难以持久，所以说"何可长也"。上九必须在真实无妄与虚情假意之间做出正确的抉择，及早改变，才能化凶为吉。

中孚卦启示

卦名	卦辞	启示
中孚卦	中孚，豚鱼吉，利涉大川，利贞。	内诚感人，克服困难。

爻位	爻辞	启示
上九	翰音登于天，贞凶。	自鸣太高，反失内诚。
九五	有孚挛如，无咎。	居位正当，感通天下。
六四	月几望，马匹亡，无咎。	尚未凌君，输诚承上。
六三	得敌，或鼓或罢，或泣或歌。	得着敌对，缺乏内诚。
九二	鸣鹤在阴，其子和之。我有好爵，吾与尔靡之。	鹤鸣子和，酒食共享。
初九	虞吉，有他不燕。	意志不定，不能安适。

卦六二 雷山小过

一、小过卦总说

"小过"意指人的言行举止小有过度或稍有不及。《序卦》说:"有其信者必行之,故受之以小过。"心存诚信,必然会果决地实践自己的意志,但放手去做,难免会稍有过度,所以中孚卦之后是小过卦。

把小过和大过相比,阳大阴小,前者二阳四阴,阴多于阳,即"小过于大";后者四阳二阴,是"大过于小"。小过是山上有雷,雷声自天而下或自地下而上,到达山顶时已近末尾,并无惊天动地的声势,对人、事、物的伤害也不大;大过却是泽灭木,泽水淹灭树木,影响巨大。

大过不犯、小过不断,是一般人的正常情况。在小事上,由于情况特殊,稍有过分,情有可原,仍可亨通。倘若连小过都不能接受,一切必须合乎预定标准,不许逾越,那就容易造成"多做多错,少做少错,不做不错"的偏差心态,得不偿失。标准定得太死难以施行,定得太宽又等于没标准,因此需要弹性,最好斟酌事情的性质,小事的弹性不妨大一些,所以卦辞指出"可小事,不可大事"。

小过不犯,要犯就犯大过,这是对非常人物而言。国族大事,自然不容许有小差错。所以,犯大过的人连小事都不能犯,而实际上犯小差错的人,往往还不够资格犯大过。

二、小过卦详解

小过卦卦辞：小过，亨，利贞，可小事，不可大事。飞鸟遗之音，不宜上，宜下，大吉。

小过为什么"亨，利贞"呢？因为质量管理必有其上下限度，只有超过这个限度的，才会被视为不良品。所有在上下限之内的产品，都是良品。而这些合格的良品，不可能百分之百相同，多少都会有一些差异，称为"小过"。对小事来说，界限或可稍为放宽；但是大事就必须更加严格。犹如鸟喜爱飞翔，若是一直向上飞，到了精疲力竭时，恐怕想飞回来都很困难，那时候发出将死的哀鸣，只宜向下，不应该再向上，才是大吉。凡事有稍许差错，必须以飞鸟过高为戒，及早返回以策安全。

《彖》曰：小过，小者过而亨也。过以利贞，与时行也。柔得中，是以小事吉也。刚失位而不中，是以不可大事也。有飞鸟之象焉，飞鸟遗之音，不宜上，宜下，大吉，上逆而下顺也。

六五、六二阴柔居中，表示在小事方面才能吉祥；九三、九四不正不中，象征不可施行大事。全卦阳内阴外，犹如飞鸟的样子，鸣叫声那么微弱，警示已经飞得太高，十分危险，此时不宜再向上，必须赶快下降以求安栖才是良策。因为过于向上即为违逆，向下安栖才能顺利。

《象》曰：山上有雷，小过。君子以行过乎恭，丧过乎哀，用过乎俭。

雷上山下，止于内而动于外，止难以制动，不免小有过度。君子看到这种景象，警觉民俗朴素，待人要更加谦恭；人情淡薄，临丧不哀，君子居丧时要更加悲伤哀戚；世风奢侈浪费，君子更要粗茶淡饭，俭省度日。

用这种矫枉过正的态度，改变大众的过失，才是符合时宜的方式。

三、六爻详解

初六，飞鸟以凶。

《象》曰：飞鸟以凶，不可如何也。

初六不当位，象征无才却冒充有才，与上震初爻相应，犹如小鸟不知自止，偏要高飞，不明白"宜下不宜上"的顺逆形势，以致发生哀鸣，当然有凶祸。鸟高飞不下，相当于人愚而好自用，受利禄诱惑，按捺不住，不能安居下位，盲目向上追求，以致冲昏了头，反吉为凶。这种不知轻重，自招其祸的结果，实在是咎由自取，无可奈何！

六二，过其祖，遇其妣，不及其君，遇其臣，无咎。

《象》曰：不及其君，臣不可过也。

"祖"是祖父，指九四。"妣"是祖母，指六五。六二居中得正，有"不习无不利"的秉性，所以尊重九三如父、九四如祖、六五如妣。六五居九三、九四之上，六二必须超过祖父，才能与六五之君相遇。自知君为大位，不宜再行超越，于是适可而止，保持六五为君、六二为臣的礼制，这种稍过而适中的优良表现，自然无咎。

九三，弗过防之，从或戕之，凶。

《象》曰：从或戕之，凶，如何也。

九三为艮止主爻。上六以小人处小过卦极位，与九三相应，九三本该多加防备以免受害，却自恃强盛，警觉不高，与上六相应。"弗"为不能，

"过防"是稍为过度地小心防备。"从"即随着,"戕"是杀害,九三对上六不能稍为过度地提防,紧随着便遭受伤害,实在是凶由自招,所以小象感叹这又有什么办法呢。九三爻变为豫卦,表示"从或戕之"中的"或"字有可能的意思,倘若九三不如此逞强,只是随随便便附和上六,自然会明白自己是艮止主爻,应及时加以自制,适可而止,便不致遭受戕害了。

九四,无咎。弗过遇之,往厉必戒,勿用永贞。

《象》曰:弗过遇之,位不当也。往厉必戒,终不可长也。

九四以阳刚处阴柔之位,又在上震的开始,象征才德足以防止过犯,然而却顾虑自己人微言轻,以致不敢越位有所作为。与初六"飞鸟以凶"相应,表示彼此正好互补,所以无咎。倘若九四不知自制,随着初六愚而自用,那便有咎。"弗过"指不越位,与初六遇合。"往厉"即越位行事必有危险,最好自行警诫。"永贞"说明九四不当位,以勿用为宜。九四爻变为谦卦,表示应保持谦虚、礼让的态度,高度警惕,才能无咎。

六五,密云不雨,自我西郊,公弋取彼在穴。

《象》曰:密云不雨,已上也。

六五阴居阳位,违反"宜下不宜上"的小过之道,处所有阳爻之上,与六二并不相应,阴阳不能相遇。"我"指六五,为小过卦主。小过卦震动于上,艮止于下,虽然六五、上六阴气密集,九四、九三的阳气却难以上升,所以密云始终不能化雨。六五高居君位,却才不当位,只能称为"公"。"弋"为猎射,原本当以天空飞鸟为对象,可六五却射不着,反向穴洞去捕兽,实在是昏君在位,世道昏乱。六五爻变为咸卦,象征六五如能以真诚来感动人民,反而会普受欢迎。

上六，弗遇过之，飞鸟离之，凶，是谓灾眚。

《象》曰：弗遇过之，已亢也。

上六象征小鸟不自量力，高飞不下，以致发出哀鸣，虽与九三相应，却由于距离甚远，阴阳难以遇合。爻辞特别提出"弗遇过之"的警诫，以免飞鸟离群太远，孤立无援，增加危险。九四的"弗过遇之"，由于在动之初，尚可无咎；上六的"弗遇过之"，已处动至极，过失已经造成，所以凶险。"灾"指天灾，"眚"为人祸，无论是天灾还是人祸，都有可能使高亢的飞鸟遭遇凶险。上六爻变为旅卦，表示飞鸟固然可以任意飞翔，但快乐高飞的状态毕竟难以长久。短期旅行当然很好，一旦长期飞行，天灾人祸难测，必然有凶。

小过卦启示

卦名	卦辞	启示
小过卦	小过，亨，利贞，可小事，不可大事。飞鸟遗之音，不宜上宜下，大吉。	小事得计，不可大事。

爻位	爻辞	启示
上六	弗遇过之，飞鸟离之，凶，是谓灾眚。	好高骛远，将有灾祸。
六五	密云不雨，自我西郊，公弋取彼在穴。	密云不雨，过阴无成。
九四	无咎。弗过遇之，往厉必戒，勿用永贞。	柔而遇合，猛进危险。
九三	弗过防之，从或戕之，凶。	不过防恶，受其戕害。
六二	过其祖，遇其妣，不及其君，遇其臣，无咎。	不僭越君，与臣共济。
初六	飞鸟以凶。	进取高禄，小人失策。

❖ 卦六三 水火既济 ䷾

一、既济与未济

现在我们终于来到六十四卦的最后两卦。既济、未济两卦是乾卦与坤卦最密切的配合,同时也是最有秩序的一种交合。乾元与坤元一定会互动,互动的结果不是既济(已经成功)就是未济(尚未成功)。

乾卦和坤卦只是互错,既济卦和未济卦就相当复杂,不仅互错,而且互综,同时又互为交卦,关系格外密切。要理解这种情况,还是要根据《易经》的原则,简单的问题复杂化,复杂的问题简单化。

既济卦与未济卦都是由坎卦与离卦组成,只是位置交换了。既济卦上坎下离(外坎内离),代表成功在望,眼睛所看到的都是光明景象,可是只要走错一步就会进入坎险。人在没成名时都很谨慎,生怕说错话得罪人,也怕做错事坏了前程,可是成名之后讲话就很随便,好像什么都懂,结果到处得罪人。从内外卦的角度看,如果你内心觉得自己已经功成名就,那就很难看到外面的一片坎险,看不到外面有很多人在找你的缺失,甚至想推翻你、取代你。

未济卦上离下坎(外离内坎),表示如果不能脱离内在的险境,外面再光明也没有用。不过,当一个人身处险境、自顾不暇时,反而会格外谨慎。所以,未济并非不济,相反它充满了希望,只是还没成功而已。由此可以领悟:与其早成功,不如晚成功。那些年纪轻轻便成名的人,往往到处找人比试争斗,不知道人外有人,天外有天,天下哪有一个人永远获胜的道理?

那些晚成功的人想乱讲话也没有机会，因为他们的体力已经衰弱，既然来日无多，又何必争名斗胜呢？

既济代表一件事情的完成，却并非表示整体的结束。就算人类真的灭绝，山河大地仍然持续变化，大自然生生不息，不会因为人类的灭绝而全部毁灭。一个人活在世上，从小到大再到老，不断完成不同的事情，每一次完成都是另一次的开始，人的一生正是在既济、未济的变化中度过的。

不济是不可能的，未济是经常存在的，所以《序卦》说："物不可穷也，故受之以未济终焉。"一个人不管有多少法宝，总有用尽的一天；不管有多少钱财，总有花光的一天；不管盖什么样的豪宅，总有不见的一天。以未济卦作为《易经》六十四卦的终结，就是要告诉我们，一切都是循环往复、周而复始的。只有循环往复，人类才能生生不息；只有周而复始，人类才能有未来。

未济与既济的对比（一）

未济 ䷿ VS 既济 ䷾

未济	既济
未济指待时而济，并非不济。	既济指一切既已完成，告一段落。
未济眼前不亨，日后却可能亨。	既济眼前亨，日后很可能不亨。
小孩都度不过，何不等待长大？	大人都已度过，不能漏掉小孩。
有决心，缺乏才能也没有用。	必须遵守正当原则，走正道。
水在火下，开水烧不成。	水在火上，开水烧得沸腾。
不可灰心丧志。	难免得意忘形。
思危防患，要充实自己的才能。	思危防患，要保持警惕小心。
	不用心，终究未济。

未济与既济的对比（二）

既济 VS 未济

一时的成功。
胜者为王，败者为寇。
坎离的关系良好。
既济用不着骄傲自满。
不要忘记天地水火的恩情。

长期的摸索。
不以成败论英雄。
坎离的关系不良。
未济不需要泄气。
最好想想还有无限的空间。

既济与未济的关系

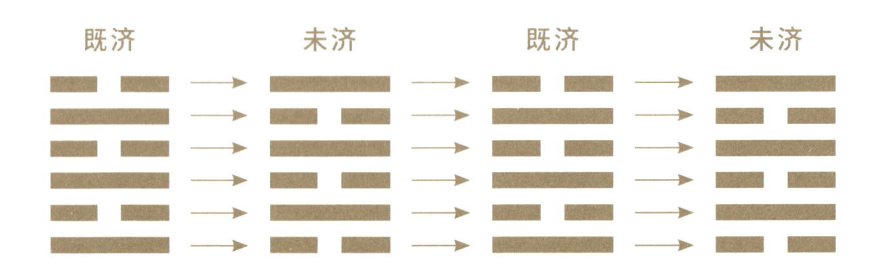

既济 → 未济 → 既济 → 未济

质能互变，各爻完全相反，成为错卦。
完全由自己的心念控制，便是心易。

二、既济卦总说

既济离下坎上，火在水下，成功把水烧沸，可供饮用。水火既济，引申为完成任务，大功告成。一切人都安度，一切事都完成，才叫既济。

但是，这个时候很容易得意忘形，天道恶盈，于是既济马上变成未济。所以，既济卦严重警告我们：福过灾生。正当我们觉得很幸福的时候，幸福一瞬间就过去了；正当我们觉得很年轻的时候，年轻一转眼就不在了；正当我们觉得一件衣服很新潮的时候，款式很快就不时髦了……所以要特别小心。

既济卦卦辞：既济，亨小，利贞，初吉终乱。

关于"亨小"有几种解释。第一种解释，既济之时，往往都会还有一点小事尚未完成，还有一小部分人尚未享受到好处，就好比大家乘船安渡彼岸，结果发现少了两个人，那么事情还是没有完成。第二种解释，做事不能取大略小，如果我们认为情况已经大亨，后面恐怕就会得意忘形，阴沟里翻船，既济马上变成未济，二者的转换就在刹那之间，所以"亨小"是为了让我们提高警戒。

从君子和小人的角度看，阴爻是小，阳爻是大，既济卦每个阴爻都在阳爻之上，每一个君子都受到小人的欺侮。这件事的好坏见仁见智，在我看来当然是好事，因为君子的能耐都是被小人激发出来的，有强大的小人，君子才会发愤图强，成就大事。历代忠臣每一个都痛苦不堪，不是受老板怀疑，就是受同人打击。所以，我们应该换个角度看，小人是在帮助大人，是在成全君子。"亨小"便是告诉我们，君子不能记小人的仇，不要疾恶如仇，也不要赶尽杀绝，有这样的度量，方能感化和领导小人。

当我们感觉一件事完成了，应该告一段落的时候，混乱便开始滋生，即"初吉终乱"。其中的道理很容易明白，一件事现在做好了，不等于后面不会有变数。眼看变数越来越快，越来越多，还不调整，一定会乱。因此，成功可以为失败之母，失败也可以为成功之母，这并不是让我们在成功之后坐等失败。"亨小"之后是"利贞"，便是提醒我们要利用正当的途径，采取正当的手段，随时做好必要的调整，合理就会有利。由此也可以看出，

"贞"字的内涵相当丰富。

《彖》曰：既济，亨，小者亨也。利贞，刚柔正而位当也。初吉，柔得中也。终止则乱，其道穷也。

在六十四卦中，只有既济卦的六爻全部当位，所以叫"刚柔正而位当也"。再加上各爻都能阴阳相应，所以"利贞"。从卦象看，六二当位居中，是"初吉"；上六柔居极位，到了穷困之时，不得不变，变则生乱，即"终乱"。所谓"穷则变，变则通"固然不错，但在变而未通之前，必然有一段时间的乱。穷必然生变，变却未必能通。上六自身阴柔，力道不足，无法变通，最后由既济而进入未济，成为未济卦的初六。

《象》曰：水在火上，既济。君子以思患而预防之。

水与火的关系很难处理，只要稍有不当，水就会把火浇灭，火就会把水烧光。但是在既济卦，水火并非相克，而是相成。君子看到这种自然现象，领悟到"思患而预防之"的道理，意思是不怕一万，只怕万一。越是有把握，越是接近完成，越需要提高警觉，思患预防。"凡事豫则立，不豫则废"，事先做好周全的准备，试试刹车，把自己的弱点保护好，以防冲刺中有任何闪失，才是无咎的安全保障。

三、六爻详解

初九，曳其轮，濡其尾，无咎。
《象》曰：曳其轮，义无咎也。

初九是下离的开始，前途一片光明，当然精神焕发，迫不及待要向前冲刺。"曳"是拖曳，驾车的人要先踩一踩刹车，看看灵不灵，以免开得太猛刹不住。"濡"是浸湿，小动物十分聪明，看到前面有火，先把尾巴浸湿，因为尾巴最容易被火烧着，必须先防患。这就是说，身处既济卦，眼见成功在望，最好保持冷静，设想周全，不能因小失大，切忌兴高采烈，得意忘形。要记住，失败为成功之母，成功同样为失败之母。刚刚起步的这一段路，千万要走得平安顺吉，限速，减速，安全第一，才能无咎。

六二，妇丧其茀，勿逐，七日得。
《象》曰：七日得，以中道也。

"茀"是妇女头上的首饰，"妇丧其茀"表面上是说妇女丢了头上饰物，实际上是说，事情成功了，但自己却没有获得奖赏，面目无光，不能显现美貌，难以展现才华。意在提醒成功人士：不法之徒不敢对你怎么样，却敢偷走你妻小的饰物，这时候用不着紧张，更不必生气，只要耐心等待，很快就会有人抓到小偷。锦上添花的人多，雪中送炭的人少，如果大张旗鼓加以捕拿，闹得满城风雨，反而让人看笑话，得不偿失。有贡献的功臣，成功之日未能论功行赏，同样不用着急，暂待几日，等大事底定，自然会妥善处理。所谓"七日"是不久的意思，未必就指七天。既济之时，以静制动，静观其变，让对方着急而自己却很冷静，这才合乎中道。

九三，高宗伐鬼方，三年克之，小人勿用。
《象》曰：三年克之，惫也。

鬼方是商代北方的部落，殷高宗兴兵讨伐，费时三年，才彻底平定。通过这一次战争，谁是英雄，谁是狗熊，哪些是君子，哪些是小人，显现得十分清楚，但大家都已疲乏不堪，亟待休息，此时去打狗熊、杀小人，难免会引起内部纷争，不得安宁。那要怎么办呢？爻辞说"小人勿用"，孔子则说"敬小人而远之"。领导者对小人要多赏少罚，不能赶尽杀绝，也不要撕破脸，可以给予小人改过自新的机会，但也不能明言。只要心知肚明，达到"敬小人而远之"的效果即可，等待休养生息之后，再找机会处置。

六四，繻有衣袽（rú），终日戒。
《象》曰：终日戒，有所疑也。

同样是衣服，新而华丽的叫"繻"，旧而破裂的称"袽"。华丽的衣服很快就会破旧，便是"有衣袽"，用来譬喻成功之后接踵而来的种种问题和祸患。就个人来说，被胜利冲昏了头，很容易变成另外一个人，过去乐于助人，现在却六亲不认，自然很快众叛亲离。就组织来说，一家公司要兴盛，或许需要一两百个优良因素，而失败往往只要一个窟窿。小象"终日戒，有所疑也"中的"疑"是怀疑，凡是怀疑心重的，必然警觉性很高，稍有风吹草动便不放过，终日提防戒备，不敢稍有疏忽，以确保成功果实，真的很不容易。

九五，东邻杀牛，不如西邻之禴祭，实受其福。
《象》曰：东邻杀牛，不如西邻之时也。实受其福，吉大来也。

九五是卦主，"杀牛"是用丰厚祭品祭天，"禴祭"是诚心祭拜。"东邻"指商纣王，"西邻"指周文王，纣王用全牛祭祀，却不如文王的"禴祭"更能"实受其福"，也就是实实在在受天神的降福。天神只在乎人们祭祀的诚意，而不在乎祭品的厚薄，只看人是不是虔诚善良、光明正大。

小象"不如西邻之时也"中的"时"就是孔子"时也命也"中的"时"，也就是时运。一个人时运不同，心态就不同。九五警示我们，在成功之后，祭品会变丰厚，排场会变铺张，所以更要让所有人知道，自己不是招摇炫耀。能保持原来的心态,大家自然会慢慢了解我们的诚意。一个人如果能做到不因"时"的变动而有不同的心理表现,那么就会"实受其福"。

小象之所以能"吉大来也",是因为不会在物质上浪费摆阔,仍然追求精神上的喜悦。同时还要注意到"亨小",因为现在九五的眼睛只看到天神,如果不能注意到其他的方面,很快就未济了。

上六,濡其首,厉。
《象》曰:濡其首,厉,何可久也。

既济卦火在下而水在上,譬喻人的成功过程,好比从火热逃到水深,然后脱险而出。小狐狸在初九,觉得火热难受,赶紧浸湿尾巴以求自保。后来脱离火热的离下,来到水深的坎上,好不容易浮上水面,却又连头部都浸湿了,由安全掉回险难,终将浮不起来而沉没,岂不是前功尽弃?还不够危险吗?

大凡成功的人,都吃尽了苦头,冒足了危险,才得以逃脱水深火热的苦难而有所成就。殊不知成功得来不易,沉沦淹没只在顷刻之间。初九"曳其轮,濡其尾",六二"勿逐",都在提醒成功之人不能轻举妄动,以免成功果实化为泡沫幻影。九三"小人勿用",六四"终日戒",告诉我们成功不易,必须思患预防。九五实事求是,是保持成果的唯一原则。只有站在成功的基础上继续开始另一番奋斗,才是合乎中道的做法。

既济卦启示

卦名	卦辞	启示
既济卦	既济，亨小，利贞，初吉终乱。	小事亨通，终必紊乱。

爻位	爻辞	启示
上六	濡其首，厉。	沉溺于酒，将有危险。
九五	东邻杀牛，不如西邻之禴祭，实受其福。	盛祭奢靡，莫如禴祭。
六四	繻有衣袽，终日戒。	不忘忧患，终日戒惧。
九三	高宗伐鬼方，三年克之，小人勿用。	克制边远，贤才不易。
六二	妇丧其茀，勿逐，七日得。	表面败坏，不久可复。
初九	曳其轮，濡其尾，无咎。	徘徊不进，不动没错。

❖ 卦六四 火水未济 ䷿

一、未济：心安最重要

从有限的角度来看，既济、未济有一些不同。若从无限的角度看，二者似乎又没什么两样。未济不表示没有完成或不能成功，《易经》不喜欢用这种否定的语气，使人失望、消极，甚至于丧失信心。未济卦坎下离上，上离表示光明在望；下坎告诉我们现在仍处于险难之中，若能克服险阻，安度难关，便能获得光明。未济只代表尚未完成，还没有成功，卦名和卦象都充满了积极的鼓励和希望。

如果既济卦后面没有未济卦，就表示一切都已完成，未来不会再有变化，阴阳不会再互动，世界从此停止，天地万物恐怕都趋于毁灭了。幸好还有未济，江山不老，新一辈的人才只要传承得宜，自然能一棒接一棒地持续前进，我们又为什么要担心后继无人，而一直坚持由自己来完成所有呢？人生苦短，能完成的事当然不能推辞，不能完成的也就不了了之，其中的关键即在自己是否心安。倘若心安理得，不了了之又有什么不好？心安理得地礼让给比自己更贤明的高手，胜不骄，败不馁，心胸广阔，眼光远大，是不是更有气度？

研究易理的最大功能便是"心易"，用自己的心改变自己的处境，以自己的心态变易眼前的感受，通过妥当的心理建设化解各种疑虑和恐惧。既济的卦辞仅仅是"亨小"，而且有"初吉终乱"的警语，未济的卦辞反而是"亨"，可知到底是既济还是未济，最好由自己的心态来认定，不必随着外界的反应而起伏。

大家认为成功的未必是真有成就，现在认定成功的未必持久，已经完成的事很快又会生出很多问题。外界的认定往往居于利害关系，随时有改变的可能，不如由自己来感受更为轻松愉快。把既济的"亨小"理解为目前的成就不过是小小的一步，还有待进一步的努力，因而不可骄傲自大，岂不是更好？将未济的"亨"看作已经接近既济的边缘，很快便会亨通，是不是更为喜悦？

把未济看作既济的前奏，将既济当成未济的起点，心思完全在自己的一念之间。易之自作自受，在这里表现得十分明显。说变就变，但可以自行控制，不需假手他人，心易的功能需要自己体会，也要自己多加练习。

二、未济卦总说

未济卦卦辞：未济，亨，小狐汔济，濡其尾，无攸利。

未济是通向既济的道路，前途光明，所以和既济一样，都是"亨"。"汔"是接近，小狐狸渡河，快要上岸时却把尾巴浸湿了，结果可能一无所成，得不偿失。

小狐狸想要渡河，首先要自我量力：如果河太宽，那就再锻炼锻炼，等待时机；如果已经渡了，那就竭尽全力，比别人更谨慎、更小心、更忍耐，想尽办法保护自己，能做到这样自然会有所利。所以，不要把卦辞的"无攸利"当成绝对，否则未济就是毫无希望，那是不对的。

《象》曰：未济，亨，柔得中也。小狐汔济，未出中也。濡其尾，无攸利，不续终也。虽不当位，刚柔应也。

"濡其尾，无攸利"是因为"不续终"。"不续终"也不是游不到就放弃，而是要继续努力，坚持到底，才可以打破"无攸利"的限制，有所成就。六十四卦都是给我们以鼓励，叫我们绝对不要放弃任何微小的机会。

未济卦的六爻全不当位，但好在全部相应，要把这个优势发挥出来。"不续终"是永远不要放弃，虽然还没有成功，甚至距离成功还相当遥远，但是一定要充满希望。换个角度思考，虽然现在是未济，但只要想办法找出缺失，及时调整，还是会回到既济的。

《象》曰：火在水上，未济。君子以慎辨物居方。

未济卦上火下水，火性向上，水性向下，二者根本没有交集，互不接触。君子看到这个景象，领悟到要"慎辨物居方"：我们要慎重地辨明一个物是不是同类，一个人是不是同道。"方"是处所，辨明之后，还要把他们安排在合理的处所。现在不用的摆远一点，现在要用的就放近一点，对同道中人要想办法多来往，对不同道的人要敬而远之。

这句话的真正用意是，我们不能把未济当作常态，一定要把"无攸利"变为"有所利"。要做到这点，就要改变限制自身成功的那些缺点，思考事情之所以做不好、做不成的问题在哪里，想办法去化解，这叫作"善处未济"。未济是未定，是没有完成，而非不能完成，因此一定不能停止。当然，这也有个条件：这件事必须是该做的。否则还是趁早停止，免得自找麻烦。

未济卦促使我们持续不断地走向既定的目标，克服困难，突破障碍，自我成长。但是它最后还是告诉我们：只能尽人事，听天命。象辞再三强调"无攸利"，即是说"利"是上天的安排，就算没有结果，该做的我们还是必须做，因为只要经历了这个过程，我们会得到很多。

三、六爻详解

初六，濡其尾，吝。
《象》曰：濡其尾，亦不知极也。

初六阴居阳位，表示不自量力，想以弱小之力支援九四，结果浸湿了尾巴，救援工作也变得更加艰难，令人惋惜。小象"亦不知极也"中的"知"是明智，"不知极"即很不明智。既济初九同样是"濡其尾"，却能无咎，是因为既济是快要成功了，"濡其尾"只是提示要减速，不要冲得太快，当然无咎。未济初六陷在险中，"濡其尾"只会增加困难，力不从心又不自量力，实在不智，但只要不吝而悔，用心改善，仍然是有可为的。

九二，曳其轮，贞吉。
《象》曰：九二贞吉，中以行正也。

初六是从岸上进入水中，九二意味着即将由水中登上陆地，和既济初九相似，最忌讳欲速而不达，所以"曳其轮"以求减速，是正当的措施，也能收到吉的效果。九二居中，虽不当位，却与六五相应，能够以合理的方式走上有效的途径，自然吉祥。这里特别加上一个"贞"字，是提醒大家将九二当成新起点，具有这种正确的念头，又能坚持合理的操守，才会吉。

六三，未济，征凶。利涉大川。
《象》曰：未济，征凶，位不当也。

"征凶"与"利涉大川"看起来是矛盾的，因此有人主张在"利涉大川"前加一个"不"字。六三不当位，与上九相应，二者之间尚有一段距离，倘若不了解中间会产生什么样的变化，贸然采取剧烈行动，必然招来凶险，所以不利涉大川。

另一种解释是事在人为，行动可能有凶险，但若能在险难之中坚持不偏不斜的合理操守，抱持置之死地而后生的决心，稳扎稳打，找到出路，突破困境，最终还是利涉大川。

这两种说法都说得通，这里并列以供参考。换句话说，来到未济变既济的临界点，要看能不能突破困境、有没有坚定的决心，再断定利或不利。

九四，贞吉，悔亡。震用伐鬼方，三年有赏于大国。
《象》曰：贞吉，悔亡，志行也。

九四已经脱离坎险，只要持续走正道就会顺利，即"贞吉，悔亡"。"震用伐鬼方"是强调，九四近臣的上面是六五弱主，臣强主弱，一旦功高就会震主。所以，九四要把自己的力量用在征伐外夷而非内斗中，同时也要懂得怎样让领导放心，以免自己最终成为六五眼中的鬼方。

有能力的人当然要表现，如果目标正确，方法也正确，结果便是既济。之所以会未济，是因为老板知道你有能力，开始注意你如何表现能力：如果你冲着老板来，那你就是鬼方，老板马上翻脸；如果你不好好表现，老板会觉得你很可恶，所有人都会开始怀疑你；如果你表现得太过了，又会招来同人的怨恨，觉得好像只有你一个人得到了老板的赏识，结果也可能会是未济。可见九四的位置实在很尴尬。怎么办呢？小象说"志行也"，就是要行得正，没有私心，除此之外，无路可走。一个人意志坚定，坚守原则，不因任何诱惑而改变初衷，最后大家才会明白真相。

六五，贞吉，无悔，君子之光，有孚，吉。
《象》曰：君子之光，其晖吉也。

六五为离明的主爻，也是未济卦的卦主，与居中行正的九二相互对应，下面还有稳扎稳打的六三和公正无私的九四，同时自身也是公正无私，所以"贞吉，无悔"。

什么叫"君子之光"呢？就是谦让的风度。高明的老板在没有摸清环境之前都很低调。老板开会一般有两种做法：一是大摇大摆地坐到显著的位置，结果大家搞不清他是谁，说不定还把他请到旁边去，那就丢脸了；另一种是不会着急，而是躲在旁边，先观察环境，毕竟早晚都有人来请他。人最怕没威望还强出头，只要你能深孚众望，能力弱一点、行事低调一点又何妨？

其实，六五本来是有悔的，要处理得好才"无悔"。小象的"晖"就是太阳的光彩。夏天的太阳酷热难当，这样的老板太霸道，大家都怕得要命，当面什么也不讲，背后却议论纷纷。相反，冬天的太阳能温暖人心，十分可爱，这才是六五的君子之光，在这样的老板手下做事，下属都会甘愿全心全力投入，自然贞吉而无悔。夏日与冬日哪一个更符合人性的需求，相信各位已经了然于心，不过要注意，君子之光要靠修养得来，它不是某一个职位所能给予的。

上九，有孚于饮酒，无咎。濡其首，有孚失是。
《象》曰：饮酒濡首，亦不知节也。

上九为终位，表示由未济到既济的理想已接近实现，险难已经过去，前途一片光明，大家都很和乐，自然会喝酒唱歌、欢乐同庆，即"有孚于饮酒，无咎"。可是歌舞升平日久，斗志便会丧失，过去那种奋斗的精神也会一扫而光，所以接下来说"濡其首，有孚失是"。一个人太过分，不知不觉沉迷享乐，就根本没有办法脱险，不管曾经多有声望，总有一次会重重摔回原点，即从上九掉到初六。由此也可以看出，人生就是坎离的循环，不断地水深火热，这种安排正是上天的美德，上天也是想借此告诉我们，人生应该步步为营，安步当车，凡事急不得。所以，孔子才说"尽人事，听天命"。

未济卦启示

卦名	卦辞	启示
未济卦	未济，亨，小狐汔济，濡其尾，无攸利。	慎加考虑，始能亨通。

爻位	爻辞	启示
上九	有孚于饮酒，无咎。濡其首，有孚失是。	诚信待时，饮酒自遣。
六五	贞吉，无悔，君子之光，有孚，吉。	君子光辉，出于诚信。
九四	贞吉，悔亡。震用伐鬼方，三年有赏于大国。	戒惧奋斗，终得报偿。
六三	未济，征凶。利涉大川。	无成不动，能克困难。
九二	曳其轮，贞吉。	不轻进退，正道得计。
初六	濡其尾，吝。	未加考虑，也不量力。

六十四卦到此告一段落。最后，我们衷心祝福大家：希望大家每次读《易经》都能有更深刻的领悟，人生也可以越走越顺利；最好还可以带动家人、朋友学习《易经》，这样整个社会就会更加和谐了。